权威・前沿・原创

皮书系列为
"十二五""十三五""十四五"时期国家重点出版物出版专项规划项目

BLUE BOOK

智 库 成 果 出 版 与 传 播 平 台

新兴经济体蓝皮书
BLUE BOOK OF EMERGING ECONOMY

金砖国家经贸合作发展报告
（2024~2025）

REPORT ON DEVELOPMENT OF BRICS ECONOMIC AND
TRADE COOPERATION（2024-2025）

金砖扩员与深化"一带一路"国际合作
BRICS Membership Expansion and Deepening International Cooperation
on the "Belt and Road" Initiative

胡钦太　蔡春林　李景睿 等／著

社会科学文献出版社
SOCIAL SCIENCES ACADEMIC PRESS（CHINA）

图书在版编目（CIP）数据

金砖国家经贸合作发展报告 . 2024-2025：金砖扩员
与深化"一带一路"国际合作／胡钦太等著 . --北京：
社会科学文献出版社，2025.7. --（新兴经济体蓝皮书
）. --ISBN 978-7-5228-5423-6

Ⅰ. F114.4

中国国家版本馆 CIP 数据核字第 2025BE5841 号

新兴经济体蓝皮书

金砖国家经贸合作发展报告（2024~2025）
——金砖扩员与深化"一带一路"国际合作

著　　者／胡钦太　蔡春林　李景睿 等

出 版 人／冀祥德
责任编辑／高　雁
文稿编辑／孙玉铖
责任印制／岳　阳

出　　版／社会科学文献出版社·经济与管理分社（010）59367226
　　　　　　地址：北京市北三环中路甲 29 号院华龙大厦　邮编：100029
　　　　　　网址：www.ssap.com.cn
发　　行／社会科学文献出版社（010）59367028
印　　装／三河市东方印刷有限公司

规　　格／开　本：787mm×1092mm　1/16
　　　　　　印　张：24.5　字　数：367 千字
版　　次／2025 年 7 月第 1 版　2025 年 7 月第 1 次印刷
书　　号／ISBN 978-7-5228-5423-6
定　　价／158.00 元

读者服务电话：4008918866

"新兴经济体蓝皮书"
编 委 会

《金砖国家经贸合作发展报告（2024～2025）》
课　题　组

组　长　蔡春林

副组长　李景睿

成　员　（按姓氏拼音排序）

蔡春林　蔡淇旭　陈利君　陈淑敏　陈万灵

冯宗宪　龚文军　古茂盛　和瑞芳　胡钦太

黄亦琳　李　军　李　涛　李景睿　廖智杰

刘嘉瑜　牟泓锦　沈　陈　孙育红　汪莎莎

王　政　徐坡岭　杨应群　杨珍珍　于璐瑶

周　晋　周楚涵

主要著者简介

  胡钦太 教育学博士，广东工业大学教授（二级），博士生导师，"国家特支计划"领军人才、享受国务院政府特殊津贴专家、"广东省优秀社会科学家"、国家社科基金重大课题首席专家。现任中共广东省委委员、广东省政协科教卫体委副主任。兼任教育部教育信息化专家组成员、教育部高等学校教育技术专业教学指导分委员会主任委员、教育部高等学校教学信息化与教学方法创新指导委员会副主任委员、教育部基础教育教学信息化专委会主任委员、中国教育学会常务理事、广东省教育数字化专家咨询委员会主任、广东省国家中小学智慧教育平台全域应用专家组组长、广东省基础教育与信息化研究院院长、广东省数字教育研究院院长等。曾任国家督学、国务院学位委员会学科评议组（教育学）成员、广东工业大学党委书记、华南师范大学副校长等。长期从事教育和研究工作，投身教育信息化研究与应用领域近40年，坚持教育发展规律与信息传播科技融合、理论创新与实践应用协同、学术研究与社会服务并重，在理论与实践创新、学科建设、社会服务等领域为广东省、粤港澳大湾区乃至全国的教育技术学科建设及教育信息化事业发展做出重要学术贡献。主持国家社科基金重大项目、国家自然科学基金重点项目等40多项。主编出版专著和教材近20部，发表论文100余篇，以独立或第一作者获得国家高等学校科学研究优秀成果奖（人文社科）一等奖1次、二等奖2次，广东省哲学社会科学优秀成果奖特等奖、广东省教育教学成果奖（基础教育）特等奖等省部级以上奖励10余项。

蔡春林 经济学博士，广东省习近平新时代中国特色社会主义思想研究中心特约研究员。广东工业大学经济学院教授、金砖国家研究中心主任，韩山师范学院教授、新质生产力与粤东对外开放研究院执行院长。兼任对外经济贸易大学博士生导师，金砖国家智库合作中方理事会理事，新兴经济体研究会副会长，广东省新兴经济体研究会创会会长兼广东金砖国家研究中心主任，中国世界经济学会常务理事、中国拉丁美洲学会常务理事、中国高等教育学会"一带一路"研究分会常务理事，致公党广东省委经济委副主任。曾任广东海洋大学法学院副院长兼WTO研究中心专职副主任，广东工业大学学术委员会副主任，致公党湛江市委副主委，湛江市第十届人大代表，政协湛江市第十届委员、常委、港澳台侨外事委员会副主任，政协湛江市第十一届委员、常委、经济委副主任，广州市天河区第八、九届人大代表。长期从事国际贸易教学及"一带一路"、金砖国家等国际问题和粤港澳大湾区研究，发表学术论文77篇，出版专著、编著、皮书和教材23部，主持国家社科基金一般项目2项、其他纵向课题25项，荣获省部级及其他学术奖48项，获得省部级以上单位采用和领导批示决策咨询报告102份，接受主流媒体采访近200场次。

李景睿 经济学博士，广东工业大学经济学院教授、硕士生导师，兼任新兴经济体研究会理事、中国工业经济学会数字化与创新学科专委会委员、广东省新兴经济体研究会副秘书长、广州市重大决策论证专家。研究领域聚焦于发展经济学、产业经济学、收入分配、数字经济、国际贸易等。在《国际贸易问题》《产业经济研究》《管理评论》《高等教育研究》等期刊上发表论文30余篇，其中4篇论文获得新兴经济体研究会优秀论文奖，5篇论文获得广东省经济学年会优秀论文奖。出版专著《收入分配演进对中等收入阶段生产率提升的影响机制研究》，参与编著"新兴经济体蓝皮书"、《数字经济概论》、《广东工业经济》。主持国家社科基金项目2项、教育部人文社科基金项目1项、广东省哲学社科规划基金项目1项、市厅级社科基金项目5项。

摘　要

　　金砖合作机制与"一带一路"倡议是"全球南方"国家在解决全球治理问题的基础上建立起来的一种新型合作方式。两者的目标都是促进和平发展，在竞争中合作，在合作中共赢。继2011年南非加入金砖合作机制后，沙特阿拉伯、伊朗、阿联酋、埃塞俄比亚和埃及于2024年1月1日加入金砖合作机制。以2024年金砖扩员为新起点，这一机制进入"大金砖合作"的新时代。本书的研究目的是全面深入探讨金砖扩员后面临的机遇、挑战，分析各方态度、取向，明晰努力方向以及可能采取的合作行动。

　　首先，本书分析了金砖扩员所带来的机遇与挑战。一方面，金砖扩员给"全球南方"和全球经济带来更大的发展机遇。扩员后，金砖国家整体实力大幅增强，金砖成员国结构更加多元化，在全球新兴市场中更具代表性，在全球多边主义中更具重要性，对全球经济政治更具影响力。另一方面，金砖扩员也要求各国妥善处理好内部和外部的关系。无论是从我国的外交实践来看，还是从"全球南方"的合作机制建设来看，金砖扩员都意义重大。但伴随金砖国家成员国的增多，金砖合作的困难将会有所上升。

　　其次，本书探讨了中国、巴西、俄罗斯、印度、南非、南亚国家、沙特阿拉伯对金砖扩员的态度及政策调整。金砖扩员深化了中国与其他成员国的经济合作，增强了中国的国际话语权，但也带来了更加复杂的国际关系，对中国的国际治理能力提出更高要求。面对金砖扩员带来的新变革，中国正在稳步推进制度型开放，旨在为扩员后的多边合作提供中国智慧和方案。巴西将通过更广泛的金砖国家组织框架与南南合作多边外交框架，深化农业、能

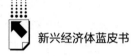

源和金融等领域的合作，切实推进巴西的去美元化、再工业化。俄罗斯的对外经济战略从"转向东方"演化为转向"全球南方"，这一战略调整对俄罗斯2023年对外贸易的区域国别结构、商品进出口结构产生巨大影响。印度对金砖扩员的诉求体现出"印度优先"的特点。南非则加强与金砖国家新成员国的机制整合，充分挖掘"大金砖合作"的潜力和空间。南亚国家整体上对金砖国家态度友好，对加入金砖国家的政治考量优先于经济考量。作为中东地区政治核心的沙特阿拉伯加入金砖合作机制不仅将加强中东地区与金砖国家的经济联系，还将为金砖国家提供更广阔的发展空间和战略合作机遇。

最后，本书研究了金砖国家之间具体合作领域，分别对中国与巴西、中国与俄罗斯、中国与印度、中国与南非、中国与沙特阿拉伯、中国与埃及、中国与阿联酋、中国与伊朗、中国与埃塞俄比亚深化国际合作的现状、挑战和前景进行分析，意在描绘金砖国家未来合作前景。

本书的研究结论可以为未来金砖国家深化高水平合作及完善合作机制提供新的目标指向，也可以为促进经济全球化、区域经济合作和全球经济合作提供新动能，还可以为丰富国际经贸理论、南南合作理论以及"一带一路"研究提供有益的补充。

关键词： 金砖国家 经贸合作 金砖扩员 "一带一路"倡议

目　录 ▷

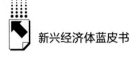
皮书数据库阅读**使用指南**

总 报 告

B.1
金砖扩员与深化"一带一路"国际合作

摘 要： 金砖扩员是金砖合作的新起点，将为金砖合作机制注入新活力。
"一带一路"倡议提出以来，共建国家和地区的合作不断深化，而金砖合作
机制与"一带一路"倡议都是"全球南方"国家在解决全球治理问题的基
础上建立起来的新型合作方式，为世界经济增长注入新动能，为全球发展开
辟新空间，为国际经济合作打造新平台。金砖国家与"一带一路"建设面
临逆全球化思潮迭起、认知不一致、存在竞争关系等多种挑战，因此，中国
除深化与金砖国家原成员合作外，应加强与金砖国家新成员的"一带一路"
国际合作。

关键词： 金砖扩员 国际合作 金砖国家 "一带一路"倡议

---

* 蔡春林，广州工商学院特聘教授、广州工商学院新质生产力与粤港澳大湾区研究院执行院
长、广东省新兴经济体研究会创会会长兼广东金砖国家研究中心主任、广东省习近平新时代
中国特色社会主义思想研究中心特约研究员，研究领域为金砖国家、"一带一路"；蔡淇旭，
澳门城市大学葡语国家研究院硕士研究生，研究领域为金砖国家。

2023 年，第三届"一带一路"国际合作高峰论坛成为中国外交领域的重头戏。习近平主席回顾了过去十年的成果，提炼出宝贵经验，并通过提出八项行动彰显了中国在全球事务中的责任。他宣布，推动共建"一带一路"进入高质量发展的新阶段，为实现世界各国的现代化作出不懈努力。① 此次论坛吸引了 151 个国家、41 个国际组织的上万名代表参与，他们带着对友谊、合作与发展的热切希望而来，最终满载而归，达成 458 项重要成果，签署了 972 亿美元的合作协议。

沙特阿拉伯、伊朗、阿联酋、埃塞俄比亚和埃及于 2024 年 1 月 1 日正式加入金砖国家。2024 年 10 月 22~24 日，金砖国家领导人第十六次会晤在俄罗斯喀山举行，这是"金砖大家庭"实现历史性扩员后的首次峰会，标志着金砖合作开创了新时代。扩员后，金砖 10 国的总体国内生产总值（GDP）达到 28.5 万亿美元，约占全球经济总量的 28%，人口达到 35 亿人，约占全球总人口的 45%。此外，金砖国家的原油产量约占全球总产量的 43%。金砖国家扩员后，其整体实力得到显著提升，已在国际舞台上占据重要地位。

一　金砖国家与"一带一路"紧密相连

金砖合作机制与"一带一路"倡议都是"全球南方"国家在解决全球治理问题的基础上建立起来的新型合作方式。"一带一路"和金砖国家的目标都是促进和平发展，在竞争中合作，在合作中共赢。通过紧密合作，金砖国家有望成为"一带一路"的核心。

（一）金砖国家与"一带一路"的历史源远流长

"一带一路"倡议是中国推动的区域协作新倡议新设想，旨在促进亚欧非大陆及其周边海域的互联互通。这一跨区域合作构想覆盖了东亚、东南

---

① 《习近平在第三届"一带一路"国际合作高峰论坛开幕式上的主旨演讲（全文）》，中国政府网，2023 年 10 月 18 日，https：//www.fmprc.gov.cn/wjb_673085/zzjg_673183/gjjjs_674249/gjzzyhygk_674253/ydylfh_692140/xgxw_692146/202310/t20231018_11162839.shtml。

亚、南亚、中亚、中东及欧洲等多个区域,其中,印度、俄罗斯、阿联酋、埃及、伊朗和沙特阿拉伯同为金砖国家成员。中国视印度为"一带一路"框架下的关键伙伴,近年来双边关系持续升温。中印两国在上海合作组织、金砖国家及二十国集团等国际舞台上展开广泛协作。虽然目前中印贸易多依赖海运,但随着"一带一路"建设的推进,两国陆上联系的前景愈加可期。伊朗地处西南亚,是中国在中东地区的重要盟友。在"一带一路"倡议的推动下,中伊两国将在多领域进一步深化合作,未来发展潜力巨大。金砖国家与"一带一路"的历史渊源如表 1 所示。

表 1　金砖国家与"一带一路"的历史渊源

年份	历史渊源
2001	美国高盛公司首席经济师吉姆·奥尼尔首次提出"金砖四国"概念
2009	"金砖四国"举行首次峰会
2011	南非作为正式成员加入,合称"金砖五国"
2013	"一带一路"倡议被提出
2017	首届"一带一路"国际合作高峰论坛举办,有 130 多个国家和 70 多个国际组织代表出席
2024	埃及、埃塞俄比亚、伊朗、沙特阿拉伯、阿联酋五国正式成为金砖国家成员

资料来源:作者根据公开信息整理。

2015 年 7 月 20 日,联合国安理会全票通过了伊朗核问题协议,同意解除对伊朗实施了十年的国际制裁。2016 年 1 月,中国国家领导人访问伊朗时,双方达成共识,决定建立全面战略伙伴关系,并签署了包括能源、产能、金融、投资和通信等领域的一系列合作文件。在"一带一路"倡议不断深化的推动下,中伊两国关系迎来了前所未有的发展契机。

(二)金砖国家是"一带一路"的重要支持者

2013 年,习近平主席提出了"一带一路"倡议,2015 年 3 月,《推动共建丝绸之路经济带和 21 世纪海上丝绸之路的愿景与行动》公布。该文件明确指出,以交通、能源和通信为核心的基础设施互联互通是"一带一路"

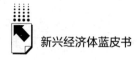

建设的优先领域。"一带一路"倡议提出十余年来，已经连接了亚洲、非洲、欧洲和拉丁美洲的 150 多个国家，覆盖了世界 2/3 的人口，约占全球 GDP 的 40%。"一带一路"倡议投资项目横跨欧亚大陆、东南亚和中东，总价值高达 1.3 万亿美元。这些项目的资金将由丝路基金、亚洲基础设施投资银行（以下简称"亚投行"）和金砖国家新开发银行提供。中国是"一带一路"倡议的发起者。在金砖国家成员中，除了印度外的其他 8 个成员国以及一些已提出申请的潜在成员国都已参与了"一带一路"倡议。

（三）"一带一路"推动金砖国家深化经贸合作

十余年来，共建"一带一路"从亚欧地区扩展至非洲和拉美，从基础设施的"硬联通"拓展到制度与文化的"软联通"及"心联通"，构建了全球范围内覆盖最广、规模最大的国际合作框架，成为参与国家共同发展的合作通道、机遇通道和繁荣通道。"一带一路"倡议给中国及共建国家的企业创造了丰富的投资前景。根据复旦大学绿色金融与发展中心发布的《2023 年上半年中国"一带一路"投资报告》，148 个国家在"一带一路"倡议投资项目 103 个，价值 433 亿美元。从全球来看，十年来"一带一路"倡议在撒哈拉以南非洲地区的投资大幅增长了 130%，其中建筑合同增长了 69%。在此等投资水平下，撒哈拉以南非洲地区已成为继东南亚之后"一带一路"倡议投资的第二大目的地。在共建"一带一路"国家经济总量中，中国经济总量占据一半，在金砖五国中，中国经济总量占据七成，这使得中国成为这两大平台对接的纽带。"一带一路"推动金砖国家深化经贸合作的情况如表 2 所示。

表 2　"一带一路"推动金砖国家深化经贸合作的情况

年份	经贸合作
2014	印度、中国等二十一国在北京正式签署《筹建亚投行备忘录》
2015	俄罗斯、巴西申请加入亚投行创始成员
2017	埃塞俄比亚、俄罗斯和中国等参加"一带一路"国际合作高峰论坛

年份	经贸合作
2017	"一带一路"国际合作高峰论坛上,中国与俄罗斯等七国铁路部门签署《关于深化中欧班列合作协议》
2017~2020	中国、印度等国家签署《区域全面经济伙伴关系协定》(RCEP),但印度中途退出
2019	沙特阿拉伯王储访华时表态支持"一带一路"倡议,并代表沙特阿拉伯与华签订280亿美元订单

资料来源:作者根据公开信息整理。

金砖国家和"一带一路"在时间、空间和功能层面是紧密相关的,"一带一路"提出的互联互通、国际产能和装备制造合作以及开发第三方市场的倡议,是推动"一带一路"建设和全球化合作的重要环节,也是金砖国家自身发展的黄金机会。

二 金砖国家参与"一带一路"建设面临的挑战

(一)印度对"一带一路"倡议存在认知不一致

中印两国虽然在"一带一路"建设中的合作潜力巨大,但在实施中面临一定阻碍。一方面,印度计划推动南亚基础设施建设,并联合部分国家组建孟加拉湾国家经济合作组织,以平衡中国在缅甸、孟加拉国及印度东北部日益增长的影响力;另一方面,在中国支持建设瓜达尔港后,印度迅速与伊朗签署协议,合作开发距离瓜达尔港不到200公里的恰巴哈尔港(Chabahar)。相较于参与"一带一路"倡议,印度更倾向于追求自身的战略目标。因此,在可预见的未来,印度恐难成为连接"一带一路"的桥梁。

(二)金砖国家与其他共建"一带一路"国家存在竞争关系

金砖国家在产业结构和贸易模式上存在显著差异,且在全球产业链中的定位各异,这导致成员国之间在产业领域既存在合作空间,又不乏竞争关

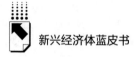

系。例如,俄罗斯、巴西和南非拥有较强的工业基础,但近年来经济更多依赖资源型产品出口,其中巴西与俄罗斯在资源输出上竞争激烈。印度则大力推动制造业的发展,其制造业增加值在金砖国家中仅次于中国,因而与中国在中低端制造业领域形成一定的竞争关系。

共建"一带一路"国家多为发展中国家,其中不乏最不发达国家及内陆国家。这些国家之间的经济和贸易水平差距明显,既涵盖少数发达经济体,也包括大量发展中及欠发达地区。这种多样性使得"一带一路"建设难以建立统一的协调机制,并增强了多边谈判的复杂性。共建国家普遍存在较高的关税及非关税壁垒,对贸易自由化和便利化产生挑战。部分共建国家关税水平偏高,对彼此间的贸易往来造成一定限制。此外,产业同质化竞争较为普遍,容易引发贸易纠纷。贸易便利化基础设施薄弱、海关效率低下、过境管理透明度不足、通关流程烦琐等问题,都对贸易顺畅形成制约。

(三)金砖国家自身发展与"一带一路"倡议不协调

在中国提出"一带一路"倡议的同时,其他金砖成员国各自制定了对外经济拓展战略。俄罗斯提出了"欧亚经济联盟"计划,印度则推出了"印度次大陆经济合作协议"(BBIN,包括不丹、孟加拉国、印度、尼泊尔)、"环孟加拉湾多领域经济技术合作倡议"以及"亚非增长走廊"等项目(见表3)。虽然俄罗斯与中国就"欧亚经济联盟"计划与"一带一路"倡议的对接达成共识,但两者间仍存在部分重叠与竞争。印度则视"一带一路"倡议为对其自身战略的潜在挑战,并通过提出的"亚非增长走廊"计划,试图削弱中国在非洲日益增长的影响力。欧亚经济联盟是由白俄罗斯、哈萨克斯坦、俄罗斯、亚美尼亚和吉尔吉斯斯坦等5个国家为深化经济和政治合作、推动一体化而建立的超国家组织。2014年5月29日,俄罗斯、白俄罗斯和哈萨克斯坦三国领导人在哈萨克斯坦首都阿斯塔纳签署《欧亚经济联盟条约》,宣布该联盟将于2015年1月1日正式运行。其最终目标是打造类似欧盟的经济共同体,形成一个拥有1.7亿人口的统一市场。

2015年1月2日，亚美尼亚正式成为成员国，同年8月12日，吉尔吉斯斯坦也加入其中。

表3　部分金砖成员国的对外经济发展战略

年份	金砖成员国	对外经济发展战略
1997	印度	"环孟加拉湾多领域经济技术合作倡议"是一个跨南亚和东南亚的区域集团，成员国包括斯里兰卡、孟加拉国、不丹、印度、尼泊尔、泰国和缅甸
2014	俄罗斯	俄罗斯、白俄罗斯、哈萨克斯坦三国领导人在哈萨克斯坦首都阿斯塔纳签约正式成立欧亚经济联盟
2017	印度	印度总理莫迪在第52届非洲发展银行年会上指出，"亚非增长走廊"旨在构筑从东北亚、东南亚、南亚至非洲的产业走廊和产业网络，与"一带一路"倡议有较大重合
2017	印度	印度积极推动"印度次大陆国家经济合作协议"，并希望与美日合作推动"印太经济走廊"的建设

资料来源：作者根据公开信息整理。

从机制设计上看，欧亚经济联盟堪称仅次于欧盟的一体化组织。俄罗斯、白俄罗斯和哈萨克斯坦多次强调该联盟的经济定位，但在当前复杂的国际环境下，联盟难免带有一定的"政治联合"色彩。不过，这与西方所谓的"重建苏联"有别，俄罗斯旨在塑造一个全新的超国家实体。与欧盟设立欧元区不同，俄罗斯、白俄罗斯和哈萨克斯坦从未考虑在欧亚经济联盟内推行统一的货币。联盟内部各国经济需求差异明显，分歧和障碍较多，成员国更倾向于与外部开展经济科技合作，而非依赖内部协同，这使其经济吸引力不足，前景堪忧。

目前来看，欧亚经济联盟在经济结构上存在严重的同质化问题，导致一体化成效难以在成员国间充分显现。联盟中经济实力较强的俄罗斯和哈萨克斯坦均以资源出口为主，在全球能源价格下滑和大宗商品市场低迷的背景下，难以通过经济互补摆脱困境。而白俄罗斯、亚美尼亚和吉尔吉斯斯坦虽然在经济结构上与前两者有所不同，但经济体量和市场规模过小，几乎无法发挥显著作用。

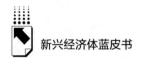

（四）逆全球化思潮迭起，金砖国家地缘政治关系复杂

2008年国际金融危机发生以来，贸易保护主义、单边主义、孤立主义等逆全球化声浪在全球范围内不断高涨，加上2020年新冠疫情对全球经济的冲击，国际交流和物流、人员往来严重受阻，全球贸易投资活动大幅减少，供给侧和需求侧受到重创，全球化生产更加不稳定，国际贸易几近中断，鼓吹逆全球化的思潮甚嚣尘上，加剧了世界经济的不确定性。这对全球产业链、供应链造成了严重冲击，跨境交流、国际贸易的受阻和中断直接导致了部分国家抗疫物资短缺，部分国家宣称将以本国生产和区域化来取代全球化。在逆全球化背景下，金砖国家面临的国际经济环境更加复杂、不确定性增强、风险加大。

与欧盟和北美自由贸易区相比，巴西身处拉丁美洲，南非位于非洲最南端，两国横跨东西半球，地理上的遥远距离成为其参与"一带一路"倡议的天然障碍。两国尽管对该倡议表现出浓厚兴趣，但真正融入仍需时间。此外，部分国家和地区仍面临区域冲突、地缘政治动荡，政权更替、文化差异、宗教矛盾、种族问题及经济差距等因素，导致一些国家和地区尚未形成稳定的发展条件，市场风险较高。

（五）金砖国家各成员国间的投资合作规模小

投资领域的合作长期以来是金砖国家合作的重要领域，但金砖家各成员国间的投资合作规模与成员国的经济体量相比仍较小。据联合国贸易和发展委员会统计，金砖国家间的相互投资额仅占其对外投资总额的6%。以中国为例，从金砖国家吸引的外商直接投资比重较低。2023年，中国对参与"一带一路"建设的国家直接投资达407.1亿美元，同比增长31.5%，占当年对外直接投资总额的23%。中国企业在共建"一带一路"国家签订承包工程合同额2271.6亿美元，完成营业额1320.5亿美元，分别占同期投资总额的85.9%、82.1%，其中，七成为基础设施类项目。根据《中国外资统计公报（2024）》和《2023年度中国对外直接投资统计公报》的数据，就外商直接投资而言，2023年，对华实际投资金额排名前3的分别是中国香港、新加坡和英属维尔京群岛，投资金额占外商直接投资总额的78.3%；2023年，中国从其他金砖国家吸引的外商直接投资占外商直接投资总额的比重为0.04%。

2023年，其他金砖国家在中国新设立企业数量为1821家，占全国新设外资企业的3.4%；实际投资金额达0.7亿美元，占中国实际利用外资的0.04%（见图1）。同年，其他金砖国家在华投资金额排名前5的行业包括制造业、批发零售业、科研技术服务业、交通运输仓储邮政业以及租赁商务服务业。这五大行业新设企业数量占比为90.5%，实际投资金额占比高达99.1%。随着金砖扩员，金砖国家各成员国间投资规模是否能进一步提升，成为其参与"一带一路"倡议时需要面对的重要课题。

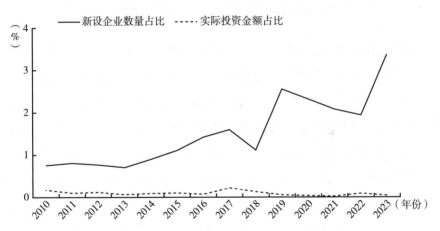

图1　2010~2023年其他金砖国家在中国的投资情况

资料来源：历年《中国外资统计公报》和《中国对外直接投资统计公报》。

三　金砖国家携手"一带一路"共同实现高质量发展

（一）携手"一带一路"谱写人类合作共赢新篇章

从世界看，"一带一路"倡议是中国独自向世界提供的公共产品和国际合作平台，为世界经济发展提供了新动力。世界银行发布的报告认为，"一带一路"框架下的交通基础设施项目全面实施，并辅以配套改革措施，将有望使全球贸易额和全球收入分别增长 6.2% 和 2.9%，并有力促进全球经济增长。

"一带一路"倡议为发展中国家的现代化进程提供了中国路径。发展是破解一切难题的核心，而经济全球化曾为全球经济增长注入强劲动力，特别是 20 世纪 90 年代以来，经济全球化加速推进，为人类社会的进步发挥了重要作用。"一带一路"倡议为发展中国家提供了现代化的道路和选择，无疑具有世界意义。

（二）携手"一带一路"推动金砖国家合作上升到新高度

金砖合作机制与"一带一路"倡议在理念与原则上具有深厚的一致性，两者能够互学互鉴、相辅相成。首先，金砖国家均曾历经贫困，却始终追求进步与共同繁荣，这与"一带一路"倡议的初衷和目标高度契合。其次，基础设施建设是金砖国家合作的重点领域，同样是"一带一路"倡议的关键方向，成为推动贸易与投资合作的切入点。此外，金砖国家致力于在国际事务中发挥更大作用，"一带一路"倡议则通过提供治理理念和规则等"公共产品"，推动全球治理向更公平合理的方向迈进。

"一带一路"倡议作为应对和化解全球性挑战与矛盾的一种路径，给金砖合作机制带来了新理念、新视角、新模式和新方案，强化亚欧互联互通，并向非洲、拉美等地区延伸。从地理上看，金砖国家分布在"一带一路"国际合作的东西南北辐射线上，是共建国家互联互通的重要支点，也是中国与多国联系的桥梁。将金砖国家与"一带一路"倡议对接，不仅能增强金砖国家在其中的桥梁作用，还能提升其合作的影响力。"一带一路"倡议秉持和平发展理念，积极构建与共建国家的经济伙伴关系，致力于打造政治互信、经济融合、文化共融的利益、命运和责任共同体。这有助于提升金砖国家的价值吸引力，推动其建立更紧密、更全面、更稳固的伙伴关系。

（三）携手"一带一路"推动金砖国家成为合作发展的典范

金砖国家致力于塑造绿色、健康、智力与和平的丝绸之路，以持之以恒的努力稳步推进"一带一路"建设，逐步使其惠及共建各国人民。共建"一带一路"倡议并非地缘政治的工具，而是务实的合作载体；它不是单向的援助项目，而是基于"共商共建共享"原则的协同发展倡议。这一倡议为各国实现互利共赢搭建了全新平台，同时为推动联合国《2030年可持续发展议程》的落实提供了新的可能性。

在经济全球化的大框架下，"一带一路"倡议秉承和平合作、开放包容、互助互学、互利共赢的丝路理念，为金砖国家注入新的经济活力。"一带一路"倡议秉持的"共商共建共享"原则，能在市场效率与社会公平间实现动态协调。传统全球化通过贸易自由化和关税减让等方式，对全球经济增长的贡献率约为5%，而在"一带一路"推动的开放、包容、普惠、平衡、共赢的经济全球化下，这一贡献率有望提升至10%~15%。该倡议有助于深化金砖国家之间的经贸与金融协作，促进贸易和投资便利化，构建稳定、可持续且风险可控的金融支持体系，加速金砖国家新开发银行的建设，增强对接发展的经济驱动力。

（四）携手"一带一路"推动金砖国家形成创新合作机制

金砖国家过往的互动总体呈现竞争与合作并存、合作中不乏竞争、竞争中寻求协调的格局。这源于五国既存在差异，又共享利益与需求。随着金砖国家新开发银行的正式运营，金砖五国为了平衡和扩大各自的国际影响力、追求共赢，将逐步构建一套广泛的协调机制，通过这一机制寻求最大共识，实现和平共处、守望相助与共同繁荣的目标。金砖国家只有通过合作，才能在框架内深化联系、提升国际责任，未来有望成为引领全球经济、社会与文明的重要力量。

然而，中国与其他金砖成员的合作并非坦途，特别是随着部分国家经济增速放缓，以及基于政治和利益的考量，未来合作可能存在一定的挑战。金砖国家领导人厦门会晤的成功举办，以及习近平主席在会晤中的一系列讲话，展现了金砖合作机制的巨大活力与光明前景，向世界传递了中国坚定的信心。中国将继续推动金砖国家在发展政策与优先领域上寻求契合，朝着贸易投资大市场、货币金融大流通、基础设施大联通的方向迈进，以应对逆全球化与贸易保护主义的冲击，通过互利共赢的模式实现包容性发展和可持续增长。

（五）携手"一带一路"推动金砖国家可持续发展

经过多年合作与不断探索实践，金砖国家为全球可持续发展做出了积极的贡献，推动发展中国家落实联合国《2030 年可持续发展议程》。同时，金砖国家深化全球可持续发展伙伴关系，充分发挥发达国家与发展中国家之间的桥梁作用，增强了联合国《2030 年可持续发展议程》的广泛性和协同性。面对新冠疫情在全球产生的影响，世界经济复苏艰难曲折、国际秩序演变深刻复杂的挑战，金砖国家要展现担当，为全球可持续发展做出更大的积极贡献，推动构建人类命运共同体。要坚持发展优先理念，推动开放创新增长。金砖国家要积极引领创新增长、长效治理的发展路径，最大限度利用科技发展的最新成果，助力世界经济平稳复苏，推动经济全球化朝着更加开放、包容、普惠、平衡、共赢的方向发展，实现高质量稳定增长。金砖国家要坚持包容性增长的理念，不断调整经济结构和产业结构，在实现经济取得增长的同时，增强经济与资源环境的包容性、协调性，促进产业升级，促进知识、技能提升，推动资本、技术、信息和人才的流动，为企业跨国合作提供更好的便利条件和营商环境。推动各国坚持和贯彻绿色发展理念，转变经济发展方式，将对经济结构进行战略性调整作为推进经济可持续发展的重大决策。转变经济增长动能，在加强合作、互通有无、优势互补、互利共赢的基础上，完善金砖国家和其他国家之间的经贸大循环合作，提高经贸合作的成效和可持续性。促进各国把国民经济增长更多地建立在扩大内需的基础上，将经济增长的主要动能由资源要素投入转向科技信息投入，将经济增长依靠资源投入转向依靠科技进步、劳动者的素质提高和管理的创新上来。

四 优化金砖国家与"一带一路"合作机制

（一）加大金砖国家对"一带一路"倡议的支持力度

经过多年发展，金砖合作机制日益完善，各领域合作成果丰硕，在联合国、二十国集团等多边平台上发挥了重要作用。金砖国家应在国际舞台上表达对"一带一路"的认同与支持，尤其是在金砖峰会等重大场合积极评价"一带一路"，提升其国际影响力、道德正当性与合法性。金砖国家可凭借各自优势，与共建"一带一路"的发展中国家实现对接，并依托"五通"理念构建稳健合理的合作根基。

"一带一路"与金砖国家的协同推进，不仅有助于相关国家和地区的产业升级与资源优化、实现优势互补，还对塑造更加公平合理的国际合作新格局具有深远意义。这种合作能够凝聚新兴市场国家与发展中国家的力量，推动全球治理体系的自主有效改革，涵盖增加就业、加速工业化、提升城镇化水平、推进信息化以及实现经济的可持续增长等多个方面。

（二）探寻合适的切入点推动金砖国家与"一带一路"合作发展

自20世纪90年代起，中国经济步入快速增长阶段。加入世贸组织后，中国企业在全球竞争中迅速壮大，生产能力显著增强。2010年，中国跃升为世界第一制造业大国和第二大经济体。其企业庞大的产能自然产生外溢效应，"一带一路"倡议恰好顺应了这一发展趋势，同时适应了中国经济新常态，为经济发展开辟了新的空间。中国在欧亚大陆开辟了新的路径，创造了有利的周边环境。共建"21世纪海上丝绸之路"是在全球政治与贸易格局变迁下，中国联通世界的新贸易通道，其核心在于通道价值与战略安全，尤其是在中国成为世界第二大经济体、国际政治经济格局复杂的背景下，这一路径的拓展显著提升了中国的战略安全。

构建人类命运共同体是新时代中国特色大国外交的总体目标，而"一

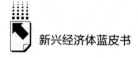

带一路"倡议则是这一理念的实践载体。该倡议的稳步推进有助于推动构建人类命运共同体理念，使其为更多国家所理解和接受，同时加深世界对中国文化与文明的认识。

（三）发挥金砖国家在"一带一路"建设中的核心作用

从金砖国家视角看，中俄印是推动"一带一路"建设的核心动力与引领力量，深化三国合作是推进这一倡议的关键。在共建"一带一路"国家中，中俄印是影响力突出、经济特色鲜明的三大强国。三国幅员辽阔、地理位置优越、兼具陆海优势、经济实力雄厚、发展前景广阔，是金砖国家的重要代表。三国间的利益契合点与相似性逐渐增多，但互联互通仍是其合作的短板。

金砖国家是少数将中俄印三国纳入其中的重要多边机制，为发展中大国在国际舞台上争取了更多话语权，同时推动了国际经济治理从单极主导向发达国家与发展中国家共治转变。目前，俄罗斯和印度均被纳入"一带一路"倡议的规划蓝图，近年来中国与俄印两国围绕该倡议持续协调，促进对接，实现互利共赢。尽管俄印两国因对周边地区主导权的考量，在"一带一路"合作中存有顾虑，但未来中国仍需要与两国深化合作，将中俄印三国协作作为金砖国家合作的重要支柱，增进成员国间的共同利益，推动金砖合作机制与"一带一路"倡议相互助力。

（四）发挥金砖国家新开发银行及亚投行在"一带一路"建设中的金融作用

亚投行是一家政府间性质的亚洲区域多边开发机构，主要致力于支持基础设施建设，其目标是推动亚洲地区的互联互通和经济一体化进程，同时增进中国与其他亚洲国家的合作关系。中国、俄罗斯、印度、巴西和南非均已成为亚投行成员。相比之下，金砖国家新开发银行的服务对象不再限于五国，而是面向所有的发展中国家，但金砖国家成员国享有贷款优先权。

金砖国家新开发银行的独特之处在于，其管理机制、章程和条款均以平等为基础，不受单一国家掌控。与亚投行不同，该银行中五个成员国各持有20%的投票权，无一国占据主导地位，也无一国拥有否决他国决策的权力。

金砖国家新开发银行与亚投行并非竞争对手，两者均聚焦基础设施建设，只是后者更侧重亚洲区域。全球对基础设施的需求巨大，单靠某一机构无法完全满足。在此背景下，两者可携手推动基础设施发展，弥补这一缺口。亚投行的成立旨在为亚洲经济进步和基础设施互联互通提供融资支持，促进区域经济的可持续发展。而金砖国家多为亚洲国家，是亚投行的主要受益者。金砖国家新开发银行则旨在支持金砖国家及其他新兴市场国家与发展中国家的基础设施及可持续发展项目，与现有区域和多边开发银行形成互补，共同助力相关领域的发展。

（五）金砖国家推动"一带一路"多边发展，成为国际合作的"标杆"

在当下，中国作为一个负责任大国，勇敢面对全球挑战，在构建更加合理、公平、平衡的全球治理体系中做积极的推动者、建设者和贡献者，以实际行动践行维护多边主义和构建人类命运共同体的中国理念、中国方案，为重塑全球治理体系提供了路径、指明了方向。"一带一路"是中国构建人类命运共同体理念的生动体现和具体实践，但被部分西方国家误解和歪曲。一方面，要消除一些西方国家对"一带一路"的疑虑和误会；另一方面，要把"一带一路"打造成真正的多边主义实践的典范，让广大的国家和地区看到真正的多边主义是什么样的，切实体会到能从真正的多边主义中得到实实在在的利益。中国致力于推动"一带一路"向多边化发展，从规则制定、组织管理、人员构成、项目合作到政策执行等环节实现多边参与、标准化运作和透明化管理，可设立由多国及国际组织共同参与的治理框架，定期举行磋商、确定议题，平等分配话语权，进一步凸显"一带一路"作为国际公共产品的属性。中国可通过"一带一路"打造多样化、多层次的合作网络，如组建"一带一路"国际企业联盟、技术创新联盟、数字经济联盟、气候变化应对联盟及人才合作联盟等，使其成为资源优化配置的"调节器"。此外，中国应推动"一带一路"与共建国家和地区的区域发展政策对接，提

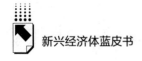

升政策协同性，拓宽合作领域，如与哈萨克斯坦的"光明之路"、蒙古国的
"发展之路"、土耳其的"中间走廊"、越南的"两廊一圈"、东盟的互联互
通规划以及英国的"英格兰北方经济中心"等实现协调发展。中国力求将
"一带一路"塑造为国际公共产品供给和全球合作平台的典范，以实际行动
证明真正的多边主义是切实可行的。

五　深化中国与金砖国家新成员"一带一路"
国际合作

（一）加强与沙特阿拉伯能源及数字基础设施领域合作

沙特阿拉伯是最早响应并加入共建"一带一路"的国家之一。近年来，
"一带一路"倡议与沙特阿拉伯"2030愿景"实现深入对接，越来越多的
中国企业参与沙特阿拉伯的基础设施项目。结合当前中国与沙特阿拉伯的发
展形势，未来两国可重点在以下领域深化合作。

一是能源合作。双方可在高端海洋工程制造、天然气液化及加注设施、
工业品线上贸易平台、双边石油化工项目及互助性产品进出口政策（涵盖
财税、口岸、通关、商检等）、油气及化工品贸易的本币结算、石油化工自
贸区或初创园区等方面加强协作。此外，在石油化工测试设备的商业化应
用、自动化智能化生产系统研发、企业培训、专利技术转让及科技管理等领
域也有广阔的合作空间。

二是数字基础设施合作。沙特阿拉伯的信息基础设施尚待完善，数字化
转型需求迫切。中国可在此背景下助力其数字化发展，涉及信息基础设施建
设、数字供应链、智能制造、智慧工程、智慧城市、跨境电商及数字娱乐等
多个方面。

（二）深化与伊朗油气能源全产业链及经贸领域合作

在古代丝绸之路上，伊朗占据至关重要的位置，在当今的"一带一路"

建设中,伊朗同样是不可或缺的枢纽国家。伊朗地处亚洲西部,东邻高加索、中亚和南亚,西接阿拉伯地区,南濒波斯湾和印度洋,自古以来便是沟通东西方的交通要冲,因此被誉为"欧亚陆桥"和"东西方空中走廊"。多年来,中国始终是伊朗的最大贸易伙伴。两国签署了"一带一路"合作谅解备忘录,持续深化在该框架下的协作。结合当前中伊两国的发展形势,未来合作可在以下领域进一步加强。

一是深化油气能源全产业链合作。中伊在油气产业的上下游以及电力、煤炭、核能和可再生能源等领域拥有良好的合作基础和较大的合作潜力。在推动重大战略项目的同时,两国应拓展中小型项目合作,巩固上中下游一体化的全面协作格局,不断挖掘潜力,推动合作向纵深发展。

二是持续推进经贸合作。截至 2020 年底,中伊非能源贸易额已达 206 亿美元。随着双方经贸关系的深化,中国已成为伊朗最大的贸易伙伴、主要的原油出口目的地和重要的外资来源国,特别是在能源、交通、通信、汽车和建材等领域。然而,受国际制裁影响,双方的合作潜力尚未完全释放。未来,伊朗的发展需求将进一步显现,这将为中国企业和商品开拓一个巨大的市场提供机遇。

(三)拓展与阿联酋光伏及清洁能源技术合作

"一带一路"倡议受到阿拉伯国家联盟的欢迎,中国已在"一带一路"框架下与众多阿拉伯国家合作推动落实许多大型项目。根据"一带一路"基础设施发展指数,2023 年阿联酋基础设施发展指数得分为 124,在共建"一带一路"国家中排名第 6,较 2022 年上升 5 位。为应对全球能源市场的不断变化,阿联酋政府持续扩大油气产能,并将液化天然气作为未来的重点发展方向,对相关基础设施的投资不断增加。基于当前中国与阿联酋的发展现状,未来两国之间可以加强以下几个领域的合作。

一是拓展与阿联酋在光伏领域的合作。位于阿布扎比市以南的 Al Dhafra 光伏电站项目总装机容量 2100MW,是目前全球最大的单体光伏电站项目之一,由国机集团、晶科能源、天合光能与良信电器等中国企业参与建设，是共建"一带一路"倡议在中东地区的重要实践。穆罕默德·本·拉希德·阿勒马克图姆太阳能公园四期由阿联酋、沙特阿拉伯和中国三国企业联合投资，由上海电气集团股份有限公司作为工程总承包商，是目前全球装机容量、投资规模与熔盐罐储热量最大的光热项目，实现了中国产能与阿联酋能源发展战略的有效对接。未来，随着"一带一路"倡议不断推进以及阿联酋相关战略政策加快落实，中阿两国在光伏领域的合作将不断深化。

二是加强清洁能源技术的合作。在两国领导人的共同擘画下，中阿两国合作不断加深，逐渐形成了"油气牵引、可再生能源提速"的合作格局。根据 ENR 统计，中国企业在阿联酋基建市场中具有一定优势，但面临来自欧美和日韩企业的激烈竞争，加上阿联酋政府对设计标准与合同要求严格，未来要持续拓宽合作空间仍极具挑战性。随着阿联酋"2050 年零排放战略倡议"、"国家氢能战略"以及《2036 年阿联酋水安全战略》等一系列规划的实施，太阳能发电、氢能与海水淡化等重点行业发展不断加速。阿联酋政府历来重视技术发展及新技术的应用，未来中国企业需要持续推动新技术的研发与应用，积极培育在技术、经验与项目管理等方面的比较优势，不断拓宽合作空间。

（四）加强与埃塞俄比亚数字经济及职业教育合作

1970 年中埃建交以来，两国关系稳步发展，建立了全天候战略伙伴关系，成为中非合作的典范。截至 2023 年，中国已成为埃塞俄比亚最大的贸易伙伴、投资来源国和工程承包商，对埃塞俄比亚的直接投资项目达 1835 个，总额约 48 亿美元，创造了 56 万个就业岗位。作为非洲人口第二大国，埃塞俄比亚经济以农业为主，农业产值约占 GDP 的 40%，农牧民占总人口的 85% 以上。咖啡是其主要出口作物，贡献了超过 1/3 的外汇收入。基于当前中国与埃塞俄比亚的发展现状，未来合作可聚焦以下领域。

一是深化数字经济合作。以科技创新驱动社会价值提升，坚持开放包容的原则，以技术能力增强为目标，遵循"共商共建共享"的原则，推动两国数字经济深度融合，通过具体行动助力智慧出行，改善生活品质。

二是加强职业教育合作。职业教育与培训不仅是学术领域的合作，还是连接两国、增进理解、强化联系的桥梁。与埃塞俄比亚分享中国现代化经验，推动两国在更高层次上的开放合作。

（五）加强与埃及人文交流及绿色可持续产业合作

埃及是最早参与"一带一路"倡议的国家之一，该倡议与埃及"2030愿景"实现深入对接，在多个领域取得了显著成效。中埃合作推进了多个项目，促进了伙伴关系的深化。例如，双方共建的经济区吸引了中国企业在埃及开展工业生产，联合建设新行政首都则展现了"一带一路"倡议的强劲生命力，为埃及发展提供了实实在在的助力。基于当前两国的发展现状，未来合作可聚焦以下领域。

一是加强人文交流合作。埃及和中国均拥有悠久的历史和辉煌的文明，深化人文交流合作对推动文化互鉴与民心相通意义重大。人文交流是中埃深入共建"一带一路"的重要推动力。

二是推进绿色可持续产业合作。持续开展与气候变化相关的项目，在可再生能源、食品安全、海水淡化等领域采取具体措施。截至 2023 年，中国森林面积达 2.31 亿公顷，森林覆盖率达 24.02%，成为全球森林资源增长最快的国家。除了植树造林方面的经验分享，埃及还可借鉴中国在可再生能源领域的先进技术，尤其是在太阳能方面，中国已居世界前列。

参考文献

陈健、龚晓莺：《习近平外交思想在金砖国家合作机制与"一带一路"倡议对接中的体现》，《南亚研究》2018 年第 1 期。

胡其伟、张汉林：《金砖国家金融合作路径探析》，《国际贸易》2013 年第 6 期。

李军、李洁玲：《"一带一路"倡议与中国对金砖国家贸易潜力研究》，《亚太经济》2017 年第 3 期。

刘佳骏：《"一带一路"倡议下金砖国家产能合作展望》，《国际经济合作》2017 年

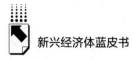

第 11 期。

马志云、刘云：《金砖国家间科研合作及对"一带一路"国家的影响》，《科学学研究》2018 年第 11 期。

屠新泉、蒋捷媛：《金砖国家合作与"一带一路"倡议协同发展机制研究》，《亚太经济》2017 年第 3 期。

徐超、于品显：《金砖国家机制与"一带一路"倡议合作研究》，《亚太经济》2017 年第 6 期。

赵雅文：《"一带一路"背景下中国与其他金砖国家贸易合作研究》，硕士学位论文，陕西师范大学，2018。

朱丽君等：《"一带一路"背景下中国与金砖国家棉花贸易的潜力、困境与对策》，《农业展望》2021 年第 2 期。

国别报告

B.2
巴西视角下的金砖扩员：议题与展望

周楚涵*

摘　要：　继 2011 年南非加入金砖国家后，金砖国家于 2024 年 1 月 1 日实现了第二次扩员，扩员后的金砖成员国结构更加多元，为新兴经济体发展提供了更大的平台。本报告基于金砖扩员这一背景，从巴西的视角出发，分析巴方是如何看待本次扩员，扩员后会在哪些合作领域提出相应议题，其目的又是什么。对于巴西来说，金砖扩员带来了前所未有的新机遇，有望助卢拉政府扭转巴西的发展颓势。预计巴方将通过更广泛的金砖国家组织框架与"全球南方"合作多边外交框架，深化农业、能源和金融等领域的合作，切实推进巴西的去美元化、再工业化以及国际关系民主化。

关键词：　巴西　金砖扩员　"全球南方"

---

* 周楚涵，吉林外国语大学西方语学院葡萄牙语专业校聘讲师，研究领域为葡语国家区域国别研究。

金砖合作机制是新兴市场国家和发展中国家加强团结合作、维护共同利益的重要平台。以2024年扩员为新起点，这一机制进入"大金砖合作"的新时代。2024年1月1日，金砖合作机制正式吸纳了五个新成员，即沙特阿拉伯、埃及、埃塞俄比亚、阿联酋和伊朗，此次扩员使金砖国家规模扩大一倍，2023年金砖国家GDP全球占比达到37.4%，而七国集团则占29.3%，且差距正在持续拉大。过去十年，金砖国家GDP增量占全球的40%以上。2024年金砖国家平均经济增长率预计为4%，高于七国集团（1.7%），也高于全球平均值（3.2%）。①

显然，这五个国家的加入扩大了金砖合作机制的经济体量和国际影响力，无论是从我国外交实践来看，还是从"全球南方"的合作机制建设来看，金砖扩员都意义重大，因为它让该机制在全球新兴市场中更具代表性，在全球多边主义中更具重要性，金砖国家正在巩固其作为"全球南方"声音的地位，并在国际政治中获得更大的影响力。对于巴西来说，提升巴西的大国地位是巴西政府积极参与金砖合作机制的一项战略考量。成为联合国安理会常任理事国，增强在国际组织的代表性，参与国际规则的制定是巴西大国战略的重要目标。此次金砖扩员带来了前所未有的新机遇，"大金砖合作"与"金砖+"合作模式有望帮助巴西在国际舞台上发挥更大的作用，并走出当前的发展困境。

一 金砖国家扩员背景

（一）"大金砖合作"与"金砖+"合作模式

"大金砖合作"指的是金砖合作机制在2024年扩员后进入的新阶段，这一机制不仅包括了原有的金砖五国（巴西、俄罗斯、印度、中国、南

---

① 《普京：金砖国家GDP全球占比已超G7，差距还将扩大》，观察者网，2024年10月18日，https://www.guancha.cn/internation/2024_10_18_752272.shtml。

非)，还新增了埃及、埃塞俄比亚、伊朗、沙特阿拉伯、阿联酋，使得金砖国家的合作范围进一步扩大，成为"大金砖合作"。"大金砖合作"的目标是以开放包容、合作共赢的金砖精神为内在要求，推动金砖国家之间的团结合作，维护"全球南方"的共同利益。

"金砖+"合作模式最初由中国在2017年提出，旨在丰富金砖国家合作的内涵，拓展金砖国家的全球伙伴关系网络。在"金砖+"合作模式下，应邀参加金砖峰会的不仅包括国家领导人，还囊括各地区和国际组织如非盟等的负责人。"金砖+"的目标是扩大金砖国家合作的全球影响力，构建更加广泛的合作网络，强调求同存异，不断巩固和加强金砖国家与其他新兴经济体和发展中国家的联系。

2017年，金砖国家领导人第九次会晤在中国厦门举行，中国在本次会晤中提出"金砖+"合作模式，同时邀请了泰国、埃及、墨西哥、几内亚、塔吉克斯坦等五国领导人出席，进一步扩大了金砖国家的合作范围，以建设更加广泛的南南合作平台，促进新兴市场国家和广大发展中国家之间的对话与合作。

在厦门会晤结束后，金砖国家依托上合组织等国际组织，在更大范围、更多领域、更深层次开展南南合作，客观上给推动新时代南南合作带来了历史机遇。通过金砖国家同其他发展中大国和国际组织进行对话，建立更广泛的伙伴关系，把金砖合作机制打造成为当今世界最有影响力的南南合作平台。"金砖+"合作模式的概念承前启后，不仅与原南南合作关系密切，还是新南南合作的基石。

2024年10月24日，国家主席习近平在喀山会展中心出席"金砖+"领导人对话会并发表题为《汇聚"全球南方"磅礴力量 共同推动构建人类命运共同体》的重要讲话，指出"全球南方"群体性崛起，是世界大变局的鲜明标志。"全球南方"国家协同推进现代化进程是人类社会发展史上的重要里程碑，亦是文明演进中具有开创性意义的实践探索。在当前国际格局深刻演变的背景下，和平赤字与发展鸿沟持续存在，"全球南方"国家振兴事业面临多重挑战。作为"全球南方"阵营的核心力量，金砖国家急需凝

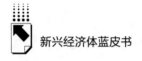

聚战略共识，践行多边主义原则，为人类文明新形态的构建提供实践范式。

"金砖+"合作模式之所以能成为南南合作的新范本，核心动因在于该模式精准把握了国际格局变迁中的关键变量。

首先，国际权力结构转型为合作机制创新提供了现实基础。数据显示，新兴经济体对全球经济增长贡献率已超过65%，其参与全球治理的诉求呈现指数级增长。金砖合作机制通过构建常态化政策协调平台，不仅有效满足了新兴力量提升制度性话语权的迫切需求，还通过"金砖+"合作模式搭建了梯度化合作网络，为发展中国家构建多层次治理参与体系提供了制度载体。

其次，南南合作范式转型催生合作机制创新需求。历史经验表明，20世纪"全球南方"国家合作受产业同构性制约，难以形成可持续发展动能。金砖合作机制通过创设新开发银行（NDB）、产业链供应链合作论坛等制度化协作框架，实现了合作维度的三重跃升：在政治层面巩固战略自主共识，在经济层面构建"发展型相互依赖"关系，在文明层面探索多元现代性路径。这种复合型合作架构既打破了传统南南合作的工具理性局限，又为人类命运共同体理念提供了具象化实践路径。

需要特别指出的是，金砖合作机制正在通过"发展权—安全权—文明权"三位一体的价值重构，塑造新型国际关系准则。统计显示，金砖新开发银行已为成员国基础设施项目提供了超过320亿美元融资，其绿色债券发行量较传统多边机构高出18个百分点。这种以发展实效为导向的合作模式，不仅实现了南南合作从理念倡导到制度供给的质变，还通过技术标准互认、数字货币结算等创新实践，重塑了全球经济治理的技术架构。这种深层次的制度创新，标志着"全球南方"国家已从国际规则的被动接受者转变为全球治理体系的共同缔造者。

随着"金砖+"合作模式的不断发展，金砖国家扩员的议题也开始稳步推进。2022年5月19日，中国国务委员兼外交部部长王毅在北京主持召开了历史上首次金砖国家同新兴市场和发展中国家外长视频对话会，金砖五国外交部部长在会上一致表示支持金砖国家扩员。随后在金砖国家领导人第十四次会晤中，五国领导人进一步达成共识，在充分协商达成共识的基础上通过金砖国家事务协调人来明确金砖国家扩员的标准。① 2024 年，30 多个参与金砖国家峰会的国家表示希望加入，23 个国家正式提出申请，此次峰会深入探讨了加入金砖国家的程序、标准和流程。

金砖扩员是"全球南方"群体性崛起、世界多极化进程加速推进的体现。2023 年金砖国家 GDP 全球占比创下纪录，达到了 37.4%，而七国集团的占比降至 29.3%。② 这意味着金砖国家 GDP 超过了由"全球北方"组成的七国集团 8.1 个百分点。作为新兴市场国家和发展中国家的集合体，"全球南方"占世界经济的比重已提升到 40% 以上，占世界商品贸易总额的比重已上升至 42% 左右，预计到 2060 年，"全球南方"占世界经济的比重将达 57%。③

（二）巴西政府对金砖国家扩员的态度

巴西政府对于建设与发展多边合作平台一直持欢迎态度。巴西长期奉行多边主义外交原则，主张国际关系民主化和世界多极化，呼吁建立国际政治经济新秩序。早在 1995 年，巴西卡多佐政府就提出了争取联合国安理会常任理事国席位的想法，随着全球治理的多极化趋势增强，巴西意识到自己作为全球性新兴大国，必须通过在全球治理中发挥作用来提升自身国际地位与影响力，并为加入联合国安理会常任理事国积极开展外交。④ 即便是在博索纳罗掌权时期，巴西也没有退出金砖合作机制，这足以证明其对金砖合作机制的支持与认可。

2003 年卢拉政府执政以来，巴西的全球战略定位被视为拉美地区重塑

① 黄仁伟、朱杰进：《全球治理视域下金砖国家机制化建设》，《当代世界》2022 年第 7 期。
② 《普京：金砖目标是成员国的可持续发展和繁荣》，人民政协网，2024 年 10 月 19 日，http://www.rmzxb.com.cn/c/2024-10-19/3622766.shtml。
③ 参见国际货币基金组织《世界经济展望报告》（World Economic Outlook），https://www.imf.org/en/Publications/WEO/weo-database/2024/April/select-aggr-data。
④ 周志伟：《国家身份、集体身份与激励机制——巴西参与金砖国家的核心动机分析》，《拉丁美洲研究》2022 年第 5 期。

国际政治格局的典范。该国通过深度融入金砖国家多边协作机制，实质性地推动了新兴经济体在全球治理体系中的结构性变革。2009～2023年，巴西在金砖框架内合作项目的参与度提升227%，特别是在气候金融与粮食安全领域拥有了制度性话语权。这种战略选择不仅提高了巴西作为南半球代表国家的地位，还通过构建"金砖+泛南美"合作网络，将区域影响力半径扩展至非洲与中东地区。

金砖合作机制的制度吸引力呈现指数级增长态势。自2010年南非正式加入后，该机制已累计收到47个国家提交的加入申请，其中包括23个非洲国家与9个中东经济体。值得注意的是，2023年扩容进程中形成的"梯度准入机制"将申请国分为完全成员、伙伴成员与观察成员三级。中国、俄罗斯、巴西、南非四国在2022年联合发布的《金砖扩容白皮书》中明确指出，成员规模扩大需要与治理能力建设同步推进，特别强调新成员需要承诺至少向新开发银行注资其GDP的0.15%。

巴西经济学家保罗·诺盖拉·巴蒂斯塔的实证研究揭示，金砖合作机制吸引力源于双重驱动力：其一，地缘经济格局重构指数（GRI）显示，2020年以来新兴经济体对全球经济增长贡献率持续超过65%，而传统发达国家联盟的治理效能指数（GEI）下降12个百分点；其二，"全球南方"国家对西方主导的"选择性多边主义"抵触情绪明显，2023年"全球南方"国家在联合国大会对西方提案的支持率降至历史最低点41.3%。这种结构性矛盾催生了对替代性治理平台的需求，金砖国家通过建立本币结算体系（2023年覆盖38%的成员国间贸易）与数字治理协作网络，正在形成"去依附化"发展新模式。

值得关注的是，金砖扩员正在引发国际货币体系深层变革。新成员国沙特阿拉伯与阿联酋持有的1.2万亿美元主权基金，与创始成员国中国3.1万亿美元外汇储备形成协同效应。2024年试运行的金砖支付清算系统（BRICS-CPS）日均处理量已达SWIFT系统的18%，其采用的分布式账本技术使跨境结算成本降低1.8个百分点。这种技术赋能的金融创新，正在动摇二战以来美元霸权体系的根基，据国际清算银行测算，金砖合作机制每扩展1个能源输出国成员，将使全球石油贸易中美元结算比例下降 2.3~2.7 个百分点。

此前，部分西方媒体对巴西外交官的话进行炒作，面对质疑，卢拉迅速在社交网络直播节目"与总统对话"中予以回应，卢拉指出，金砖国家领导人第十五次会晤期间宣布邀请沙特阿拉伯、埃及、阿联酋、阿根廷、伊朗、埃塞俄比亚正式成为金砖大家庭成员，这使金砖合作机制"变得更强大、更有力、更重要"。扩员后的金砖国家 GDP 占比提高。"世界将不再一样，金砖国家将更加强大。"①

对巴西来说，金砖合作机制是其提升自身国际地位与影响力的关键平台，金砖扩员后为巴西提供了一个更加广泛的南南合作平台，有利于巴西提升本国在拉美及全球经济体系中的话语权，并为日后申请加入联合国安理会常任理事国打下基础，这种快速发展且互利共赢的"金砖+"合作模式符合巴西的根本利益。

二 巴西视角下"大金砖合作"的核心议题

（一）深化农业领域合作，保护本国粮食安全

巴西粮食安全问题是其国家特有的内生性危机。根据联合国发布的 2023 年《世界粮食安全和营养状况》报告，2020~2022 年，约有 1010 万名巴西人面临饥饿危机，相比前几年有所减少。同时，遭受粮食不安全威胁的巴西人有所增加，达到 7030 万人，约占总人口的 1/3。"如果在 2026 年任期结束时，每个巴西人都能再一次享用咖啡、午餐和晚餐，我就完成了人生的使命。"巴西总统卢拉在上任后的一次会议上谈到饥饿问题时当场落泪。

巴西有 2 亿多人口，耕地面积有 27 亿多亩，南部和中西部地区的土地肥沃，适合种植各种农作物。亚马孙河和巴西盆地的水资源提供了灌溉和水源保障，使得巴西能够在干旱季节保持农业生产的稳定性和连续性，而且巴

---

① 参见《巴西总统卢拉：扩员后的金砖合作机制"更强大、更有力、更重要"》，人民网，2023 年 8 月 30 日，http://www.news.cn/world/2023-08/30/c_1129834962。

西的气候条件多样,从热带雨林气候到亚热带气候和温带气候,涵盖了广泛的气候带。这些自然条件为巴西的农业发展奠定了坚实的基础。然而,尽管拥有如此丰富的资源和潜力,巴西却面临粮食安全的挑战。究其原因,可以从以下几个方面进行分析。

首先,巴西绝大多数的土地资源被少数人掌握,其追求的是经济利益,所以土地以种植大豆、咖啡、甘蔗等经济作物为主,导致玉米、小麦、大米等粮食作物产量日益走低。其次,巴西大部分农业产出集中在南部和中西部地区,而许多贫困地区则缺乏农业投资和技术支持。这导致了农业生产的不均衡,一些地区即使拥有良好的土地和气候条件,却因缺乏资金和技术支持而无法发挥潜力。最后,在国家层面,博索纳罗政府没有足够重视农业的发展。为了增加耕地面积,巴西对其境内热带雨林进行了大肆砍伐。耕地面积以每年1.84%的速度不断递增,而森林覆盖率却从原来的85%下降到了58%。森林退化、水土流失,使得近几年巴西旱灾频发,导致粮食减产,粮价上涨,这直接加剧了巴西的粮食安全问题。

为构建更具韧性的粮食安全保障体系,巴西将持续强化金砖多边协作框架下的农业战略合作。金砖合作机制自2006年形成以来,已在农业技术协同创新与粮食安全治理领域形成制度性优势。数据显示,金砖成员国集中了全球46.8%的可耕地资源,其粮食产量占世界总量的比重从2010年的34.7%提升至2022年的41.2%,这为深化农业合作奠定了物质基础。以中巴农业科技合作为例,2022年成立的隆平巴西科创中心,通过建立玉米种质资源联合实验室,成功培育出6个适应热带气候的杂交玉米品种,其技术成果已覆盖巴西耕地面积逾400万公顷,当地玉米单产水平提升了23%~35%。①

在金砖合作机制本次吸纳的新成员中,阿联酋是中国在中东地区最大的农产品出口国,也是中东地区首个加入金砖国家新开发银行的国家。2023

---

① 参见《巴西学者:金砖国家的农业合作将继续为应对全球粮食危机作出重要贡献》,外交部网站,2022年6月17日,https://www.fmprc.gov.cn/web/ziliao_674904/zt_674979/dnzt_674981/qtzt/ddzggcd/rlmygtt/202207/t20220708_10717560.shtml。

年 11 月 23 日，"一带一路"重点农业项目——迪拜中国农牧渔产品（欧威尔）批发市场在迪拜开业。该批发市场的成立将支持更多农业企业融入全球产业链和供应链，"金砖+"合作模式在农业贸易领域具有广阔的合作空间。而中国在包括农业技术创新、基础设施建设、农产品研发、绿色农业、农产品现代流通体系、行业数字化及自动化等领域的发展成果与金砖农业合作的耦合效应，推动形成了"技术研发—产能合作—贸易畅通"三位一体的新型南南合作范式。

巴西的农业合作战略包含三个实施维度：其一，构建全产业链整合机制，重点发展跨境农产品冷链物流体系，通过金砖国家农产品期货市场联动机制平抑价格波动风险；其二，推进农业治理规则创新，建立粮食能源化使用阈值标准，制定针对跨国粮商市场支配地位的规制性框架；其三，强化气候智慧型农业技术转移，依托金砖遥感农业监测网络，实现耕地的精准气象预警覆盖。这种系统性合作模式使金砖国家在全球粮食安全指数中的集体排名较机制成立初期提升 27 个位次。

巴西未来将继续推动金砖国家农业合作机制发展，加强全球粮食安全合作。与金砖各国共同开展农业综合开发、农产品加工、仓储运输、市场营销、风险管理、国际贸易等全链建设，共同打造持续、稳定、安全的农业食品国际供应链，确保本国粮食和重要农产品的有效供给。通过金砖合作机制加强国际农业治理合作，制定限制粮食能源化与金融化的农业治理规则，对农业贸易的全球垄断采取必要的行动，加强全球农业治理，以应对气候变化、地缘冲突、全球粮食危机等给全球农业带来的传统和非传统挑战。

（二）深化能源领域合作，助力再工业化进程

为应对全球产业格局重构的挑战，巴西政府正着力实施产业结构升级战略。2024 年 1 月启动的"新巴西工业倡议"标志着该国正式开启第四代工业化进程，该倡议构建了包含数字化农业生态链、健康产业综合体、气候智慧型基础设施、产业数字化转型、绿色技术革命及国防科技自主创新六大支柱的战略框架。值得关注的是，该倡议将农业数字化与工业化深度融合，计

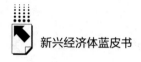
划在2024~2027年投入78亿雷亚尔建设农业物联网系统，预期提升全要素生产率15%~20%。

在国际能源治理领域，巴西展现出战略主动性。2023年COP28期间宣布的"欧佩克+观察员国"身份具有双重政策意涵：既保持与传统能源生产国的对话机制，又通过建立"热带能源转型联盟"协调平台，推动形成可再生能源技术转移的多边框架。巴西计划到2030年将绿氢产能提升至200万吨/年，此举可使拉美地区化石能源依赖度降低7~9个百分点。

作为新能源领域的先锋，巴西可再生能源产量占全球的近7%，超过了其在全球人口中3%的份额和在全球GDP中2%的份额，并且长期以来是生物燃料和水电技术的领导者。目前，巴西正寻求将能源创新拓展到新的技术领域，其推行的《国家氢能计划》和《2023—2025年工作计划》都将研究和开发可再生能源作为核心。① 巴西之所以希望通过新能源产业的发展助力再工业化，是因为这种新型工业化可以使巴西实现低碳可持续的良性发展。

帮助各国政府发展清洁能源技术是国际能源署的核心任务，也是巴西政府长期以来的目标。对于新兴市场和发展中经济体，以及其他能源技术创新发展历史较短的国家来说，在新能源领域的发展可以帮助这些国家在全球清洁能源技术价值链中明确自身定位，促进经济增长，并加快全球实现气候目标。新兴市场和发展中经济体的相关技术经验也可以为世界各地的能源、创新和气候政策提供参考，其利害关系远远超出一国自身。根据国际能源署的计算，为了使世界实现将气温上升控制在1.5℃以内的目标，全球清洁能源的投资约55%需要应用在新兴市场和发展中经济体，然而目前90%以上的低排放能源专利来自欧洲、日本、美国、韩国和中国。②

---

① 《GCNR研报 | 巴西绿氢项目投资现状及其挑战（下）》，"全球碳中和研究院"百家号，2025年1月15日，https://baijiahao.baidu.com/s?id=1821291010301438547&wfr=spider&for=pc。
② 参见《巴西旨在通过清洁能源创新产生全球影响》，中国电建网站，2023年4月13日，https：//pr.powerchina.cn/xwzx/xyxx/art/2024/art_592899e0526d454c9aa8f9f2734a88d0.html。

金砖扩员带来的能源合作新动能值得深入探讨。新成员国中，沙特阿拉伯与阿联酋合计持有全球 32% 的原油储备，其新能源投资规模年均增长率达 14.5%，与中国在光伏组件、俄罗斯在核能技术、南非在碳捕捉领域形成显著互补。建议构建"三维协同机制"：首先建立能源技术联合研发中心，重点打破绿氢制备成本瓶颈；其次完善能源金融风险对冲工具，开发基于区块链的碳信用交易系统；最后构建跨大陆智能电网，通过金砖能源互联网实现成员国可再生能源消纳率提升 25%~30%。这种立体化合作模式，既可缓解传统能源路径依赖，又能为"全球南方"国家提供可复制的低碳转型方案。

（三）深化金融领域合作，摆脱西方资本控制

除了土地之外，巴西的金融市场也在很大程度上被西方资本把持。2000~2011 年，西方资本在巴西的投资收益高达 4160.58 亿美元，而同期巴西的全部商品贸易（资源出口）盈余，再加上海外投资收益，共 4252 亿美元，可以说巴西 12 年间参加国际贸易的大部分收益被西方资本占有了。①不仅如此，在面对金融危机或经济衰退时，西方发达国家不是通过提高投资能力来解决危机，而是采取货币扩张政策，这对许多发展中国家，尤其是巴西造成了极大的经济冲击。

全球金融治理体系正面临结构性危机。美元政治化使用导致的跨境支付体系碎片化，已造成全球供应链重构成本激增。2022 年，地缘冲突引发的能源制裁使全球化肥价格指数同比上涨 87%，粮食贸易融资成本增加 12~15 个百分点。更值得警惕的是，某些国家滥用长臂管辖机制，2020~2023 年单方面冻结的主权资产规模累计超过 3000 亿美元，这种系统性风险迫使新兴经济体加速建设替代性金融基础设施。

在此背景下，巴西正着力构建新型南南金融协作体系。金砖国家应急储

---

① 徐以升：《巴西真相——为国际资本打工的净债务国》，《第一财经研究院研究报告》2012 年第 5 期。

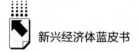

备安排（CRA）作为关键制度创新，已形成总额 1000 亿美元的货币互换网络。该机制通过双层风险缓释架构发挥作用，基础层由成员国央行间双边互换协议构成（占总额 70%），增强层则设立流动性支持机制（占 30%），特别是 2023 年纳入的阿联酋、沙特阿拉伯等新成员，其主权基金总规模达 2.3 万亿美元，可将 CRA 风险覆盖能力提升 40%。这种预防性金融盾牌在新冠疫情期间已显成效，使成员国汇率波动幅度较非成员国降低 3~5 个百分点。

新开发银行的运作模式体现南南金融合作的范式创新。通过建立本币融资体系，其人民币债券发行占比已从 2016 年的 46% 提升至 2023 年的 78%。罗塞夫行长推行的"去美元化"战略成效显著，2023 年新开发银行的本币贷款项目使成员国汇率风险敞口平均缩减 22%。更值得关注的是其资本补充机制的创新，新成员准入采用梯度出资模式，基础认缴资本与特别基金池双轨并行，既保障决策权平衡，又实现资本金规模弹性扩大。

该金融体系的扩容战略具有三重制度效能：其一，通过吸纳能源输出国与技术领先经济体，形成"能源—技术—资本"的三角稳定结构；其二，创新使用数字特别提款权（D-SDRs）结算系统，在 2023 年试运行阶段已完成 37 亿美元跨境清算，耗时较 SWIFT 系统缩短 60%；其三，构建气候金融联动机制，其绿色债券发行量占新兴市场多边机构总量的比重从 2020 年的 18% 跃升至 2023 年的 34%。这种立体化金融治理架构，为重构国际货币体系提供了实践样本。

三　巴西视角下"大金砖合作"的未来展望

（一）去美元化

国际货币体系正经历结构性变革。2022 年，全球央行美元储备占比已降至 58.36%，为 1995 年以来最低水平，这反映出美国货币政策工具化引发的系统性信任危机。巴西等新兴经济体通过构建多边金融协作网络，正在重塑国际支付体系架构。金砖扩员后形成的"资源—市场—技术"三角结构，使成员国间贸易互补指数提升至 0.78（较扩员前增长 23%），有效降低对传统中心国家 22% 的供应链依赖度。

金砖合作机制的战略性扩容具有多维经济意涵。在新成员国中，沙特阿拉伯与伊朗合计拥有全球 26% 的原油储备，阿联酋掌握中东地区 65% 的清洁能源投资，埃及占全球 12% 的苏伊士运河航运量。这种资源配置使金砖国家在全球大宗商品定价权指数中的权重从 17.3% 跃升至 28.6%。特别值得关注的是，沙特阿拉伯持有的 1720 亿美元美债资产与阿联酋 3500 亿美元主权基金的组合，为构建替代性国际支付系统提供了价值锚定物。

货币体系重构呈现三个创新维度：其一，本币结算网络已覆盖成员国间 38% 的贸易额，其中中俄能源贸易本币结算率达 76%；其二，数字货币协作进展显著，2023 年金砖跨境支付平台处理交易量达 4870 亿美元，结算效率较 SWIFT 系统提升 40%；其三，新开发银行本币债券发行量同比增长 58%，其推出的"特别提款权+"（SDR+）货币篮子权重中，人民币占比达 34.7%，雷亚尔占比为 12.3%。这种多层次货币协作使成员国汇率波动系数平均下降 1.8 个标准差。

能源贸易范式转型正在加速体系变革。金砖国家拥有全球 42% 的原油产量和 57% 的稀土储量，其能源贸易本币结算试点已覆盖 19% 的石油交易量。模型测算显示，若本币结算比例提升至 50%，将使全球美元需求减少 1.2 万亿美元/年。配合泛非洲支付和结算系统（PAPSS）的推广，2023 年南南合作贸易中非美元结算占比已达 31%，较 2020 年提升 17 个百分点。

1. "金砖货币"与多边央行数字货币桥

卢拉政府热衷于各种版本的跨国统一货币，如南共体单一货币等，倡导"金砖货币"与其理念的一脉相承。"金砖货币"的构想，最初就是由卢拉总统在 2023 年 4 月一次演讲中正式提出的。当时，卢拉表示，金砖国家各有本币，并无必要在相互间贸易时以第三方的美元为结算中介，因此，其赞

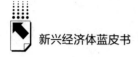

成在金砖国家内部创建一种金砖国家之间的贸易货币，就像欧洲人创建欧元一样。①

俄罗斯则是另一个积极倡导建立"金砖货币"的金砖国家。俄罗斯总统普京与外交部部长拉夫罗夫曾多次表示建立"金砖货币"是有必要的。2023年7月3日，俄罗斯驻肯尼亚大使馆在社交媒体平台发文称，金砖国家统一货币正在酝酿中，将由黄金储备支持，并将在8月金砖约翰内斯堡峰会上宣布。该消息尽管从未得到任何俄罗斯其他高级官员或机构的证实，但经俄罗斯官方媒体报道后，一时间引来许多关注。

相比之下，其他金砖国家成员在"金砖货币"的态度上，则保守得多。比如，在金砖国家中经济权重较大的中国和印度，都谨慎地侧重于强调国家间贸易采用本币结算。因此，"金砖货币"尽管是金砖国家约翰内斯堡峰会的主要议题之一，但目前仍然只是一个概念，它的面世之路依然很漫长。

在南非开普敦举行的金砖国家外长会晤期间，南非外交部部长潘多尔表示，金砖国家新开发银行介绍了有关引入国际贸易替代货币的可能性。而此次外长会晤发表的联合声明也明确提到，部长们强调应鼓励在国际贸易和金融交易中使用当地货币，以便更加高效地调动资源。新的金融体系必须倡导包容性、避免不平等和财富集中。此外，这一新的全球金融体系能够以更具包容性的、基于央行数字货币（CBDC）的多边央行数字货币桥为基础。该多边货币平台不仅可以提供跨境支付安全保障和更加便捷、成本更低的数字支付系统，为当前传统银行系统未覆盖的人群和国家提供金融基础设施，还可以降低结算风险并减少国际贸易延误。

2. 金砖国家替代性支付和结算系统（BAPSS）

基于动荡的全球地缘政治形势，金砖国家正面临紧张局势升级和经济动态变化所塑造的局面。为了应对这些挑战，BAPSS的概念正在金砖国家议

① 《金砖国家"去美元化"，"金砖元"成热议话题》，新京报网站，2023年8月24日，https：//www.bjnews.com.cn/detail/1692851958168556.html。

程中获得越来越多的关注。作为一种经济和地缘政治互动的范式转变，BAPSS 可以成为金砖国家的另一种交易途径，目标是减少对美元的依赖，并加强成员国的经济主权。

BAPSS 的精髓在于其超越全球金融交易传统规范的意图。该系统设想建立一个以央行数字货币为基础的框架，以促进金砖国家之间的无缝跨境交易，而不是走熟悉的由美元主导的道路。与处于"萌芽期"或试点阶段不同，BAPSS 是作为一项战略建议出现的，为重新构建金砖国家影响范围内的金融相互依存关系擘画了蓝图。它主张摆脱现行体制，改变现状，并提出成员国之间经济互动的创新途径。

在以通胀压力和利率上升为特征的经济不确定性普遍存在的情况下，BAPSS 是一个强有力的提议，有可能通过简化交易流程和降低相关成本来减轻企业的压力。它有望为消费者提供更顺畅的跨境资金转账，为金砖国家构建一个更高效的金融生态系统。随着金砖国家扩大到 10 个成员国，该提议具有重大意义。随着金砖扩员，建立一个独立于美元的强大支付系统的必要性日益明显。

BAPSS 的拟议结构围绕分布式账本系统，以每个成员国 CBDC 为杠杆。这些数字货币与各自国家的本币挂钩，将通过统一的区块链基础设施无缝整合，确保安全、高效和透明的跨境交易。以一个巴西买方和中国卖方之间的交易为例，巴西借记买方账户通过金砖国家区块链将资金转换为 CBDC，再贷记给中国卖方账户，所有流程在几分钟内即可完成，同时保留了每个国家的货币自主权。

为了解决潜在的 CBDC 赤字问题，该系统提供了稳定机制。在资金短缺的情况下，一个国家可以选择从金砖国家银行贷款，或者在区块链上透明地将传统货币兑换成 CBDC，这种方法旨在确保金砖国家内部的经济稳定。BAPSS 的优势在于减少成员国对美元的依赖，增强财政自主权，提高跨境交易效率以及促进成员国之间的贸易和投资。

总而言之，提议建设 BAPSS 是摆脱对美元的依赖、增强金融自主权和为更高效的跨境交易框架奠定基础的一个重要里程碑。其潜在影响远远超出

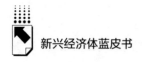
了金融领域，将促进金砖国家生态系统内的可持续发展、金融包容性和减贫前景。

（二）再工业化

巴西政府目前欲借"新工业"计划扭转当前经济发展颓势。巴西是发展中国家中最早推进工业化战略的国家之一，自20世纪30年代开始，巴西经历了长达半个多世纪的进口替代工业化阶段，建立了较为完整的工业体系，并在航空航天和生物燃料等领域处于全球领先地位。但受到本国债务危机、政治动荡以及全球性大宗商品需求旺盛的影响，巴西没有完成全面工业化，而开始逐渐依赖于本国资源输出，强烈的挤出效应引发了巴西的工业萎缩。[1] 根据巴西发展工业外贸部（MDIC）的数据，制成品在巴西总出口中的比重从2000年的62%下降到2015年的41%，高技术制成品和中高技术制成品不断扩大的贸易赤字使巴西自2008年以来在制成品贸易方面保持"入超"。[2]

20世纪80年代，巴西制造业的贡献就已经达到了GDP的27%。但在90年代贸易自由化带来变化之后，该行业在所有经济活动中的占比开始下降，如今甚至不足10%。目前，第三产业占巴西GDP的比重超七成，但持续增长的服务业和开放且发达的金融业并未给巴西带来预想中的长期繁荣。在本次大宗商品"超级周期"结束之后，通胀、失业、贫困、治安等问题持续困扰巴西社会，巴西迫切需要开启再工业化的进程。

2024年2月，巴西联邦政府启动的"巴西新工业"计划，标志着该国开启结构性产业变革的新阶段。该计划通过构建"双轮驱动"的政策框架——财政端设立1500亿雷亚尔专项产业基金，信贷端将国家开发银行（BNDES）制造业贷款额度提升至GDP的3.2%——着力扭转困扰巴西经济三十年的"产业空心化"局面。2003～2023年，巴西制造业占GDP的比重

---

① 〔美〕戴维·R.马拉斯、哈罗德·A.特林库纳斯：《巴西的强国抱负：一个新兴大国崛起之路的成功与挫折》，熊芳华等译，浙江大学出版社，2018。
② 王飞：《从货币政策看巴西工业化升级的失败》，《文化纵横》2019年第3期。

从 28.7% 下滑至 11.4%，其根源在于跨境资本流动的冲击，美联储量化宽松政策导致巴西雷亚尔实际有效汇率被高估 23%，使巴西的工业品出口价格竞争力下降 19~25 个百分点。

金砖扩员为巴西重构产业生态提供战略支撑。扩员后形成的"关键矿产资源战略储备池"覆盖全球 72% 的稀土、58% 的锂矿和 65% 的铌资源，这种资源配置使成员国间形成三个垂直整合体系：其一，构建矿产—技术—制造产业闭环，如南非的铂族金属与俄罗斯的核技术形成清洁能源技术联盟；其二，打造粮食—能源复合供应链，伊朗恰巴哈尔港与俄罗斯新罗西斯克港的联动，使欧亚粮食运输成本降低 18%，时效提升 30%；其三，形成数字—实体融合网络，中国工业互联网平台已接入巴西 35% 的规上企业，设备联网率提升至 62%。

特别值得关注的是金砖供应链的韧性建构机制：通过建立矿产战略储备调剂系统，成员国可对冲西方"关键矿产俱乐部"的供给限制；依托新开发银行的产业链升级专项贷款，已促成中巴合资建设 12 个智能工厂集群；数字货币结算系统的试运行使跨境支付效率提升 40%，交易成本下降 1.2 个百分点。这种系统性产业协作使巴西汽车零部件国产化率在计划实施首季度即提升 8 个百分点，预示着南南产业合作新模式正在形成。

从资源禀赋看，国家发展所必需的能源和矿产在金砖国家中都有较好的储备。比如能源，除了俄罗斯，有三个位居前列的中东能源国沙特阿拉伯、伊朗和阿联酋成为金砖新成员，扩员后的金砖国家将占全球石油供应的 42%，中国、印度等金砖国家则是世界上位居前列的能源消费国，这足以影响世界能源市场。再比如稀有金属，中国是众所周知的世界最大的稀土储备国和生产国，巴西则拥有储量丰富的镍和铜等关键矿产，扩员后的金砖国家资源优势是巴西实现再工业化的必要基础。

从融资渠道看，金砖国家新开发银行可以作为现有多边和区域金融机构的补充，支持巴西开展新的工业基础设施与可持续发展项目，并在职能范围内与国际金融机构、商业银行或其他合适的实体为巴西工业项目发展提供联合融资、担保或联合担保等。至于再工业化的政策导向，巴西政商各界将再

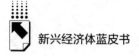

工业化的重点聚焦于芯片、汽车、飞机、军工等高端制造业，石油、生物燃料、农业制造等传统制造业，以及健康、环保等新兴制造业，数字、绿色、低碳等成为描述未来再工业化特色的高频词。同时，由于劳动力充足、人力成本近年来增长较慢，巴西可能成为更多轻工业产品、生活用品的制造国。

（三）国际关系民主化

巴西外交政策在相当长的时间里保持了对国际关系民主化的支持倾向。从科洛尔总统到弗朗哥总统，再到卡多佐总统，巴西外交政策在强调保持"自主性"的基础上，逐渐从"通过拉开距离保护本国自主性"转向"通过参与国际政治保持自主性"，继而转变为"通过世界一体化保持自主性"。卢拉政府的外交政策同样围绕"自主性"推进，主要表现为大力推进南南合作、推动联合国改革和国际关系民主化。

博索纳罗的执政使巴西外交政策发生剧烈的变化。卢拉的再度执政意味着巴西外交政策回归传统路线。在卢拉看来，巴西应当坚持外交自主性，需要在主要力量集团之间保持足够的中立性。其世界秩序观建立在对话协商、多边主义和多极世界之上。为推动世界多极化进程，卢拉高度重视发挥金砖国家这样的合作机制的作用，希望通过增强区域合作提升南美洲在全球政治等领域的影响力。其最终的目标是，巴西应当享有大国地位，并在世界事务中发挥领导作用。

本次金砖扩员，强化了金砖国家作为发展中国家多边主义平台的地位，这是一个新开始，2024年，金砖国家正式进入"十国时代"，开启"大金砖合作"的新篇章。俄罗斯自2024年1月1日起正式担任金砖国家轮值主席国，沙特阿拉伯、埃及、阿联酋、伊朗、埃塞俄比亚的金砖成员资格也自1月1日起生效。俄罗斯总统普京就此发表讲话称，目前还有约30个国家希望加入金砖国家，这一机制正在吸引越来越多的志同道合者。许多国家有意加入金砖国家表明，基于一国霸权的世界秩序正在成为过去。

金砖合作机制为南南合作、南北对话提供了绝佳的平台，为完善既有全球治理机制提供了有力支撑，也成为各国参与全球治理、凝聚国际关系民主化共识的重要依托。金砖合作机制拥有旗帜鲜明的发展中国家属性，作为维护"全球南方"、新兴市场及广大发展中国家利益的代言人，金砖国家的使命就是要团结广大发展中国家，推动国际秩序朝更加公正合理的方向发展。

未来几年，巴西将先后担任金砖峰会、G20 峰会和联合国气候变化大会的轮值主席国，在国际舞台上发挥更加重要的作用。作为西半球最大的发展中国家和金砖合作机制的重要成员，巴西将基于"大金砖合作"，推进普惠、包容的经济全球化和平等、有序的世界多极化，坚持大小国家一律平等，反对霸权主义和强权政治，切实推进国际关系民主化，推动各国携手应对挑战，实现共同繁荣，推动世界走向和平、安全、繁荣、进步的光明前景。

参考文献

蔡春林、刘美香：《金砖国家贸易投资合作现状和机制创新方向》，《亚太经济》2017 年第 3 期。

〔美〕戴维·R. 马拉斯、哈罗德·A. 特林库纳斯：《巴西的强国抱负：一个新兴大国崛起之路的成功与挫折》，熊芳华等译，浙江大学出版社，2018。

〔巴西〕迪尔玛·罗塞夫《全球经济治理新态势与新开发银行的作用》，《当代世界》2023 年第 10 期。

〔巴西〕费尔南多·奥古斯都·阿德奥达托·韦洛索、〔巴西〕莉亚·瓦尔斯·佩雷拉、〔中国〕郑秉文主编《跨越中等收入陷阱：巴西的经验教训》，经济管理出版社，2013。

刘锦前、孙晓：《金砖国家数字经济合作现状与前景》，《现代国际关系》2022 年第 1 期。

王飞：《从货币政策看巴西工业化升级的失败》，《文化纵横》2019 年第 3 期。

吴国平、王飞：《浅析巴西崛起及其国际战略选择》，《拉丁美洲研究》2015 年第 1 期。

周志伟：《巴西参与金砖合作的战略考量及效果分析》，《拉丁美洲研究》2017 年第 4 期。

周志伟：《国家身份、集体身份与激励机制——巴西参与金砖国家的核心动机分析》，《拉丁美洲研究》2022 年第 5 期。

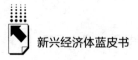

Annita Deloris Montoute, "The BRICS Group and Global Economic Governance, " *Brazilian Journal of International Relations* 3 (2017).

Celso Amorim, "Brazilian Foreign Policy under President Lula (2003 – 2010): An Overview," *Revista Brasileira de Política Internacional* 53 (2010).

Victor Carneiro Corrêa Vieira, "Brazilian New Foreign Policy and Implications within BRICS: A Discourse Analysis," *Journal of China and International Relations* (2020).

B.3
金砖扩员背景下俄罗斯对外经济战略调整与国际合作新空间

徐坡岭　杨应群*

摘　要:　在当前背景下,俄罗斯国家发展战略大幅调整,对外经济合作的对象和空间也随之调整。"转向东方"演化为转向"全球南方"的对外经济战略。俄罗斯把金砖国家作为"全球南方"的代表和枢纽,大力推动金砖国家扩员,以期提高其代表性和吸引力。俄罗斯形成了以欧亚经济联盟为枢纽拓展合作新空间、以金砖国家为平台推动与"全球南方"合作的新战略。加强与中国、印度、土耳其的合作,推动以金砖国家为纽带拓展俄罗斯与非洲、拉丁美洲的合作,成为俄罗斯对外经济战略调整后的基本布局。这一战略调整对俄罗斯对外贸易的区域国别结构、商品进出口结构都产生了巨大影响。

关键词:　俄罗斯　金砖扩员　对外经济战略　国际合作新空间

在当前地缘政治经济下,俄罗斯面临诸多挑战和机遇。地缘政治紧张局势、国际制裁、能源价格波动等因素使俄罗斯处境复杂。俄罗斯在维护国家安全、促进经济发展和参与国际事务方面扮演重要角色,但也需要应对国际形势变化带来的挑战。俄罗斯希望通过多边合作、经济多元化等方式应对当前挑战,保障国家利益和发展稳定。

---

* 徐坡岭,中国社会科学院俄罗斯东欧中亚研究所俄罗斯经济研究室主任,研究员,研究领域为俄罗斯经济、东欧中亚经济;杨应群,中国社会科学院大学国际政治经济学院世界经济专业博士研究生,研究领域为俄罗斯经济。

俄乌冲突的爆发给国际社会带来了极大的负面影响,加剧了地区间局势的不稳定性。俄罗斯也因此面临西方国家实施的制裁,其制裁力度前所未有。在此地缘政治冲突背景下,俄罗斯不得不重新调整其外交政策和对外经济战略,将对外贸易"转向东方",加深与资源丰富的"全球南方"国家的合作,以寻求新的贸易合作伙伴与国际合作新空间。

金砖国家扩员是金砖合作机制的新起点,将为金砖合作机制注入新活力,进一步提升金砖国家在全球经济和政治舞台上的地位。俄罗斯作为金砖国家之一,正面临对外经济战略的调整和国际合作新空间的出现,金砖国家扩员为俄罗斯提供了更广阔的发展机遇,俄罗斯将有更多机会参与全球经济和政治事务,提升其国际影响力和话语权。

一 地缘政治冲突背景下俄罗斯"转向东方"寻找战略国际合作空间

(一)"转向东方"的历史脉络及其含义

在当前俄罗斯的外交语境下,"东方"是一个广义概念。在指向方面,它不仅包括亚太区域,还包括拉美、非洲等大多数非西方国家。在内涵方面,在2023年版《俄罗斯联邦外交政策构想》中,俄罗斯外交视野中的"东方"被拆分成"欧亚大陆""亚太"等板块,这意味着俄罗斯的"转向东方"战略将以"大欧亚伙伴关系"为引领。"大欧亚伙伴关系"是俄罗斯总统普京于2016年提出的构想,其目的在于让东亚发达经济体参与西伯利亚和远东的经济发展,"大欧亚"将成为全球经济最有前景的地区①。虽然在俄罗斯外交领域,"东方"的指向较广,但结合俄罗斯"转向东方"战略包含的三个主要内容,即促进远东地区社会

---

① 《普京称,"大欧亚"将成为全球经济最有前景的地区》,中国商务部网站,2022年6月3日,http://ru.mofcom.gov.cn/article/jmxw/202206/20220603316271.html。

经济发展、使俄罗斯经济融入亚太地区、加强与该地区国家的双边和多边合作，① 由此可以认为，俄罗斯在对外经济战略中的"转向东方"更多的是指转向亚太地区。俄罗斯总统普京在第八届东方经济论坛上的讲话，也说明了这一点。

与此前的版本相比②，2023 年版《俄罗斯联邦外交政策构想》将对外区域政策的优先次序变更为：第一，优先发展同"近邻"③ 的关系；第二，发展北极地区；第三，发展同欧亚大陆友好国家（中国和印度）的关系；第四，发展同亚太地区的关系。相较于其他亚太地区的国家，中国和印度在俄罗斯"转向东方"战略的进程中具有优先性。2023 年 3 月，中俄签署《中华人民共和国和俄罗斯联邦关于深化新时代全面战略协作伙伴关系的联合声明》和《中华人民共和国主席和俄罗斯联邦总统关于 2030 年前中俄经济合作重点方向发展规划的联合声明》。而相较于印度，中国又具有相对优先性④，这是俄罗斯对外经济战略的新定位。

（二）广义"东方"是俄罗斯国家发展新战略的基本指向

首先，从身份定位上与西方区分，是俄罗斯国家发展新战略的本质特征。俄乌冲突和被制裁后，俄罗斯的自我认知和定位发生了根本性变化。俄罗斯从过去自认为是欧洲文明的继承者转变为"俄罗斯是一个独特的文明国家"。在 2023 年版《俄罗斯联邦外交政策构想》中，俄罗斯的自我认知是，俄罗斯是一个具有"独特的文明"、"一个拥有重要资源的欧亚和欧

---

① Торкунов，А. В. Российская политика поворота на Восток. проблемы и риски/ А. В. Торкунов，Д. В. Стрельцов// Мировая экономика и международные отношения. – 2023. -Т. 67，№ 4. -С. 5–16.

② 2016 年的外交政策构想对 2013 年的外交政策构想进行了更新，但在国家关系的优先次序上没有发生根本性变化。2013 年的外交政策构想中，俄罗斯对发展国家关系的优先次序为：第一，优先考虑独联体国家；第二，发展与欧盟国家的关系，特别是与德国、法国、意大利和荷兰的关系；第三，发展与美国的关系；第四，发展与亚洲国家的关系。

③ "近邻"主要指中亚五国、南高加索三国、白俄罗斯、乌克兰、摩尔多瓦以及未被国际社会承认的"阿布哈兹共和国"和"南奥塞梯共和国"。

④ 《俄罗斯联邦与印度共和国战略伙伴关系宣言》签署于 2000 年。

洲—太平洋大国"。在这种背景下，俄罗斯科学院和国际事务委员会的研判认为，俄罗斯已经重新定义自己的身份，有了一个新的国家定位。在这一定位下，俄正在探索新的独立于西方的发展道路。这一发展道路，一方面是基于"独特的俄罗斯文明"的政治制度和社会治理与组织方式；另一方面是面向"全球南方"的对外战略。

其次，面向"东方"和"全球南方"构建自己的对外经济战略和国家发展战略，在欧亚地区坚持以"大欧亚伙伴关系"构建地区秩序，是俄罗斯寻找战略国际合作空间的选择。俄罗斯认为，西方在国际上孤立俄罗斯的努力难以达到其目的。"东方"是俄可靠的伙伴，更大范围的"南方"也是俄对外经济战略的优先伙伴。在俄重新定位自己的文明身份、重新定位自己的发展伙伴和合作伙伴的情况下，俄整个社会"转向东方"的势头和积极性都非常强。俄罗斯认为，在新条件下开展发展外交政策关系的活动，意味着俄与世界不同地区的合作将保持平衡，俄不仅有"转向东方"的战略，还有"转向全球南方"的战略。

在欧亚地区秩序的构建方面，俄方坚持以"大欧亚伙伴关系"为基本框架，借助与欧亚经济联盟、"一带一路"倡议、上海合作组织和金砖国家等的合作，建立俄主导或至少具有优先话语权的地区治理秩序。

二 俄乌冲突后俄罗斯对外经贸合作对象的转变

俄乌冲突爆发前，俄罗斯对外贸易伙伴在空间分布上表现为"西高东低""北高南低"的态势，主要集中于中欧、东欧、西欧和中亚地区。[①] 冲突爆发后，俄罗斯的国内经济和社会稳定受到严重影响。俄罗斯作为世界能源大国，其财政收入在很大程度上依赖于油气等资源的出口，欧美国家对俄罗斯的油气出口实施的限价措施使俄罗斯的经济产生了较大

---

① 宋周莺、高珊珊：《21 世纪俄罗斯对外贸易格局的时空演变态势》，《世界地理研究》2023年第 12 期。

波动。为突破西方国家的经济封锁，俄罗斯以远东地区为支点开始向东寻求对外经贸合作对象，以减少欧洲退出对俄罗斯市场产生的负面影响，并不断减少对欧美市场电子设备等技术密集型产品的进口需求。2023 年 3 月 31 日，总统普京通过了新版《俄罗斯联邦外交政策构想》。新版《俄罗斯联邦外交政策构想》奉行睦邻政策，深化与欧亚地区国家的关系，加强与亚太地区、非洲、拉丁美洲等的合作，优先发展与伊朗、土耳其、沙特阿拉伯、埃及、叙利亚等国的双边关系，推动俄罗斯外交政策"向东转移"。[①]

俄罗斯工商会会长谢尔盖·卡捷林称，俄罗斯对外贸易指标表明，所谓的"转向东方"已经发生。根据俄罗斯联邦海关总署的数据，2023 年俄罗斯出口总额下降 28.3%，为 4251 亿美元，下降最显著的是对欧洲的供应，下降 68%，为 849 亿美元。相比之下，俄罗斯对亚洲的出口增长 5.6%，达到 3066 亿美元，亚洲在俄罗斯出口中的份额从 2022 年的 49% 大幅上升至 2023 年的 72%。[②] 俄罗斯正在形成新的市场结构和贸易地区分布。

（一）俄罗斯与中国贸易关系更加密切

地缘政治经济危机背景下，中俄两国之间的贸易往来不断加强。中国海关总署发布的报告指出，2021 年中俄贸易额增长 35.8%，达到 1468.8 亿美元。2022 年中俄贸易额增长 29.3%，达到 1900 亿美元。2023 年中俄贸易额达到创纪录的 2401.1 亿美元，同比增长 26.3%。其中，中国对俄出口增长 46.9%，为 1109.7 亿美元；自俄进口增长 12.7%，达 1291.4 亿美元。2023 年俄罗斯贸易顺差同比减少约一半，为 181.7 亿美元。就货物价值而言，中国从俄罗斯进口的大部分商品为能源燃料：石油、天然气和煤炭。其他主要

---

① Концепциявнешнейполитики Российской Федерации（утверждена Президентом Российской Федерации В. В. Путиным 31 марта 2023 г.） - Министерство иностранных дел Российской Федерации（mid. ru）.

② https：//eng. customs. gov. ru.

进口商品包括铜和铜矿石、木材、燃料和海产品等。①中国向俄罗斯出口的产品种类繁多，包括汽车、智能手机、工业和专用设备、玩具、鞋类、汽车、空调和计算机等。①两国日益增加的贸易量使以往的铁路线路出现拥堵、运输饱和等问题，难以满足两国日益增加的贸易运输量。为抓住中俄贸易发展的机遇，俄罗斯对老旧运输线路进行改造，以满足两国之间不断扩大的贸易流量。2023 年 3 月 20～22 日，应俄罗斯联邦总统普京邀请，习近平主席对俄罗斯联邦进行国事访问，就中俄新时代全面战略协作伙伴关系发展和双边务实合作重要问题深入交换意见，同时两国发布了《中华人民共和国主席和俄罗斯联邦总统关于 2030 年前中俄经济合作重点方向发展规划的联合声明》，旨在推动中俄经济和贸易合作高质量发展，为全面推进双边合作注入新动力，保持两国货物和服务贸易快速发展势头，致力于 2030 年前将两国贸易额显著提升。此次声明意味着两国将以电子商务、数字经济和物流体系为重点领域，加强冶金、化肥、化工产品等大宗商品及矿产资源互利互惠合作，拓展两国农业领域的投资合作，推动工业合作提质升级。②

2023 年，俄罗斯对中国的进口额增长了 53%，对其他"中立"国家的进口额增长了 31%。《华尔街日报》专家认为，俄罗斯经济的稳定得益于政府的大量投入、军工综合体的发展以及对外贸易"转向东方"伙伴（特别是印度和中国）的重新定位。③

截至 2023 年底，发达国家在俄罗斯进口中的份额从 47% 下降到 17%，中国从 27% 上升到 45%，俄罗斯认为过度依赖单一国家的进口将带来风险，也表明两国贸易关系的不平衡。俄罗斯对外贸易学院国际经济与金融研究所所长亚历山大·诺贝尔和俄罗斯国民经济与公共管理学院高级研究员亚历山

---

① В Китаезаявили о рекордных объемах торговли с Россией в 2023 году (tass. ru).
② 《中华人民共和国主席和俄罗斯联邦总统关于 2030 年前中俄经济合作重点方向发展规划的联合声明》，中国政府网，2023 年 3 月 22 日，https://www.gov.cn/xinwen/2023－03/22/content_5747725. htm。
③ https://iz.ru/1553569/2023－08－03/wsj － ukazala － na － prochnost － ekonomiki － rossii － pered － zapadnymisanktciiami。

大·菲兰丘克表示，此种程度的进口集中度存在难以预测的风险，这将使俄罗斯在中国贸易上具备更强的谈判能力。[1]

（二）土耳其成为俄罗斯新对外经济战略的货物运输枢纽

在部分西方国家不断加码的压力下，俄罗斯传统物流通道被阻塞，物流货物交付线路终止运行，运费剧烈波动，边境通行拥堵。与 2021 年相比，2022 年俄罗斯外贸货物周转量大幅下降，2023 年俄罗斯各海港货物周转量同比增长 5%，达到 8.838 亿吨，其中干货转运量增长 10.4%，达到 4.469 亿吨。[2] 原因在于俄罗斯物流路线的快速重建，各海运港口货物周转压力减小。部分西方国家的施压使俄罗斯逐渐放弃西北的物流运输通道，取而代之的是中立和友好国家的货物运输走廊——东部运输走廊和南北运输走廊。[3] 20 世纪 90 年代以来，俄罗斯物流市场主要聚焦于西方国家，施压阻塞了面向西北方向的物流货物周转业务，官方开始重建南部和东部方向的物流运输路线，其中土耳其在新建的物流供应链中发挥重要作用。根据联合国贸易数据库数据，2021 年俄罗斯与土耳其的贸易总额为 348 亿美元，而 2023 年为 565 亿美元（见表 1）。俄罗斯进出口货物的物流枢纽逐渐由芬兰转向土耳其，几乎所有货物，包括消费品、食品、机床、高精度电子产品、汽车和农业机械设备等经过土耳其运输到俄罗斯。由此可见，土耳其承担了俄罗斯和欧洲之间跨境桥梁的功能。2024 年 2 月 22 日，俄罗斯联邦外交部部长谢尔盖·拉夫罗夫会见土耳其共和国外交部部长哈坎·费丹，双方讨论了双边议程的议题，包括经贸合作和能源项目的实施，进一步深化了两国双边合作关系。[4]

---

[1] Дол827развитыхстран в импорте России по итогам 2023 года снизилась до 17%, а Китая — выросла до 45% (kommersant. ru).

[2] https：//en. portnews. ru/chinanews/347/.

[3] Логистика-2022：«раскатка» маршрутовнаюг и восток (26 декабря 2022) ｜ Monocle. ru.

[4] 《俄罗斯联邦外交部长谢尔盖·拉夫罗夫会见土耳其共和国外交部长哈坎·费丹》，俄罗斯联邦外交部网站，2024 年 2 月 22 日，https：//www. mid. ru/cn/foreign_policy/news/1934223/.

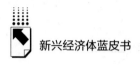

表 1 2021~2023 年俄罗斯与土耳其的贸易往来

单位：亿美元

年份	对象国	出口额	进口额	进出口总额
2021	土耳其	290	58	348
2022	土耳其	588	93	681
2023	土耳其	456	109	565

资料来源：https：//comtradeplus.un.org/。

（三）印度成为能源合作新伙伴和国际南北运输走廊的目标

20 世纪 90 年代以来，俄罗斯一直将欧洲作为对外经贸的重心，并逐渐形成复杂的跨境供应链。俄乌冲突爆发之前，俄罗斯与欧盟之间的贸易总额约占俄罗斯贸易总额的 1/3。但俄乌冲突爆发后，在地缘政治危机与部分西方国家的施压下，俄罗斯重新寻找对外经贸合作伙伴，全力推动国内经济循环稳定发展，以冲破经济封锁，寻求对外经济发展的机遇。此后，印度成为俄罗斯的主要贸易伙伴之一，俄罗斯与印度之间的贸易由之前的几乎停滞不前到如今的贸易量不断攀升，两国的贸易关系在很大程度上稳定了俄罗斯的经济。俄罗斯联邦海关总署代理局长鲁斯兰·达维多夫指出，俄罗斯与印度、土耳其和阿塞拜疆的贸易量不断增长，这些国家已经取代了俄罗斯与欧洲的贸易伙伴关系，除此之外，俄罗斯也在积极发展与南部和东部方向的经贸往来。[①] 为加强与印度等国的贸易合作关系，俄罗斯致力于建设国际南北运输走廊，这条走廊通过伊朗、中亚和里海连接俄罗斯和印度，确保俄罗斯与其贸易往来的畅通。2022 年 2 月 24 日以后，国际南北运输走廊对于印俄两国贸易运输的重要性逐步加强。欧亚开发银行曾预测，到 2030 年国际南北运输走廊的年运输量将达到 1460 万吨。2022 年的试运行也表明，国际南北运输走廊缩短了运输时间，降低了运输成本，对提升其沿线国家间的贸易运输量具有深刻意义。

---

① https：//iz.ru/1568799/2023-09-04/erdogan-zaiavil-o-dvizhenii-turtcii-i-rf-k-tovarooborotu-v-100-mlrd-v-god.

三　以欧亚经济联盟为枢纽拓展合作新空间

欧亚经济联盟成立于 2015 年，成员国包括俄罗斯、哈萨克斯坦、白俄罗斯、吉尔吉斯斯坦和亚美尼亚。在俄乌冲突和欧亚地缘政治重构的新形势下，俄罗斯更加重视通过中亚区域一体化稳固其区域战略地位，2022 年俄罗斯与欧亚经济联盟国家的贸易额达到 2145 亿美元（该数据未包含白俄罗斯），增长了 14.5%，由于能源价格的调整，俄罗斯贸易增长略慢，尽管如此，其不论是实物方面还是货币方面都实现了增长。[①] 2023 年欧亚经济联盟国家间以本国货币结算的贸易份额约为 90%，同时与中国的贸易额达到 2401 亿美元，同比增长 26%，占俄罗斯对外贸易的比重约为 33%，增长趋势仍在持续。[②] 普京声称目前落实"大欧亚伙伴关系"倡议的时机已经成熟，该倡议主要计划以欧亚经济联盟为基础，开展与中国、印度等国的经贸与投资合作，对冲俄罗斯在欧亚地区的地缘政治风险。俄罗斯联邦政府外交部门表示，俄罗斯目前的首要任务在于扩大与友好国家的贸易和经济合作，提高欧亚经济联盟一体化程度，并实施俄罗斯总统普京构建"大欧亚伙伴关系"的计划。[③] 俄罗斯在 2024 年担任独联体和金砖国家轮值主席国，为有效推动经济倡议提供了新的机会。

在贸易合作"转向东方"的背景下，欧亚经济联盟与中国的非优惠协议正在商谈修订，并计划与新成员国（伊朗、阿联酋、埃及和印度尼西亚）签署自由贸易协定（FTA）。自由贸易协定为双边或多边条约，旨在降低其成员国间的关税和打破贸易壁垒。从历史上看，自由贸易协定具有区域性特征，其目的在于促进双边贸易并提高企业在价值链中的参与度。

---

① Интервью：министрпоторговле ЕЭК Андрей Слепнев о выстраивании новых торговых связей (kommersant. ru).

② https：//comtradeplus. un. org/.

③ Мишустин：приоритетдляМИДа — расширение торговли с дружественными странами - Коммерсантъ (kommersant. ru).

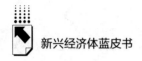

（一）第二届欧亚经济论坛规定欧亚经济联盟的新方向和俄罗斯的目标

2023 年 5 月 24 日，欧亚经济联盟第二届欧亚经济论坛在俄罗斯首都莫斯科开展，聚焦多极化世界中的欧亚一体化，与会代表将围绕欧亚一体化议程进行讨论，主题涵盖经贸合作、能源安全、数字转型、技术合作、气候变化等方面。普京在会上表示，当今全球正发生深刻而根本性的变革，越来越多的国家采取加强国家主权的方针，奉行独立自主的外交政策，坚持自身发展模式，倡导建立更公平的新型国际经济关系架构，寻求建设性地影响全球进程，扩大基于互利、尊重和考虑彼此利益的伙伴关系网络。俄罗斯和欧亚经济联盟遵循上述方针，欢迎真诚、富有成效和务实的合作伙伴。欧亚经济联盟支持旨在发展整个欧亚大陆的其他倡议，将继续与中国合作，将欧亚经济联盟框架内的一体化进程与中国提出的"一带一路"倡议对接，实现"大欧亚伙伴关系"的宏伟构想。

（二）俄罗斯与白俄罗斯达成《建立联盟国家条约》

俄罗斯总理米舒斯京在 2023 年 11 月召开的联盟国家部长理事会会议上表示，俄罗斯和白俄罗斯计划批准一项为期三年的新一体化计划——《建立联盟国家条约》。两国制定了统一的企业增值税、消费税税率和会计准则。因欧洲市场的贸易限制，俄罗斯成为白俄罗斯商品的重要中转市场。在物流方面，双方签署了一项航运协议，允许沿两国内陆水道运输货物和旅客。同时签署了一项国际公路运输协议，其中涉及逐步废除现行的公路运输许可制度，简化货物运输及其向第三国的出口。①

俄罗斯和白俄罗斯积极在众多领域开展合作，涉及经贸、地区间、议会间、文化和人道主义。例如，俄罗斯经济发展部、白俄罗斯经济部和白俄罗斯体育和旅游部 11 月在布列斯特签署了 2023~2024 年旅游业发展路线图，

---

① Россия и Белоруссияобсуждаютплан интеграции на ближайшую трехлетку（kommersant. ru）.

旨在制定旅游部门的联合营销战略，批准和推广联合旅游路线。

俄罗斯是白俄罗斯的主要贸易伙伴。2023 年，俄白双边贸易额达到创纪录的 4.2 万亿卢布，约合 1500 亿白俄罗斯卢布。① 80 多个俄罗斯联邦主体与白俄罗斯保持经贸联系。俄罗斯政府指出，为了加强联盟国家的财政、经济和技术主权，俄罗斯和白俄罗斯正在采取联合措施，以抵御"不友好"国家的非法经济制裁。2022 年 11 月，两国签署了一项政府间协议，俄罗斯向白俄罗斯提供 1050 亿卢布的俄罗斯国家贷款用于工业领域的一体化项目，以深化俄罗斯和白俄罗斯工业的合作。

2023 年 9 月，欧亚经济委员会贸易部部长安德烈·斯列普涅夫表示当前正与阿联酋、埃及和印度尼西亚就自由贸易区进行谈判。2024 年 2 月，阿联酋外贸国务部部长塔尼·本·艾哈迈德·阿勒泽尤迪称，阿拉伯联合酋长国与欧亚经济联盟之间的自由贸易协定目前正在商榷，最终文件有望在2024 年底前完成，随后将与埃及开展自由贸易协定相关工作。②

（三）欧亚经济联盟与伊朗签署自由贸易协定

2023 年 12 月，欧亚经济联盟国家领导人在俄罗斯圣彼得堡举行欧亚经济委员会最高理事会会议。各国元首签署了一份长期政策文件——《经济发展宣言》。该宣言包含为共同市场提供关键商品和资源、在技术发展领域形成共同的合作空间、建立共同的运输和物流空间以及共同的金融市场、在具有"一体化潜力"的领域发展经济合作等领域。同时，五国元首签署了关于在欧亚经济联盟和伊朗之间建立全面自由贸易区的协定。③ 该协定取代了自 2019 年起实施的临时自由贸易协定，临时自由贸易协定仅涵盖 360 类商品（共 12000 种商品），而欧亚经济联盟与伊朗之间的贸易额已从 2019 年

---

① https：//iz. ru/1683001/2024 - 04 - 16/mishustin - soobshchil - o - rekorde - v - 42 - trln - rublei - tovarooborota-rf-i-belorussii.

② ОАЭ анонсировалиподписаниесоглашения о торговле с ЕАЭС до конца 2024 года - Коммерсантъ（kommersant. ru）.

③ Президентыстран ЕАЭС провели итоговое в этом году заседание（kommersant. ru）.

的 25 亿美元增加到 2022 年的 62 亿美元，2023 年仅 7 个月（3 月 21 日至 10 月 22 日），伊朗与欧亚经济联盟成员国之间的商品贸易量已达 800 万吨，价值超过 40 亿美元。① 据预测，新自由贸易协定将在 5~7 年内使该数值增加到每年 180 亿~200 亿美元。② 关税下调将影响欧亚经济联盟成员国 90% 的职位和 99% 以上的供应，预计将增加伊朗食品和工业产品的供应，大幅提升伊朗企业营业额。伊朗作为非世贸组织成员，其进口商品平均关税为 30%。在新自由贸易协定下，伊朗关税水平将降至 4.5%，每年将节省 3.8 亿美元关税。对于伊朗商品而言，平均关税将从 6.6% 降至 0.8%。该协定还将减少技术监管、卫生和植物检疫措施、海关监管、市场保护措施等领域的非关税壁垒，零部件关税的降低将促进生产的本地化。由于欧洲市场的退出，俄罗斯将增加对伊朗的进口需求，供应结构涵盖食品、塑料制品和建筑材料，进而扶持实施进口替代政策的行业。

（四）交通运输走廊数字化

数字化的发展潜力不亚于新高速公路的建设，数字化对优化物流、缩短停机时间具有重要作用。不论是联盟内部运输走廊还是与中国的运输走廊，都旨在转向完全无纸化运输，从铁路交通逐渐拓展到其他运输方式。欧亚经济联盟目前正积极发展成员国之间无纸化通关，加快货物的通行和流动。无纸化运输对于国际南北运输走廊同样重要，将为国际南北运输走廊提供额外的竞争力和吸引力。哈萨克斯坦总理阿里汗·斯迈洛夫指出，2016 年以来，欧亚经济联盟成员国间贸易额大幅上升，但出口商仍然面临潜在壁垒，无纸化运输的发展将在一定程度上解决出口商面临的出口难题。③

---

① https://en.mehrnews.com/news/207978/Iran-EAEU-trade-value-exceeds-4-bn-in-7-months.
② Страны ЕАЭС и Иран готовятся подписать соглашение о беспошлинной торговле (kommersant.ru).
③ Москвасоберет БРИКС в Зарядье-Картина дня (kommersant.ru).

四 以金砖国家为平台推动与"全球南方"国家的合作

多年来，在领导人会晤机制的引领下，金砖国家危中寻机、聚同化异，不断在合作中实现彼此利益的融合，形成了以政治安全、经贸财金、人文交流为主要支柱的良好合作局面。此外，金砖国家加强政策沟通、增进政治互信、提升国际影响力，在国际和地区事务中发挥重要作用。自金砖合作机制开启伊始，成员国就致力于推动多边外交，支持联合国发挥中心作用，支持在国际法治、平等合作、相互尊重、由各国协调行动和集体决策基础上，建立一个更加民主和公正的多极世界。

（一）倡议加强金砖国家在数字化与人工智能领域的合作

人工智能作为新一轮科技革命和产业革命的重要驱动力量，对国家和企业数字化转型起到全局性、战略性和革命性的作用，将进一步引发人类社会生产方式的重大变革、生产关系再造、经济结构重组，以及生活方式的巨变。

2023年8月，莫斯科在扎里亚季耶举办"云城市"金砖国家国际创新论坛，并表示"云城市"或将成为金砖国家讨论特大城市数字化发展的全球平台，促进政府、企业、公民之间以及城市和国家之间的数字化经验与意见交流。近年来，莫斯科在全球创新评级中占据领先地位，并在2022年联合国人类住区规划署的城市繁荣指数中，在基础设施发展和生活质量方面位居世界特大城市之首。

在俄罗斯联邦提议将引入人工智能的问题列入金砖国家工商理事会议程后，金砖国家工商理事会俄罗斯主席谢尔盖·卡特林也表示2024年俄罗斯担任金砖国家轮值主席国期间将重点关注数字化和人工智能方面的合作发展。在科学技术飞速发展的当今世界，人工智能和机器人技术的法律监管问题已列入国际组织和大型企业的当前议程，但在人工智能有效监管模式方面仍存在诸多问题。

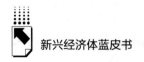

（二）推动金砖扩员，增强金砖国家在"全球南方"的代表性

金砖国家作为一个开放性的组织，是新兴市场和发展中经济体加强团结、合作和维护共同利益的重要平台。2001 年，高盛（Goldman Sachs）经济学家吉姆·奥尼尔首次使用"金砖四国"一词来指代世界上最活跃的四个经济体：印度、中国、巴西和俄罗斯。四国的务实合作始于 2006 年，2010 年 12 月，南非正式加入金砖国家，由此金砖四国正式转变为金砖五国。根据国际货币基金组织数据，到 2020 年，金砖国家对全球 GDP 的贡献与七国集团（即美国、德国、日本、英国、法国、意大利和加拿大，G7）持平，2022 年金砖国家的总产出占世界 GDP 的比重首次超过 G7 所占比重。据预计，2024 年金砖国家（含新成员国）GDP 将占全球 GDP 的 1/3 以上（37.4%）。

2022 年，金砖国家占世界总人口的 40.9%、世界 GDP 的 25.6%、世界贸易总额的 16.9%。[①] 扩员后，从经济层面上看，金砖国家约占世界 GDP 的 27%；从人口层面上看，金砖国家人口规模约占世界总人口的 45%；从国土面积层面上看，金砖国家的领土面积约占全球的 35%，在国际上的影响力将进一步增强。[②] 此外，金砖国家粮食产量几乎占世界粮食产量的一半，对世界粮食供应的稳定性起到了重要作用。面对日益加深的地缘政治冲突，金砖国家以非对抗性合作模式寻求国家经济的稳定发展。

2023 年约翰内斯堡峰会期间，金砖五国领导人作出政治决断，通过扩员决议，即自 2024 年 1 月 1 日起，在巴西、俄罗斯、印度、中国和南非五个现有成员国的基础上加入六个新成员国家：阿根廷、埃及、埃塞俄比亚、伊朗、沙特阿拉伯和阿联酋。习近平主席在会上强调，这次扩员是历史性的，体现了金砖国家同发展中国家团结合作的决心，符合国际社会期待，符合新兴市场国家和发展中国家共同利益。这次扩员也是金砖合作的新起点，将给金砖合作机制注入新活力，进一步壮大世界和平和发展的力量，谱写新兴市场

---

① 《金砖国家联合统计手册 2023》。
② 沈陈、徐秀军：《金砖国家扩员正在进行时》，《世界知识》2024 年第 3 期。

国家和发展中国家团结合作谋发展的新篇章。① 2023 年 12 月 29 日，阿根廷新任总统哈维尔·麦利改变外交政策，正式拒绝加入金砖国家的邀请，称其无法为加入金砖国家新开发银行②提供必要资金。2024 年 1 月 1 日，俄罗斯总统普京公开发表讲话，表示沙特阿拉伯、阿联酋、埃塞俄比亚、埃及和伊朗五个国家正式加入金砖国家。

俄罗斯联邦外交部副部长谢尔盖·里亚布科夫认为，金砖国家的壮大将有助于建立一个新的、更加平等和公平的多极世界秩序，并为国际和平与发展做出更大贡献，开启"全球南方"联合自强的新纪元。扩员后的"大金砖"必将更有力地推动全球治理体系朝着公正合理的方向发展，更有力地提升"全球南方"在国际事务中的代表性和发言权。金砖国家扩员将提升其在世界上的影响力和话语权。扩员后，金砖国家规模将远超 G7 规模，其石油储量将占世界总储量的 45%，GDP 预计达 30.7 万亿美元。③

（三）以金砖国家为平台打造去美元化金融结算系统，尝试突破金融封锁

2024 年，俄罗斯将担任金砖国家轮值主席国，表示希望将重点放在以本国货币结算上。在南非举办的第十五届金砖国家峰会上，俄罗斯详细介绍了金砖国家在 2024 年的工作计划，其中重点关注如下方面：将密切关注金砖国家新成员融入多边合作架构；将最终确定新的金砖国家"伙伴国"的类别；将在国际论坛上加强金砖国家形式的外交政策协调，并在打击恐怖主义、洗钱、国际信息安全和追回犯罪资产方面加强合作；将特别强调加强金砖国家在国际货币和金融体系中的作用，开展银行间合作，重点聚焦提高本

① 《习近平出席金砖国家领导人第十五次会晤特别记者会　强调金砖扩员是金砖合作的新起点，将为金砖合作机制注入新活力》，求是网，2023 年 8 月 24 日，http：//www. qstheory. cn/yaowen/2023–08/24/c_1129821049. htm。

② 金砖国家于 2014 年成立新开发银行，旨在为金砖国家和发展中国家的基础设施和可持续发展项目提供资金。多年来，该银行已批准了 100 多个项目，价值超过 330 亿美元，主要用于发展交通、供水、清洁能源、数字和社会基础设施以及城市发展。

③ БРИКС объявила о расширенииорганизации-Коммерсантъ（kommersant. ru）.

国货币结算份额；深化文化、体育、青年交流等领域的对话与合作。

由此可以看出，俄罗斯当局将重点考虑制定金砖国家外交协调政策，并在重要的国际平台上进一步加强与"全球南方"国家的合作，共同寻求应对信息空间挑战和威胁的措施，以完善该领域合作的法律框架。俄罗斯担任轮值主席国的另一重要工作重点在于加强金砖国家在国际货币和金融体系中的作用，开展银行间合作，促进国际清算体系的转型以及扩大金砖国家本国货币在相互贸易中的使用。俄罗斯央行行长埃尔维拉·纳比乌利娜表示，近两年金砖国家在俄罗斯贸易中的份额大幅上升，2021 年约为 21%，2022 年不到 30%，2023 年超过 40%（见表 2）。同一时期，俄罗斯与金砖国家成员以本国货币结算的份额提高到 85%，两年前以本国货币结算的份额为26%。①《金砖国家领导人第十五次会晤约翰内斯堡宣言》重点强调提高以本国货币结算的份额，加强代理银行网络，以确保国际交易。这一议题也将是俄罗斯担任轮值主席国期间的优先事项之一。许多国家已经意识到美元垄断常被部分西方国家用作向其他国家施加压力的武器，这不仅破坏了全球金融和经济架构的稳定性，还引发了新的危机，推迟了实现可持续发展的前景目标的时间。俄罗斯外交部发言人玛丽亚·扎哈罗娃称，去美元化已经成为现实需求，而非特定国家或公司的目标。美元已被用作霸权和新型殖民主义的工具，在去美元化的背景下，各国货币将持续走强。②

表 2　2021~2023 年金砖国家占俄罗斯对外贸易的比重

单位：亿美元，%

对象国	进出口	2021 年	占俄罗斯对外贸易的比重	2022 年	占俄罗斯对外贸易的比重	2023 年	占俄罗斯对外贸易的比重
中国	出口	796	16.10	1141	19.28	1292	30.48
	进口	672	22.10	761	27.53	1109	36.52
	合计	1468	18.39	1902	21.91	2401	33.00

---

① Набиуллина: долярасчетовсо странами БРИКС в нацвалютах достигла 85% - Коммерсантъ (kommersant. ru).

② https: //iz. ru/1568342/2023 - 09 - 03/zakharova - nazvala - dedollarizatciiu - obektivnymi - ekonomicheskim-faktom.

对象国	进出口	2021 年	占俄罗斯对外贸易的比重	2022 年	占俄罗斯对外贸易的比重	2023 年	占俄罗斯对外贸易的比重
印度	出口	87	1.76	406	6.86	—	—
	进口	33	1.10	29	1.06	—	—
	合计	120	1.51	435	5.01	649	8.92
巴西	出口	62	1.26	86	1.46	111	2.63
	进口	16	0.52	20	0.71	13	0.44
	合计	78	0.98	106	1.22	124	1.71
南非	出口	6	0.13	5	0.09	5	0.12
	进口	4	0.14	3	0.10	3	0.09
	合计	10	0.13	8	0.10	8	0.11

资料来源：整理自联合国贸易数据库、世贸组织。

五 面向"全球南方"的俄非经贸合作

部分西方国家的长期施压以及俄罗斯经济的特点决定了当前部分西方国家对俄罗斯的经济施压将从根本上改变俄罗斯与世界经济的关系。俄罗斯在全球经济链和国际贸易链的地位与扮演的角色将发生改变，参与世界经济循环的范围将被迫大幅缩小。其国际合作格局不得不进行深刻调整，迫切需要进一步挖掘和拓展与亚洲、非洲国家的经贸合作，加强与未被施压的国家和地区的合作，以抵消与欧美国家合作领域缩小的影响。①

俄罗斯在 2024 年担任金砖国家轮值主席国期间计划继续建立金砖国家战略伙伴关系，提高与增强其在世界事务中的地位和作用，在关键的国际平台上，进一步加强与"全球南方"国家的合作。俄罗斯外交部副部长谢尔盖·里亚布科夫在接受《安全指数年鉴》采访时称，将继续组织有发展中

---

① 李锡奎：《地缘政治经济危机下俄罗斯国际物流通道的重构》，《俄罗斯东欧中亚研究》2023 年第 6 期。

国家参加的会议，使"全球南方"国家的声音在国际舞台上更响亮。① 俄罗斯外贸银行第一副总裁兼管理委员会主席德米特里·皮亚诺夫称，俄罗斯经济和企业已经熬过经济结构调整最艰难的时期，目前面临的挑战在于寻求新的平衡。"全球南方"和拉丁美洲正在成为最有发展潜力的地区，与其建立合作伙伴关系已成为世界经济发展的趋势。②

俄罗斯正在形成新的市场结构以及新的贸易地区分布，在此经济结构下，其主要任务之一是加强与独联体、欧亚经济联盟、上海合作组织、金砖国家、亚太地区国家、中东、非洲和拉丁美洲的经贸合作关系。其中，非洲在俄罗斯对外贸易额中的份额已从 2022 年的 2.3%升至 2023 年的 3%。③ 2022 年，俄罗斯与非洲的贸易额总计 180 亿美元，其中俄罗斯向非洲出口的商品中一半以上是机械设备、化工产品和食品。④ 2023 年，俄罗斯与非洲的贸易规模有所扩大，出口额增长 42.9%，达 212 亿美元；进口额增长 8.6%，达到 34 亿美元，其中，埃及为该地区最大的贸易伙伴，贸易额增长 40%，达到 55 亿美元。⑤ 俄罗斯经济发展部称，非洲在国际经济进程中的作用显著增强，俄罗斯企业对非洲的合作意向也不断增强，在此背景下，俄罗斯经济发展部将新设第 38 部门，主要负责加强与非洲国家的经贸合作。⑥

在俄罗斯与西方博弈加剧的背景下，俄罗斯需要在世界经济中寻求新的"支点"。近年来，非洲战略自主性愈加增强，在国际地缘格局中的重要性更加凸显，在国际政治和经济领域发挥重要作用。2023 年 7 月，第二届俄罗斯—非洲峰会暨经济和人道主义论坛在俄罗斯圣彼得堡举行，双方就深化

---

① ЗамглавыМИДаРябковрассказал о приоритетах российского председательства в БРИКС - Коммерсантъ（kommersant. ru）.

② Уравнениесовсемиизвестными-Картина дня（kommersant. ru）.

③ https：//comtradeplus. un. org/.

④ ТоварооборотРоссии и Африки с начала 2023 года увеличился на 43% - Коммерсантъ（kommersant. ru）.

⑤ Среди главных торговых партнеров России не осталось западных стран - РИА Новости, 07. 04. 2024（ria. ru）；《2023 年亚洲国家成为俄罗斯主要贸易伙伴》，俄罗斯卫星通讯社，2024 年 2 月 12 日，https：//sputniknews. cn/20240212/1057022819. html。

⑥ В Минэкономразвитияпоявитсяновыйдепартамент по работе со странами Африки（tass. ru）.

政治、安全、经贸、能源等多领域合作达成共识。根据该峰会通过的宣言，俄非将致力于确保粮食和能源安全，继续采取措施防止太空军备竞赛，加强网络安全领域合作，在空间技术和太空探索领域开展联合研究，就恐怖组织、潜在袭击和威胁等方面交换信息，扩大旅游领域合作等。

该峰会是俄罗斯和非洲国家加强合作的重要机会，将加强双方在经济和政治等方面的联系。乌干达麦克雷雷大学前副校长维南修斯·巴瑞亚穆里巴表示，俄罗斯与非洲国家的合作建立在双方需求的基础上，将在一定程度上减少部分西方国家的威胁。

六 对外经济战略调整对俄罗斯2023年对外贸易的影响

俄罗斯海关总署的数据显示，2023年俄罗斯对外贸易额为7102亿美元，比2022年的8478亿美元下降了16.2%。其中，2023年俄罗斯商品出口总额为4251亿美元，比2022年（5925亿美元）下降了28.3%；进口总额为2851亿美元，比2022年（2553亿美元）增长了11.7%。2023年俄罗斯外贸顺差为1400亿美元，比2022年（3372亿美元）下降了58.5%。

在贸易的区域结构中，2023年俄罗斯对欧洲的出口额同比下降了68.0%（达849亿美元），从欧洲的进口额同比下降了12.3%（达785亿美元），总额1634亿美元，占俄罗斯对外贸易的比重为23.00%；2023年俄罗斯对亚洲的出口额同比增长了5.6%（达3066亿美元），从亚洲的进口额同比增长了29.2%（达1875亿美元），总额4941亿美元，占俄罗斯对外贸易的比重为69.57%；2023年俄罗斯对非洲的出口额同比增长了42.9%，达到212亿美元，从非洲的进口额同比增长了8.6%，达到34亿美元，总额246亿美元，占俄罗斯对外贸易的比重为3.46%；2023年俄罗斯对美洲的出口额同比下降了40.4%，为122亿美元，从美洲的进口额同比下降了11.0%，为150亿美元，总额272亿美元，占俄罗斯对外贸易的比重为3.83%；2023年俄罗斯对大洋洲的出口额同比下降了97.5%（从

2022 年的 3 亿美元下降到几乎为零），从大洋洲的进口额同比下降了
58.2%，为 2 亿美元（见表 3）。

表 3　2023 年俄罗斯对外贸易区域结构
单位：亿美元，%

区域	贸易总额	占对外贸易的比重	出口额	同比增长	进口额	同比增长
欧洲	1634	23.00	849	−68.0	785	−12.3
亚洲	4941	69.57	3066	5.6	1875	29.2
非洲	246	3.46	212	42.9	34	8.6
美洲	272	3.83	122	−40.4	150	−11.0
大洋洲	—			−97.5	2	−58.2

资料来源：整理自俄罗斯海关总署 2023 年数据。

在 2023 年俄罗斯的出口商品结构中，只有食品和农业原材料出口出现了增长（4.3%），达到 431 亿美元。2023 年俄罗斯的矿产品出口额为 2601 亿美元，同比下降了 33.6%；金属和金属制品出口额为 600 亿美元，同比下降了 15.1%；化工产品出口额为 272 亿美元，同比下降了 35.2%；机械设备等商品出口额为 2500 亿美元，同比下降了 25.0%；木材、纸浆和纸制品出口额下降了 29.7%，纺织品和鞋类出口额下降了 6.8%。

作为俄罗斯长期经济安全和经济增长发动机的能源领域，对外经济战略调整的结果有喜有忧。俄罗斯 2023 年原油开采 5.3 亿吨，同比下降了 0.9%。原油出口 2.34 亿吨，同比下降了 3.3%。对友好国家出口占原油出口总量的 86%。其中，对华原油出口 1.07 亿吨，占其出口的 45.7%。对印度原油出口 7000 万吨。俄罗斯 2023 年天然气产量同比下降了 5.5%，为 6367 亿立方米。2023 年，俄罗斯管道天然气出口量为 914 亿立方米，比 2022 年下降了 25%，液化天然气出口量为 436 亿立方米。①

① Добыча в Россиисократилась в 2023 годуна 5,5%, https://www.kommersant.ru/doc/6467610?ysclid=ltiszs0097326743698.

在商品出口额大幅下降的同时，大部分商品进口额出现较大幅度增长：机械设备等商品进口额为 1458 亿美元，同比增长了 24.1%；纺织品和鞋类进口额为 191 亿美元，同比增长了 21.4%；矿产品进口额为 56 亿美元，同比增长了 5.1%；金属和金属制品进口额为 192 亿美元，同比增长了 0.4%。进口额减少的商品有：食品和农业原材料进口额为 351 亿美元，同比下降了 1.7%；化工产品进口额为 557 亿美元，同比下降了 2.4%；木材、纸浆和纸制品进口额为 34 亿美元，同比下降了 13.4%（见图 1）。

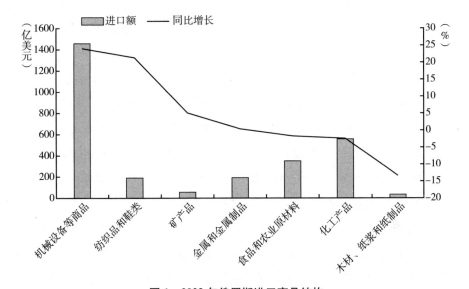

图 1　2023 年俄罗斯进口商品结构

2023 年，中俄贸易额达到创纪录的水平，总额达到 2401.1 亿美元，同比增长 26.3%，占俄罗斯外贸总额的比重达到 33.8%。其中，2023 年中国对俄罗斯出口同比增长 46.9%，达到 1109.7 亿美元，占俄罗斯进口总额的 38.92%；从俄罗斯进口同比增长 12.7%，达到 1291.4 亿美元，占俄罗斯出口总额的 30.38%。中国从俄罗斯进口的主要商品包括石油、天然气、煤炭、铜和铜矿石、木材、海产品等。中国对俄罗斯出口的产品非常多样，主

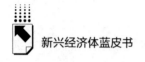

要包括汽车、智能手机、工业和特种设备、玩具、鞋类、运输设备、空调和电脑等。①

结 语

当今世界正经历百年未有之大变局，俄乌冲突的爆发使世界地缘政治和国际秩序发生了变化，加速了世界地缘政治格局的演变，搅动了世界地缘政治格局大分化、大震荡、大重组，国际经贸和全球治理体系也面临重大调整。② 新地缘政治形式下，俄罗斯在经济上不断调整和重新定位外交政策与对外经贸合作对象，从"西高东低""北高南低"到"转向东方"，更加重视发展潜力巨大的"全球南方"国家，以寻求新的对外经贸合作对象。

在俄乌冲突和欧亚地缘政治重构的新形势下，俄罗斯更加重视通过中亚区域一体化稳固其区域战略地位。金砖国家作为"全球南方"和东方国家基于相互尊重、各国有权自主选择本国发展道路、主权平等（《联合国宪章》的核心原则之一）等原则构建的全球性组织，其扩员将有利于开启"全球南方"联合自强的新纪元，提升"全球南方"在国际事务中的代表性和发言权，深化俄罗斯和金砖成员国之间的贸易往来。同时，欧亚经济联盟国家间的合作与新自由贸易协定的签署将促进双边贸易并提高企业在价值链中的相互参与度，缓解欧洲退出俄罗斯市场所带来的经济衰退。俄罗斯—非洲峰会暨经济和人道主义论坛加深了俄罗斯和非洲国家间的贸易往来合作，将加强双方在经济和政治等方面的联系，为俄罗斯外交政策的调整和经贸合作的调整助力。

---

① Профициттрговогобаланса России в 2023 годусократилсяна 58,5%, https：//www.interfax.ru/business/945632.
② 胡伟星：《俄乌冲突、大国竞争与世界地缘政治格局的演变——以地缘政治学为研究视角》，《亚太安全与海洋研究》2022 年第 4 期。

B.4
印度对金砖扩员的诉求、挑战与前景

陈利君 和瑞芳*

摘　要： 印度将金砖合作机制作为提升其全球话语权并引领"全球南方"国家的重要推手。随着国际环境的变化，以及印度经济快速发展，印度对金砖国家扩员的态度与其建设引领"全球南方"国家的需求结合得越来越紧密。本报告认为，随着印度诸多愿景进一步落地，尽管某些传统的安全问题在短期内难以有效解决，但印度对金砖国家扩员的诉求将体现出"印度优先"的特点，金砖国家喀山峰会上印度与中国和俄罗斯的互动，就显示了金砖国家扩员的前景向好。

关键词： 印度　金砖扩员　"全球南方"

2023 年以来，印度陆续举办的"全球南方国家之声"峰会、G20 峰会与金砖合作机制相互交织，并在作为 G20 轮值主席国期间向国际展示了其愿景，体现出"印度优先"的特点，以及渴望引领全球新兴经济体的强烈诉求。[①] 同时，2023 年 8 月南非举办了以"金砖与非洲：深化伙伴关系，促进彼此增长，实现可持续发展，加强包容性多边主义"为主题的金砖峰会，其间叙利亚、黎巴嫩、尼加拉瓜、印度尼西亚、津巴布韦等 40 多个国家表达了加入金砖国家的愿望，其中委内瑞拉、泰国、塞内加尔、古巴、哈萨克

---

* 陈利君，研究员，云南省社会科学院副院长，云南省南亚学会副会长兼秘书长、中国南亚学会副秘书长，云南大学硕士研究生导师，研究领域为南亚经济、中国与南亚经贸合作、中国的印度洋战略；和瑞芳，博士，副研究员，云南省社会科学院、中国（昆明）南亚东南亚研究院，研究领域为区域经济、城市经济和国际经济。

① Jaishankar, S., *Why Bharat Matters*, Published by Rupa , Publications India Pvt. Ltd , 2024.

斯坦、白俄罗斯、巴林和巴基斯坦23个国家提交了入会正式请求。2023年上海合作组织取得新发展，"77国集团和中国"哈瓦那峰会发出"全球南方"强音。2024年10月，金砖国家喀山峰会上印度与中国和俄罗斯的互动，……更多国家加入金砖合作机制，确实让"全球南方"声音更响，为推动世界多极化进程注入新动力。2024年的金砖国家喀山峰会是俄罗斯在俄乌冲突后第一次大规模主场多边外交活动，参会国家达34个，埃及、阿联酋、伊朗、埃塞俄比亚正式成为金砖大家庭成员，泰国等国家申请加入金砖大家庭，印度深具影响力的环印度洋地区新兴经济体加速崛起。从经济总量看，2023年印度实现了7.7%的经济增长，实际GDP约为32597.84亿美元，占金砖国家GDP的13.5%，印度以较快发展擦亮了可持续发展的"金砖成色"，印度国家发展战略与其参与建设的金砖合作机制和"全球南方"之间的融合正在加深。

一 印度国家发展态势

印度是世界第四大经济体。过去的20年间，印度以平均6.25%的GDP增速稳步发展，超越了韩国、加拿大、意大利、法国、英国和日本，跃升为世界第四大经济体。摩根士丹利和世界银行的预测认为，印度经济将在未来五年内超越日本和德国，成为排在美国、中国之后的世界第三大经济体。2023年，印度在金砖国家中的实力进一步上升。从金砖五国的经济数据看，印度名义GDP占金砖国家的比重有所上升。2023年金砖国家名义GDP约26万亿美元，其中印度名义GDP占13.5%。如果按照2020年不变价美元测算，2023年金砖国家实际GDP为241440亿美元，比2022年增加近11983亿美元，同比增速5.2%，但低于印度7.7%的增速。印度实际GDP占比也在上升。2023年，印度实际GDP占金砖国家GDP的13.5%，比2022年提升了0.3个百分点。[①]

---

① 数据来源：根据金砖国家政府统计部门发布的2024年公开数据整理。

印度近 14 亿人的大市场不仅有潜力，还拥有可观的市场规模。联合国发布的《2023 年世界人口展望》指出，2023 年金砖国家年中人口数量超过了 32 亿人，人口增长 0.44%。其中，印度人口上升最快，2023 年印度有13.91 亿人，增长 1.02%，占金砖国家总人口的 43.3%。2023 年，印度人均GDP 也呈现增长趋势。2023 年，印度人均名义 GDP 为 2507 美元，比 2022年增加 75 美元。与之相对应的是 2023 年金砖国家人均名义 GDP 为 8061 美元，比 2022 年的 8087 美元减少 26 美元，减少 0.3%。印度庞大的人口规模支撑了巨大的消费市场。苹果公司在印度 2022~2023 财年的营收约 59 亿美元，占全球营收的 1.5%，是 2013 财年的 16 倍。苹果公司对于印度市场上的长期投资和印度人口消费能力的增强，使印度消费者购买的苹果手机价格不断攀升，均价达到 1000 美元。2023 年苹果手机在印度的营收高达 87 亿美元，同比增长了 42%。与此同时，2023 年印度的手机出货量同比增长39%，达到了 920 万台，印度成为苹果公司第五大智能手机市场，印度的手机消费已经超过了任何一个单一的欧盟国家。虽然 2023 年苹果手机在中国销售 4574.7 万台，是印度同年销量的 5 倍，但印度的市场容量还在高速增长。在汽车消费领域，印度在销量上已经超越日本。2023 年 4~9 月，印度乘用车销量 207 万辆，增长 7%。2022 年印度千人汽车保有量 36 辆，与2006 年中国的水平相当，是中国千人汽车保有量的近 1/6。印度航空市场规模也不小。随着印度商贸物流的不断发展，印度海陆空基础设施不断完善，各类印度航空子公司对空客 250、波音 220 飞机的购买订单不断增多。2024年印度民航飞机保有量约 900 架，大概是中国的 25%，超大订单交货期已经延续到 2030~2035 年，这体现了印度航空公司对未来经济增长的良好预期。

印度经济总量规模大、增速快，各类转型愿景正在加速落地。印度"超前"的产业结构特征使印度经济从农业向服务业转型，并在"印度制造"领域加强转型。印度有全球最多的 IT 人员，国际化水平高，英语能力强，通过外向型服务业驱动，软件服务产业，尤其是软件服务外包已成为印度经济的重要动力，创造出印孚瑟斯（Infosys）这类数字化与咨询服务的全球领军者，印度服务业增加值在 2023 年的占比已达到 53% 左右。谷歌、贝恩和淡马锡 3 家机构在 2023 年底联合发布的《印度数字经济 2023》研究报告显示，印度 4.5 万元以上的"中高收入+高收入"家庭（3 人组）占比将从 2023 年的 40%上升至 2030 年的 56%，印度的人均 GDP 将从 2023 年的 2507 美元上升至 2030 年的 5500 美元，印度数字经济规模将从 2023 年的 350 亿美元上升到 2030 年的 1 万亿美元。为了加快转型发展，印度国家转型委员会（NITI Aayog）2023 年 7 月发布《从绿色革命到甘露时代》（From Green Revolution to Amrit Kaal）的报告，① 意在加快落实《印度政府 2030 愿景》（The Government of India's Vision of 2030）、《2030 海洋印度愿景》（Maritime India Vision 2030），加快印度经济、农业、海洋等各大领域的发展。印度在经济领域将着力于"包容性发展"（Inclusive Development）、"到达最后一英里"（Reaching the Last Mile，政府力求将基建、健康、教育、水资源等带到需要的公民家门口）、"基建和投资"（Infrastructure and Investment）、"释放潜力"（Unleashing the Potential）、"绿色增长"（Green Growth）、"青年力量"（Youth Power）、"金融部门"（Financial Sector）的发展，② 助力《2047 甘露时代愿景》③。

二 印度对金砖国家扩员的诉求

（一）印度开展金砖国家扩员意在提升外交影响力

2023 年新德里 G20 峰会，印度力排众议使 G20 回归了经济组织的本源，邀请包含诸多金砖扩员对象的非盟加入，不遗余力地提升外交影响力。中国

---

① "From Green Revolution to Amrit Kaal", July, 2023, p. 1、pp. 20 - 25, https：//www. niti. gov. in/sites/default/files/2023-07/Aggricultrue_Amritkal_0. pdf.

② "Union Budget 2023 - 2024：Priority 2：Reaching the Last Mile", Feb. 1, 2023, https：// www. indiainfoline. com/news/budget/union-budget - 2023 - 2024 - priority - 2 - reaching - the - last - mile; "Budget 2023-24 Presents Vision for Amrit Kaal-Blue Print for an Empowered and Inclusive Economy", Feb. 1, 2023, https：//pib. gov. in/PressReleaseIframePage. aspx？PRID=1895313.

③ "Amrit Kaal 2047", Oct. 14 , 2023, https：//shipmin. gov. in/content/amrit-kaal-2047.

对印度保证"全球南方"利益等给予了某些肯定，与会的俄罗斯外交部部长拉夫罗夫声称这次 G20 峰会"是印度和全球南方的成功"。印度总理莫迪 2023 年 6 月历史性访美并获《美印联合声明》等标志性、战略性成果之后，2023 年 9 月 9 日，印度作为 G20 轮值主席国对前来新德里参加 G20 领导人峰会的美国总统拜登表示热烈欢迎，除发表了传统的新德里 G20 峰会宣言之外，美印两国领导人还发表了所谓的"美印联合声明"。同时，莫迪主导为峰会设置了一系列与"全球南方"有关的议题，并达成了一项支持"全球南方"国家的具体成果，推动沙特阿拉伯的参加，让非盟成为 G20 成员，获得与欧盟相同的地位。金砖国家代表了正在成长的新兴经济体，与大多数西方国家和全球北方国家的相对停滞形成鲜明对比。2024 年 2 月 17 日，印度外交部部长苏杰生同美国国务卿布林肯在慕尼黑安全会议期间举行小组会谈时就多国想加入金砖国家的回应表明了金砖国家对印度的外交价值。截至 2023 年 8 月 24 日，金砖国家的五个创始成员国占全球人口的 42% 以上、占世界领土的 30%、占世界 GDP 的 23%、占世界贸易的 18%，金砖国家的商品和服务出口额占全球的 16%，进口额则占全球的 15%，金砖合作机制延续了 2009 年成立以来围绕全球经济治理的属性。

（二）印度开展金砖国家扩员意在提升其在"全球南方"的影响力

印度政府正全力以赴地将自己描绘成所谓的"全球南方国家代言人"，通过金砖扩员工作强化与"全球南方"的关系。印度作为金砖国家成员国，将南方各国组织起来发出共同声音，"全球南方国家"已经成为印度的一句流行语，许多印度人将印度看作所谓"全球南方国家的代言人"。

金砖国家和"全球南方"国家的融合，对于印度而言有良好的海外基础。目前，有接近 1800 万名的印度国民在世界各地生活、工作和学习，这让印度成为名副其实的世界迁出第一大国，特别是在环印度洋地区，如中东地区特别是沙特阿拉伯、阿联酋、卡塔尔等国凭借丰富的石油资源和对劳动力的需求，吸引了数以百万计的印度劳工和技术人员。印度经常把与非洲的关系描述为"两个灵魂伴侣、朋友和伙伴"，据印度外交部最新报告，2024 年非洲

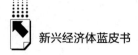

印度裔数量超过 300 万人，其中近 160 万人分布在南非，这也促成了印度将非盟拉入 G20 等的外交战略。而在东南亚，泰国、缅甸、马来西亚等地同样拥有众多印度裔社群，他们在经济、科技及服务行业中占据重要地位。

诸多南方国家积极探讨加入金砖合作机制，更是驱动印度主动谋求"全球南方"重要地位。美欧日等西方国家也在全面强化与"全球南方"国家的关系，而且这些西方国家还利用自身经济、科技优势弥补印度在这些领域的短板，大力支持印度谋求"全球南方"重要地位。比如，在 G20 峰会上，美印两国领导人发表的美印联合声明，捧场印度在谋求"全球南方"的影响力。拜登宣布美国、印度、沙特阿拉伯、阿联酋和欧盟就一项铁路和航运项目达成了合作意向（Absichtserklärung für eingemeinsames Schienen-und Schifffahrtsprojekt）。该项目将连接美国、欧洲、中东和印度，印度、波斯湾和欧洲之间将建立迄今为止最直接的连接，尤其是 2023 年以来埃及、阿联酋、伊朗、埃塞俄比亚、沙特阿拉伯等申请加入金砖国家，更是激励印度通过 G20 新德里峰会等扩大其在"全球南方"中的影响力。

印度积极打造自身占据重要地位的"全球南方"合作。在 G20 会议期间，印度提出共建"印度—中东—欧洲经济走廊"（IMEC）的计划，参与方包括印度、沙特阿拉伯、阿联酋、约旦、以色列、意大利、法国、德国和欧盟等，沙特阿拉伯等"全球南方"成员乐观其成。这是印度借助外交、经济和国际媒体影响力，以及经济实力与竞争优势，提升自身在"全球南方"的影响力。此外，莫迪政府在俄乌冲突和中美贸易摩擦发生以来，一直声称印度可以充当一座桥梁，"这样南北方之间的联系就会更加紧密，"全球南方"自身也会变得更强大"。

（三）金砖国家扩员是印度与中国的竞合平台

由于中印之间的新老问题，印度试图借助金砖国家扩员对中国开展竞合。一方面，现阶段印度要建设"金砖"为其"增色"。印度通过金砖国家加强与新兴市场和发展中国家的合作，对冲逆全球化和国际多边合作倒退造成的冲击。印度知识精英普遍认为，印度在金砖合作机制中采取了"平衡"

和"灵活"的做法，用现实主义原则主导莫迪与中俄领导人的对话，同时印度对金砖合作机制建设也有正面影响，认为随着印度等金砖国家影响力的提升，中印合作将深刻影响全球治理体系①，并有学者指出传统安全和非传统安全合作是中印超越分歧建设金砖合作机制的有效路径②。另一方面，印度强化美西方对印度全球产业链的支持，提升自身实力与中国多边合作开展竞争，这也导致印度在金砖国家扩员过程中呈现本应追求集体利益却更多考虑自身利益的得失的特点。2025 年 4 月 29 日，金砖国家外长会晤在巴西里约热内卢举办期间，印度相关主张与其在金砖框架下的"多边主义"有所偏差。事实上，2024 年美国国家安全分析师布兰登·J. 韦切特（Brandon J. Weichert）在《国家利益》上发表的《美国搞砸了与印度的潜在联盟》（America Botched Its Potential Alliance with India）一文指出，中美关系下的中印关系走向是印度试图成为美国在印太地区的替代供应链枢纽。印度不仅开启了沙特阿拉伯等参与"印度—中东—欧洲经济走廊"（IMEC）的计划，还争取美西方对其在新兴技术、半导体供应链、外层空间探索、电信安全和全球数字包容、量子、生物技术、国防科技工业、高等教育、消除性别数字鸿沟、防务技术转移、核能及可再生能源、电动车供应链、创新生态系统、医疗卫生、战场事务管理等的支持。2023 年 11 月，印度《经济时报》援引"波士顿咨询集团"研究称，2018～2022 年，美国从中国进口商品额下降10%，而从印度、墨西哥和东盟的进口额分别上升 44%、18% 和 65%，美国积极推动印度成为供应链中的重要成员已初见成效。印度 2021～2022 财年最大的贸易伙伴也由多年来的中国变成美国、越南、墨西哥等。路透社2023 年 11 月底报道，全球最大零售商沃尔玛从印度进口的商品额占比从2018 年的 2% 提高至 2023 年的 25%，而从中国进口的商品额占比从 2018 年的 80% 降至 2023 年的 60%。另外，根据美国商务部的数据，2020～2022 年，

---

① Bas Hooijmaaijers, "China, the BRICS, and the Limitations of Reshaping Global Economic Governance," *The Pacific Review* 34（2021）.

② Moraes, R., "Whither Security Cooperation in the BRICS? Between the Protection of Norms and Domestic Politics Dynamics," *Global Policy*（2020）.

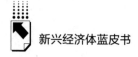

美国从印度进口的商品额占从美国进口的商品总额的比重从 1.92% 提升至 3%，而从中国进口的商品额占从美国进口的商品总额的比重从 17.9% 下降到 14.2%。综上，印度通过不断从金砖合作机制之外的合作增强自己的能力，在金砖等多边合作组织领域内增强实力。

三 印度开展金砖国家扩员面临的挑战

（一）国力约束印度开展金砖国家扩员的能力

印度尝试不断通过金砖国家来提升话语权，但受困于自身有限的国力。印度与金砖国家贸易额在 2022 年以来超过 1000 亿美元，主要出口商品包括水牛肉、钢铁、工程产品等，进口商品则以铁矿石、原油和精炼铝为主，印度在金砖国家农产品贸易中的进口占比显著，2023 年自巴西和俄罗斯进口的农产品额分别达 585.6 亿和 88 亿美元，分别占其自金砖国家进口总额的 79.6% 和 12%。但是印度经济始终有结构性困局，一时难以减少对中国等供应链的结构性依赖。2025 年，美国已经连续第 4 年成为印度最大的贸易伙伴，2024～2025 财年印度和美国双边贸易额达 1318.4 亿美元，印度对美国贸易顺差突破 411.8 亿美元；同期，印度和中国双边贸易额达 1277 亿美元，但与中国贸易逆差达 992 亿美元，2023 年以来，中国对印度出口的主要产品为电脑、智能手机等电子产品，而印度对中国出口的商品集中于资源类产品。这表明 2014 年以来，莫迪政府为"新印度"提出诸多战略，但保护主义未能培育出本土巨头，反而让印度成了"全球供应链的薄弱环节"，对美贸易顺差带来的短期利益，掩盖不了对华贸易逆差背后的产业短板，印度开展金砖扩员的能力还是受到国力的约束，特别是 2022 年以来，印度产业建设始终遵循"印度优先"，对外企"合规围剿"，这反而加速了供应链外流。印度保护主义下的"外企坟场"的困局正在把印度推向"产业链孤岛"的险境，也进一步削弱了金砖国家对印度投资的吸引力。

（二）顾虑中国因素对印度开展金砖国家扩员造成影响

印度对中国在地缘政治、经济、安全领域的金砖国家影响力以及相关地区的影响力存有疑虑。[①] 2020 年以来，中印民间往来相较于以前有所减少。尽管印度在宏观战略上保持一定的模糊性，以便在与各大国的谈判中获得最大空间，但中印边境问题进展缓慢，以及印度入常等诉求短期难获国际完全认同，中印关系也面临挑战，印度参与金砖合作机制的策略和前景受到不同程度的干扰。

（三）"印太战略"牵制印度对金砖合作机制的建设

由于美西方对金砖合作机制的干扰，印度不会积极开展金砖扩员建设。国际社会也普遍认为印度是金砖合作机制的重要角色，只是相较于美西方主导的合作战略，印度对金砖合作机制的态度暂时较冷。印度致力于"季风计划"等自主战略，又积极参加美日印澳"四边安全对话"机制，而俄罗斯和中国都是美日印澳"四边安全对话"机制和"印太战略"约束的对象。当前，美国正在迎合、督促印度加大对缅甸、巴基斯坦、阿富汗和尼泊尔等国家的影响，并给予了实质性、战略性支持，美国牵头提出的"印度—太平洋战略""四方机制""五眼联盟"都契合了印度"季风计划"，因此印度当前更倾向于美西方而非金砖合作。

印度更倾向于努力谋求美西方产业转移构建全球经济体系中的印度产业链、供应链，而非开展这一领域的金砖扩员工作。在美日印澳"四边安全对话"机制下，印度成立了关键和新兴技术联合工作组，加紧在生物、低碳、半导体、网络、稀土等领域"构建弹性、多元、安全的供应链"，提出印度系列经济倡议，以推动本国制造业的发展，希望与中国开展竞争。尽管"印太经济框架"第四贸易支柱仍待磋商，但目前印度和欧洲自由贸易联盟（EFTA）四国，即瑞士、挪威、冰岛和列支敦士登经过近 16 年的谈判后，

---

① 庞玮：《国别区域学视域下我国印度研究的发展脉络与主题谱系》，《西安外国语大学学报》2023 年第 1 期。

达成了 1000 亿美元的投资贸易协定，使得印度越来越接近 2030 年之前出口值 1 万亿美元目标。另外，印度已和澳大利亚等签订贸易协定，与英国的贸易协议谈判也取得进展。

四　印度参与金砖国家扩员工作的前景

（一）印度将基于国家发展需求推动金砖国家扩员

印度建立有声有色的大国需要多边合作，因此积极推动金砖扩员。随着全球不确定性的加强，参与金砖扩员工作对印度的重要作用毋庸置疑。金砖合作机制已经发展为经贸财金、政治安全、人文交流三轮驱动，印度参与金砖合作机制是为了提升其在新兴市场国家和发展中国家的地位。[1]

中印共同推动金砖国家扩员是大趋势。中印关系已经进入一个调整期，双方要重视就双边共同利益的沟通接触，共同推动金砖扩员工作。随着印度工业化发展等需求，2024 年金砖国家喀山峰会召开前，中印两国在边境问题沟通上有所改善，表明中印之间有进一步拓展合作的空间。如果中国经济以年均 5% 的速度增长，到 2047 年，即印度独立 100 年时，按购买力平价计算，中国将成为具有 86 万亿美元的经济体。在未来的 26 年里，如果印度能够以 6% 的速度增长，届时印度将是 39 万亿美元的经济体，如果增速能达到 8%，印度将成为 64 万亿美元的经济体。2023 年 G20 新德里峰会的主题"一个地球、一个家园、一个未来"，与"构建人类命运共同体"的"一带一路"倡议有相通之处，未来中印依旧能够通过上合组织、金砖国家、中国—中亚峰会、中国—阿拉伯国家峰会、中国—非洲峰会、东盟峰会等合作交流机制找到合作的切入点。印度也在强调自己是非西方的定位，明确其作为新兴经济体的诉求，印度在金砖合作机制的工作为全球经济治理提供

---

[1] 林跃勤、周文主编《金砖国家发展报告（2017）》，社会科学文献出版社，2017；郭业洲主编《金砖国家合作发展报告（2019）》，社会科学文献出版社，2019；《金砖国家创新引领世界经济新发展》，《扬州大学学报》（人文社会科学版）2023 年第 2 期。

"印度构想""印度方案"，中国和印度可以共同维护发展中国家在全球经济治理中的利益诉求。[①]

同时，印度和诸多发展中国家在重大国际和地区问题上有着相近或者相同的立场，特别是在南南合作、发展减贫、气候变化、能源安全等方面有着广泛且共同的利益，印度参与金砖扩员的前景广泛。2023 年 9 月，在第 43 届东盟峰会上，印度总理莫迪提出了包括从互联互通到数字公共基础设施以及反恐等多个重要领域的计划，意在加强印度与东盟合作，加快落实"东进战略"，而东盟和中国合作进入了中国—东盟自贸区 3.0 阶段，中印在东盟的交集有可能随着金砖合作机制继续走深走实。此外，印度的战略自主，继续为今后印度参与金砖扩员拓展空间。印度虽在安全观和价值观上与美西方近似，但印度的"印太构想"与美国的"印太战略"不完全挂钩。[②] 印度受制于结构性矛盾以及大国关系挤压，特别是俄乌冲突以来国际形势的变化，需要通过金砖合作机制来解决。印度基于平衡外交和实用外交视角，通过增强与新兴经济体的战略互信和推动经济良性发展，以及国际协调，都可以筑牢金砖国家共有利益基础，提升印度在全球的话语权。

（二）印度将缓慢推进金砖国家扩员工作

印度是金砖国家的创始成员国之一，印度与金砖国家之间的贸易额不断上升，但印度认为金砖国家所带来的物质利益相对有限。印度通过金砖国家新开发银行获得了一定支持，不断激励印度塑造非西方大国形象，但随着新成员的加入及更多国家的申请，金砖国家 2.0 或可能转变为一个更为对立的实体，印度担忧金砖国家的进一步扩员或会潜在遮蔽印度在该方面的有利态势，为其发展前景蒙上阴影。[③] 加之中印关系起伏、美印关系掣肘，使得印

---

① 杨文武、黎思琦：《印度对全球经济治理的认知及政策取向》，《国际问题研究》2022 年第 6 期。

② 楼春豪：《印度的"印太构想"：演进、实践与前瞻》，《印度洋经济体研究》2019 年第 1 期。

③ Happymon Jacob, "These BRICS can't Construct a New World Order",《印度斯坦时报》，2024 年 10 月 28 日，https://www.hindustantimes.com/india-news/grand-strategy-these-brics-can-t-construct-a-new-world-order-101730120445220.html。

度莫迪总理参与 2024 年金砖国家俄罗斯喀山峰会也是来去匆匆，对 2025 年俄罗斯外交也较谨慎。总体上，印度以一种并不积极的心态建设金砖合作机制，或者只是作为一种提升其新兴经济体地位的选项，这种选择既是对自己诉求的自洽也是暂时迎合美西方"印太战略"的选择。事实上，美国兰德智库、日本学者比较一致地认为印度追求"多极化世界"，在中美战略竞争下印度倾向于保持"自主"和"自立"。

印度将与美西方合作作为驱动其加入新一轮全球化的首选，对推进金砖扩员工作不积极。印度外交部部长苏杰生也承认印度追求"多极化世界"，只是相较于对美西方主导的"四方机制"和"印太战略"的热情，印度对金砖国家合作的态度较冷。① 印度目前正在印太框架下加强与美西方的对外技术合作，在芯片半导体、人工智能、量子网络、6G 等科技领域以及基础设施领域的合作明显增多。印度与美西方合作的人力资源基础深厚，有近百万名印度裔在英伦三岛安家立业，他们中的许多人是活跃在经贸、金融、教育、科技、医疗、政治等领域的专业人士。法国、德国、荷兰、澳大利亚、新西兰、美国和加拿大也是印度裔聚集之地。在硅谷的科技创新、华尔街的金融领域、哈佛的学术领域，印度裔都具有一定的影响力。由于文化传统，印度在科研、工程、信息技术等高附加值领域的国际影响力很强，大量印度本土培养的高学历人才，选择了远赴欧美等地发展，为印度快速融入美西方各领域提供了渠道。

（三）印度将继续推动金砖国家扩员与引领全球南方的融合

从技术角度来看，印度奉行"印度优先"，但吸引更多国家参与金砖合作机制，助力其成为"全球南方"国家的重要成员反而是有可能的。尽管巴以冲突一直持续，特朗普 2.0 时期的全球不确定性加强，但随着"全球南方国家之声"峰会的效应，印度非洲合作机制的落实，以及 2023 年 G20新德里峰会提出的"印度—中东—欧洲"的经济走廊以及美国联合欧洲盟

---

① Jaishankar, S., *The India Way: Strategies for an Uncertain World*, Harper Collins India, 2020.

友宣布的跨非洲"洛比托走廊"计划的出台,使印度加强了与斯里兰卡、沙特阿拉伯等金砖国家扩员对象和"全球南方"分布重点地区的联系,也进一步强化了印度的"邻国优先"观点。印度坚持追逐"大国梦"的目标,强化金砖国家在政治、经济、文化等领域谋求独立自主,也使其在参与金砖国家扩员以及在建设"全球南方"中发挥重要作用。

参考文献

《金砖国家创新引领世界经济新发展》,《扬州大学学报》(人文社会科学版)2023年第2期。

郭业洲主编《金砖国家合作发展报告(2019)》,社会科学文献出版社,2019。

林跃勤、周文主编《金砖国家发展报告(2017)》,社会科学文献出版社,2017。

楼春豪:《印度的"印太构想":演进、实践与前瞻》,《印度洋经济体研究》2019年第1期。

庞玮:《国别区域学视域下我国印度研究的发展脉络与主题谱系》,《西安外国语大学学报》2023年第1期。

王卓:《金砖国家组织视域下中印关系问题研究》,《长沙理工大学学报》(社会科学版)2022年第3期。

杨文武、黎思琦:《印度对全球经济治理的认知及政策取向》,《国际问题研究》2022年第6期。

叶海林:《身份认知偏差对中印关系前景的影响》,《印度洋经济体研究》2020年第3期。

约书亚·托马斯、汉斯·弗雷迪,于蔷译:《后疫情时代的金砖国家合作:机遇与挑战—替代性视角》,《拉丁美洲研究》2022年第9期。

张梅:《国际变局下日本智库对印度形象的建构》,《南亚研究》2023年第1期。

Bas Hooijmaaijers, "China, the BRICS, and the Limitations of Reshaping Global Economic Governance," *The Pacific Review* 34 (2021).

David Monyae, Bhaso Ndzendze, "The BRICS Order Palgrave Macmillan", Cham, 2021.

Georgy Toloraya, "The Prospects of BRICS Evolution-Goals & Pathways", VII BRICS Academic Forum, 2015.

Jaishankar, S., *The India Way: Strategies for an Uncertain World*, Harper Collins India, 2020.

Moraes, R., "Whither Security Cooperation in the BRICS? Between the Protection of

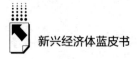
Norms and Domestic Politics Dynamics," *Global Policy* (2020).

Yaroslav Lissovolik, "BRICS-Plus: Alternative Globalization in the Making?", ValdaiPaper, 2019, https: //eng. globalaffairs. ru/valday/BRICS – Plus – Alternative Globalization – in – the – Making–18974.

菊池努「インド太平洋の新秩序と日本—ルールに基づく多極秩序を目指して—」日本国際問題研究所、2020。

B.5
南亚国家对金砖扩员的态度及影响

李　涛　孙育红*

摘　要： 在世界百年未有之大变局加速演进之际，金砖国家迎来扩员之机，作为大国博弈的战略要地及发展中国家聚集地的南亚各国的态度无疑非常重要。印度作为南亚唯一的金砖国家成员，积极主动推动金砖扩员以维护多边主义，但同时夸大金砖国家内部分歧，在南亚国家与金砖国家关系上未能充分发挥积极正向作用；巴基斯坦和孟加拉国明确提出加入金砖国家的申请，在未如愿后前者仍不改初心，后者国内则出现些许杂音，但巴以冲突的爆发坚定了两个国家申请加入的意愿；南亚其他国家——尼泊尔、不丹对金砖国家及其扩员的态度虽然受印度影响，但基本不反对，斯里兰卡对金砖扩员态度积极并寻求加入，马尔代夫、阿富汗虽尚未申请加入金砖国家但态度友好。总之，南亚地区对金砖国家的发展既有积极影响也带来诸多挑战。

关键词： 南亚国家　金砖扩员　金砖国家

2023 年，是世界局势风云变幻的一年，凸显世界百年未有之大变局加速演进，地区冲突此起彼伏，全球民粹主义势力抬头，单边保护主义盛行，世界经历着动荡，亟待变革，预示着西方主导的国际秩序面临崩塌。在此背景下，金砖国家持续稳定向好，并迎来历史性扩员。这标志着国际格局加速演变，南北力量进一步调整，发展中国家在全球治理中作用更

---

* 李涛，博士，教授，四川大学南亚研究所，研究领域为南亚、民族问题；孙育红，四川大学南亚研究所硕士研究生。

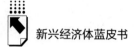

大、力量更强。南亚作为大国博弈的战略要地及发展中国家聚集地，必将成为金砖扩员的重要推动力量，也将在金砖扩员的历史机遇下迎来新一轮发展高潮。

一　金砖扩员的背景

（一）金砖扩员的缘起

"金砖四国"的概念最先由高盛首席经济学家吉姆·奥尼尔在 2001 年的报告《建设更好的全球经济：金砖四国》中提出，用以指巴西、俄罗斯、印度和中国这四个蓬勃发展的新兴经济体。[①] 金砖扩员并不是一蹴而就的。2011 年金砖国家领导人第三次会晤上，南非正式加入，成为第一个加入金砖国家的成员。[②] 2017 年金砖国家厦门峰会期间，中国作为主席国专门举行新兴市场国家和发展中国家对话会，邀请埃及等多个嘉宾国参加，此后，"金砖+"领导人会晤成为金砖五国与其他新兴经济体和发展中国家加强联系的重要平台。[③] 2021 年，金砖国家新开发银行开启扩员进程，孟加拉国、阿联酋、埃及等国先后加入。[④] 2022 年，中方担任主席国期间，金砖国家启动了扩员进程，在 2023 年金砖国家南非峰会上，正式宣布纳入 6 个国家，即沙特阿拉伯、埃及、阿联酋、伊朗、埃塞俄比亚和阿根廷，实现了第一次金砖扩员。[⑤] 2024 年 1 月，埃及、伊朗、阿联酋、沙特阿拉伯和埃塞俄比亚成为金砖国家正式成员，至此金砖国家的人口和国内生产总值在全球所占比重分别超过 40%、30%。

---

① 辛仁杰、孙现朴：《金砖国家合作机制与中印关系》，《南亚研究》2011 年第 3 期。
② South an Information Reporter, "New era as South Africa Joins BRICS", Apr. 11, 2011, https://web. archive. org/web/20110418004139/http://www. southafrica. info/global/brics/brics-080411. htm.
③ 沈陈、徐秀军：《金砖国家扩员正在进行时》，《世界知识》2024 年第 3 期。
④ 沈陈、徐秀军：《金砖国家扩员正在进行时》，《世界知识》2024 年第 3 期。
⑤ Xinhua, "Spokesperson: BRICS Expansion Marks New Starting Point for Cooperation", Aug. 25, 2023, http://english. scio. gov. cn/pressroom/2023-08/25/content_107441023. htm.

金砖扩员缘于国际格局的变化。冷战后，世界形成了以美国为主导的一超多强的国际格局，部分西方国家主导了国际规则的制定，形成了"基于规则的"国际秩序。21世纪以来，发展中国家进入高速发展时期，西方国家则发展相对缓慢。

金砖扩员的原因可以归结为三点：一是东西方阵营分化；二是深化"金砖+"合作；三是"节点"国家的需求。[①] 在俄乌冲突持续、中美竞争日益激化的新背景下，很多国家希望通过与他国的联合来巩固自己的地位，赢得发展的机会。金砖国家具有吸引拥有重要战略地位和经济蓬勃发展的"节点"国家加入的强大动力，如沙特阿拉伯、阿联酋、埃及等战略"节点"国家将搭上金砖国家便车，同时推动金砖国家不断壮大。

（二）金砖扩员的实质

对于金砖扩员的实质，金砖国家有不同的看法。俄罗斯外交与国防委员会主席费奥多尔·卢基亚诺夫提出："金砖扩员不应该从竞争的角度来看待，而应放在客观的国际趋势的背景下来看待。"[②] 当前，每个国家都有权利选择未来的发展道路，但这并非对当前国际秩序的挑战，而是基于核心利益塑造自己的国际秩序。中国上海国际问题研究院牛海滨强调，"发展中国家应该有更大的声音，七国集团与金砖国家似乎都在通过投资基础设施争夺在南半球的影响力，然而两者方式却存在显著差异"。[③] 金砖扩员是"全球南方"叙事不断增强的结果。

综上所述，金砖扩员的实质是基于"全球南方"不断崛起，对全球治理、

---

① Nian Peng, "Great Power Conflict Fuels BRICS Expansion Push", Jul. 13, 2022, https://thediplomat.com/2022/07/great-power-conflict-fuels-brics-expansion-push/.

② Navdeep Suri, "The BRICS Summit 2023: Seeking an Alternate World Order?", Aug. 31, 2023, https://www.cfr.org/councilofcouncils/global-memos/brics-summit-2023-seeking-alternate-world-order.

③ Navdeep Suri, "The BRICS Summit 2023: Seeking an Alternate World Order?", Aug. 31, 2023, https://www.cfr.org/councilofcouncils/global-memos/brics-summit-2023-seeking-alternate-world-order.

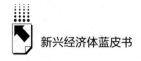

多极化、更加公平的国际秩序追求的结果，彰显和强化了"全球南方"国家的团结合作，给重振并改革多边体制、共同应对全球性挑战带来生机与希望。①

二　南亚各国对金砖扩员的态度

位于印度洋与太平洋间，与中亚、东亚和东南亚接壤的南亚八国，既具有重要的地缘战略意义，又是发展中国家聚集之地；既有 GDP 增速居全球前列的印度，也有挣扎在全球贫困线的尼泊尔、不丹等国，南亚地区无疑对金砖国家及其扩员意义重大。印度作为南亚唯一的金砖国家成员，似乎未能有效带动其他国家的发展，反而囿于宗教、历史、领土等矛盾，阻滞了南亚国家的互联互通；孟加拉国和巴基斯坦明确提出加入金砖国家的申请，但未能成功加入；南亚其他五国对金砖扩员的态度莫衷一是，作为金砖扩员最有潜力的对象——南亚各国的态度将给金砖国家未来的发展与走势带来一定的影响。

（一）目前南亚唯一金砖成员国印度的态度

1. 积极参与金砖合作机制但不同时期的目的有所变化

印度政府对金砖国家的态度与其外交政策、国家战略密不可分。在国际舞台上"有声有色"是尼赫鲁的大国理想。② 现实世界的挫折从未停止印度追求大国梦的步伐。21 世纪以来，印度的外交与国家战略更趋于务实，不断拓展新的双边关系，积极参与地区和全球各种合作机制和论坛，金砖合作机制就是其中之一。③

2009 年首届金砖国家会议召开时，印度总理辛格表示，"我们几个国家在下届 20 国集团匹兹堡峰会前应保持联系，我们在 20 国集团进程中的合作必须以实体经济领域合作为支撑"④。这表明当时印度仅将金砖合作机制作

---

① 沈逸：《金砖机制扩容彰显开放与包容》，《当代世界》2023 年第 9 期。
② 〔印度〕贾瓦哈拉尔·尼赫鲁：《印度的发现》，齐文译，世界知识出版社，1956，第 57 页。
③ 李冠杰：《试析印度的金砖国家战略》，《南亚研究》2014 年第 1 期。
④ Singer, "PM's Opening Remarks at the Plenary Session of BRIC Summit", Jun. 16, 2009, https://archivepmo.nic.in/drmanmohansingh/speech-details.php?nodeid=763.

为 20 国集团会议等国际合作机制的附属，希望借金砖合作机制"各发展中国家力量"抱团取暖，金砖国家战略尚未明确。在 2011 年金砖国家会议上，辛格提出"均势正向亚太地区转移"①。2012 年金砖国家第四次峰会由印度主办，辛格提议设立金砖银行，发表了金砖国家伙伴关系主题宣言，主动推动金砖合作向更深层次、更宽领域迈进。在 2013 年金砖国家峰会上，辛格给予了金砖国家峰会更高的评价和期许。辛格指出："金砖国家的协调和磋商已成为我们参与国际论坛不可或缺的一部分。在表达我们的共同关注时，它给予我们一个更强大的声音，它使我们更有效地应对全球挑战。"② 这表明辛格肯定了金砖合作机制在解决问题、参与国际事务、表达南方国家诉求等方面的重要作用，赋予了金砖国家独一无二的地位，并深入参与金砖合作机制建设中。从辛格在金砖峰会上的发言可以看出，随着金砖合作机制的不断完善，印度已将本国战略与金砖国家相结合，打造印度的金砖国家战略，依托金砖合作机制以实现政治、经济和安全目的。

印度总理纳伦德拉·莫迪就任后对金砖国家的态度随着中印关系的变化有所不同。2014 年，莫迪上台执政，在金砖国家第六次峰会上，莫迪表示，"我期待进一步推进金砖国家内部经济合作，并共同努力促进全球经济稳定与繁荣。我特别期待金砖国家的重大举措取得成功，如金砖国家新开发银行和应急储备安排"③。2015 年，在乌法峰会上，莫迪发帖表示，"金砖国家在促进世界和平与安全以及确保我们为子孙后代留下一个更美好的星球方面也可以发挥非常关键的作用"④。莫迪执政初期对金砖国家寄予极大希望，

① Singer，"PM's Statement at the Plenary Session of BRICS Leaders"，Apr. 14, 2011, http://pmind-ianic. in/content_. print php? nodeid=1012&nodetype=2.

② Singer，"PM's Statement at the Plenary Session of the 5th BRICS Summit"，Mar. 27, 2013, http://pmindia. nic. in/content_print. php? nodeid=1296&nodetype=2.

③ Modi，"A Path Breaking and Successful Visit: PM at the BRICS Summit"，Jul. 17, 2014, https://www. narendramodi. in/a-path-breaking-and-successful-visit-pm-at-the-brics-summit-6378.

④ Modi，"PM Narendra Modi Attends BRICS & SCO Summits in Ufa, Russia"，Jul. 10, 2015, https://www. narendramodi. in/pm-narendra-modi-attends-brics-sco-summits-in-ufa-russia-197073.

认为这"关系到子孙后代"。莫迪表示，"金砖扩容将增强各国对多极世界的信念，扩大新兴市场国家和发展中国家影响力，所有全球机构都需要在考虑时代背景的前提下进行改革，金砖扩员是全球机构改革的引领性举措"①。莫迪尽管表示全力支持金砖扩员，但在扩员标准和程序上与其他金砖成员国未达成一致，持保留态度。可见莫迪政府对金砖国家的态度随着中印关系变化有所改变，由积极支持转向"印太战略"。

2. 主动推动扩员以维护多边主义

对于在金砖扩员的立场，印度认为金砖扩员肩负引领全球化和多极化的使命，印度应成为积极推动者，将其大国梦融入金砖国家的未来。

首先，支持的声音主要考虑金砖合作机制在维护全球化、应对经济危机、推动多边主义的维度。当下，能源和粮食安全岌岌可危，对于严重依赖能源和粮食进口的发展中国家更是雪上加霜，而以美国为首的深陷逆全球化漩涡的西方国家则大行单边保护主义，违背自由、公平的全球化原则。在此背景下，金砖合作机制有责任维护全球化、推动多边主义，团结南方国家以促进经济发展，深化金砖国家与更多发展中国家合作，助力全球经济应对当今世界面临的严峻挑战，作为曾经不结盟运动领导人的印度，有责任团结新兴市场国家和发展中国家、维护多边秩序。

其次，支持者从印度的大国梦角度考虑金砖扩员。印度的大国梦的主要内涵就是要建设一个强大、统一的印度，成为在国际社会中发挥重要作用的有声有色的世界大国。②印度独立后，始终奉行不结盟政策，21世纪以来，其外交政策逐渐转向多向结盟、多方谋利，G20和金砖国家强化了印度在"全球南方"国家中的话语权。通过构建平衡南北的集体网络，并将自己置于网络的中心，沟通协调世界各极，发挥独特的领导作用。金

---

① Statesman News Service, "PM Modi Announces BRICS Expansion with Six New Members", Aug. 24, 2023, https://www.thestatesman.com/india/pm-modi-announces-brics-expansion-with-six-new-members-1503215136.html.

② 王磊：《做一个"有声有色的世界大国"——解析印度的全球大国之梦》，《南亚研究季刊》2014年第3期。

砖扩员是南方国家对北方国家地位的一次挑战，但对于印度来说，世界仍以南北为框架，印度将始终处于中心位置，世界多极化巩固了印度的全球地位。

3.夸大金砖国家内部分歧

印度不少学者将金砖合作机制作为中印博弈的筹码，声称中国旨在将金砖国家与"一带一路"倡议对接，试图从金砖扩员目的、运行机制及在"全球南方"中的竞争来夸大双方矛盾。首先从金砖扩员目的看，有印度学者认为，中国"利用中俄关系作为金砖国家朝着符合其利益的方向发展的基石"①，同时认为中国将加入"一带一路"倡议的意愿作为金砖扩员的潜在标准。

其次从金砖扩员后的运行机制看，印度学者阿纳尼亚·拉吉·卡科蒂和冈万特·辛格认为，"金砖扩员得益于全球日益高涨的反美情绪，金砖合作机制为这种情绪提供了集体行动平台，同时，强烈的多极化倾向推动了这种集体团结以制衡西方主导论坛"②。金砖扩员推动了多极化的发展，同时引起了金砖国家内部差异，中印分别为世界第二大和第五大经济体，相比之下新进成员如埃塞俄比亚等显得实力偏弱，较大的实力差距将提高成员国间协商共识难度。

最后从中印"全球南方"之争看，印度学者马诺吉·乔希认为，在金砖国家内部对待"全球南方"中印两国存在极大的竞争。③ 西玛·西罗希更认为金砖国家内部对待发展中国家的分歧使其面临成为大国竞争俱乐部的风险。④ 普莱

---

① Antara Ghosal Singh, " BRICS and BRI; China Aims for Strategic Alignment", Aug 17, 2023, https://www. Orfonline. org/research/brics- and-bri-china-aims- for-strategic-alignment.

② Ananya Raj Kakoti and Gunwant Sing, "BRICS expansion: Shaping global dynamics and India's strategic role", Sept 25, 2023, https://www. hindustantimes. com/ht - insight/international - affairs/brics - expansion - shaping - global - dynamics - and - indias - strategic - role - 101695618937015. html.

③ Manoj Joshi, "BRICS Rises", Aug 26, 2023, https://www. orfonline. org/expert-speak/brics-rises.

④ Seema Sirohi, "Opinion: Johannesburg Moment - Another BRICS in the Wall or New Beginnings?", Aug 21, 2023, https://www. indiatoday. in/opinion - columns/story/opinion - johannesburg - moment-another-brics-in-the-wall-or-new-beginnings-2424223-2023-08-21.

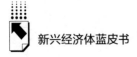

西斯声称，实力相对落后的印度平衡南北关系的作用被稀释，导致印度的位置逐渐边缘化。[①]

（二）申请加入金砖合作机制的巴基斯坦和孟加拉国对金砖扩员的态度

巴基斯坦与孟加拉国加入金砖国家有着相同的利益诉求，也有着各自的目的。

1. 巴基斯坦对加入金砖国家的态度始终积极

巴基斯坦政府对金砖国家及其扩员一直持积极支持的态度，并正式申请加入金砖国家。[②] 尽管曾因遭金砖国家成员印度的阻止未能出席中国主办的峰会，后来在南非峰会又未能实现"金砖五国+"成员的愿望，但巴基斯坦仍坚持不懈，参议员穆沙希德·侯赛因表示，2024 年，俄罗斯担任金砖国家主席国，巴基斯坦将寻求俄罗斯的帮助加入金砖国家。[③]

2. 孟加拉国在申请受阻后国内对金砖扩员出现杂音

孟加拉国对金砖扩员总体持积极态度，但国内舆论在第一次金砖扩员前后发生了变化。2023 年 6 月，孟加拉国提出加入金砖国家申请。[④] 孟加拉国总理谢赫·哈西娜肯定了金砖合作机制发挥的作用，认为"需要金砖国家作为这个多元化世界的灯塔"[⑤]。2023 年 8 月南非金砖国家峰会未将孟加拉国

---

① Carien du Plessis, "BRICS Welcomes New Members in Push to Reshuffle World Order", August 25, 2023, https://www.reuters.com/world/brics-poised-invite-new-members-join-bloc-sources-2023-08-24/.

② Russian News Agency, "Pakistan Applies for BRICS Membership in 2024—Ambassador to Russia", Nov. 22, 2023, https://tass.com/world/1709779.

③ "Pakistan can Join BRICS with Russian Cooperation, Says Mushahid Hussain", Feb. 19, 2024, https://www.dawn.com/news/1815350.

④ Md. Badrul Millat Ibne Hannan, "Bangladesh and BRICS: A Potentially Game-changing Partnership", Jul. 9, 2023, https://www.tbsnews.net/thoughts/bangladesh-and-brics-potentially-game-changing-partnership-662482.

⑤ Sheikh Hasina, "BRICS needs to be Lighthouse of Multi-polar World: PM", Aug. 24, 2023, https://www.tbsnews.net/bangladesh/brics-needs-be-lighthouse-multi-polar-world-pm-688114.

纳入组织，随后孟加拉国有关金砖国家的舆论报道大大减少，对加入金砖国家的热情也有所削弱。尽管如此，孟加拉国并未放弃加入金砖国家的努力，而是"低调"地寻求金砖创始国中国、印度、巴西、俄罗斯等国家的支持，使之成为推进双边关系的"润滑剂"。从2023年6月到2024年，孟加拉国对金砖扩员的态度总体上呈"降温"态势，同时孟加拉国国内政治形势的变化削弱了其加入金砖国家的主动性，但是孟加拉国仍视加入金砖国家为其长远目标。

（三）南亚尚未提出申请的国家对金砖扩员的态度

1. 尼泊尔、不丹政府对金砖扩员并未明确表态但总体较为消极

尼泊尔受印度影响对金砖扩员总体态度较为消极。尼泊尔对金砖扩员报道较少，因受印度媒体影响，倾向于将金砖国家视为中国扩张势力的平台。尼泊尔前外交官迪内什·巴特拉伊在《共和报》上发表观点，给予金砖扩员肯定，认为这是非西方国家寻找深化经济和政治联系以及提高金砖国家相关机构能力的方法，发出维护多边主义和专注于共同发展的强烈信息，但是他却声称中俄伊似乎更关心借用金砖扩员打击美国主导的秩序，金砖扩员有助于其确保该地区的稳定，在世界能源市场中建立平衡，改善区域和粮食安全状况。① 尼泊尔《卡巴尔中心报》援引的麻省理工学院经济学研究所教授达龙·阿杰姆奥卢的观点，认为金砖扩员，意味着以中国为首的一极制衡美国力量的壮大，但是金砖国家并不能代表全球新兴市场国家和发展中国家，而只是中美博弈的一个工具。② 尼泊尔长期奉行不结盟政策，避免参与大国竞争，中国"一带一路"倡议与美国MCC被尼泊尔视为中美争夺尼泊尔势力的工具。迪内什·巴特拉伊强调，尼泊尔应该保持警惕，关注金砖国家的政治动态，并思考尼泊尔如何在与金砖国家快速发展的地缘政治背景下驾驭自己的关系。③

---

① Dinesh Bhattarai, "BRICS and Beyond", Sep. 24, 2023, https：//myrepublica.nagariknetwork.com/amp/brics-and-beyond/.

② Daron Acemoglu, "The Wrong BRICS Expansion", Sep. 7, 2023, https：//english.khabarhub.com/2023/07/317058/.

③ Dinesh Bhattarai, "BRICS and Beyond", Sep. 24, 2023, https：//myrepublica.nagariknetwork.com/amp/brics-and-beyond/.

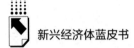

不丹对金砖及其扩员态度更为消极。不丹位于中印两大国之间，其对外关系受印度影响较大，不丹未报道金砖扩员。

2. 斯里兰卡、马尔代夫和阿富汗虽未申请加入金砖国家但态度友好积极

（1）斯里兰卡从民间到官方积极支持金砖国家及其扩员

斯里兰卡学者沙克蒂·德席尔瓦基于 40 多个发展中国家申请加入金砖国家的现象认为，金砖国家"有效利用了'全球南方'国家对美国金融主导地位的担忧"，指出金砖国家是多极世界秩序中国际稳定性因素，明确表示"我认为成员的增加应该受到欢迎"①。斯里兰卡国会议员乌达亚·甘曼皮拉致信斯总统拉尼尔·维克勒马辛哈，敦促斯里兰卡寻求加入金砖国家，他强调世界权力中心向亚洲倾斜，敦促斯里兰卡在不断变化的背景下批判性地评估其外交政策并做出必要的调整。② 斯里兰卡官方媒体《每日新闻》更是在其社评中指出，斯里兰卡与金砖国家成员的双边关系良好，且金砖国家新开发银行给予的融资较为宽松，将为斯里兰卡提供充足的金融贷款。金砖国家致力于多边主义，符合斯里兰卡世界理念，是申请加入机制的时候了。③

2024 年 2 月，斯里兰卡总统拉尼尔·维克勒马辛哈在澳大利亚珀斯接受 WION（世界同一个新闻）首席外交记者西丹特·西巴尔的独家采访时表示，"金砖国家正在扩大，特别是沙特阿拉伯、伊朗、非洲国家和拉丁美洲国家，这很好。我知道申请的群体较多，但最好慢慢扩大，这表明南半球国家也在努力建立一个货币联盟"④。

① Shakthi de Silva, "Factum Perspective: The BRICS, SCO and the Emerging Multipolar Order", News Wire, Sep. 8, 2023, https://www.newswire.lk/2023/09/08/factum-perspective-the-brics-sco-and-the-emerging-multipolar-order/

② Ceylon Today, "Gammanpila wants SL to Join BRICS", Aug. 26, 2023, https://ceylontoday.lk/2023/08/26/gammanpila-wants-sl-to-join-brics/.

③ Daily News, "BRICS: New Economic NAM", Sep. 1, 2023, https://www.dailynews.lk/2023/09/01/featured/101900/brics-new-economic-nam/.

④ Sidhant Sibal, "Indo-Lanka ties: Priority for Economic Ties, Trade and Connectivity-President", Daily News, Feb. 12, 2024, https://www.dailynews.lk/2024/02/12/featured/392945/priority-for-economic-ties-trade-and-connectivity-president/.

（2）马尔代夫对金砖国家关注不多但态度友好

马尔代夫关于金砖国家的报道较少，但从零星的报道看，较为客观公正[1]，如马尔代夫新闻网转载了两篇新华社的文章，文章强调金砖国家是塑造国际格局的重要力量，新开发银行机制"非常公平"。

综上所述，南亚国家对金砖扩员喜忧参半，印度对金砖扩员表现出支持与担忧并存，主要担忧中印大国竞争；孟巴支持金砖扩员且正式申请加入；尼泊尔、不丹对金砖国家及其扩员的态度受印度影响，但基本不反对；斯里兰卡对金砖扩员的态度积极并寻求加入；马尔代夫虽尚未申请加入金砖国家但态度友好。

三 南亚地区对金砖国家发展的影响

南亚地区对金砖国家发展有着积极的影响。

一是南亚地区在"全球南方"中独特的地位有利于助推金砖国家的发展。此次金砖扩员反映了权力中心向"全球南方"的转移。南亚地区整体作为发展中国家，是助推不结盟运动的主力，在"全球南方"中地位重要，而金砖国家受到整个地区8国的关注、认同和基本支持，使发展走向"更具代表性、更公平的国际秩序"。

二是南亚地区特殊的地缘政治地位推动地区一体化进程。作为金砖国家创始成员国，印度的支持将极大推动地区一体化建设。以印度、尼泊尔为例，美国MCC符合尼泊尔基础设施优先事项，其基础设施的完善激发了与印度互联互通的需求，尼泊尔巨大的水电潜力迎合印度需求，金砖合作机制将为两者能源合作提供框架，两者合作可放大新兴经济体的声音，共同应对气候变化、可持续发展、消除贫困等全球性挑战。印度、尼泊尔一体化为金砖扩员提供了良好的示范效应，将带动南亚、中东、非洲等区域

---

① 参见 https：//maldivesnewsnetwork.com/2023/08/26/xi - says - brics - important - force - in - shaping - intl - landscape/，https：//maldivesnewsnetwork.com/2023/07/03/new - development - bank - mechanism - very - fair - rousseff/等相关报道。

一体化。

申请加入金砖国家的国家主要来自亚非拉以及中东地区，为金砖国家提供了许多战略资产。阿根廷、委内瑞拉和阿联酋等国家拥有大量自然资源，如淡水、稀土、石油、天然气等。① 资源供给大国与中印等能源需求大国在金砖合作机制框架下加强合作，将促进能源的高效流通，规避西方制裁带来的价格通胀，维持能源供应稳定，满足成员国工业、基础设施建设需要，带动金砖国家经济发展。金砖扩员增加金砖银行融资，金砖国家新开发银行旨在降低对世界银行和国际货币基金组织的依赖度。② 沙特阿拉伯、阿联酋等国家都是融资的潜在成员。申请加入金砖国家的国家将获得更宽松、便利的贷款，如孟加拉国、巴基斯坦等，满足新兴国家融资需求，减少其债务危机，促进其经济发展。金砖国家将推动本币化尝试，中俄以人民币结算石油贸易、沙特阿拉伯与印度以卢比结算，都将挑战美元的主导地位。然而，美元在商业、私人资产等方面的使用情况一直保持良好。③ 尽管美元仍占主导地位，金砖国家本币化的尝试，或将进一步减少美元危机。

四 前景与展望

综上所述，南亚国家整体上对金砖国家态度友好，对加入金砖国家的政治考量优先于经济考量，受印度的影响较大，在金砖国家不断扩员的背景下，南亚国家面临的机遇与挑战并存。

从短期来看，南亚国家加入金砖国家仍然面临诸多挑战。其一，在主观意愿上受制于安全考量，这使得奉行中立政策、避免卷入大国博弈的南亚国

---

① Raul Gouvea, "'BRICS Plus': A New Global Economic Paradigm in the Making?" *Modern Economy* 5 (2023): 539-550.

② Andrew G. Ross, "Will BRICS Expansion Finally End Western Economic and Geopolitical Dominance?", Jan. 26, 2024, https://www.geopoliticalmonitor.com/will-brics-expansion-finally-end-western-economic-and-geopolitical-dominance/.

③ ING, "BRICS Expansion and What it Means for the US dollar", Aug. 23, 2023, https://www.ing.com/Newsroom/News/BRICS-expansion-and-what-it-means-for-the-US-dollar.htm.

家踟蹰不前;其二,在客观能力上受制于经济发展水平,南亚地区的国家发展存在结构性失衡,印度一家独大,多数国家经济发展水平较低、社会问题丛生,距离成为金砖国家成员的标准尚远;其三,受印度影响较大,印巴矛盾是巴基斯坦金砖之路的最大障碍,不丹、尼泊尔等南亚国家对金砖国家的认知受限于印度的宣传,独立接触金砖国家的能力较弱。

从长期来看,南亚国家加入金砖国家的前景仍然较为乐观,金砖国家推进扩员进程、创新伙伴国模式,使得新兴市场国家与金砖国家的合作更为容易,南亚国家具有重要的地缘价值与代表性,随着南亚国家的不断发展,加入金砖国家指日可待。此外,金砖国家是印度多边外交的重要平台,印度将积极推动其扩员,南亚国家将成为印度在金砖合作机制扩大影响力的首选,印度态度的转变对南亚国家"入砖"具有重要意义。

总之,未来金砖国家将致力于改革货币体系、金融体系,创建完善的金砖合作机制,也将面临众多挑战,未来愿景的模糊性、内部分歧的扩张性、体系的不成熟性都将考验金砖国家的坚韧性。南亚国家作为中俄邻国,其发展程度、愿景构想与金砖国家具有高度相容性,在金砖扩员的趋势下,南亚国家将与金砖国家深度合作。南亚各国都基于自身利益看待金砖扩员,积极参与金砖国家的发展建设,努力发出自己的声音,表达自己的看法,这正是金砖国家努力的目标。在未来发展中,金砖国家将与志同道合的国家一起,携手共建新秩序。金砖扩员进程中应注意避免过分关注中印分歧,忽视中印求同存异、在金砖国家中相互包容;过分强调金砖合作机制是对美西方旧秩序的挑战,忽视对新秩序的稳定作用;过分关注金砖国家的地缘政治经济作用,忽视金砖各国人文交流作用,而这正是全球多元色彩中的底蕴。

参考文献

〔印度〕贾瓦哈拉尔·尼赫鲁:《印度的发现》,齐文译,世界知识出版社,1956。

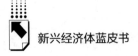
李冠杰：《试析印度的金砖国家战略》，《南亚研究》2014年第1期。

沈陈、徐秀军：《金砖国家扩员正在进行时》，《世界知识》2024年第3期。

沈逸：《金砖机制扩容彰显开放与包容》，《当代世界》2023年第9期。

王磊：《做一个"有声有色的世界大国"——解析印度的全球大国之梦》，《南亚研究季刊》2014年第3期。

《王思远、施兰茶：站队以色列、莫迪到底咋想的?》，观察者网站，2023年10月18日，https：//www. guancha. cn/wangsiyuan/2023_10_18_712391. shtml。

辛仁杰、孙现朴：《金砖国家合作机制与中印关系》，《南亚研究》2011年第2期。

Aamir Latif, "Pakistan is in 'Gray Area' over Russia-Ukraine War, Say Analysts", Jul. 27, 2023, https：//www. aa. com. tr/en/asia－pacific/pakistan－is－in－gray－area－over－russia－ukraine-war-say-analysts/2950149.

Ananya Raj Kakoti and Gunwant Sing, "BRICS Expansion：Shaping Global Dynamics and India's Strategic Role", Sep. 25, 2023, https：//www. hindustantimes. com/ht－insight/international－affairs/brics－expansion－shaping－global－dynamics－and－indias－strategic－role－101695618937015. html.

Andrew G. Ross, "Will BRICS Expansion Finally End Western Economic and Geopolitical Dominance?", Jan. 26, 2024, https：//www. geopoliticalmonitor. com/will－brics－expansion－finally-end-western-economic-and-geopolitical-dominance/.

Antra Ghosal Singh, "BRICS and BRI：China Aims for Strategic Alignment", Aug. 17, 2023, https：//www. orfonline. org/research/brics－and－bri－china－aims－for－strategic－alignment.

Asma Khan, "Strategic Policy Options for Pakistan on Russia-Ukraine War", Aug. 7, 2023, https：//moderndiplomacy. eu/2023/08/07/strategic-policy-options-for-pakistan-on-russia-ukraine-war/.

Asma Khan, "Strategic Policy Options for Pakistan on Russia-Ukraine War", Aug. 7, 2023, https：//moderndiplomacy. eu/2023/08/07/strategic-policy-options-for-pakistan-on-russia-ukraine-war/.

BSS, "Beijing Assures Support on Bangladesh's BRICS Joining", Jun. 4, 2024, https：//www. bssnews. net/news/193064.

BSS, "Brazil Considers Bangladesh's Inclusion in BRICS Positively：Vieira", Apr. 7, 2024, https：//www. bssnews. net/news-flash/182817.

Carien du Plessis, "BRICS Welcomes New Members in Push to Reshuffle World Order", Aug. 25, 2023, https：//www. reuters. com/world/brics－poised－invite－new－members－join－bloc-sources-2023-08-24/.

Ceylon Today, "Gammanpila Wants SL to Join BRICS", Aug. 26, 2023, https：//ceylontoday. lk/2023/08/26/gammanpila-wants-sl-to-join-brics/.

Daily News，"BRICS: New Economic NAM"，Sept. 1，2023. https://www. dailynews. lk/2023/09/01/featured/101900/brics-new-economic-nam/.

Daron Acemoglu，"The Wrong BRICS Expansion"，Sep. 7，2023，https://english. khabarhub. com/2023/07/317058/.

Dinesh Bhattarai，"BRICS and Beyond"，Sep. 24，2023，https://myrepublica. nagariknetwork. com/amp/brics-and-beyond/.

Farnaz Fassihi，"With BRICS Invite，Iran Shrugs Off Outcast Status in the West"，Aug. 25，2023，https://www. nytimes. com/2023/08/25/world/middleeast/iran-brics. html.

Imran Khan，"Pakistan's Khan Urges Islamic Nations to Mediate in Ukraine War"，23 Mar. 2022，https://www. aljazeera. com/news/2022/3/23/pakistan - imran - khan - islamic - nations-oic-ukraine-war.

ING，"BRICS Expansion and What it Means for the US Dollar"，Aug. 23，2023，https://www. ing. com/Newsroom/News/BRICS-expansion - and - what - it - means - for - the - US-dollar. htm.

Karim Amini，"Kabul Welcomes BRICS Stance Against Terrorists"，Sep. 5，2017，https://tolonews. com/afghanistan/kabul-welcomes-brics-stance-against-terrorists.

Manjur Khoda，"Brics，Friendship and Bangladesh"，Aug. 29，2023，https:// samakal. com/opinion/article/192913/.

Manoj JoshiI，"BRICS Rises"，Aug. 26，2023，https://www. orfonline. org/expert - speak/brics-rises.

Md. Badrul Millat Ibne Hannan，"Bangladesh and BRICS: A Potentially Game-changing Partnership"，Jul. 9，2023，https://www. tbsnews. net/thoughts/bangladesh - and - brics - potentially-game-changing-partnership-662482.

Modi，"A Path Breaking and Successful Visit: PM at the BRICS Summit"，Jul. 17，2014，https://www. narendramodi. in/a-path-breaking-and-successful-visit-pm-at-the-brics-summit-6378.

Modi，"Modi，Xi Differ over Terrorism at BRICS Summit"，Oct. 17，2016，https:// www. dawn. com/news/1290527.

Modi，"PM Narendra Modi attends BRICS & SCO Summits in Ufa，Russia"，Jul. 10，2015，https://www. narendramodi. in/pm-narendra-modi-attends-brics-sco-summits-in-ufa-russia-197073.

Muhammad Nauman Akhter，"Why BRICS Matters for Pakistan"，Oct. 1，2023，https://moderndiplomacy. eu/2023/10/01/why-brics-matters-for-pakistan/.

Navdeep Suri，"The BRICS Summit 2023: Seeking an Alternate World Order?"，Aug. 31，2023，https://www. cfr. org/councilofcouncils/global-memos/brics-summit-2023-seeking-alternate-world-order.

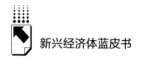
New Delhi, "'Baseless Speculation': India Refutes Reports that it Opposes BRICS Expansion", Aug. 4, 2023, https://www.indiatoday.in/india/story/india-refutes-reports-claiming-it-is-opposed-to-brics-expansion-2416042-2023-08-04.

Nian Peng, "Great Power Conflict Fuels BRICS Expansion Push", Jul. 13, 2022, https://thediplomat.com/2022/07/great-power-conflict-fuels-brics-expansion-push/.

Rahul Roy-Chaudhury, "Modi Spells Out Free, Open, Inclusive Indo-Pacific Policy", Aug. 7, 2018, https://www.iiss.org/online-analysis/online-analysis//2018/08/modi-free-open-inclusive.

"Pakistan can Join BRICS with Russian Cooperation, Says Mushahid Hussain", Feb. 19, 2024, https://www.dawn.com/news/1815350.

Russian News Agency, "Pakistan Applies for BRICS Membership in 2024—Ambassador to Russia", Nov. 22, 2023, https://tass.com/world/1709779.

Rajeswari Pillai Rajagopalan, "Contradictions Grow Amid Another BRICS Summit", https://www.orfonline.org/research/contradictions-grow-amid-another-brics-summit.

Raul Gouvea, "'BRICS Plus': A New Global Economic Paradigm in the Making?" *Modern Economy* 5 (2023): 539-550.

Saume Saptaparna Nath, "How has the Commitment of Bangladesh to the Freedom of Palestine Fared over the Past Decades and Where it Stands Now?", Jul. 4, 2021, https://theconfluence.blog/israel-palestine-conflict-where-does-bangladesh-stand/.

Seema Sirohi, "Opinion: Johannesburg Moment-Another BRICS in the Wall or New Beginnings?", Aug. 21, 2023, https://www.indiatoday.in/opinion-columns/story/opinion-johannesburg-moment-another-brics-in-the-wall-or-new-beginnings-2424223-2023-08-21.

Selim Raihan, "Demystifying BRICS and the Stakes for Bangladesh", Sep. 4, 2023, https://www.thedailystar.net/opinion/views/news/demystifying-brics-and-the-stakes-bangladesh-3410966.

Shakthi de Silva, "Factum Perspective: The BRICS, SCO and the Emerging Multipolar Order", News Wire, Sep. 8, 2023, https://www.newswire.lk/2023/09/08/factum-perspective-the-brics-sco-and-the-emerging-multipolar-order/.

Shashi Tharoor, "Are the BRICS Breaking Up?", Jul. 9, 2022, https://thebhutanese.bt/are-the-brics-breaking-up/.

Sheikh Hasina, "BRICS needs to be Lighthouse of Multi-polar World: PM", Aug. 24, 2023, https://www.tbsnews.net/bangladesh/brics-needs-be-lighthouse-multi-polar-world-pm-688114.

Sidhant Sibal, "Indo-Lanka Ties: Priority for Economic Ties, Trade and Connectivity-President", Daily News, Feb. 12, 2024, https://www.dailynews.lk/2024/02/12/featured/

392945/priority-for-economic-ties-trade-and-connectivity-president/.

Singer, "PM's Statement at the Plenary Session of BRICS Leaders," Apr. 14, 2011, http: //pmind-ianic. in/content_. print php? nodeid=1012&nodetype=2.

Singer, "PM' s Statement at the Plenary Session of the 5th BRICS Summit," Mar. 27, 2013, http: /pmindia. nic. in/content_print. php? nodeid=1296&nodetype=2.

Singer, "PM's Opening Remarks at the Plenary Session of BRIC Summit," Jun. 16, 2009, https: //archivepmo. nic. in/drmanmohansingh/speech-details. php? nodeid=763.

South An Information Reporter, "New Era as South Africa Joins BRICS", Apr. 11, 2011, https: //web. archive. org/web/20110418004139/http: //www. southafrica. info/global/brics/brics - 080411. htm.

Statesman News Service, "PM Modi Announces BRICS Expansion with Six New Members," Aug. 24, 2023, https: //www. thestatesman. com/india/pm-modi-announces-brics-expansion-with-six-new-members-1503215136. html.

TOLOnews, "Ghani Emphasizes Regional Cooperation at BRICS Summit", Jul. 10, 2015, https: //tolonews. com/afghanistan/ghani-emphasizes-regional-cooperation-brics-summit.

The Daily Observer, "How Dhaka could Benefit from BRICS", Oct. 27, 2024, https: //www. observerbd. com/news/496701.

Tuhid Hussain, "Brics: Why is Bangladesh Disappointed by Johannesburg?", Aug. 28, 2023, https: //www. prothomalo. com/opinion/column/s9ed1rdweh.

UNB, "Bangladesh Seeks India's Support to Join BRICS: Hasan", Jun. 22, 2024, https: //www. thedailystar. net/news/bangladesh/diplomacy/news/bangladesh - seeks - indias - support-join-brics-hasan-3639066.

Xinhua, "Spokesperson: BRICS Expansion Marks New Starting Point for Cooperation", Aug. 25, 2023, http: //english. scio. gov. cn/pressroom/2023-08/25/content_107441023. htm.

B.6
金砖扩员与中国制度型开放

陈万灵　杨珍珍*

摘　要： 　金砖国家扩员提升了金砖合作机制的全球代表性和影响力，给金砖成员国、国际社会带来了深远影响，拓展了金砖成员国之间的合作空间，提升了发展中国家的整体影响力，推动了国际金融体系向多元化迈进。对中国而言，金砖国家扩员深化了中国与其他成员国的经济合作，增强了中国在国际社会中的影响力，但也带来了更加复杂的国际关系，对中国的国际治理能力提出了更高的要求。面对金砖国家扩员带来的新变革，中国正在稳步推进制度型开放，旨在为扩员后的多边合作提供中国智慧和方案。首先，需要制定制度型开放的战略路径。其次，将战略路径转化为实际行动，持续深化贸易、投资、金融、创新等重点领域的制度型开放。最后，稳步实施制度型开放的关键措施，包括深化自由贸易试验区的制度型开放、推动共建"一带一路"高质量发展和加速构建高标准自由贸易区网络。

关键词： 　金砖国家扩员　制度型开放　国际治理

美国经济学家吉姆·奥尼尔发现作为新兴经济体的巴西、俄罗斯、印度和中国在全球经济中的地位不断提升，于是提出金砖国家（BRICS）的概念。① 2006年金砖国家外长会晤首次举办，2009年金砖国家领导人首次正

---

* 陈万灵，博士，广东外语外贸大学经济贸易学院，教授，博士生导师，研究领域为国际贸易理论与政策；杨珍珍，博士研究生，广东外语外贸大学经济贸易学院，研究领域为国际贸易理论与政策。

① O'neil, J., "*Building Better Global Economic BRICs*", New York: Goldman Sachs, 2001, pp. 1–16.

式会晤并建立了年度会晤机制,自此,金砖国家的合作逐步走向机制化。2010年金砖国家第一次扩员,接纳南非作为成员,扩大了金砖国家的地理覆盖范围和经济影响。2024年,金砖国家再次扩员,把埃及、埃塞俄比亚、伊朗、沙特阿拉伯和阿联酋纳入金砖国家,其成员构成更为多元,标志着金砖合作机制的进一步扩展和深化。作为新兴经济体的代表和"南南合作"的平台,金砖国家的形成、发展和扩员不仅扩大了发展中国家在全球舞台上的声量,推动了世界格局的变革,而且深化了成员国之间在经济、社会、人文等多个领域的广泛合作,为新型国际合作模式注入了新动力、提供了新范式。

作为金砖国家的创始成员国和核心力量,中国在金砖国家扩员后面临新的机遇与挑战。金砖国家扩员不仅加强了中国在国际社会尤其是在发展中国家的话语权,还要求中国在完善金砖合作机制、协调成员国关系、提升整体凝聚力方面发挥更关键的作用。针对金砖国家扩员所带来的更为复杂的国际关系及规则制定的挑战,中国展现出平衡各方利益、处理潜在矛盾和分歧的能力。党的二十大报告提出,坚持推进高水平对外开放,稳步扩大规则、规制、管理、标准等制度型开放。中国主动对接国际高标准经贸规则,通过金砖合作机制,为建立和完善全球治理新秩序贡献了中国的智慧和方案。

一　金砖国家扩员对成员国与国际社会产生的现实影响

金砖国家扩员对金砖成员国和国际社会产生了深远影响。对内增强了成员国间的合作,拓宽了经济、社会、能源和科技等领域的协作;对外提升了金砖国家在国际舞台上的影响力,推动了全球金融治理体系改革,在改变以西方国家利益为主导的现有国际秩序方面发挥了重要作用。

(一)拓展金砖成员国之间的合作空间

沙特阿拉伯等五国加入金砖合作机制后,金砖国家在人口规模、土地面

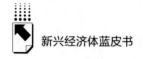

积、经济总量、原油产量等方面均位居全球前列，其合作范畴和发展空间得到进一步拓展。

扩员增加了经济合作机遇。随着新成员的加入，金砖国家的全球 GDP 份额从 26% 增长至 29%，货物贸易总额占比也从 18% 增长至 21%。① 新成员沙特阿拉伯和阿联酋，尽管经济增长迅猛，但面对经济结构的单一性，试图利用金砖平台推动经济多元化，减少对石油产业的依赖，借此维持其经济发展和加强区域领导力；埃及和埃塞俄比亚则寻求扩大贸易、获取技术转移和增加发展融资的机会；伊朗期望缓解经济压力。② 扩员后，成员国之间的经济合作意愿持续增强，共同期待通过这个多边合作平台实现区域合作愿景和各自的发展目标。新成员国有两个非洲国家和三个西亚国家，拥有丰富的自然资源储备，如黄金、稀土、贵金属和多种重要矿产。金砖国家的石油和天然气储量分别占全球的 37.8% 和 49.9%，③ 稀土资源占全球的 72%、锰占75%、石墨占 50%、镍占 28%、铜的占比超过 10%④。基于矿产和能源的贸易合作，新成员国有望进一步加深与中国、印度、俄罗斯、巴西等主要经济体的经贸联系。扩员后的金砖国家拥有更广阔的市场、更充裕的资金、更丰富的石油和粮食资源以及强大的工业产能，其经济总量已超越七国集团，在整体规模和市场潜力方面均有巨大的优势和良好的经济合作机遇，预示着成员国之间在多个领域的合作潜力巨大。

扩员增强了抵御经济风险的韧性。俄乌冲突爆发以来，部分西方国家对俄罗斯经济施加了空前的压力，并将其排除在环球银行金融电信协会（SWIFT）系统之外。同时，自 2003 年伊朗核问题成为国际焦点以来，部分西方国家持续加大对伊朗经济的施压力度，切断了伊朗中央银行与全球金融体系的联系。⑤ 这些制裁行动阻碍了俄罗斯和伊朗的贸易经济发展，

---

① 《携手打造和平发展的大格局》，《人民日报》2023 年 8 月 27 日，第 1 版。
② 徐秀军等：《金砖扩员：事实、挑战与展望》，《国际经济合作》2024 年第 2 期。
③ 来自《BP 世界能源统计年鉴 2022》。
④ 《焦世新：金砖国家扩员，平衡全球经济治理》，上海社会科学院网站，2023 年 9 月 28 日，https://www.sass.org.cn/2023/0928/c1201a555355/page.htm。
⑤ 孙立昕：《美国制裁伊朗的现状、效果及影响》，《当代世界》2014 年第 5 期。

也让其他国家认识到过度依赖单一货币支付系统可能带来的风险。因此，一些国家开始探索使用本国货币进行双边贸易以减少对美元的依赖和潜在的金融风险。金砖国家扩员使得更多国家加入金砖合作机制，使用本国货币进行贸易结算的趋势越来越明显，阿联酋和印度已经提出使用各自的货币进行双边贸易，这将增强成员国在面对全球经济波动时的自主性和抗风险能力。①

（二）加速国际金融体系向多元化转型变革

参与全球经济治理改革的新兴经济体，实质上是通过国际政治与经济权力布局的更新，加强全球范围内经济问题的解决和应对能力。② 二战后建立的国际金融和贸易框架以西方发达国家为中心，以美元为主导，美国的金融政策调整往往对新兴经济体币值稳定产生显著影响，金砖国家认识到完全依赖国际货币基金组织可能存在"救援"不及时或不足的风险。③

扩员后的金砖国家 GDP 已远高于欧盟的经济总量，也超过了美国，金砖国家由于在国际货币基金组织、世界银行中的份额较少，不利于参与国际经济决策和规则制定等全球经济治理。针对这种局面，金砖国家领导人第五次会晤决定设立金砖国家新开发银行。一方面，简化成员国之间的财金交易和贷款业务，促进资金流入发展中国家及新兴市场国家。截至 2022 年底新开发银行累计获批融资总额约 328 亿美元，④ 巴西通过新开发银行的投资，在交通、水务和数字基础设施等方面取得了明显进步。另一方面，紧急贷款援助机制及其扩员机制，改变了传统的西方援助模式，减少了成员国对主要货币美元和欧元的依赖，推动了国际金融体系结构性改革，加速了国际金融体系向多元化发展。新开发银行关注成员国资本市场的活动，鼓励成员国进

---

① 沈陈、徐秀军：《金砖国家扩员正在进行时》，《世界知识》2024 年第 3 期。
② 洪邮生、方晴：《全球经济治理力量重心的转移：G20 与大国的战略》，《现代国际关系》2012 年第 3 期。
③ 成志杰：《深化与扩容的平衡：推动金砖机制发展的关键》，《印度洋经济体研究》2020 年第 2 期。
④ 根据金砖国家新开发银行网站数据整理得到。

行本币融资。2023 年新开发银行在南非成功发行了 15 亿兰特债券，在中国发行了 85 亿元的熊猫债。① 此外，金砖国家扩员后，在全球石油和金属等关键资源领域的影响力和话语权将进一步提升。此举预示着金砖国家在贸易和投资中增加使用本币结算的趋势，有助于减少对美元的依赖，从而改变美元在商品和金融交易中的主导地位。目前，沙特阿拉伯已经开始使用非美元货币进行交易，巴西和阿根廷也开始使用人民币与中国进行贸易结算，而阿联酋和伊朗在能源及外交政策上正逐步脱离以往美国主导的决策体系。这些变化显示，金砖国家在金融交易和贸易活动中对美元的依赖性降低，金融战略自主性提升，发展中国家及新兴市场国家在国际金融体系中的作用不断增强，国际金融体系朝着多元化的方向转型变革。

（三）提升发展中国家在全球治理体系中的整体影响力

作为发展中国家的代表，金砖国家扩员标志着金砖合作机制在国际社会的影响力显著增强，象征着发展中国家在全球治理体系中的地位进一步提升。

扩员深化了"金砖+"合作理念，为发展中国家及新兴市场国家提供了表达和满足自身需求的窗口。② 金砖国家是一个日益壮大的开放性国际合作平台，中国在 2017 年担任主席国期间，创新性地提出了"金砖+"合作理念。该理念通过"金砖+新成员""金砖+区域""金砖+国际组织"等模式，旨在建立更广泛的伙伴关系网络，扩大金砖合作机制的影响力。③ "金砖+"不仅代表着成员数量的增加和合作领域的拓展，还增强了金砖国家在全球的代表性。沙特阿拉伯等新成员国的加入将推动金砖国家与国际社会在经济、政治、文化等多个领域的深入交流与合作，进一步扩大合作范围，拓展合作

---

① 《专访：中国在推动"全球南方"国家发展中发挥重要作用——访新开发银行副行长兼首席财务官莱斯利·马斯多》，新华网，2023 年 8 月 21 日，http://www.news.cn/2023-08/21/c_1129813566.htm。

② 成志杰：《深化与扩容的平衡：推动金砖机制发展的关键》，《印度洋经济体研究》2020 年第 2 期。

③ 杨楚乔：《金砖国家对全球经济治理的贡献及其限度》，《战略决策研究》2023 年第 3 期。

深度和广度，深化"金砖+"合作模式。这有助于整合更多发展中国家及新兴市场国家的力量，改善全球经济治理结构，以发展中国家整体形象共同应对全球性挑战，推动构建更加公正合理和包容的国际秩序。①

金砖国家扩员是"南南合作"发展的重要里程碑，它不仅增强了"全球南方"国家的凝聚力，还为发展中国家在全球治理体系中发挥更大作用提供了新的机遇。"南南合作"是发展中国家共同应对全球挑战、实现可持续发展目标的有效途径。② 金砖国家作为"南南合作"的核心力量，其扩员进一步扩大了合作机制的地理范围和经济范围，使得更多的声音在国际舞台上被听到、更多的利益得到平衡。新加入的成员国带来了新的视角和发展经验，使"南南合作"的内涵更加丰富，推动合作机制更加注重包容性和可持续性，促进各国分享发展模式和实践经验，共同探索适合自身国情的发展道路。在全球治理体系中，发展中国家往往缺乏足够的发言权和代表性。金砖国家作为发展中国家的代表，通过扩员加强了南方国家之间的团结与合作，提升了"全球南方"国家在国际事务中的整体影响力，为发展中国家在全球治理体系中争取更多话语权和更强代表性提供了新的机遇。

二 金砖国家扩员给中国带来的新形势与新要求

金砖国家扩员对各成员国和国际社会产生了深远影响，中国作为金砖国家的一员，获得了金砖扩员带来的新机遇，也将面临更多挑战。金砖国家扩员深化了中国与其他金砖成员国的经济合作、增强了中国在国际社会中的影响力，但同时带来了更加复杂的国际关系，对中国的国际治理能力提出了更高要求。

（一）深化中国与其他金砖成员国的经济合作

在金砖国家扩员背景下，中国作为世界第二大经济体，将进一步深化与

---

① 王明国：《"金砖+"合作模式与中国对全球治理机制的创新》，《当代世界》2019年第12期。

② 《实现可持续发展目标，南南合作至关重要》，联合国网站，2023年9月12日，https://www.un.org/zh/209747。

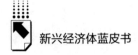

其他金砖成员国的经济合作，经济合作内容持续丰富、机制不断完善、方式进一步创新。①

在经济合作内容方面，中国先进的技术、完善的产业链以及庞大的市场与沙特阿拉伯等国丰富的自然资源及市场需求之间存在显著的互补优势。金砖国家扩员后，能源领域将是中国与其他金砖成员国合作的重点，随着中东产油国的加入，中国将获得更加稳定的能源供给，这将深化中国与其他金砖成员国在传统能源和可再生能源领域的合作，推动中国能源产业向安全、绿色、可持续性转型，参与全球清洁能源价值链建设，提高中国能源系统韧性。中国强调了数字经济的关键作用，致力于通过《金砖国家数字经济伙伴关系框架》等倡议加强该领域的合作，推动跨境电商等新业态的发展，为金砖国家的相互贸易注入了新活力。同时，中国利用自身在数字基础设施建设和技术创新方面的优势，为其他金砖成员国提供宝贵经验和技术支持，不仅加大在农业、纺织、钢铁、汽车等传统产业的合作力度，而且推动在高技术产业的创新合作，促进关键共性、前沿引领和颠覆性技术实现新突破，丰富其他金砖成员国与中国的经济合作内容。

在经济合作机制方面，中国积极支持并加大金砖国家之间的贸易和投资，推动了《金砖国家投资便利化合作纲要》和《金砖国家经贸合作行动纲领》的制定，有助于维护多边贸易体系，反对单边保护主义，以促进成员国之间的经贸合作，助力提升全球供应链的效率和韧性。② 金砖国家扩员对其经济合作机制提出了新要求，中国将继续通过制度型开放，推动与其他金砖成员国经济合作机制的持续完善。通过《金砖国家经济伙伴战略2025》，中国与其他金砖成员国共同规划了未来五年的经贸合作重点，贸易和投资合作将不断加强。

在经济合作方式方面，扩员不仅扩大与增强了金砖国家的市场规模和经济实力，还为中国提供了更广阔的合作平台和更多的合作机遇，促进了中国

---

① 徐秀军等：《金砖扩员：事实、挑战与展望》，《国际经济合作》2024年第2期。
② 《为国际发展合作提供金砖动力》，《人民日报》2022年6月6日，第3版。

与其他金砖成员国经济合作方式的多元化。中国通过与金砖新成员国的智库合作、技术交流和科技人才培养等模式创新信息交换数据库，加强与金砖新成员国的互联互通和经济融合。中国一直通过自由贸易区与"一带一路"倡议加强国际高标准规则对接示范，搭建经济合作框架，加深内外联动，促进经济合作方式的优化，提高中国与金砖新成员国的经济合作水平。

（二）增强中国在国际社会中的影响力

金砖新成员国将中国看作金砖合作机制中最主要的合作对象，承认中国在世界经济中的地位和日益上升的国际影响力，看好中国的发展。金砖国家扩员扩大了中国与其他国家的战略交集、提升了中国的国际形象、推动了人类命运共同体理念的国际传播，增强了中国在国际社会中的影响力。

一是扩大了中国与其他国家的战略交集。作为金砖国家中的主要进出口国，中国的市场对于其他金砖成员国而言具有较大的吸引力，而扩员进一步加深了各国在投融资领域的合作，国家之间的战略交集不断扩大。中国的发展经验与模式受到金砖新成员国的高度关注，这些国家希望学习中国如何通过改革开放实现经济增长、通过精准扶贫实现共同富裕，以及如何通过"一带一路"倡议与世界贸易体系进行有效对接。这些国家希望将本国的经济发展战略与中国的发展经验相结合，实现更多的协同和互利。中国与这些国家在理念上的交集越来越多。

二是提升了中国的国际形象。习近平主席曾指出："金砖国家不是封闭的俱乐部，也不是排外的'小圈子'，而是守望相助的大家庭、合作共赢的好伙伴。"[1] 中国一直倡导多边主义和国际关系民主化，而金砖国家扩员正是对中国这一立场的具体体现。在金砖国家扩员过程中，中国作为积极倡导者和重要参与方，通过主动倾听申请国的诉求、贡献解决方案，展现中国负责任的大国形象。扩员成果表明了中国对多边合作和国际法的尊重，与当前

---

① 《第一观察 | 金砖扩员：打造和平发展的大格局》，新华网，2023 年 8 月 25 日，http：//www. xinhuanet.com/2023-08/25/c_1129823147.htm。

国际社会的单边主义和保护主义形成鲜明对比，进一步巩固了中国作为多边主义捍卫者的形象。

三是推动了人类命运共同体理念的国际传播。中国一贯倡导合作共赢的外交政策，致力于通过多边平台加强与其他国家的合作。人类命运共同体理念超越了利己主义和保护主义，打破了个别国家唯我独尊的霸权思维，[1] 符合全人类的共同利益。扩员后的金砖国家为中国提供了一个更广阔的国际舞台，使中国能在国际社会尤其是发展中国家发出中国声音，推动人类命运共同体理念的国际传播。

（三）对中国的国际治理能力提出更高要求

新加入的成员国具有不同的政治、经济和文化背景，国际治理的多样性和复杂性也随之增强。中国需要更强的协调能力和适应性，以满足不同国家的需求和期望，这对中国的国际治理能力提出了更高的要求。

面临来自外部环境的压力。金砖合作机制被部分国家视为发展中国家和新兴经济体主导的国际机制的竞争者，中国作为金砖国家的创始成员国持续面临来自外部环境的压力。部分西方国家将金砖国家扩员看作中国挑战现有国际治理秩序的成果，部分西方媒体、智库无理指责扩员行为旨在挑战西方的主导地位，以替代现有的世界秩序。利用国际舆论霸权不断攻击抹黑中国在金砖国家中的贡献，认为中国有悖部分西方国家维护的普世价值观，给中国贴上"秩序挑战者"的标签，渲染和强化东西方之间所谓的"制度竞争"，限制中国治理方案的经验分享。[2] 这种做法不仅忽视了金砖合作机制推动全球治理体系改革、提高发展中国家利益的积极作用，还否定了中国建设国际多边治理平台的贡献，让中国面临更大的来自外部环境的压力。

面临协调内部成员国利益的挑战。一是来自成员国之间关系的挑战。新

成员的加入带来了地缘政治的分歧和经济竞争，沙特阿拉伯与伊朗之间的和解进程以及埃及和埃塞俄比亚因尼罗河复兴大坝而产生的紧张关系，中东地区的沙特阿拉伯、阿联酋和伊朗作为原油输出国因产业结构相似而产生的同质化竞争。相似的市场需求和产业发展诉求可能导致这些国家在对华合作过程中产生攀比心理，需要中国平衡好、协调好各国的矛盾和分歧。① 二是来自金砖成员国与国际关系的挑战。中国在俄罗斯、伊朗的企业可能遭遇部分西方国家的"长臂管辖"及经济制裁，埃塞俄比亚当前不稳定的局面给在该国运营的中国企业和海外资产带来了额外的安全风险。在处理地区冲突方面，如面对巴以问题，金砖成员国基于自身外交政策和国家利益持有不同的立场和意见，需要中国寻找平衡点和解决方案以维护多边关系。三是来自其他金砖成员国与中国关系的挑战。印度单方面担忧新开发银行的影响，② 巴西总统明确表示不希望美国主导秩序。金砖国家扩员所产生的成员国之间关系和利益冲突日益复杂化，对中国的国际治理能力提出了更高的要求。

面临金砖合作机制不完善的挑战。一方面，金砖国家是具有一定非正式的国际机制，主要通过定期的领导人峰会和分论坛交流来指导合作，国家之间的协作处于较为松散的状态，③ 成员国之间签订的多边或双边经贸协议往往因缺乏常设执行机构和明确的规范而难以高效推进。扩员后成员国数量翻倍，成员国分布于亚洲、欧洲、非洲、南美洲，以分论坛的形式进行各领域交流的金砖合作机制导致对话协调成本上升、合作领域受限。另一方面，成员国对金砖合作机制的定位存在不一致。Joseph Nye 强调，金砖国家内在的不协调性和政治经济领域的多样性导致了成员国行动的不统一。④ 俄罗斯希

---

① 徐秀军等：《金砖扩员：事实、挑战与展望》，《国际经济合作》2024 年第 2 期。
② Duggan, N., Hooijmaaijers, B., Rewizorski, M., Arapova, E., "Introduction: 'The BRICS, Global Governance, and Challenges for South-South Cooperation in a Post-Western World'," *International Political Science Review* 4 (2022): 469-480.
③ 成志杰：《深化与扩容的平衡：推动金砖机制发展的关键》，《印度洋经济体研究》2020 年第 2 期。
④ Nye, J., "BRICS without Mortar", Project Syndicate, Apr. 3, 2013, http://www.project-syndicate.org/commentary/why-brics-will-not-work-by-joseph-s--nye? barrier=true.

望通过金砖国家构建反西方话语的政治平台，而其他国家更倾向于保持金砖合作机制的经济对话本质和打造完善而非颠覆的国际秩序。① 阿联酋企图通过金砖国家减少对西方伙伴关系的过度依赖，埃塞俄比亚视金砖国家为经济增长的新途径和发展道路的重要里程碑。作为金砖国家的创始成员国，中国既要发挥引领作用，通过优化交流合作和完善监管框架实现各成员国利益诉求的平衡，增强金砖国家的凝聚力和执行力，也要承担推动该机制深化发展的责任，促进金砖合作机制朝更加制度化和规范化的方向发展。

三 中国面对金砖国家扩员的制度型开放对策

金砖国家扩员深化了多边经济合作，给中国带来了更广阔的国际合作平台，增强了中国在全球治理体系中的影响力。然而，成员国之间的制度异质性给中国构建开放型世界经济带来了挑战。中国正致力于通过制度型开放减少与发达国家的制度摩擦，建设更高水平的开放型经济新体制。②

（一）有序推进战略层面的制度型开放

金砖国家扩员后，成员国之间的利益协调和多边关系更加复杂，要想在此过程中增强其他金砖成员国对中国的信任，关键在于设计和落实符合金砖国家共同利益的合作战略。这意味着中国要稳步推进与国际高标准经贸规则的对接、融合和引领，从战略路径层面稳步扩大制度型开放。

加快国际规制合作。金砖成员国在政治体制、经济模式、社会发展水平以及法律体系等方面的制度差异明显，不必要的规制差异会增加贸易壁垒和投资障碍，阻碍金砖国家的长久合作。作为创始成员国，中国应积极

---

① 肖辉忠：《金砖国家的起源、内部结构及向心力分析》，《俄罗斯东欧中亚研究》2017年第4期。
② 全毅：《中国高水平开放型经济新体制框架与构建路径》，《世界经济研究》2022年第10期。

推动自身机制体制改革，并加强与其他金砖成员国的规制合作，通过多边协议在共同利益领域达成一致，利用"跨政府方式"建立与主要成员国之间的双边合作机制，并在确定的优先合作领域进行规制合作协调。此外，在自由贸易区谈判中，中国应推动设立专门的金砖国际机制合作委员会，搭建金砖国家信息平台，发布投资贸易的规制标准、规制目标和规制程序，邀请成员国参与相应规制体系的构建，提升规制实施过程与实施结果的公正性。[1]

统筹国内国际规则。金砖国家扩员为中国提供了更广阔的国际市场，要求中国在统筹国内国际规则方面采取更加积极的策略。对内，中国需要通过深化内部改革，提高法规透明度和法治建设水平，以确保国内规则与国际高标准经贸规则的顺畅衔接。对外，中国应推动贸易和投资自由化便利化，减少关税壁垒，简化通关程序，以促进贸易流通和国际规则的国内化。[2] 同时，中国应利用金砖国家的集体影响力，重塑多边经贸规则，推动国际争端解决机制的改革，引领新兴领域国际规制内容和国际规制程序的创新，打破当前国际规则制定中的霸权主导局面，以强化中国在统筹国际规则中的作用。

引领全球治理体系改革与建设。金砖国家扩员加剧了"东升西降"国际格局的变化，主导强国退出多边机制导致全球治理赤字扩大，全球权力结构的变化引发了全球治理体系的松动。2013 年中国超越美国成为世界第一贸易大国以来，中国的国际话语权和治理能力得到了国际社会的广泛认可，为引领全球治理体系改革与建设奠定了坚实的基础。在推进制度型开放的过程中，中国需要适应国内外新形势的变化，逐步从对国际规则的"被动接受"转向"主动融入""积极引领"。[3] 中国应积极倡导建立新兴大国与发达国家之间的网络治理模式，深化内部机构改革，通过制度型开放促进高标准市场制度体系的构建和更高水平开放型经济体系的完善，以规则对接、制

① 李向阳：《国际经济规则的实施机制》，《世界经济》2007 年第 12 期。
② 赵龙跃：《新时代中国参与全球治理战略路径的思考》，《国际经济法学刊》2018 年第 2 期。
③ 赵龙跃：《新时代中国参与全球治理战略路径的思考》，《国际经济法学刊》2018 年第 2 期。

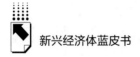
度构建、制度互动将中国特色与国际共性有机结合起来，增强中国在全球治理体系改革与建设中的引领作用。

（二）持续深化制度型开放的重点领域

中国通过制度型开放把握金砖国家扩员带来的机遇，不仅需要从制度的战略层面进行系统的理论指导，还需要将战略路径落实到具体领域，在贸易、投资、金融、创新等对外交流合作的重点领域深化体制机制改革。

深化贸易领域的制度型开放。中国要通过金砖国家平台加强与其他金砖成员国的贸易联系，推动贸易便利化，扩大服务贸易和数字贸易的合作范围。在多边贸易协议方面，中国要积极参与谈判，努力减少金砖国家间的关税和非关税壁垒，促进商品和服务的流通。在服务贸易合作方面，中国要加强与金砖国家在金融服务、教育、医疗保健以及信息技术服务等关键领域的合作，以提升服务贸易的比重和质量。在数字经济方面，中国要强化与其他金砖成员国在数字贸易规则的制定和协调上的合作，推动跨境数据流动和电子商务的发展。① 在贸易便利化方面，中国支持简化与其他金砖成员国的贸易程序，提高海关效率，通过"单一窗口"系统和国际标准认证降低贸易成本，加快通关速度。

深化投资领域的制度型开放。一是中国正致力于进一步简化外商投资的审批流程，通过削减行政审批事项和缩短审批时间，为外国投资者打造一个更加公平、透明的市场准入环境。二是通过制度的开放融合，加快推动资本市场基础制度、规则及标准与国际成熟资本市场的标准相向而行，从而提升中国资本市场的全球资源配置能力。三是加快金融、贸易与投资一体化开放进程，促进资本市场制度型开放与服务贸易开放制度、外汇市场开放制度及跨境投资制度协调一致。②

---

① 王璐瑶、万淑贞、葛顺奇：《全球数字经济治理挑战及中国的参与路径》，《国际贸易》2020 年第 5 期。
② 《资本市场制度型开放稳步推进，多项新举措值得期待》，《证券日报》2024 年 1 月 29 日。

深化金融领域的制度型开放。中国通过金砖国家扩员深化金融领域的制度型开放关键步骤包括：一是中国通过主动支持金砖国家新开发银行等金融机构的扩员，提高对其他金砖成员国基础设施与可持续发展项目的金融投资合作能力；二是中国倡导深化金融市场改革，提升金融服务水平，加强与其他金砖成员国在金融监管、货币互换以及资本市场等方面的合作，促进金融资源的跨境流动和金融稳定；三是中国借助"金砖+"、人民币流动性安排（RMBLA）合作模式，[①] 拓展与其他发展中国家及新兴市场国家的金融合作，提升金砖国家金融机制的开放性和包容性，构建开放型世界经济和多元化的国际金融体系。

深化创新领域的制度型开放。中国正通过金砖合作机制加强科技创新合作，提升自主创新能力，构建开放的科技创新生态系统。[②] 一是加快科技领域的体制改革，健全知识产权保护制度，革新行政核准体制，强化市场竞争机制，为创新提供良好的制度环境。二是通过创新政策对话，减少法律、政策、市场等方面的限制所导致的创新壁垒，协调其他金砖成员国的创新政策，共同营造有利于创新的国际环境。三是推动研发资源的共享，鼓励企业和研究机构参与国际科技项目，加强中国与其他金砖成员国在人工智能、大数据、云计算等领域的研究和应用合作，促进科技企业孵化和创新项目产业化。

（三）稳步实施制度型开放的关键措施

金砖国家是处于发达国家和发展中国家之间的新兴经济体，与中国的结构、经济发展水平相近，中国要借助金砖合作机制，从国内、区域、多边机制层面稳步实施制度型开放的关键措施。

在国内层面，深化自由贸易试验区的制度型开放。2017年，中国倡议

① 张礼卿：《稳慎扎实推进人民币国际化：发展历程与路径探析》，《人民论坛·学术前沿》2024年第1期。
② 高洪玮：《新阶段打造开放创新生态：发展进程、时代要求与战略应对》，《经济学家》2024年第3期。

建立金砖国家自由贸易区，旨在与各成员国共同探索合作的新方式。① 自由贸易试验区肩负着对外开放的"压力测试""议题探索"和对内改革的"制度创新"②，通过降低市场准入门槛和实施负面清单管理为中国与其他金砖成员国之间的合作提供了新平台。一方面，中国正总结自由贸易试验区和粤港澳大湾区在制度型开放方面的成功经验，研究如何将这些"碎片化"的成果转化为"集成式"创新，提炼出"可复制""可推广"的制度成果，形成具有中国特色的金砖国家制度性公共产品。另一方面，中国也在研究这些制度成果在金砖国家中的适用性，探索以自由贸易试验区（港）试行金砖合作机制的高标准规则，积累开放经验和夯实实践基础，推动制度型开放成果在金砖国家中的可复制化推广和差异性发展，形成上下协同、条块结合、精准高效的系统性金砖合作机制。

在区域层面，推动共建"一带一路"高质量发展。制度型开放存在相互协调的特性，强调规制标准的统一性和兼容性。③ 中国通过"一带一路"倡议在金砖国家传播互联互通、共建共享的治理理念，加深中国与其他金砖成员国在规则制定过程中的合作。中国正积极构建包括《推进"一带一路"贸易畅通合作倡议》《"一带一路"债务可持续性分析框架》《"一带一路"绿色投资原则》在内的多种合作机制，这些合作机制与亚洲基础设施投资银行（AIIB）和丝路基金等金融机构，共同为"一带一路"倡议下的合作项目和区域互联互通提供必要的资金支持和制度基础。④ 此外，中国通过"一带一路"倡议提供技术援助、人才培训、经验分享，加强与其他金砖成员国在规则制定和实施方面的交流与合作，提升制度性公共产品的出口与推广。

---

① 陈利君、和瑞芳：《印度自由贸易区建设及对金砖国家自由贸易区建设的态度》，载胡钦太、蔡春林、林跃勤主编《金砖国家经贸合作发展报告（2023）》，社会科学文献出版社，2023。

② 熊芳、童伟伟：《新时代我国制度型开放变革的进展与进路》，《经济学家》2024年第1期。

③ 刘彬、陈伟光：《制度型开放：中国参与全球经济治理的制度路径》，《国际论坛》2022年第1期。

④ 贾德忠：《中国参与建设国际多边治理平台的成果、挑战和着力点》，《当代世界》2023年第12期。

在多边机制层面，加速构建高标准自由贸易区网络。[①] 中国与其他金砖成员国共同致力于构建服务金砖合作机制、覆盖更多国家的高标准自由贸易区网络，促进各成员国市场的互联互通、规则的相互衔接、产业的深度融合以及创新的相互促进。对此，中国要统一贸易规则以提高市场透明度和预测性，加强产业链整合以提升区域产业竞争力，通过自由贸易协定谈判降低成员国间关税以促进贸易自由化，推动自由贸易区建设"扩围、提质、增效"，最终建立整合成员国资源、增强成员国竞争力的高标准自由贸易区网络，实现共同发展。

结　语

金砖国家二次扩员后，成员国结构更加多元，组织的代表性与合法性持续提升。对于金砖成员国而言，扩员增加了成员国之间基于资源禀赋条件、产业基础和技术水平的经济合作机遇，增强了整体抵抗经济风险的韧性。对于国际社会而言，金砖国家强化了"金砖+"合作理念，增强了"全球南方"国家的凝聚力，提升了发展中国家在全球治理体系中的影响，有助于减少金砖国家对美元的依赖，推动国际金融体系向多元化发展。对于中国而言，一方面，金砖国家扩员深化了中国与其他金砖成员国之间的经济合作，增强了中国在国际社会中的影响力；另一方面，部分西方国家借扩员指责中国挑战国际秩序、金砖成员国之间利益关系的复杂以及金砖合作机制本身的不完善，对中国的国际治理能力提出了更高要求。

面对金砖国家扩员带来的新变革，中国正稳步推进制度型开放，以适应复杂的国际关系和应对规则制定的挑战。中国正在从加快国际规制合作到统筹国内国际规则，再到引领全球治理体系改革与建设来有序推进战略层面的制度型开放。同时，中国深化了贸易、投资、金融、创新等重点领域的制度

---

① 许培源、罗琴秀：《"一带一路"自由贸易区网络构建及其经济效应模拟》，《国际经贸探索》2020 年第 12 期。

型开放，将战略路径转化为具体领域的实际行动。此外，通过深化自由贸易试验区的制度型开放、推动共建"一带一路"高质量发展、加速构建高标准自由贸易区网络，中国正在落实制度型开放的关键措施，以推动构建一个更加开放、包容、平衡和共赢的国际环境。

参考文献

《第一观察｜金砖扩员：打造和平发展的大格局》，新华网，2023年8月25日，http://www.xinhuanet.com/2023-08/25/c_1129823147.htm。

《焦世新：金砖国家扩员，平衡全球经济治理》，上海社会科学院网站，2023年9月28日，https://www.sass.org.cn/2023/0928/c1201a555355/page.htm。

《为国际发展合作提供金砖动力》，《人民日报》2022年6月6日，第3版。

《专访：中国在推动"全球南方"国家发展中发挥重要作用——访新开发银行副行长兼首席财务官莱斯利·马斯多》，新华网，2023年8月21日，http://www.news.cn/2023-08/21/c_1129813566.htm。

《资本市场制度型开放稳步推进，多项新举措值得期待》，《证券日报》2024年1月29日。

陈利君、和瑞芳：《印度自由贸易区建设及对金砖国家自由贸易区建设的态度》，载胡钦太、蔡春林、林跃勤主编《金砖国家经贸合作发展报告（2023）》，社会科学文献出版社，2023。

成志杰：《金砖机制深化与扩容初探》，《国际研究参考》2020年第2期。

成志杰：《深化与扩容的平衡：推动金砖机制发展的关键》，《印度洋经济体研究》2020年第2期。

高洪玮：《新阶段打造开放创新生态：发展进程、时代要求与战略应对》，《经济学家》2024年第3期。

洪邮生、方晴：《全球经济治理力量重心的转移：G20与大国的战略》，《现代国际关系》2012年第3期。

贾德忠：《中国参与建设国际多边治理平台的成果、挑战和着力点》，《当代世界》2023年第12期。

李向阳：《国际经济规则的实施机制》，《世界经济》2007年第12期。

刘彬、陈伟光：《制度型开放：中国参与全球经济治理的制度路径》，《国际论坛》2022年第1期。

庞珣：《金砖开发银行的"新意"》，《中国投资》2014年第8期。

全毅：《中国高水平开放型经济新体制框架与构建路径》，《世界经济研究》2022 年第 10 期。

沈陈、徐秀军：《金砖国家扩员正在进行时》，《世界知识》2024 年第 3 期。

孙立昕：《美国制裁伊朗的现状、效果及影响》，《当代世界》2014 年第 5 期。

王璐瑶、万淑贞、葛顺奇：《全球数字经济治理挑战及中国的参与路径》，《国际贸易》2020 年第 5 期。

王明国：《"金砖+"合作模式与中国对全球治理机制的创新》，《当代世界》2019 年第 12 期。

肖辉忠：《金砖国家的起源、内部结构及向心力分析》，《俄罗斯东欧中亚研究》2017 年第 4 期。

《携手打造和平发展的大格局》，《人民日报》2023 年 8 月 27 日，第 1 版。

熊芳、童伟伟：《新时代我国制度型开放变革的进展与进路》，《经济学家》2024 年第 1 期。

徐秀军等：《金砖扩员：事实、挑战与展望》，《国际经济合作》2024 年第 2 期。

许培源、罗琴秀：《"一带一路"自由贸易区网络构建及其经济效应模拟》，《国际经贸探索》2020 年第 12 期。

杨楚乔：《金砖国家对全球经济治理的贡献及其限度》，《战略决策研究》2023 年第 3 期。

张礼卿：《稳慎扎实推进人民币国际化：发展历程与路径探析》，《人民论坛·学术前沿》2024 年第 1 期。

赵龙跃：《统筹国际国内规则：中国参与全球经济治理 70 年》，《太平洋学报》2019 年第 10 期。

赵龙跃：《新时代中国参与全球治理战略路径的思考》，《国际经济法学刊》2018 年第 2 期。

Duggan, N., Hooijmaaijers, B., Rewizorski, M., Arapova, E., "Introduction：'The BRICS, Global Governance, and Challenges for South-South Cooperation in a Post-Western World'," *International Political Science Review* 4(2022)：469–480.

Nue, J., "BRICS without Mortar", Project Syndicate, Apr. 3, 2013, http：//www.project-syndicate.org/commentary/why-brics-will-not-work-by-joseph-s--nye? barrier=true.

B.7

南非对金砖扩员的诉求、挑战与前景

沈　陈*

摘　要： 2024 年金砖国家实现历史性扩员，南非是金砖扩员重要的推动者和参与者。金砖扩员既要求各国妥善处理好内部和外部的关系，也能给"全球南方"和全球经济带来更大的发展机遇。扩员会使金砖国家整体实力大幅增强，使金砖国家对全球经济事务的影响力更大。但也要看到，随着成员国的增多，金砖合作面临的挑战将会有所增加。对此，南非将加强与金砖国家新成员国的机制整合，充分挖掘"大金砖合作"的潜力和空间。第一，扩大金砖国家既有合作框架，加快新老成员利益融合。第二，重视科技领域的务实合作，密切第四代新工业革命伙伴关系。第三，坚持平等民主的治理理念，提升新开发银行的贷款发放能力。第四，应尽快明确应急储备安排的贷款使用标准，强化金砖国家货币安全。第五，金砖国家既要强化外部风险应对，又要防止地缘政治集团对抗加剧。

关键词： 南非　金砖扩员　"全球南方"

2024 年 10 月，金砖国家领导人第十六次会晤在俄罗斯喀山召开，这是金砖国家历史性扩员后的首次峰会，也标志着"全球南方"合作机制进入新的阶段。金砖国家历史性扩员是各国长期耕耘合作的成果，彰显了开放包容、合作共赢的金砖精神，顺应了新兴市场国家和发展中国家群体性崛起的时代潮流，符合国际社会的期待。[1] 南非是金砖扩员重要的推动者和参与

---

* 沈陈，中国社会科学院世界经济与政治研究所副研究员。

[1] 翟崑：《金砖国家合作机制系统演进的动力与前景》，《人民论坛》2023 年第 24 期。

者，金砖扩员既要求各国妥善处理好内部和外部的关系，也能给"全球南方"和全球经济带来更大的发展机遇。

一　南非对金砖扩员的诉求

南非是金砖扩员的重要参与者和推动者。金砖国家第一次扩员发生于2011 年在中国三亚召开的金砖国家领导人第三次会晤，金砖四国领导人一致同意接纳南非作为新的成员，金砖四国也由此更名为"金砖国家"。南非虽然经济规模不如其他金砖成员国，但是非洲地区的大国，拥有相对成熟的工业和金融市场，有能力成为金砖国家对非投资合作的门户和前沿。金砖国家为南非提供了一个展示国际领导力的平台，使该国能够在发展非洲大陆自由贸易区等区域经济一体化倡议方面发挥领导作用，从而增强其在全球舞台上的经济和政治影响力。作为 2023 年金砖国家主席国，南非是金砖国家第二次扩员的积极推动者。南非邀请其他金砖成员国和候选国参加"金砖之友"会议，最终达成金砖国家第二次扩员，埃及、埃塞俄比亚、伊朗、沙特阿拉伯、阿联酋等新成员国受邀加入。南非还举行了"金砖—非洲"会议和"金砖+"领导人对话会，邀请所有非洲国家元首以及联合国秘书长、非洲联盟委员会主席等 20 位国际和地区组织领导人参加，创造了金砖国家峰会规模之最。此外，金砖国家工商论坛、金砖国家智库会议等配套活动也采取了不同形式的"金砖+"合作，与会各方围绕促进非洲经济增长等议题展开了深入讨论，充分体现了开放包容、合作共赢的金砖精神。

此次新成员的加入是金砖国家在历史上的一次重要扩展。埃及地处亚欧非三大洲交汇处，该国苏伊士运河是世界最重要的通道之一。埃及是阿拉伯国家联盟、不结盟运动、七十七国集团等发展中国家合作的积极倡导者，在国际事务中发挥着重要作用。埃塞俄比亚地处非洲之角，人口居非洲第二位。埃塞俄比亚是非洲联盟总部和联合国非洲经济委员会总部的所在地，其首都亚的斯亚贝巴被称为"非洲外交之都"。作为中东地区领土面积和经济规模最大的国家，沙特阿拉伯是唯一同时拥有红海和波斯湾海岸线的国家。

沙特阿拉伯是伊斯兰教两大圣城麦加和麦地那的所在地,对全球穆斯林具有极其重要的宗教意义。伊朗的地缘政治位置和丰富的石油资源使其在国际舞台上扮演着重要角色。作为伊斯兰教什叶派的领导国家,伊朗在中东什叶派国家与组织中具有很大的影响力。阿联酋是石油输出国组织的重要成员国,该国以现代化形象和发达的金融业闻名于世。① 这些新成员的加入不仅提升了金砖国家的经济规模,还反映了其地缘政治代表性和影响力。

金砖扩员有利于加深与非洲和"全球南方"的经贸连接。一方面,南非通过了《金砖国家经济伙伴关系战略》,以放宽彼此的市场准入,为南非等所有金砖国家的投资者创造一个友好的商业环境。例如,沙特阿拉伯、阿联酋和伊朗等石油资源丰富的国家的加入将进一步推动金砖国家使用本币结算的议程,并逐步减少全球对美元的依赖。考虑到南非目前的能源危机以及需要更多的外商直接投资来推动经济增长,金砖扩员有利于寻找替代市场实现出口目标和能源来源的多样化,推动南非从新冠疫情的破坏性影响中恢复过来。另一方面,非洲大陆自由贸易区为非洲的贸易和投资创造了一个可预测的环境,金砖国家则是非洲贸易和投资的可靠伙伴。凭借港口、机场、铁路和公路网络等发达的物流基础设施以及复杂的金融系统,南非可以成为连接"全球南方"与非洲大陆贸易的通道,深化金砖国家与非洲的伙伴关系,为增加贸易、投资和基础设施发展创造互利机遇。这反过来也会为南非吸引更多的贸易和投资机会,并进一步促进该国与其他非洲国家的贸易。

金砖扩员可以为南非提供加深务实合作的新方向。一是数字产业。中国、印度等新兴经济体近年来成为非洲数字基础设施建设的主要参与者,推动了南非的互联网普及和升级。随着南非建成非洲第一个商用5G网络,金砖扩员带来了更多技术、资金和经验支持。二是跨境金融。尽管无意挑战SWIFT系统和美元霸权,但借助金融科技制定金砖成员国之间的零售支付和交易支付体系不仅是可能的,而且是必要的。金砖扩员还可以连接各种形式的货币,各成员国可以以最小的成本、最快的速度

---

① 沈陈、徐秀军:《金砖国家扩员正在进行时》,《世界知识》2024年第3期。

和最强的安全性进行转账。三是尖端科技。尖端科技是高质量伙伴关系的标志，也是展示南非大国地位的标志。例如，在太空领域，遥感卫星星座联合观测及数据共享有助于提高南非在环境保护、防灾减灾、海洋开发等方面的应对能力，并且这应是未来合作的第一步，预计金砖国家航天合作联委会将增加在太空探测等方面的合作。四是气候环境。南非迫切需要在新能源、绿色经济等产业合作上做进一步规划，缩小理想状态与政策之间的差距。金砖扩员有利于提升南非在可再生能源领域的投资能力，并对与能源转型有关的产业进行资金扶持或补偿。

金砖扩员可以为南非以及非洲积极参与全球治理提供支撑。目前，非洲在联合国安理会没有常任理事国席位，在二十国集团中只有南非一个非洲国家，在国际货币基金组织和世界银行的话语权也非常有限。金砖国家对建立一个更加公平、公正和具有代表性的全球政治经济体系有着共同的愿景，积极提升包括非洲在内的"全球南方"国家的话语权。扩员以后，金砖国家增强了自身的多样性和代表性，在全球治理中的整体分量和影响力进一步增加与扩大，更加有能力推动平等、有序的世界多极化。由于金砖国家在全球治理中的话语权相对较高，获得金砖国家的支持有利于构建更具有代表性和民主性的国际机构，这将成为南非外交的重大成就，并将进一步加强与提高其在非洲大陆的作用和地位。南非等非洲国家可借助金砖合作机制将更多的非洲诉求整合为"金砖声音""金砖立场"，提升其在联合国、世界贸易组织等多边机构的话语权，使传统上被边缘化的国家和地区来到国际舞台的中心，从而为非洲长期发展创造更有利的国际环境。

二 新形势下南非参与金砖合作面临的挑战

2024年南非大选是南非政治的重要分水岭。在2021年南非地方选举中，执政党非洲人国民大会（以下简称"非国大"）支持率自1994年种族隔离制度结束后首次低于50%，这一形势在2024年进一步延续。在过去30

年的执政过程中，非国大未能显著改善南非数百万贫穷人口的生活。南非官方公布的失业率达到32%，并且还在继续上升，数百万人生活在贫困线以下。① 2024年5月大选前最后一次发布的国内生产总值数据显示，南非经济在2023年第四季度勉强实现0.1%的边际增长，这意味着该国经济在第三季度收缩0.2%后，勉强控制了技术性衰退，即经济产出连续两个季度下降。② 拉马福萨在2019年首次当选总统后，在清理腐败的非国大方面取得了一些成功，但与国有电力供应商腐败和管理不善有关的电力危机导致了全国范围内的每日轮流停电，严重降低了其所在政党的支持率。在此背景下，南非与其他金砖成员国的政治和经贸合作诉求进一步增多，对金砖扩员的考虑更为务实。

从内部看，南非参与金砖合作主要面临两类挑战。一是金砖扩员后，金砖合作的博弈方增多，可能带来一些原有的双边和地区分歧，进而加大金砖合作的难度。例如，埃及和埃塞俄比亚在尼罗河水域问题上矛盾重重，尽管伊朗和沙特阿拉伯关系出现好转，但两国深层次矛盾并非一朝一夕就可以解决。随着新成员的加入，新的潜在冲突可能增加，这些矛盾一旦爆发就可能破坏金砖合作的良好氛围。二是金砖扩员可能损害部分老成员的利益。例如，金砖扩员可能会使南非无论是在世界范围的代表性还是在非洲范围的代表性受到冲击，印度此前反对金砖扩员也主要是担心其创始成员国的地位受到影响。同时，新加入成员国之间的发展水平差异较大，面临不同的利益诉求。例如，埃及、伊朗目前经济处于困境之中，外债压力较大，急需通过金砖国家为其提供支持；沙特阿拉伯和阿联酋则希望通过金砖国家进一步加强与其他新兴经济体的联系，对后续金砖合作的

---

① "Quarterly Labour Force Survey (QLFS) - Q4: 2023", Statistics South Africa, Feb. 20, 2024, https://www.statssa.gov.za/publications/P0211/Media%20release%20QLFS%20Q4%202023.pdf.

② "GDP Increased by 0.1% in the Fourth Quarter of 2023", Statistics South Africa, Mar. 5, 2024, https://www.statssa.gov.za/publications/P0441/Press%20release%20-%20Q4%202023.pdf#:~:text=Gross%20domestic%20product%20%28measured%20by%20production%29%20South Africa%E2%80%99s, 0%2C2%20of%20a%20percentage%20point%20to%20GDP%20growth.

定位具有较大差异。

相较于世界银行和亚洲开发银行等传统金融机构，新开发银行还非常年轻，在利益整合、组织建设、机构运营等方面都有提升空间。一方面，金砖各国希望扩大新开发银行的借款篮子，沙特阿拉伯、阿联酋等中东和亚洲其他国家的注资有利于增强流动性。扩员可能意味着更多新兴经济体，特别是部分非洲国家不久将正式成为金砖成员国，进而削弱南非在制定金砖合作议程方面的影响力。另一方面，金砖国家之间存在的经济结构、发展水平和利益分歧等差异在扩员后可能进一步扩大，不同国家对新开发银行的项目方向、项目优先级和融资条件等有不同的需求和期望，这可能会影响决策的一致性。新开发银行采取五国平权决策机制，各成员国需要协商和制定相关政策、规则和程序，以保证机构的有效运行，这可能会影响机构的运作效率和决策的灵活性。新开发银行在融资渠道、项目评估、风险控制等方面受到成员国资源和经验的限制，需要成员国共同努力并逐步解决。

从外部看，当前全球经济的不稳定性和不确定性增加，贸易摩擦长期化、金融市场动荡以及主要经济体增长放缓等都给金砖国家的财金合作带来挑战。一些发达国家连续大幅加息，导致国际资本回流和美元加速升值，造成新兴经济体金融市场震荡，进而对金砖国家的财金运行与合作产生负面影响。金砖国家之间的经济周期不一致，如印度近年来处于经济高速增长期，而巴西和南非则长期处于经济低迷期，俄罗斯甚至出现财政萎缩，导致各方很难在经济高速增长期或经济低迷期实现财政政策的协调。加之不同国家的政治体制和政策优先事项差异较大，特别是代表民粹主义、右翼集团的政府上台，可能采取与先前政府相反的政策立场，这一情况在巴西等国已经出现。随着对绿色经济和数字经济认识的提高，金砖国家逐渐加大对这些领域的财政支持，巴西、南非等国面临财政压力，需要更多将有限的财政资源主要用于基础设施建设、教育、医疗等领域，在绿色经济、数字经济等新兴领域的资金投入相对不足。

一些西方国家担忧金砖国家的扩员是对七国集团等西方政治集团的

"地缘制衡"，这可能导致东西方对抗进一步加剧。美国近年来愈加积极地将美元作为其实现地缘政治目标的工具。美元和欧元被"武器化"，即利用国家/国际货币及西方金融体系对别国实施制裁。扩员之前，以七国集团为主的美国等西方国家已经加强了对金砖国家的分化，主要表现在极尽拉拢印度、巴西、南非，破坏金砖国家的内部向心力。金砖国家扩员后实力大幅上升，美国等西方国家的竞争与分化可能会更加强烈。新加入的成员如埃及、沙特阿拉伯、阿联酋均与美国保持着密切的安全合作关系，尽管加入金砖国家表明了其多元化的外交努力，但美国等西方国家仍是其重要的合作伙伴。南非尽管拒绝在战略安全问题上追随美国等西方国家，但仍积极与七国集团、"印太经济框架"等美国主导的机制就供应链、基础设施资金、技术标准等领域进行谈判，企图改变现有的经济合作规则，进而对金砖务实合作产生根本性影响。

乌克兰危机升级以来，西方对新开发银行创始成员国俄罗斯实施制裁，导致金砖合作受到一定阻碍。与俄罗斯类似，伊朗一直受美国经济制裁的困扰，其加入既可能加剧与西方的地缘政治紧张局势，也可能带来金砖国家内部的分歧。新开发银行目前发放的贷款中，约 1/4 是用本币支付的，如人民币或南非兰特计价，另外 3/4 为美元。随着美元升值，美元债券实际上增加了发展中国家的债务负担，但本币贷款将使这些借款方较少受到美联储政策的影响。同时，面临严重经济问题的埃及、埃塞俄比亚，这些新成员可能分散新开发银行的贷款，使南非等其他成员国感到不安。与新开发银行类似，金砖国家应急储备安排的总金额为 1000 亿美元，不仅无法比肩国际货币基金组织等传统金融机构，而且与《清迈倡议》的2400 亿美元相比明显规模较小。在面对危机和风险时，成员国需要符合一定的经济和财政指标才能申请贷款，这可能提高成员国申请和获得贷款的难度和复杂性，限制金砖国家应急储备安排在金融危机时提供足够的支持和保护的能力，特别是在乌克兰危机升级背景下，金砖国家应急储备安排的应对和行动能力受到关注。

三 南非参与"大金砖合作"的前景与路径

总体上，扩员会使金砖国家整体实力大幅增强，使金砖国家对全球经济事务的影响力更大。相对而言，金砖国家整体在对外财金合作，如加强全球宏观经济政策协调、全球经济问题应对、国际金融治理改革等方面的立场则较为一致，更容易对外形成统一的"金砖声音"。但也要看到，随着成员国的增多，预计金砖合作的困难将有所上升，金砖国家应利用各种机会与场合加强会晤交流，尽早识别金砖合作的利益融合点与分歧点。对此，南非主张加强与金砖国家新成员国的机制整合，使新成员国尽早融入金砖国家已有合作机制，充分挖掘"大金砖合作"的潜力。

第一，扩大金砖国家既有合作框架，加快新老成员利益融合。经过多年的积累，《金砖国家经济伙伴战略2025》《金砖国家能源合作路线图2025》《金砖国家粮食安全合作战略》《金砖国家数字经济伙伴关系框架》《金砖国家贸易投资与可持续发展倡议》《金砖国家加强供应链合作倡议》等陆续达成。创始成员国应在已有倡议的基础上综合考量，通过与新成员国的谈判，逐步推动新成员国加入以上合作框架与倡议，或是对既有合作框架或倡议进行新的谈判与升级。随着新成员国的加入，金砖合作机制如新开发银行、应急储备安排、金砖财金智库网络等也面临扩员的问题，应提早做好准备，制定好扩员资格条件。金砖国家高层可定期和不定期举行战略性、长期性与全局性的政策对话，积极倡导开放和包容的外交政策，为务实合作提供良好的制度环境，构建和夯实金砖务实合作的新框架。

第二，重视科技领域的务实合作，密切第四代新工业革命伙伴关系。科技创新是提升一个国家产业水平的核心要素。当前，中国与南非都处于经济结构调整的关键时期，要想摆脱在传统国际产业分工体系中处于低端环节、低附加值的被动地位，需要加强自主创新，抢占产业前沿。虽然中南双方对高新企业的投融资早已展开，但与高校和研究机构相比，两国企业之间的直接技术交流与合作仍然非常有限。南非支持第四代新工业革命伙伴关系，通过金砖合作促进人工智能、大数据、量子信息、生物技术等新一轮科技革命和产业变革，可以提升本国民众的生活水平，促进南非乃至非洲大陆的跨越式发展。鉴于此，一方面，在能源资源、农业、基建、纺织、汽车等传统行业，金砖国家应针对各国禀赋和行业发展特点，创新产能合作方式，激发行业活力；另一方面，在新能源、高科技等新兴领域，金砖国家应充分发挥各国企业在技术和资金等方面的差异化优势，通过强化投资、共享研究、产业孵化、共建科技园区等方式推动实现技术突破。[①]

第三，坚持平等民主的治理理念，提升新开发银行的贷款发放能力。新开发银行长期只有五个成员国，扩员速度较慢，因此与世界银行相比，它是一个小得多的机构，这有利于更快地做出决策。但随着更多国家在短时间内加入或申请加入新开发银行，如果新开发银行继续采取平权决策模式，无疑会导致该行运行效率下降。扩员必须在现有的五个成员国之间达成共识，候选国才能被接纳。有必要在充分协商和达成共识的基础上，新开发银行在扩员进程中制定符合新成员结构的指导原则、标准和程序，推动金砖国家的高质量金融合作。南非是新开发银行的创始成员国之一，也是该行非洲区域中心的所在地。一方面，南非支持人民币国际化，这将有助于新开发银行获得更高的国际信用评级；另一方面，通过发行以南非兰特计价的债券，进一步巩固南非在非洲的金融中心地位。具体来说，实缴资本可定为10%，其中8%为美元，2%为本币。此外，90%为待缴资本，以美元计价。如果新开发银行的份额从30%下降到20%，银行的信用将从300亿美元增加到500亿美元。此外，投资担保和混合资本等金融创新可以更好地利用现有资源，以提高新开发银行的投资能力，确保风险可控和资金安全。

第四，应尽快明确应急储备安排的贷款使用标准，强化金砖国家货币安全。针对南非等国希望明确金砖外汇应急储备机制可操作性的要求，建议以

[①] 陈卫东等：《金砖国家深化经济协作体系建设的重要意义、实施路径和建议》，《俄罗斯研究》2023年第6期。

综合测算的国际货币基金组织类似贷款利率水平为参照，以不高于此标准确定应急储备安排的贷款使用标准，推动应急储备安排的实体化进程。应参考《清迈倡议》建立的"10+3"宏观经济研究办公室，以有限公司的形式建立金砖宏观经济研究办公室，也可直接建立金砖国家应急储备安排秘书处，全面提升与扩大金砖国家财金合作的水平和体量，特别是确保与国际货币基金组织脱钩部分的资金使用。在起步阶段，可先了解各国财金立场与利益诉求。如果五个国家能达成共识后迅速且低成本地实施，进而可考虑用黄金或其他大宗商品作为价值锚，构建以金砖国家货币为基础的"货币篮子"。在此基础上，金砖国家可以把其货币用作某些交易和国家官方账户记录的计价单位，并在金砖国家应急储备安排等金融机构内替代记账过程中使用的美元。

第五，金砖国家既要强化外部风险应对，又要防止地缘政治集团对抗加剧。尽管美国的贸易关税主要针对的是中国，但南非等其他金砖成员国也成为美国征收钢铝关税的受害者。随着"大金砖合作"的影响力不断扩大，部分西方国家不断炮制金砖"对抗西方论"，声称金砖国家合作机制对西方集团主导的国际秩序构成了"威胁"。[1] 对此，金砖国家既要针对外部风险强化沟通合作，通过务实合作和改善全球治理架构以增强稳定性、可靠性和公平性。由于保护主义日益加剧，新兴经济体和发展中国家受到严重的负面影响，南非支持构建开放型经济的主张，反对违反国际贸易规则的单边措施，期待与中国等其他金砖成员国在世界贸易组织中加强协调，建设性地参与国际贸易规则制定。推动各成员国利用金砖财金智库网络，通过会议交流、项目研究等，充分了解各成员国对于扩员后金砖国家财金合作的需求与期待。同时，依托金砖国家财长和央行行长会议，重点讨论本币贸易结算、本币债券发放等问题，扩大本币使用以防范部分西方国家的货币"武器化"。

---

① 门洪华：《"全球南方"的兴起与国际博弈的新图景——兼论中国的战略应对》，《教学与研究》2024 年第 1 期。

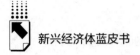
参考文献

陈卫东等:《金砖国家深化经济协作体系建设的重要意义、实施路径和建议》,《俄罗斯研究》2023年第6期。

门洪华:《"全球南方"的兴起与国际博弈的新图景——兼论中国的战略应对》,《教学与研究》2024年第1期。

沈陈、徐秀军:《金砖国家扩员正在进行时》,《世界知识》2024年第3期。

徐秀军:《"全球南方"的概念内涵与理论价值》,《国际论坛》2024年第2期。

翟崑:《金砖国家合作机制系统演进的动力与前景》,《人民论坛》2023年第24期。

South Africa's Objectives, Challenges and Prospects for BRICS Expansion.

B.8
沙特阿拉伯加入金砖合作机制的战略考量及对金砖合作的影响、挑战与前景展望

周 晋 胡钦太*

摘 要: 自 2024 年 1 月 1 日起,沙特阿拉伯、埃及、阿联酋、伊朗、埃塞俄比亚正式加入金砖合作机制成为金砖国家成员。至此,金砖国家数量达到 10 个,成为横跨四大洲、GDP 超过世界 1/3 的跨区域国际组织。作为中东地区的政治核心,沙特阿拉伯加入金砖合作机制不仅将加速中东地区与金砖国家的经济联系,还将为金砖国家提供更广阔的发展空间和战略合作机遇。本报告以沙特阿拉伯加入金砖国家为切入点,从战略层面分析沙特阿拉伯加入金砖国家的考量,探讨其对金砖合作的影响、挑战与前景展望。

关键词: 沙特阿拉伯 金砖合作机制 经贸合作

沙特阿拉伯是世界上最主要的产油国,也是"一带一路"倡议的重要合作伙伴,两国各领域务实合作成果丰硕。2001 年以来,沙特阿拉伯一直是中国在中东地区最大的贸易伙伴。目前,沙特阿拉伯正在努力推动经济转型、积极推进与中国的经贸合作,已成为"一带一路"倡议的坚定支持者和生动践行者。

---

* 周晋,广东工业大学经济学院国际商务硕士研究生,研究领域为国际关系、数字贸易与工业品跨境电商;胡钦太,广东工业大学党委书记、教授,研究领域为教育数字化、高等教育、基础教育。

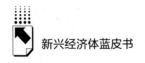

一　沙特阿拉伯对外经贸发展及加入
国际经贸组织现状

沙特阿拉伯是西亚北非地区的经济巨头，2023 年经济总量排名全球第
19，同时是世界贸易组织、G20 成员。2022 年，沙特阿拉伯 GDP 为 11086
亿美元，首次突破 1 万亿美元（见图 1）。受油价和石油生产活动减少的影
响，2023 年 GDP 较 2022 年下降 3.70%。作为世界上最大的石油出口国之
一，沙特阿拉伯的石油行业对国家财政收入和经济发展产生巨大的影响，原
油出口一直是其主要的经济来源。沙特阿拉伯奉行自由贸易和低关税政策，
2022 年沙特阿拉伯的进出口总额为 5987.1 亿美元，出口额为 4104 亿美元，
其中 80% 由原油和石油产品贡献，进口额为 1883.1 亿美元，同比增长
23.17%。中国是沙特阿拉伯最大的贸易伙伴。

图 1　2012~2023 年沙特阿拉伯 GDP

资料来源：世界银行、沙特阿拉伯统计总局。

尽管沙特阿拉伯的经济以石油为主导，但政府一直努力实现经济多元
化，减少对石油的依赖。为此，政府在除能源以外的领域，如采矿业、制造
业、旅游业和金融服务业等进行了大量投资。沙特阿拉伯积极吸引外国投
资，通过建立经济特区、提供税收优惠和简化行政程序等方式，鼓励外资流

入基础设施、数字经济、科技创新和金融领域。

　　沙特阿拉伯不仅是世界贸易组织、世界银行、国际货币基金组织的成员国，还是阿拉伯货币基金组织、海湾阿拉伯国家合作委员会、泛阿拉伯自由贸易区、伊斯兰会议组织经济贸易合作常务委员会、伊斯兰发展银行、石油输出国组织、亚投行等国际组织的成员。沙特阿拉伯与意大利、德国、比利时、中国、法国、马来西亚、奥地利等国家签署了投资促进与保护协定。沙特阿拉伯与世界主要国家签署双边合作协定的情况如表1所示。

表1　沙特阿拉伯与世界主要国家签署双边合作协定的情况

国家	协定种类	年份
阿尔及利亚	经济、文化、技术	1986
阿根廷	经济、技术	1981
澳大利亚	经济、技术、投资	1980
奥地利	经济、技术	1988
阿塞拜疆	经济、投资、文化、体育、技术、贸易	1994
孟加拉国	经济、贸易	1978
比利时	经济、技术、投资	1978
卢森堡	经济、技术、投资	1978
加拿大	经济、贸易	1987
中国	经济、贸易、投资、技术	2002
丹麦	经济、工业、科技、技术	1974
埃及	经济、贸易、投资	1990
芬兰	经济、技术	1976
法国	经济、投资	1975
德国	经济、工业、技术、投资	1977
希腊	经济、技术	1986
荷兰	经济、技术	1984
印度	经济、技术、投资	1981
印度尼西亚	经济、贸易、投资	1990
伊拉克	经济、贸易	1984
爱尔兰	经济、技术	1983
意大利	经济、技术、金融、投资	1975
日本	经济、技术、投资	1975

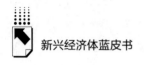
续表

国家	协定种类	年份
约旦	经济	1962
韩国	经济、技术、投资	1974
黎巴嫩	经济、贸易	1971
马来西亚	经济、贸易、投资	1975
摩洛哥	文化、传媒、贸易	1966
巴基斯坦	经济、技术、贸易	1992
菲律宾	经济、贸易、投资、技术	1994
俄罗斯	经济、贸易、投资、技术	1994
叙利亚	经济、贸易	1972
突尼斯	贸易	1988
土耳其	经济、技术、贸易、投资	1974
美国	保护私人投资	1975
乌兹别克斯坦	经济、投资、文化、体育、技术、贸易	1995
也门	文化、贸易、技术	1988
越南	避免双重征税以及经济、贸易、投资、技术	2010
法国	避免双重征税	2010
突尼斯	避免双重征税	2010
日本	避免双重征税	2010
白俄罗斯	投资	2009
捷克	投资	2009
新加坡	投资	2006
西班牙	投资	2006
瑞典	投资	2008
瑞士	投资	2006
乌克兰	投资	2008

资料来源：沙特阿拉伯经济计划部统计局《沙特年度经济运行报告》，2023。

二 沙特阿拉伯加入金砖合作机制的战略考量

（一）促进国内经济多元化增长，提升经济发展的自由度

沙特阿拉伯是世界上最大的石油出口国之一，沙特阿拉伯 GDP 在过去

几十年主要由石油产业驱动。根据国际货币基金组织的数据，石油产业占沙特阿拉伯 GDP 的比重高达 40% 以上，石油产业自 20 世纪初期以来一直是该国经济的支柱。然而，在全球能源市场的不稳定性和可再生能源兴起的情况下，沙特阿拉伯逐渐意识到依赖石油产业所导致的单一经济结构的脆弱性，沙特阿拉伯政府通过 "2030 愿景"，计划将非石油产业的贡献率提高到 50% 以上，以实现经济多元化和结构转型。

沙特阿拉伯加入金砖合作机制将为自身提供多样化的经济合作机会，推动非石油经济领域的发展，使其能够与包括巴西、俄罗斯、印度和中国在内的其他新兴经济体开展更深入的经济合作。首先，沙特阿拉伯可以通过与金砖国家的贸易和投资合作，加强非石油经济领域的联系。根据沙特阿拉伯政府的数据，截至 2023 年，沙特阿拉伯对金砖国家的总贸易额已经超过 200 亿美元。这不仅推动了沙特阿拉伯的贸易多元化，还为其非石油产业的发展提供了有力支持。其次，金砖合作机制为沙特阿拉伯提供了获取技术、资金和市场资源的渠道，促进其基础设施建设和智慧城市发展，从而实现经济结构的转型。

沙特阿拉伯加入金砖合作机制不仅意味着该国在地缘战略上的多元化，还增加了其在全球舞台上的外交筹码，特别是在近年来部分西方国家经济制裁措施反复无常的背景下，沙特阿拉伯作为不受此类制裁影响的经济集团的一部分，将在一定程度上摆脱美元霸权的控制，获得更大的经济自由度。

（二）提升国际地缘政治影响力，参与重塑地缘政治格局

沙特阿拉伯一直努力提升其在中东地区和全球地缘政治方面的影响力。作为中东地区的关键地缘政治角色，沙特阿拉伯政府凭借在中东地区的地位和影响力直接影响中东地区的稳定和全球的能源安全。然而，随着全球地缘政治格局的变化和新兴经济体的崛起，沙特阿拉伯政府意识到需要更加积极地参与国际事务，以维护自身利益。沙特阿拉伯政府希望通过加入金砖合作机制，进一步提升其在全球事务中的影响力，参与重塑地缘政治格局。

金砖国家作为全球重要的新兴经济体，拥有庞大的经济体量和较大的地

缘政治影响力。加入金砖合作机制将为沙特阿拉伯提供一个更广泛的平台，与包括中国、印度、俄罗斯和巴西在内的其他成员国合作，提升其在全球事务中的话语权。此外，加入金砖合作机制还将使沙特阿拉伯能够更加积极地参与地区和国际事务的处理，与其他成员国共同应对全球性挑战，如气候变化、恐怖主义、贸易保护主义等，推动全球治理体系的改革和完善。通过金砖国家这个平台，沙特阿拉伯有机会与其他成员国共同推动全球经济政策和规则的制定，推动国际金融体系的改革和完善，提高与增强其在全球经济和政治舞台上的地位和影响力。

（三）加强与新兴经济体的合作，实现国内经济改革和现代化

21 世纪以来，沙特阿拉伯在国内经济改革和现代化进程中面临着油价下跌、财政赤字等诸多严峻挑战，沙特阿拉伯政府意识到传统的经济模式已经不能满足其长期发展的需要。为应对挑战，沙特阿拉伯政府计划通过"2030 愿景"，推动国内经济的结构调整和转型，从而实现经济多元化和可持续发展。"2030 愿景"旨在将沙特阿拉伯的经济重心从传统的石油产业转移到其他产业，如制造业、服务业和旅游业。

加入金砖合作机制将为沙特阿拉伯的产业多元化和经济现代化提供重要的支持和机遇。通过加入金砖合作机制，沙特阿拉伯能够与包括巴西、俄罗斯、印度和中国在内的其他新兴经济体开展更广泛的经济合作。这些国家拥有丰富的经济资源和巨大的市场潜力，为沙特阿拉伯提供了巨大的发展机遇。以中国和印度为例，中国作为全球制造业中心和消费市场，为沙特阿拉伯提供了广阔的合作空间，尤其是在制造业和服务业方面。印度则拥有丰富的人力资源和技术优势，为沙特阿拉伯的技术合作和人才培养提供了宝贵支持。

此外，加入金砖合作机制还将给沙特阿拉伯带来更多的资金支持，推动国内产业的升级和转型。俄罗斯、印度和中国等金砖国家拥有庞大的外汇储备和投资基金，可以为沙特阿拉伯的基础设施建设、技术创新和人才培养提供资金支持。这将有助于沙特阿拉伯加快经济发展的步伐，实现国内经济改革和现代化。

三　沙特阿拉伯加入金砖合作机制对金砖合作的影响

（一）增强金砖国家的多元性

沙特阿拉伯的加入将给金砖国家带来新的多元性和丰富性。作为一个石油大国和中东地区的经济中心，沙特阿拉伯在能源、基础设施建设、金融等领域拥有雄厚的实力和资源，与其他金砖国家形成互补，为金砖合作机制注入了新的活力和动力。

首先，沙特阿拉伯的地缘政治地位和经济发展模式与其他金砖国家有所不同，沙特阿拉伯加入金砖合作机制将为金砖国家提供更广泛的视角和理念。沙特阿拉伯在中东地区拥有丰富的资源和巨大的市场潜力，沙特阿拉伯的加入将为金砖国家的合作拓展新的领域和方向，推动金砖合作机制朝着更加多元化的方向发展。

其次，沙特阿拉伯的加入将丰富金砖国家的成员构成，拓展金砖国家合作的广度和深度。金砖国家原本就来自不同的地区，拥有不同的文化背景，沙特阿拉伯的加入将进一步增强金砖国家的多元性，为金砖合作机制注入新的活力和动力。在沙特阿拉伯加入金砖合作机制之前，金砖五国的影响力仅涉及欧洲、东亚、南亚、南美、非洲等地区，与新兴发展中国家的经贸合作亦不够深入。作为中东战略要塞、金砖五国重要的合作伙伴，沙特阿拉伯加入金砖合作机制不仅将金砖合作机制的影响扩大到了中东地区，还拓展了金砖合作的广度和深度。

最后，沙特阿拉伯作为一个发展中国家，其加入将为金砖合作增添新的维度。沙特阿拉伯与其他金砖国家有着共同的发展诉求和利益，其加入将为金砖国家提供更多的合作机会和支持，推动金砖合作机制成为全球南南合作的重要平台。

（二）扩大金砖国家的贸易与投资

沙特阿拉伯的加入将给金砖国家的贸易与投资合作带来新的机遇和潜

力。沙特阿拉伯加入金砖合作机制后，金砖国家新开发银行的重要性将进一步凸显，金砖国家新开发银行将在推动成员国本币融资与贸易等领域发挥更为重要的作用。通过有效调动各成员国及国际资本市场的资金资源，新开发银行将有效助推金砖成员国在贸易和投融资领域的深入合作。以南非为例，2023 年 8 月，新开发银行在南非国内债券市场成功发行 15 亿兰特债券，是 2015 年以来该市场评级最高的发行人。在全球高通胀、高利率的背景下，新兴市场国家及发展中国家普遍面临融资困境，而沙特阿拉伯凭借石油出口贸易和其他资源优势，拥有丰厚的外汇储备，有能力为其他成员国提供重要的融资支持。

此外，沙特阿拉伯的加入将为金砖国家的贸易合作提供新的动力和契机。沙特阿拉伯作为一个能源大国，其加入将为金砖国家提供更多的能源资源，提升金砖国家全球能源话语权。沙特阿拉伯的加入也将给金砖国家的投资合作带来新的机遇和潜力。沙特阿拉伯在基础设施建设、金融、科技创新等领域有较多的投资需求和较大的市场潜力，根据沙特阿拉伯投资公署的数据，沙特阿拉伯是世界上吸引外商直接投资（FDI）的前 25 个国家之一，2023 年，沙特阿拉伯吸引外商直接投资 123.2 亿美元（见表 2）。目前，沙特阿拉伯正在实施的"未来投资计划"旨在吸引 9000 亿美元的投资，其中包括基础设施建设、制造业等领域。其加入将为其他金砖国家的企业和投资者提供更多的投资机会和合作平台，推动投资合作向更高水平发展。

表 2　2018~2023 年沙特阿拉伯 FDI 数据

单位：亿美元

	2018 年	2019 年	2020 年	2021 年	2022 年	2023 年
FDI 流入	121.4	30.8	16.2	231.1	280.5	123.2
FDI 流出	192.5	145.5	54.1	246.7	269.6	160.7

资料来源：联合国贸易和发展会议《世界投资报告 2023》、沙特阿拉伯统计总局。

沙特阿拉伯的加入也将促进金砖国家之间的经济合作和交流。沙特阿拉伯与其他金砖国家在经济政策、市场开放、产业发展等方面有着广泛的共同利益和合作空间，其加入将为金砖国家的经济合作提供新的动力和支持，推动金砖国家的经济合作取得更大的成果和效益。

（三）推动金砖国家基础设施的互联互通

沙特阿拉伯的加入将为金砖国家基础设施的互联互通合作注入新的活力和动力。作为一个基础设施建设大国，沙特阿拉伯在交通、能源、通信等领域有较多的投资需求和较大的市场潜力，沙特阿拉伯"2030愿景"启动以来，沙特阿拉伯的房地产和基础设施项目规模超过1.1万亿美元。沙特阿拉伯加入金砖合作机制将为金砖国家基础设施的互联互通合作提供新的机遇和市场。

沙特阿拉伯的加入将为金砖国家基础设施的互联互通合作提供新的机会和支持。沙特阿拉伯在交通、能源、通信等领域的基础设施建设需求巨大，其加入将为金砖国家特别是中国提供更多的基础设施项目和投资机会，推动金砖国家基础设施的互联互通合作向更高水平发展。

沙特阿拉伯的加入将促进金砖国家之间的经验分享和技术合作。沙特阿拉伯在基础设施建设领域注重引进前沿技术和创新理念，在数字化建设、智慧城市规划等方面具有一定的先进性。加入金砖国家后，沙特阿拉伯可以与其他成员国在智能交通管理、可再生能源利用、绿色建筑等方面共同探讨和推动基础设施建设领域的技术合作与创新，推动经验分享和技术合作向更深层次发展。

（四）助力金砖国家的可持续发展

沙特阿拉伯正在积极推动能源转型和经济结构调整，其加入将为金砖国家可持续发展合作提供更多的机会和支撑，推动金砖国家在可持续发展领域取得更大的成果和效益。

沙特阿拉伯的加入将为金砖国家在可持续发展领域注入新的活力和动力。沙特阿拉伯已经启动了"绿色沙特"计划，致力于将可再生能源占能源消费总量的比重提高到30%。加入金砖合作机制后，沙特阿拉伯可以与中国等其他成员国共同推动传统能源转型，分享经验和技术，加强太阳能、风能、核能等清洁能源领域的合作。通过技术创新和项目合作，沙特阿拉伯推动能源生产和消费模式的转型，实现"绿色沙特"和"2035 碳达峰"等目标。

作为世界上最大的石油出口国之一，沙特阿拉伯在油气资源开采等领域有着丰富的经验和技术，其加入金砖合作机制将为成员国提供更多的能源合作开发机会和技术共享平台，与中国、俄罗斯、埃塞俄比亚、南非等国共同探索资源绿色开采、传统能源衍生创新等领域的合作机会，实现互利共赢，推动经验分享和技术合作向更深层次融合，助力可持续发展。

沙特阿拉伯的加入将使金砖国家在环境保护、气候变化等全球性议题上发挥更大的作用。沙特阿拉伯与其他金砖国家有着共同的环境保护和应对气候变化合作的需求，加入金砖合作机制后，沙特阿拉伯可以与其他成员国共同制定和实施气候变化政策，推动全球应对气候变化的国际合作。

（五）实现第三方市场的互利共赢

沙特阿拉伯的加入将使金砖国家在第三方市场合作中发挥更大的作用。沙特阿拉伯不仅是中东地区最大的经济体之一，还是中东地缘政治的核心，在中东地区拥有极大的号召力和影响力。其加入金砖合作机制将为其他成员国在中东地区开展投资和合作提供更多的机会和平台，各国企业可以与沙特阿拉伯开展合作，在中东地区共同开拓市场，实现互利共赢。

沙特阿拉伯加入金砖合作机制将加强成员国政府间合作，间接为成员国企业在第三方市场的合作提供便利。通过加强政府间合作，金砖国家共同制定投资政策、搭建合作平台、提高项目的执行效率和成效，为第三方市场合作的顺利推进提供有力支持。未来有望在东南亚国家的太阳能和风能发电等清洁能源项目、非洲国家的油气金属矿产资源开发项目、拉丁美洲和非洲地区的港口、铁路、高速公路等第三方市场项目中实现合作共赢。

四 沙特阿拉伯加入金砖合作机制给金砖
合作带来的挑战

（一）合作机制调整与协调挑战

沙特阿拉伯加入金砖合作机制可能会带来合作机制调整与协调挑战。金砖国家已建立了一套相对稳定的合作机制，包括定期举行的领导人会晤、外长会晤等。沙特阿拉伯加入后，其他成员国需要与其协调合作机制，在确保其他成员国利益得到充分考虑的同时兼顾沙特阿拉伯的利益，以维护金砖合作机制的稳定性和可持续性。这主要表现在以下几个方面。第一，影响金砖国家的决策机制和程序。金砖国家在政治、经济等领域有着不同的利益和优先事项，沙特阿拉伯加入后，金砖国家会议的议程和重点可能会有所调整，需要重新调整合作机制，以确保各成员国的利益得到平衡。第二，增强合作的复杂性。沙特阿拉伯的地理位置和文化背景与原金砖五国不同，其加入后需要适应金砖国家的合作模式和规则。

（二）贸易平衡与市场竞争挑战

沙特阿拉伯的加入可能会对金砖国家的贸易平衡和市场竞争造成影响。世界贸易组织的数据显示，沙特阿拉伯是世界上最大的原油出口国之一，其原油出口量约占全球总量的 13%，对全球能源市场具有重要影响。沙特阿拉伯加入金砖国家可能会改变金砖国家之间原有的能源贸易格局，在石油化工等领域与俄罗斯展开内部竞争，影响原本金砖国家内部以俄罗斯为主导的能源出口格局。此外，沙特阿拉伯作为中东地区的重要经济体，其加入可能会加剧金砖国家在中东地区的市场竞争，引入更多的外部市场竞争，对原金砖五国的市场份额和竞争地位产生一定影响。

（三）技术标准与项目管理挑战

金砖国家之间的合作项目涉及诸如基础设施建设、能源开发等多个领

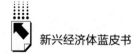

域，沙特阿拉伯的加入可能会给未来的合作项目带来技术标准与项目管理方面的挑战。金砖国家在技术标准和项目管理方面有一定的差异，沙特阿拉伯加入后需要适应金砖国家的标准和要求，以确保诸多合作项目的顺利进行。以石油化工领域的技术为例，沙特阿拉伯的油气测量标准及技术与中国存在较大差异，其加入金砖合作机制后需要与金砖国家的标准和要求相衔接，确保未来合作项目的质量和安全。此外，沙特阿拉伯的加入可能会增加金砖国家合作项目的管理难度和复杂性，金砖国家需要协调各成员国的利益和资源，统一标准，确保合作项目按时、保质完成。

（四）国际关系与地缘政治挑战

沙特阿拉伯的加入可能会带来国际关系与地缘政治方面的挑战。沙特阿拉伯作为中东地区的重要国家，其加入可能会影响金砖国家在国际事务特别是中东地区事务中的立场和政策。一方面，沙特阿拉伯的加入可能会引入更多的地缘政治因素。近年来，中东地区局势动荡，巴以冲突等涉及地区安全和稳定的问题频繁出现，沙特阿拉伯加入金砖合作机制可能会增加金砖国家在该地区的地缘政治风险，影响金砖国家的地区战略和政策。另一方面，沙特阿拉伯的加入可能会加剧金砖国家在国际事务中的分歧和摩擦。沙特阿拉伯在中东地区有着复杂的地缘政治和安全利益，其加入后可能会在一些国际事务上与其他金砖国家如伊朗存在分歧和矛盾，需要加强对外政策协调和合作，维护金砖国家的整体利益和合作关系。为此，扩员后的金砖国家需要加强沟通和协调，以维护金砖国家的整体利益和地区稳定。

五　沙特阿拉伯加入金砖合作机制后对金砖合作的前景展望

（一）发展战略对接

沙特阿拉伯加入金砖合作机制后，有望与金砖国家进一步对接发展战略，促进宏观经济合作。2022年12月8日，中国和沙特阿拉伯两国元首签署《中沙全面战略伙伴关系协议》，开启了中沙关系的新时代，两国在能源、金融等各领域的往来持续"升温"。此次沙特阿拉伯加入金砖合作机制有利于推动中海自贸协定的尽快达成。海合会是由沙特阿拉伯、阿联酋、巴林、科威特、卡塔尔和阿曼组成的关税同盟，目前中海自贸协定谈判正在紧锣密鼓地进行当中，沙特阿拉伯的加入将从更大范围、更宽领域、更深层次汇聚中海经贸合作动能。此外，沙特阿拉伯的加入还将有效促进沙特阿拉伯"2030愿景"与中国的"一带一路"倡议对接，二者在发展目标上有一定的契合点。未来，中沙双方将在汽车工业、供应链、物流、海水淡化、基础设施、加工工业、采矿业、金融业展开深入合作，共同推动区域和全球经济的发展。

（二）扩大贸易和投资规模

沙特阿拉伯加入金砖合作机制后，有望与金砖国家进一步扩大贸易和投资规模。2023年，中国与沙特阿拉伯双边货物进出口额为1072.26亿美元，其中，中国对沙特阿拉伯出口商品总额为428.56亿美元，中国从沙特阿拉伯进口商品总额为643.69亿美元。2023年11月，中国人民银行与沙特阿拉伯中央银行签署了双边本币互换协议，这一协议的签署将促进中沙贸易和投资便利化，有望使中沙贸易额进一步扩大，在2024年迈入1100亿美元大关。在投资方面，截至2022年底，沙特阿拉伯对中国的投资超过300亿元，中国企业对沙特阿拉伯直接投资存量为30.1亿美元。现阶段，沙特阿拉伯拥有较多的基础设施建设需求和投资机会，扩员后的金砖国家将通过加强投资合作，共同开发基础设施项目，推动相互间投资规模的进一步扩大。

（三）建设基础设施和智慧城市

沙特阿拉伯加入金砖合作机制后，有望与金砖国家共同推动基础设施建设和智慧城市建设。目前，沙特阿拉伯政府正以实现国内大城市间互联互通和海湾地区国际公路网建设为重点加快推进相关基础设施项目建设，其加入将为金砖国家特别是中国提供更多的基础设施建设和市场

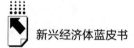

机会。中国公司凭借卓越的技术、较低的成本、较高的效益，在全球范围内享有盛誉。沙特阿拉伯的加入还将为包括中国建筑企业在内的金砖国家建筑企业打开一扇通往中东市场的大门，预计将有大量的基础设施建设和建筑项目等待金砖国家企业的参与。同时，沙特阿拉伯正在积极推进智慧城市"新未来城 NEOM"建设，包含标志性镜线城市"The Line"、浮动工业港口城市 OXAGON，目前已有数家中国企业赢得相关工程的建设，基于中国和沙特阿拉伯智慧城市建设的经验，未来金砖国家可以共同探索智慧城市发展模式，推动城市可持续发展和智慧化进程。

（四）推动可再生能源和汽车制造领域的合作

沙特阿拉伯加入金砖合作机制后，有望与金砖国家共同推动可再生能源和汽车制造领域的合作。沙特阿拉伯政府正积极推动能源结构多元化，努力减少对石油的依赖，大力发展以光伏、氢能为代表的可再生能源，力争实现"2030 愿景"中的能源转型目标。2023 年 1 月 30 日，沙特阿拉伯国家电视台报道称，沙特阿拉伯能源部部长表示该国计划投资 1 万亿沙特里亚尔（约合 1.8 万亿元）以生产清洁能源，相关领域发展前景良好。未来，包括沙特阿拉伯在内的金砖国家可以加强在太阳能、氢能、核能等可再生能源领域的合作，共同推动清洁能源的发展和利用。与此同时，依托中国先进的新能源汽车研发生产技术，沙特阿拉伯、印度等国与中国深入合作，积极推动汽车制造产业的发展，未来金砖国家可以加强在汽车技术、智能驾驶、电动汽车等领域的合作，共同打造绿色、智能的汽车产业链。

（五）开展第三方市场合作

沙特阿拉伯加入金砖合作机制后，有望与金砖国家开展更多的第三方市场合作。沙特阿拉伯作为中东地区的重要经济体，其加入将为金砖国家提供更多的合作伙伴和市场机会。凭借在北非地区的巨大影响力，沙特阿拉伯加入金砖合作机制还将与南非一道为其他金砖伙伴国深入探索非洲市场提供契机。这些新兴市场具有巨大的潜力，尤其是在消费、制造业和服务业方面。中国企业可以利用这一机遇，进一步扩大在这些地区的业务，抢占市场。金砖国家亦可以共同开展基础设施建设、能源开发、农业、科技创新等领域的合作，助力第三方国家的经济发展，实现互利共赢。目前，沙特阿拉伯与中国、巴西、南非等国家的合作已经取得了一定的进展，加入金砖合作机制后，合作的广度和深度有望进一步拓展，为第三方市场合作注入新的活力和动力。

参考文献

《传承千年友好　共创美好未来》，《中国穆斯林》2022 年第 6 期。

《对外投资合作国别（地区）指南　沙特阿拉伯（2019 版）》。

《中沙合作　共建"一带一路"中东样本》，《国际商报》2023 年 12 月 15 日，第 4 版。

沙特阿拉伯经济计划部统计局：《沙特年度经济运行报告》，2023。

孙海泳：《高质量共建"一带一路"视野下的中国——沙特科技产业合作》，《国际论坛》2023 年第 5 期。

赵爱玲：《中国与沙特双向投资加速》，《中国对外贸易》2024 年第 1 期。

Benlaria, H., "The Impact of Economic Factors on Saudi Arabia's Foreign Trade with BRICS Countries: A Gravity Model Approach," *Economies* 11 (2024): 300-305.

Keshk, A. M., "Strategic Vision for the Memberahip of the Uae and Saudi Arabia in BRICS," *Turkish Policy Quarterly Uarterly* 4 (2023): 110-115.

Ross, A. G., "The BRICS+: Who are They, Why are They Important, and What Do They Want?" *Local Economy* 8 (2023): 727-734.

Won, C. S., Hong, M. J., "Development and Prospects on Comprehensive Strategic Partnership Between Saudi Arabia and China," *Korean Journal of Middle East Studies* 1 (2022): 63-100.

专题报告

B.9

中国与巴西深化"一带一路"
国际合作研究

牟泓锦*

摘　要：　中巴双边关系持续深化，政治互信得到加强，经贸合作和科技、文化、教育方面的交流日益增多，两国在多边机制下进行了积极对话与协调，贸易投资、社会发展、科技创新以及环境保护和数字经济等领域的合作具有潜力。当前，巴西政界、社会和企业对参与中国的"一带一路"倡议总体保持开放态度，中国的"一带一路"倡议与巴西的国家战略有对接和融合的基础。但是，复杂多变的世界局势、不同的思维方式和巴西国内政治经济风险等因素不利于"一带一路"协议的签署。未来，中巴需要进一步平衡战略认识与利益考虑，加强双边合作的制度化建设，拓展新兴产业和未来产业的合作，增强澳门的枢纽作用，推动共建"一带一路"。

　＊　牟泓锦，澳门科技大学社会和文化研究所国际关系专业博士研究生、巴西圣保罗大学访问学者，研究领域为巴西经济发展与对外关系。

关键词： 中国 巴西 "一带一路"倡议 双边关系

一 中巴合作的历史与趋势

1974 年建立外交关系以来，中巴双边关系已从初期的外交和贸易往来发展成为全面、深入的战略伙伴关系。目前，中国成为巴西最大的贸易伙伴和重要的外国投资方，在国际秩序框架和多边机制下双方开展广泛合作。随着全球变革的到来，两国在数字经济、可持续能源、环境保护和生物多样性等领域具有更大合作潜力。

（一）双边关系不断深化

政治互信促进务实合作。中国与巴西于 1974 年 8 月 15 日建交并互设大使馆，此后双边政治关系不断深化，于 1993 年建立战略伙伴关系，于 2012 年提升为全面战略伙伴关系。巴西是首个同中国建立战略伙伴关系的发展中国家和首个将双边关系提升为全面战略伙伴关系的拉美大国。在此背景下，双方高层互访频繁，外交人员交流密切。1984 年，菲格雷多是首位访问中国的巴西总统，之后萨尔内、卡多佐、卢拉、罗塞芙、特梅尔等巴西总统也先后访华。中国国家领导人杨尚昆、江泽民、胡锦涛、习近平先后出访巴西，推动两国关系发展并增进共识。除元首互访外，两国高层机构和官员积极开展合作对话，在政治、经济、科技、航空、文化、农业、能源矿产、教育等领域建立战略对话机制。1985 年，两国外交部建立定期磋商制度，截至 2023 年，中巴外长级全面战略对话已举行 4 次。[①]

经济贸易关系持续牢固。目前，中国是巴西最大的贸易伙伴，而巴西是中国在拉丁美洲最大的贸易对象，中国与巴西的双边贸易额在 21 世纪前两

---

① 《中国巴西举行第四次外长级全面战略对话》，外交部网站，2024 年 1 月 20 日，https：//www.fmprc.gov.cn/wjbzhd/202401/t20240120_11229765.shtml。

个十年稳步增长。2023 年，中巴双边贸易额达到 1815.3 亿美元，巴西出口到中国的主要产品包括铁矿砂及其精矿、大豆、原油、纸浆、豆油等，而中国向巴西出口的产品主要是机械设备、计算机与通信技术设备、仪器仪表、纺织品、钢材、运输工具等。同时，中国对巴西的投资主要涉及能源、矿产、农业、基础设施、制造等行业，中国企业在巴西承接火电厂、特高压输电线路、天然气管道、港口疏浚等大型基础设施项目。中国国家电网公司是巴西最大的外国电力投资商之一，已经成功收购和运营巴西多个电力传输资产；中国石化集团有限公司和中国石油天然气集团有限公司在巴西石油开发项目中持有权益。此外，两国还合作实施了若干大型基础设施项目，中国投资者参与巴西的铁路、港口、公路等基础设施的建设，如参与改善和运营巴西北部的重要港口。为维护这种经贸关系，两国政府均展现出深化合作的意愿，如巴西植物油行业协会（ABIOVE）就大豆出口与中国进行协商合作，确保大豆供应链稳定。[1]

科技、文化及教育交流日渐频繁。中巴科技交流尤其是在卫星发射和遥感技术上有重要合作，中巴地球资源卫星（CBERS）项目是两国合作的典范。[2] 此外，科研机构、高校和技术公司之间的合作项目也不断促进科技创新与交流。随着中巴经济贸易关系的牢固和人员往来的频繁，两国民众对彼此文化的兴趣也不断增长，促使文化交流活动更加频繁。中国在巴西开办了13 所孔子学院和 5 个孔子课堂[3]，传播中华文化和推广中国语言，举办里约热内卢中国文化周等各类文化节、艺术展览、电影节，促进中巴文化理解和文明互鉴。除了孔子学院和孔子课堂外，双方大学之间建立了众多的合作关

---

① 《巴西植物油行业协会欢迎中国对巴西开放豆粕市场》，导油网，2022 年 8 月 1 日，https：//www. oilcn. com/article/2022/08/08_84510. html。

② 《中国巴西已共同研制六颗中巴地球资源卫星》，中国政府网，2024 年 2 月 10 日，https：//www. gov. cn/yaowen/liebiao/202402/content_6931193. htm。

③ 《巴西已开设多所孔子学院》，中国—葡语国家经贸合作论坛（澳门）常设秘书处网站，2022 年 10 月 14 日，https：//forumchinaplp. org. mo/zh - hans/economic _ trade/view/2369？keyword＝＝巴西已开设多所孔子学院；《巴西第 13 所孔院在里约热内卢成立》，中国新闻网，2025 年 4 月 14 日，https：//www. chinanews. com. cn/gj/2025/04-14/10399176. shtml。

系，涵盖学生交流、教师访问、联合研究等多个方面，如北京语言大学与巴西圣保罗大学之间的合作，推动语言学习和增进文化互动。[①]

（二）多边关系中的对话与协调

中国和巴西在联合国（UN）、世界贸易组织（WTO）、国际货币基金组织（IMF）及世界银行等国际组织内部的合作主要体现在以下几个方面。一是作为联合国的成员国，中巴在多个议题如气候变化、可持续发展、和平安全等支持相互的立场或做出协调一致的响应，两国在维护多边主义和国际合作方面有共同的利益，在联合国框架下就相关问题进行协调和合作，如两国都是《2030 年可持续发展议程》的签署国家，均承诺致力于实现全球可持续发展目标（SDGs），在多个国际会议上，中巴都强调了合作和多边主义在实现 SDGs 中的重要性。二是中国和巴西作为 WTO 的重要成员，共同参与多边贸易谈判，两国都支持维护自由贸易和反对保护主义，在农业补贴、市场准入等议题上，两国有时会达成一致，共同推动发展中国家的议程和利益，这尤其体现在农业贸易谈判中，两国会联合其他发展中国家一道推动减少农业补贴和市场准入政策的制定和实施。三是中巴通过 IMF 参与全球金融和经济问题的治理，尤其是在金融危机的应对、全球经济增长和货币政策协调方面。此外，还推动联合国投票权改革，寻求发展中国家在 IMF 内获得更大的影响力。四是巴西是世界银行的贷款接受国，中国是贷款国，两国在该组织内就减贫、社会发展、基础设施建设等展开交流合作。

中巴还在二十国集团（G20）、金砖国家（BRICS）及"基础四国"（BASIC）等多边机制中展开一系列合作，体现在全球经济治理、金融稳定性、气候变化、可持续发展等多个方面。在 G20 这个国际经济合作的主要论坛中，中巴作为两个主要经济体，多次表达对促进全球经济增长和金融市场稳定的共同兴趣，共同支持多边贸易系统和抵制贸易保护主义，协作推进金融监管改革和反腐败议程。BRICS 是由中国、巴西、俄罗斯、印度和南非

① 庞若洋、张方方：《中国与巴西教育合作交流的现状、挑战与展望》，《世界教育信息》2022 年第 7 期。

五国组成，在经济、政治和安全等多个领域开展合作，中国和巴西均为金砖国家新开发银行（BRICS New Development Bank）的创始成员国，该银行旨在为新兴市场和发展中经济体（包括巴西）提供资金，支持基础设施建设和可持续发展项目。① 此外，在 2019 年巴西举行的 BRICS 峰会上，中巴共同签署了《巴西利亚宣言》，强化了对多边主义和国际秩序基于国际法的倡导，并强调了支持多边贸易体系和 WTO 改革。BASIC 是由中国、巴西、南非和印度组成的气候变化谈判联盟，在《联合国气候变化框架公约》（UNFCCC）下进行谈判，在 2015 年巴黎举办的第 21 届联合国气候变化大会（COP21）期间，中巴等 BASIC 的国家发挥了重要作用，推动达成《巴黎协定》，并协调立场一致要求发达国家提供更多的气候资金，帮助发展中国家应对气候变化的挑战。

此外，中巴在中拉（中国和加勒比国家）与南南等多边合作中的交流与协调呈现多样化和深入性的特点。中国—拉美和加勒比国家共同体论坛是中国与拉美地区加强合作的一个官方多边机制，在首届部长级会议中，中巴双方达成了一系列共识，并制定了合作规划，随后几年内，中巴等成员国在金融、基础设施建设、能源、农业等领域展开合作。中国通过南南合作援助计划为巴西等发展中国家提供技术和资金支持，以帮助实现 SDGs，在应对巴西北部的干旱问题上，中国提供了减灾设备和技术，以提高该地区的灾害应对能力。② 中巴在农业技术研究、种植模式共享和农产品贸易等方面进行了合作，推动了两国在南南合作框架下的经验和资源共享，具有代表性的成果是中国通过在巴西建立农业科技示范中心，促进技术和知识的转移，帮助巴西改善了农业生产力。

（三）中巴合作的趋势

自 2001 年中国加入 WTO 后，中巴双边贸易额整体呈增长态势，到

---

① 《新开发银行助力全球发展继往开来》，新华网，2023 年 4 月 15 日，http://www.news.cn/world/2023-04/15/c_1129526335.htm。

② 《推动加强南南合作共同应对气候变化》，《人民日报》2023 年 8 月 7 日，第 17 版。

2010 年，中国已成为巴西的最大贸易伙伴国。联合国贸易和发展会议（UNCTAD）与世界银行发布的数据显示，1993 年，中巴贸易总额约为 10 亿美元，2003 年增加到约 80 亿美元，2013 年增加到近千亿美元，其中中国从巴西的进口额约为 543 亿美元，向巴西的出口额约为 360 亿美元。2021 年，巴西对华的出口额首次突破 1000 亿美元大关。2023 年，中巴贸易连续 6 年突破 1000 亿美元，中国连续 15 年成为巴西的最大贸易伙伴（见表 1）。2024 年，巴西与中国之间的贸易在新年伊始就大幅增长，1 月巴西对华的出口额达到 77.69 亿美元，同比增长了 53.7%，而中国对巴西的出口额增长了 10.2%，达到 50.62 亿美元。[1] 2024 年 1 月，中巴双边贸易流量（出口额与进口额之和）共计 128.31 亿美元（同比增长了 33%），给巴西带来 27.07 亿美元的贸易顺差。就目前来看，巴西的出口结构侧重于资源和初级商品，这一点与其作为全球主要的农产品和矿产出产国的身份相符。而巴西从中国进口的产品则多为价值链上层的工业制品和技术服务。[2]

表 1 1993~2023 年中国巴西商品贸易

单位：美元

年份	出口额	进口额	贸易总额
1993	192166216	863067513	1055233729
1994	362390910	1058777325	1421168235
1995	759058693	1231530073	1990588766
1996	762930545	1484065187	2246995732
1997	1044389298	1488961327	2533350625
1998	1085363968	1133103360	2218467328
1999	876002206	968529665	1844531871
2000	1223545495	1621440791	2844986286
2001	1350925018	2347232533	3698157551
2002	1466382340	3003019897	4469402237

[1] 《中巴双边进出口贸易在新年伊始期间表现积极》，中国国际贸易促进委员会，2024 年 2 月 15 日，https：//www.ccpit.org/brazil/a/20240215/20240215jh7y.html。
[2] 《巴西贸易指南（2023 年）》，商务部外贸发展局网站，https：//www.tdb.org.cn/u/cms/www/202309/2815395601xl.pdf。

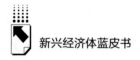

续表

年份	出口额	进口额	贸易总额
2003	2143255914	5842291688	7985547602
2004	3674104212	8672861322	12346965534
2005	4827209396	9992524117	14819733513
2006	7380105731	12909495161	20289600892
2007	11398472406	18342070986	29740543392
2008	18807457292	29863442631	48670899923
2009	14118518263	28280982512	42399500775
2010	24460651866	38099447351	62560099217
2011	31836677325	52386750280	84223427605
2012	33413633342	52281126771	85694760113
2013	35895471244	54299122653	90194593897
2014	34890134489	51653224893	86543359382
2015	27412225426	44089358062	71501583488
2016	21976152765	45855047246	67831200011
2017	28950538235	58857155273	87807693508
2018	33665139187	77569499985	111234639172
2019	35539063912	79962547047	115501610959
2020	34953227525	85517209220	120470436745
2021	53258848788	109944552097	163203400885
2022	61969970590	109522043335	171492013925
2023	59105409511	122490613944	181596023455

资料来源：整理自联合国商品贸易统计资料库，https：//comtradeplus. un. org/。

2000~2008年，中国对巴西的直接投资相对有限，随着2009年以后中国政府推动"走出去"战略的实施，中国企业开始在全球范围内扩大投资，拉美和巴西成为重要目的地之一，中国对巴西的直接投资不断增加，中国已成为对巴西投资最多、增速最快的国家之一，涵盖农业、能源矿产、交通、通信、金融、电力等领域，为当地创造了4万余个直接就业岗位。2003~2022年，中国对巴西直接投资流量增长了32倍，对巴西直接投资存量增长了64倍（见表2）。2017年，中国企业在巴西的新项目和并购案的投资总值达到了 200 多亿美元。2022 年，在中国对外投资主要目的地排名中，巴西位列第九，[①] 同年中国在全球主要经济体对外直接投资存量占比排名中，巴西位列第十二[②]。中国的海外直接投资在巴西呈现多元化趋势，除了资源获取类的传统投资如石油和矿产之外，中国企业在巴西的新能源、农业技术、金融服务以及电信基础设施等领域的投资也越来越活跃。

表 2　2003~2022 年中国对巴西直接投资情况

单位：万美元

年份	对巴西直接投资流量	对巴西直接投资存量
2003	667	5219
2004	643	7922
2005	1509	8139
2006	1009	13041
2007	5113	18955
2008	2238	21705
2009	11627	36089
2010	48746	92365
2011	12640	107179
2012	19410	144951
2013	31093	173358
2014	73000	283289
2015	−6328	225712
2016	12477	296251
2017	42627	320554
2018	42772	381245
2019	85993	443478
2020	31264	320506
2021	14645	300771
2022	22386	340999

资料来源：整理自历年《中国对外直接投资统计公报》。

---

① 《中巴企业家委员会发布 2022 年中国对巴西投资情况》，工采网，2023 年 9 月 11 日，http：//www. chinep. net/news/show. php？itemid＝11275。

② 《2022 年度中国对外直接投资统计公报》，商务部网站，2023 年 10 月 3 日，http：//images. mofcom. gov. cn/fec/202310/20231030091915777. pdf。

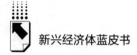

随着政治互信和经贸关系的不断深化，中巴两国在新兴产业和未来产业的交流合作也不断加强，并共同致力于减贫、社会发展、应对气候变化等方面的对话和互鉴。中国三峡集团在巴西投资和运营水电站项目、龙源电力在巴西投资风电项目、长江电力在巴西投资的巴西最大的光伏发电项目、比亚迪在巴西建设电动汽车制造工厂生产电动巴士和商用车、中国科兴生物公司与巴西布坦坦研究所合作开发和生产 COVID-19 疫苗、阿里巴巴集团等中国电商企业与巴西市场的合作、华为在巴西的智能灯杆等体现了两国在新一轮全球科技革命浪潮下在可再生能源、低碳经济、生物科技、数字经济、高端制造业等方面的合作潜力和可能性。

二　中巴关系与"一带一路"倡议

巴西作为拉美地区最大的经济体之一，与中国在经济、贸易、投资等方面的关系密切，但其参与"一带一路"倡议的意愿受到多种因素的影响，包括国内政策、对外的战略考量，以及其他国际关系的动态。虽然中巴在"一带一路"框架之外已有实质性合作，但巴西参与"一带一路"倡议需要对其内政和对外政策进行通盘考量，以及考虑与其他国际伙伴关系（如美国）的平衡。当然，巴西也要评估参与"一带一路"倡议的经济效益、政治影响和社会后果。

（一）巴西参与"一带一路"倡议的意愿

巴西政界总体对"一带一路"倡议持开放态度，甚至右翼政府的前总统博索纳罗在 2019 年访华时曾表示对"一带一路"倡议持开放态度，并对促进中巴两国投资和基础设施建设合作表示感兴趣。① 2023 年 10 月，巴西众议长里拉在北京接受中央广播电视总台记者专访时表示，在全球化和互联

---

① 《"一带一路"助推中国与巴西新发展》，中国社会科学网，2019 年 10 月 23 日，https：//www.cssn.cn/gjgc/hqxx/202311/t20231130_5700099.shtml。

互通的国际大背景下,他将把加入共建"一带一路"倡议的提议交由巴西国会和行政机构讨论。① 除了联邦层面的官员,一些州政府和地方官员也对参与"一带一路"倡议表现出了积极态度,特别是在希望吸引中国投资推动当地基础设施和经济发展的地区,其中与中国洽谈合作时强调本州在自然资源、旅游、农业或其他领域对中国投资者的吸引力,阐述与中国合作正在进行或希望开展的具体项目,讲述如何通过与中国的合作促进本州经济的增长和增强本州的国际竞争力。2019 年 7 月,巴西阿拉戈斯州州长费里奥表示,"一带一路"倡议很重要,希望中国成为关键合作伙伴;② 同年 8 月,巴西圣保罗州州长若昂·多利亚赞同"一带一路"倡议,希望更多的中企前往巴西投资③。

巴西学者和研究人员也大力对"一带一路"倡议进行研究和讨论,分析"一带一路"倡议对巴西和拉美地区的经济、政治和社会影响,以及探讨如何在合作中确保可持续和公平的效益分配,如圣保罗大学和里约热内卢联邦大学的国际关系研究院,再如巴西瓦加斯基金会巴中研究中心主任埃万德罗·卡瓦略认为,开放包容的"一带一路"倡议有望在全球动荡之际对各国走向合作与复兴发挥引领作用。④ 此外,巴西媒体关于"一带一路"倡议的报道对公众理解的形成起着重要作用,媒体通过报道中国在巴西和其他拉美国家的相关活动,帮助人们形成对这一倡议的理解,如巴西的主要报纸"*Folha de São Paulo*" 和电视网络"Globo" 等均报道过与中国合作的项目。⑤

---

① 《总台记者专访 | 巴西众议长里拉:巴西将讨论参与共建"一带一路"》,央视网,2023 年 10 月 28 日, https://content-static.cctvnews.cctv.com/snow-book/index.html? item_id = 14 377760286707700870。

② 《巴西官员:"一带一路"倡议很重要 希望中国成为关键合作伙伴》,中国一带一路网,2019 年 7 月 24 日, https://www.yidaiyilu.gov.cn/p/97916.html。

③ 《巴西圣保罗州:赞同"一带一路"倡议 望更多中企前往投资》,人民网,2019 年 8 月 7 日, http://world.people.com.cn/n1/2019/0807/c1002-31281238.html。

④ 王飞、胡薇:《中国—拉美共建"一带一路"的现状、问题与启示——基于智库研究视角》,《重庆大学学报》(社会科学版)2021 年第 4 期。

⑤ 唐筱:《关注升温:2019 年巴西主流媒体涉华报道分析》,载程晶主编《巴西发展报告(2020)》,社会科学文献出版社,2020,第 257~273 页。

在商业和贸易领域，巴西企业和商界领导人通常把该倡议看作新的机遇，能够完善基础设施、扩大出口市场、吸引投资以及提高经济竞争力。巴西出口商，特别是大宗商品如大豆和铁矿石的供应商，相对支持任何能有利于其对华出口的计划。巴西庞大的基础设施需求和融资缺口，使许多本地企业对能从中国获得投资的基础设施项目表现出很大兴趣，如交通网络、能源设施和通信网络的建设和升级。巴西作为全球重要的农产品出口国，农业企业对于进入中国这样的庞大市场表现出积极态度，而"一带一路"倡议中的贸易便利化有利于加强双边的农业贸易往来。例如，中国交通建设公司在巴西圣路易斯港的投资建设可以被视为共建"一带一路"的体现，[1] 作为此项合作的一方，巴西企业由此获得了基础设施的改善和潜在贸易量的增加。

（二）共建"一带一路"与巴西国家战略的对接

共建"一带一路"与巴西国家战略的对接，涉及将中国的全球发展战略与巴西的国内发展目标相结合，使得双方合作在巴西的经济增长、结构优化、社会发展和提高国际影响力方面发挥积极作用。"一带一路"倡议关注基础设施网络的构建，该领域的合作能够帮助巴西改善其基础设施状况，包括交通网络、能源供应和数字通信，巴西政府长期以来一直致力于改善国内基础设施状况，以促进地区发展和经济一体化。巴西致力于出口市场和商品结构的多元化，而"一带一路"倡议所承诺的增强贸易联系和市场访问，可以帮助巴西企业开拓新的出口市场，特别是亚洲市场。巴西在国家战略中强调可持续性和环境保护，与"一带一路"倡议对接时，可借此保护其丰富的自然资源，同时在能源项目上投资清洁和可再生能源。与中国的合作可以帮助巴西在高科技领域获得进步，尤其是在制造业、生物技术、农业科技等领域，这可以与巴西政府推动科技创新和产业升级的国家战略相对接。

目前，巴西的"再工业化"和"新版加速增长计划"与"一带一路"

---

① 《中巴代表出席巴西圣路易斯港合作项目奠基仪式》，新华网，2018 年 3 月 17 日，https://www.xinhuanet.com/photo/2018-03/17/c_1122551461.htm。

倡议有着潜在的对接点，巴西的"再工业化"和"新版加速增长计划"旨在促进国内的经济发展、提升基础设施建设水平以及促进就业，而"一带一路"倡议则聚焦国际合作与互联互通。"一带一路"倡议致力于推动参与国的基础设施建设，这与"新版加速增长计划"中强调的基础设施改善目标相吻合，可能的合作包括公路、铁路、港口和机场建设项目。如果中国的"一带一路"倡议融入巴西的"再工业化"，会加大技术合作和资金支持力度，帮助巴西升级制造业和包括生物技术、数字经济在内的高新技术产业。[1] 巴西的这两个战略都强调能源项目的发展，尤其是在可再生能源领域，通过引入中国的投资和技术，有助于巴西在风能、太阳能以及其他可持续能源项目上扩大产能。中国倡导的贸易便利化措施与巴西"再工业化"中提高出口能力的目标相一致，可以通过降低贸易成本和提供新的市场机会来加强合作。"新版加速增长计划"中强调了城市基础设施的重要性，而中国的城市合作倡议能提供城市规划、智慧城市建设及公共服务方面的经验和资金支持。巴西总统卢拉表示："中国目前是巴西农业的主要发动机，我希望中国成为巴西再工业化的强大引擎。"[2]

"一带一路"倡议中包含了对环境保护和可持续发展的考虑，这也是"新版加速增长计划"和其他巴西国家战略与政策中的重要方面，特别是在治理亚马孙热带雨林方面。"一带一路"倡议强调基础设施互联互通，其中不乏可持续和生态友好型项目，如投资可再生能源基础设施、绿色交通和智慧城市，以减少碳排放。[3] 中国拥有全球领先的可再生能源技术，巴西通过参与倡议获得技术转移，可以提升其在应对气候变化方面的能力。巴西可以利用倡议的投资机会来制定更高的环境保护标准，包括在项目开发前进行严格的环境影响评估以及执行国际环境协定标准。

---

① 王飞：《从"去工业化"到"再工业化"——中国与巴西的经济循环》，《文化纵横》2018 年第 6 期。

② 《高端访谈丨"中国是一个令人印象深刻的发展榜样"——访巴西总统卢拉》，新华网，2023 年 4 月 13 日，http：//www.news.cn/world/2023-04/13/c_1129521076.htm。

③ 《融合投融资规则促进"一带一路"可持续发展》，联合国网站，2019 年 11 月 6 日，https：//www.undp.org/sites/g/files/zskgke326/files/migration/cn/P020191106652075822071.pdf。

"南美洲基础设施一体化倡议"是由南美洲 12 个国家于 2000 年发起的，其目标是实现南美地区的交通、能源、通信一体化。该项目已成为中国和拉美地区深化合作，共建"一带一路"的新"风口"。[①] 2023 年 7 月，巴西总统卢拉宣布，巴西开发银行等金融机构将共同设立一项规模为 100 亿美元的基金，用于支持南美洲国家基础设施一体化建设，其中巴西开发银行承诺出资 30 亿美元，该基金投资将主要用于整合五条关键运输线路，其中四条连接巴西谷物产区与太平洋港口，另一条连接巴西北部地区与委内瑞拉和圭亚那。[②] 由此可见，巴西在"南美洲基础设施一体化倡议"中占据重要的地位。据《中国在拉丁美洲和加勒比地区基础设施项目报告》统计，2005～2020 年，中国在该地区已投入使用或在建的基础设施项目共 138 个，项目资金总额超过 940 亿美元，中国 2015 年之前在拉美地区的基础设施项目多集中在能源领域，2015 年之后则更多聚焦交通运输领域，中拉合作正有效帮助拉美地区补齐基础设施短板。[③] 较具代表性的项目有阿根廷贝尔格拉诺铁路、墨西哥"玛雅火车"、巴西—秘鲁"两洋铁路"、巴西巴伊亚州云轨、巴西圣保罗市政轨道交通、哥伦比亚首都波哥大地铁等。由此可见，中国的参与以及"一带一路"倡议相关融资平台能够快速推动巴西融入"南美洲基础设施一体化倡议"，实现区域大国影响力的提升。

（三）巴西签署"一带一路"协议的主要障碍

与西方大国尤其是美国的关系是一个重要因素。巴西与这些国家有着长期的战略伙伴关系，参与"一带一路"倡议可能会影响与这些传统盟友的关系。巴西在国际关系中需要平衡其与全球主要大国的合作，尤其是在当前的国际政治格局下。2020 年之前，巴西政府在中美之间采取了一种平衡的

---

① 谢文泽：《拉美地区基础设施一体化：发展进程与中拉合作》，载袁东振主编《拉丁美洲和加勒比发展报告（2016~2017）》，社会科学文献出版社，2017，第 135~149 页。

② 《拉美金融机构将设立 100 亿美元基金助推地区基础设施一体化》，新华网，2023 年 12 月 8 日，http：//www.news.cn/2023-12/08/c_1130016270.htm。

③ 《拉中合作质量不断提升》，《人民日报》2022 年 6 月 12 日，第 3 版。

立场，尽量避免明显偏向任何一方，但巴西前总统博索纳罗明显偏向美国，会在一段时期内影响到巴西决策者对待"一带一路"的态度。

在考虑加入"一带一路"倡议时，巴西政府会对可能增加的外债和投资回报率进行慎重评估，特别是在经历财政紧缩的情况下，巴西政府在评估大型基础设施项目的投资回报时，会考虑这些项目对国家负债的影响。近年来，巴西经历经济衰退，国家预算遭遇压力，必须重新评估财政支出和债务，影响了其大型国际合作项目的审批和执行。[①]

作为有着宝贵自然资源和生物多样性丰富的国家，巴西在环境保护标准上有较高的要求，因此，"一带一路"倡议必须能够符合巴西的环境保护法规和可持续发展目标。巴西拥有地球上最大的雨林——亚马孙热带雨林，环境政策在国际上受到高度关注，目前，巴西要求所有国际合作项目必须符合严格的环境保护标准，巴西政府也需要在推动经济发展的同时严格掌控环境保护的平衡。

巴西国内政治的稳定性和经济状况也是签署"一带一路"协议的主要障碍，不同政治派别对中国的投资和影响力持不同立场，而经济状况也会影响对外投资政策的制定。巴西政局的变动和国家的经济状况会影响其对外合作策略，经济危机或政局不稳定可能导致外部项目的审批被推迟或取消。例如，博索纳罗执政时期，巴西经历了政治方向的转变，其政府的对外和经济政策与之前的工党政府有所不同，这种政治转变导致对外合作策略的调整。[②] 巴西公众对于"一带一路"倡议的认知和意见也会影响政府的决策，一些 NGOs 和原住民可能会对中资企业的社会责任和对本地社区及环境影响表示关切。

此外，建设项目和外国投资需要符合巴西的法律和监管框架，这可能导致审批程序复杂和时间延长，影响项目的实施。以巴西项目招标为例，联邦政府各部门负责本部门工程项目及采购招标，外交部合作司负责利用

---

① 巴西中资企业协会、中国国际贸易促进委员会驻巴西代表处、巴西 IEST 公司：《巴西破产的传言和事实》，《巴西经济月刊》2021 年第 2 期。

② 王慧芝：《巴西外交政策右转的原因及前景》，《和平与发展》2021 年第 2 期。

联合国等世界组织贷款进行的工程项目及商品采购招标，州政府各局负责本局工程项目及商品采购招标，州工程局负责市政建设工程招标。巴西工程项目招标的法律、程序和方式与欧美国家相近，投标程序和标书准备工作的要求非常严格。标书所需资料必须是正本，其中有些部分还需要巴方的领事认证。[①]

三　中巴合作共建"一带一路"的若干策略

虽然巴西尚未正式宣布加入"一带一路"倡议，但中巴的合作精神和实践活动在某种程度上已经与"一带一路"倡议的宗旨相呼应。中巴未来可以继续通过高层交流和战略对话，增进相互理解和信任，确立共建"一带一路"的目标。同时，加强双边贸易关系，探索自由贸易协定或双边投资保护协定的可能性。识别并开发互联互通以及"再工业化"进程中的重点项目，推动南美洲区域一体化进程。在金砖国家、中国—拉共体论坛等多边框架内持续加强沟通和协调，在应对气候变化、公共卫生等领域密切合作，共同维护全球公共产品和治理秩序，特别是金砖国家扩员并举行第一次峰会后，两国更要在深化双边合作的基础上强化多边合作，与广大发展中国家一道，构建更加公正的世界秩序、推动全球和地区稳定与安全、推动公正的全球发展、推动社会经济发展。

（一）平衡双方战略认知与利益考虑，加强双边合作的制度化建设

一是丰富高层对话机制，双方在现有基础上定期举行双边峰会，设立外交、经济、安全等多个领域的高级别对话机制，保证双方战略认知的同步和沟通的连续性。例如，设立固定的年度或半年度首脑会晤机制，确保双边高层持续对话；定期举行战略对话，评估合作项目，制定未来发展目标。二是

---

① 《南美一体化基础设施项目计划及我国参与有关项目合作的建议》，外交部网站，2002年11月7日，https://www.mfa.gov.cn/web/ziliao_674904/zt_674979/ywzt_675099/wzzt_675579/jjywj_675649/200211/t20021107_7961919.shtml。

完善双边合作框架协议，双方在现有的战略伙伴关系框架下，探索和细化更具体的合作协议，包括投资保护协议、避免双重征税和促进贸易的协定。例如，成立中巴经济合作委员会，监督双边贸易和投资协议的实施，解决在经贸活动中出现的问题。三是加强执行机制，双方成立专门委员会和工作组，跟踪协议执行情况，及时解决合作中出现的问题，确保合作项目按计划稳步推进。例如，建立中巴环境和社会责任工作组，对涉及环境、社会责任的合作项目进行详尽的前期评估，以确保符合两国对可持续发展的共同承诺。四是深化经贸合作，促进双边贸易平衡发展，提高中国市场对巴西产品的开放度，同时鼓励中国企业投资巴西的基础设施和能源等领域。五是合作推动全球治理更加公平公正，共同支持联合国全面改革，推动金砖国家成员在国际事务中尤其是在联合国中发挥更大作用。

（二）在金砖国家等现有多边合作机制下推动"一带一路"倡议的对接

在金砖国家等多边合作机制下推动"一带一路"倡议与巴西的对接，可以优化巴西的参与方式，并促进有效对接和可持续的合作。一是利用金砖国家的平台开展对话，以理解巴西对于参与"一带一路"倡议的顾虑和期待，建立共同的行动基础。二是通过金砖国家官方和民间的研讨会和研究项目，评估"一带一路"倡议给巴西及地区经济带来的潜在机遇和挑战，共同规划战略对接，同步"一带一路"倡议和巴西国内发展计划，以及金砖国家新工业革命伙伴关系中的项目和计划，确保发展目标和项目的衔接。三是确定双方都感兴趣的基础设施建设项目，可以是区域性项目，如交通网络、能源合作等，以及促进这些项目获得金砖国家新开发银行的融资。以金砖家新开发银行为平台，支持在巴西及拉美地区的"一带一路"倡议相关项目，增强项目财务的可持续性。四是在金砖国家之间推动贸易便利化措施和投资保护协议，建立更为畅通的商品和服务交易渠道。在金砖国家框架内谈判达成具体的贸易便利化措施，减少贸易壁垒，设立自由贸易区或贸易投资促进区。双方简化市场准入流程，提供必要的关税优惠，并互派贸易代表，促进贸易信息的交流与整合。未来，中巴还可以在贸易结算本币互换的基础上，进一步研究本币合作、支付工具和平台，共同在完善国际货币金融体系中发挥关键作用。

（三）夯实贸易和投资关系，拓展新兴产业和未来产业的合作

一是推动经贸关系平衡与多样化。在现有的基础上支持巴西的非传统出口产品进入中国市场，同时推动中国成品和高新技术产品在巴西市场销售；在关键领域如能源、基础设施、农业机械化等组建合资企业或开展公私合营项目。二是建立科技创新合作机制，支持科研机构和企业合作开发适合巴西市场的新技术和产品，在新兴领域如人工智能、云计算和大数据分析等加强合作，深入合作开发和推广清洁能源技术及生物能源与生物技术研究项目，特别是合作助力发展中国家提升人工智能能力。三是挖掘在数字经济、电子商务、智能制造和服务业方面的合作潜力，共同开发第三方市场，在双方共同感兴趣的新兴产业和未来产业建立共同研究与开发机制，设立专项基金，资助双方在新兴领域的联合研发和技术转移。四是成立中巴投资促进机构，协助两国企业识别合作机会、评估风险，提供指导，设立政府支持的风险补偿基金，为在对方国家投资的企业提供风险保障，组建专家小组以协调两国在关键领域的法律和规章政策，在所有合作协议中添加透明化条款，确保政策变更、法规调整或任何影响合作的重大决策均及时通报对方。

（四）增强澳门在中巴合作共建"一带一路"中的作用

一是利用澳门的国际贸易中心地位，建立中巴商贸服务平台，提供法律、金融、税务、物流和咨询服务，通过澳门高校培养贸易、法律和文化领域的双语专业人才。二是建立投资促进和信息交流中心，帮助中国企业了解巴西市场环境和投资政策，同时协助巴西企业进入中国市场，定期在澳门举行论坛，邀请来自中巴的贸易代表、企业家以及政府官员交流商贸合作信息和经验。三是设立专门的法律服务平台，为中巴在"一带一路"倡议中提供法律支持和咨询，特别是在合同法、国际贸易、海洋法及投资保护等方

面。四是利用澳门在粤港澳大湾区的中心城市地位,推动粤港澳大湾区成为连接中国内地与巴西的战略节点,鼓励和支持横琴粤澳深度合作区的科技园、创新中心与中国内地及巴西的技术和产业园区开展合作交流。五是发挥澳门作为中葡金融服务平台的作用,尤其是人民币的融资和结算功能,支持中巴之间的投资和贸易项目,鼓励巴西的银行在澳门设立分支机构或代表处,提供中巴贸易融资及资产管理服务。

参考文献

《"一带一路"助推中国与巴西新发展》,中国社会科学网,2019 年 10 月 23 日,https://www.cssn.cn/gjgc/hqxx/202311/t20231130_5700099.shtml。

《巴西贸易指南(2023 年)》,商务部外贸发展局网站,https://www.tdb.org.cn/u/cms/www/202309/2815395601xl.pdf。

《拉中合作质量不断提升》,《人民日报》2022 年 6 月 12 日,第 3 版。

《推动加强南南合作共同应对气候变化》,《人民日报》2023 年 8 月 7 日,第 17 版。

《中巴经贸合作不断深化》,《人民日报》2023 年 4 月 12 日,第 3 版。

程晶主编《巴西发展报告(2020)》,社会科学文献出版社,2020。

胡钦太、蔡春林、林跃勤主编《金砖国家经贸合作发展报告(2023)》,社会科学文献出版社,2023。

庞若洋、张方方:《中国与巴西教育合作交流的现状、挑战与展望》,《世界教育信息》2022 年第 7 期。

王飞:《从"去工业化"到"再工业化"——中国与巴西的经济循环》,《文化纵横》2018 年第 6 期。

王飞、胡薇:《中国—拉美共建"一带一路"的现状、问题与启示——基于智库研究视角》,《重庆大学学报》(社会科学版)2021 年第 4 期。

王慧芝:《巴西外交政策右转的原因及前景》,《和平与发展》2021 年第 2 期。

袁东振主编《拉丁美洲和加勒比发展报告(2016~2017)》,社会科学文献出版社,2017。

B.10
新形势下的中俄"一带一路"
区域经济合作研究*

冯宗宪　于璐瑶**

摘　要： 本报告首先回顾了2013年以来，中俄两国在推进"一带一路"建设中的"五通"与产业合作所取得的成就；其次，分析中俄合作对欧亚经济联盟一体化的影响，讨论了"一带一盟"对接进展和问题难点，并对大欧亚伙伴关系进行了分析和展望；再次，分析中俄对上海合作组织发展起到的引领作用，并就扩员带来的影响进行了讨论，指出扩员有助于上海合作组织在欧亚大陆地缘政治经济格局中发挥更大的作用，为"一带一路"建设的推进创造更为良好的国际和周边环境，但也带来一些诸如内部治理等方面的挑战；最后，从中俄推进"一带一路"倡议和金砖国家经济合作发展前景方面进行了分析和展望，提出加强"一带一路"倡议与欧亚经济联盟、上海合作组织、东盟和金砖合作机制等合作对接，扩大大欧亚伙伴关系与"一带一路"倡议协调合作以及完善次区域合作机制，推动中国—中亚合作机制、中吉乌、中蒙俄等多边合作进程等建议。

关键词： 欧亚地区　"一带一路"倡议　区域经济合作

　　2024年适逢中俄建立正式外交关系75周年重要历史节点。回望两国关系发展轨迹，其战略定位历经四个阶段制度性演进：1992年宣布两国"相

---

　　* 本报告获国家社会科学基金重点项目（19AJY001）支持。
　** 冯宗宪，西安交通大学经济与金融学院，教授，研究领域为国际经济与区域合作；于璐瑶，西安财经大学经济学院，教授，研究领域为国际贸易与商务发展。

互视为友好国家",1994 年升级为"面向 21 世纪的建设性伙伴关系",1996年正式构建"战略协作伙伴关系",2019 年实现"新时代全面战略协作伙伴关系"质的飞跃。这一进程呈现显著的递进特征,俄罗斯联邦经济发展部2023 年发布的《欧亚经济伙伴关系报告》显示,双方战略协作层级每提升一次,双边贸易额平均增长幅度达 18.7%。

2021 年,在《中俄睦邻友好合作条约》缔结 20 周年之际,中俄两国领导人发表联合声明,宣布《中俄睦邻友好合作条约》延期。中俄坚持互为战略依托、互为外交优先、互为发展机遇、互为全球伙伴,在更高起点、更大范围、更深层次上推进双方合作,两国关系升级为新时代全面战略协作伙伴关系。在千变万化的世界政治经济局势中,为世界经济的复苏和发展注入中俄动力,为全球战略的稳定打造提供更加坚实的支持。中俄双边高层互动已形成制度化的多层对话体系。两国元首通过年度互访机制实现战略对接,2020~2024 年累计开展 9 次面对面会晤,频次较前五年提升 40%。在行政协调层面,总理定期会晤机制自 1996 年建立以来完成 28 轮磋商,已经建立相对完备的双边交往与合作机制。

同时,双方在很多重大国际和地区问题上具有相同或相近的立场,在国际事务协调方面,两国构建了复合型多边协作网络。双方共同主导了上海合作组织(以下简称"上合组织")框架,两国共同参与的合作机制包括金砖合作机制、中俄印合作机制、中俄蒙合作机制等。此外,在联合国、亚太经济合作组织、二十国集团等主要国际组织中,中俄两国都共同参与并有效协调,为地区和世界经济发展做出了贡献。

一 中俄"一带一路"双边合作进展回顾

2013 年中国提出的"一带一路"倡议,与俄罗斯形成结构性耦合。作为横跨欧亚大陆的关键节点,俄罗斯在丝绸之路经济带六大经济走廊建设中的地理中枢地位不可替代——中蒙俄、新亚欧大陆桥及中国—中亚—西亚经济走廊均借助其地缘空间,中欧班列三条干线更全部经过俄罗斯境内。这种地理依存性决定了亚欧互联互通建设必须依托中俄战略协作。两国战略利益广泛相近、战略理念广泛相通，是"一带一路"建设最有条件开展合作的大国。① 作为新时代全面战略协作伙伴关系国家，中俄在战略利益契合度和政策协调性方面展现大国合作典范，这为"五通"建设提供了独特优势。基于制度化的协商机制，两国在政策沟通、设施联通等核心领域取得突破性进展，使"一带一路"倡议的实施获得双重动力支持。

（一）持续加强政策沟通

作为"五通"体系的制度性保障，政策沟通发挥着战略先导作用。自2013年"一带一路"倡议启动以来，中俄通过22轮专项磋商建立起涵盖中央部委、地方政府和行业组织的三级对话架构。根据2023年发布的《中俄联合声明》，双方已在跨境运输标准互认、数字海关建设等17个政策领域达成共识，构建起具有约束力的制度框架。"一带一路"倡议的政策沟通进展如表1所示。

表1 "一带一路"倡议的政策沟通进展

政策沟通进展	主要内容
共建"一带一路"倡议载入国际组织重要文件	该倡议被写入多个国际性及区域性组织的文件中，主要包括联合国、亚太经合组织、金砖国家、上合组织以及其他区域性组织等
签署共建"一带一路"政府间合作文件	截至2024年10月，中国政府已与俄罗斯、中亚等国家，以及上合组织、欧亚经济联盟（EAEU）等组织签署各类合作文件，双方努力通过提高贸易便利化水平，不断解决和消除贸易与投资中的问题与障碍，完善双方磋商和问题解决机制
共建"一带一路"相关专业领域合作对接有序推进	数字丝绸之路建设作为"一带一路"高质量发展的中俄合作新范式，已形成技术标准互认、税收征管协作、知识产权保护的三维合作体系，在税收征管协作方面，中俄两国共同构建覆盖欧亚经济联盟的税收协定网络，知识产权保护体系持续升级，中俄数字经济核心产业专利授权量年均增速达19.7%

资料来源：作者根据有关资料整理。

---

① 《俄罗斯是"一带一路"最重要战略协作伙伴》，《北京日报》2023年3月19日。

（二）不断强化设施联通

设施联通作为中俄共建"一带一路"的战略支点，已形成"陆海天网"立体化基础设施体系。两国通过跨境铁路通道建设、能源管道智能化改造、数字信息网络升级等多维度合作，有效降低区域要素流通成本，促进资源优化配置。在铁路运输领域，中俄已形成覆盖主要边境口岸的跨境铁路网络，中欧班列常态化运行强化了沿线物流联通能力。在能源合作方面，中俄东线天然气管道智能监控系统应用先进技术，保障能源运输安全。跨境公路网络建设持续推进，中俄黑龙江公路大桥、同江铁路大桥等重点项目建成通车，显著提升边境口岸通行效率。此外，中俄跨境光缆系统建成多条直达链路，支撑两国云计算数据中心协同发展。"一带一路"倡议的设施联通进展如表2所示。

表2 "一带一路"倡议的设施联通进展

设施联通进展	主要内容
国际经济合作走廊和通道建设取得明显进展	由六大国际经济合作走廊构成的复型网络体系实现了欧亚经济板块的深度整合，该体系以基础设施互联互通为基础框架，通过跨境产业合作与政策协调双重驱动，深化沿线国家发展战略对接，其中，新亚欧大陆桥作为核心通道，与中蒙俄、中国—中亚—西亚等横向走廊形成空间联动效应，中巴、孟中印缅走廊则构成南北走向战略通道
基础设施互联互通水平大幅提升"硬联通"不断完备	在能源基础设施领域，中俄原油管道二线工程、中俄东线天然气管道等重大项目建成投运；互联互通项目方面，"滨海1号""滨海2号"陆海联运走廊、中蒙俄经济走廊及中欧班列建设加速实施；铁路合作取得突破，由中国铁建承建的莫斯科地铁大环线西南段项目实现全线通车，成为全球最长的地铁环线，中欧班列创新建立多国协作的国际班列运行机制；公路互联互通持续深化，中俄首座跨境黑龙江公路大桥——黑河—布拉戈维申斯克黑龙江公路桥建成通车，新增国际运输通道，中蒙俄、中吉乌、中俄（大连—新西伯利亚）直达运输试运行成功开展，中国正式加入《国际公路运输公约》（TIR公约）；港口合作实现新突破，拓展符拉迪沃斯托克港等港口的国际中转功能；航空运输领域，与俄罗斯、亚美尼亚等六国扩大航空运输协定范围，优化国际航线布局
有序推进共建"一带一路"专业领域对接合作	数字丝绸之路建设作为"一带一路"国际合作的关键领域，中国已与49个共建国家达成85项标准化合作协议；中国还与49个共建国家共同发布《关于深化"一带一路"国家知识产权务实合作的联合声明》，构建起技术标准互认、税收征管协作、知识产权保护的三维合作体系

资料来源：作者根据有关资料整理。

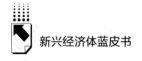
（三）贸易畅通

共建"一带一路"促进了中俄两国贸易投资自由化便利化，降低了交易成本和营商成本，释放了发展潜力，进一步拓展了两国参与经济全球化的广度和深度。"一带一路"倡议的贸易畅通进展如表3所示。

表3 "一带一路"倡议的贸易畅通进展

贸易畅通进展	主要内容
贸易投资自由化便利化水平不断提升	中国发起的《推进"一带一路"贸易畅通合作倡议》持续深化与俄海关检验检疫领域的务实合作；中国平均关税水平自加入世界贸易组织以来已由15.3%降至当前的7.5%，进一步优化了贸易自由化环境
贸易投资规模持续扩大	中俄务实合作逐渐成为两国关系发展的重点，经贸合作的数量与质量不断增加和提升，中俄经贸合作实现跨越式发展，双边贸易额再创历史新高，中国已连续13年保持俄罗斯第一大贸易伙伴地位，根据中国海关总署2024年统计，2023年中俄双边贸易额达2401.1亿美元，同比增长26.3%，较预期提前实现2000亿美元目标，其中，中国对俄出口额1109.72亿美元，同比增长46.9%，自俄进口额1291.39亿美元，同比增长12.7%，俄罗斯持续巩固中国最大能源供应国地位，能源产品进口占比保持在65%以上，截至2023年底，中国对俄直接投资存量突破100亿美元，在俄设立各类企业超1000家，涉及能源开发、装备制造、农业合作等重点领域
贸易投资方式持续创新	将数字经济、绿色发展、生物医药、新能源汽车等作为中俄经贸合作发展优先方向，2022年中俄签署《信息化和数字化领域合作协议》，加大对俄罗斯数字基础设施的投资，以"丝路电商"平台的扩大将俄罗斯巧克力、蜂蜜、面粉、酒水装进中国百姓的菜篮子、零食箱，电子商务合作机制不断完善，两国合作发展企业和进行品牌培育的步伐不断加快

资料来源：作者根据有关资料整理。

（四）资金融通

在共建"一带一路"过程中，资金融通是关键保障。国际多边金融机构与商业银行持续深化投融资模式创新，通过构建多元化融资体系，为跨境项目提供可持续、可预期、高标准的资金支持。依托亚投行、丝路基金等机制，创新开发性金融工具，推动人民币国际化与本币互换合作，有效防范汇率风险，逐步形成政府引导、市场主导、社会参与的融资机制。"一带一路"倡议的资金融通进展如表4所示。

表4 "一带一路"倡议的资金融通进展

资金融通进展	主要内容
探索新型国际投融资模式	强化中俄财政金融政策沟通，继续提升两国本币结算比重；自2022年中俄全面对接人民币跨境支付系统（CIPS）以来，双边本币结算机制持续完善；2023年中俄本币结算量突破1.2万亿元，其中人民币占比达82%，较系统对接前提升48个百分点
多边金融机构合作支撑作用显现	根据《"一带一路"融资指导原则》，重点加大对基础设施互联互通、贸易投资、产能合作等领域的融资支持；中国人民银行与俄罗斯等多边金融机构开展联合融资
人民币的作用日益明显	2023年9月，人民币在俄外汇储备中的份额上升至35%，目前，莫斯科已成为除中国香港、英国伦敦之外最大的离岸人民币交易市场
金融市场体系日趋完善	中俄金融基础设施互联互通进程显著提速，通过构建跨境金融服务网络，覆盖银行、证券、保险、信托等全金融业态，这种多层次金融基础设施对接，有效降低了跨境交易成本，随着两国金融市场开放的深化，债券通、基金互认等机制逐步落地，为"一带一路"建设提供了多元化融资渠道
金融互联互通多边合作不断深化	包括上合组织银行联合体、金砖国家银行合作机制、"一带一路"倡议与欧亚一体化项目的结合，以及大欧亚伙伴关系的形成

资料来源：作者根据有关资料整理。

（五）民心相通

民心相通是共建"一带一路"的人文基础。近年来，中俄持续深化人文交流与公共外交，通过多层次、多领域的合作实践，促进了两国人民的相互认知与情感认同。双方在教育、科技、媒体、旅游等领域开展了一系列务实合作。"一带一路"倡议的民心相通进展如表5所示。

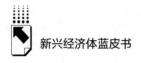

表 5 "一带一路"倡议的民心相通进展

民心相通进展	主要内容
文化交流形式多样	2006 年以来，中俄共举办中俄"国家年""语言年""旅游年""青年友好交流年""中俄媒体交流年""中俄地方合作交流年""中俄科技创新年""中俄体育交流年""中俄文化年"等多个国家级主题年活动，极大地推动了中俄友好人文交流在各领域的深化，中俄互设文化中心，目前全俄共有 19 所孔子学院，4 个孔子课堂
教育培训成果丰富	中国与俄罗斯互为对方的主要留学目的国，中国设立"丝绸之路"中国政府奖学金项目，与俄签署高等教育学历学位互认协议，双方于 2017 年 9 月正式成立中俄综合性大学联盟，目前，已有 60 多所高校加入该联盟，汉语正式纳入俄罗斯中学生毕业考试
旅游合作逐步扩大	提升服务水平，共同开发跨境旅游资源，中俄两国互免团体旅游签证，俄罗斯对中国游客开放了电子签证办理业务，免去了游客赴俄使领馆申请和等待纸质签证的烦琐流程，中国成为俄罗斯第一大客源国

资料来源：作者根据有关资料整理。

（六）产业合作

中俄共建"一带一路"通过多元化投资与市场化合作，推动形成包容性增长与协同发展的产业生态体系。双方鼓励企业在能源开发、装备制造、数字经济等领域深化产业链协同，构建涵盖产业链、供应链、服务链、价值链的协同网络。"一带一路"倡议的中俄产业合作进展如表 6 所示。

表 6 "一带一路"倡议的中俄产业合作进展

产业合作进展	主要内容
中国对俄罗斯国家的直接投资平稳增长	中国对俄罗斯非金融类直接投资存量在 2013~2023 年实现稳步增长，从 75.8 亿美元提升至 106.7 亿美元，十年间增幅达 40.8%，中国对俄罗斯直接投资主要分布在采矿业、农林牧渔业、制造业、批发零售业、租赁和商务服务业、金融业等领域，2019~2023 年，中方在俄罗斯新签工程承包合同额已连续三年超过 50 亿美元，2021 年完成营业额达到 56 亿美元，然而，随着欧美各国加紧对俄制裁及俄乌冲突的加剧，中资企业在俄罗斯进行的工程项目遭受冲击

产业合作进展	主要内容
国际产能合作和第三方市场合作稳步推进	沿边地区依托地缘毗邻优势,在俄罗斯远东地区合作设立农业种植基地、木材加工企业等实体经济项目,加强中俄农业科学技术人员的合作,共同攻关、提高农作物种植技术
合作园区蓬勃发展	中企在俄罗斯创建的境外合作园区有 40 多个,俄成为中国境外合作园区数量最多的国家,这些园区包括农业种植园区、牧业园区、木材加工园区、轻工业品制造业园区和商贸园区等,促进了当地经济发展,创造了新的税收源和就业渠道

资料来源:作者根据有关资料整理。

当前,中俄新时代全面战略协作伙伴关系在大国战略博弈加剧的国际环境中持续深化。美国在对俄实施全方位战略打压的同时,持续强化对华战略竞争,依托北约盟友体系与美元主导的国际金融架构调动资源实施双重遏制。自西方对俄实施多轮制裁以来,中俄经贸合作在经济与政治层面均面临复杂挑战。这会迫使中国相关机构或企业远离俄罗斯,增加了合作的难度。此外,中俄两国也应该吸收以上合组织和金砖国家为代表的,为数更多的经济体加入多边经济合作轨道。[①]

二　中俄"一带一路"、欧亚经济联盟与大欧亚伙伴关系

(一)欧亚经济联盟的成立和发展

欧亚经济联盟成立于 2015 年,是由俄罗斯主导、五个独联体国家组成的区域性经济一体化组织,其成员国包括俄罗斯、哈萨克斯坦、白俄罗斯、吉尔吉斯斯坦和亚美尼亚。作为横跨欧亚大陆的战略枢纽,欧亚经济联盟在"一带一路"倡议中扮演着关键角色,其独特的地缘位置与经济互补性为深

[①]　维多利亚·潘诺娃:《关于新形势下的中俄战略协作》,《俄罗斯研究》2024 年第 1 期。

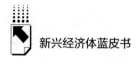
化区域合作提供了重要支撑。从这个意义上讲，欧亚经济联盟可以被理解为一个洲际区域自由贸易协定。但从人口和经济总量来看，俄罗斯是这个联盟的绝对核心与主体。从地理位置来看，欧亚经济联盟成员国的领土大部分位于亚洲地区。欧亚经济委员会是欧亚经济联盟的常设协调机构，负责保障欧亚经济联盟的运转和发展。欧亚经济联盟的组织框架如图1所示。

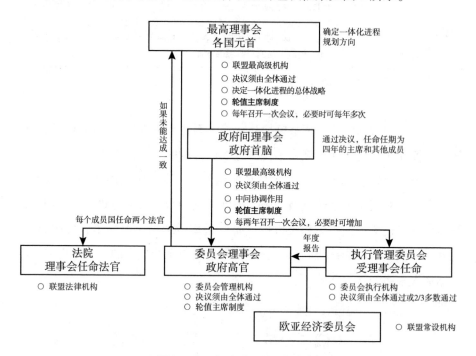

图1 欧亚经济联盟的组织框架

资料来源：《自由贸易协定：亚洲的选择》，对外经济贸易大学出版社，2020。

根据世界贸易组织的分类标准，欧亚经济联盟属于关税同盟和经济一体化类型的组织，这显示了其较高的一体化程度。与欧盟不同，欧亚经济联盟的条约迄今尚未提出建立统一货币。

（二）欧亚经济联盟的内外贸易和统一市场状况

1. 联盟内部贸易状况

作为一个区域经济合作组织，内部贸易水平是一个重要的衡量指标。

《欧亚经济联盟条约》规定，要在 10 年内为联盟内部商品、服务、资本和劳动力的自由流动消除一切障碍并形成共同的行业市场。目前，欧亚经济联盟内部存在 60 项贸易障碍，包括壁垒、禁令和限制。[①] 联盟各成员国一方面加快消除现有贸易壁垒，另一方面防止出现新的贸易壁垒。[②] 2022 年，欧亚经济联盟成员国之间的相互贸易额为 833 亿美元，且以农产品贸易为主，总量还不及当年中俄双边贸易额 1902 亿美元的一半。另外，俄乌冲突的爆发，也让这些成员国，如哈萨克斯坦和亚美尼亚与俄罗斯逐渐拉开距离。

2. 联盟对外贸易状况

2020~2023 年，欧亚经济联盟 GDP 增速为 4.1%，达 2.2 万亿美元；工业产值增长 8.3%，其中制造业产值增长 5.7%，农业产值增长 11.8%；欧亚经济联盟成员国间相互贸易额增长 50%。[③] 内外贸易额相比，超过 10 倍，说明内部贸易的潜力远未发挥出来。欧亚经济联盟五个成员国皆为"一带一路"建设的重要合作伙伴，且中国是欧亚经济联盟的主要供应商所在区域。2019~2022 年，中国和欧亚经济联盟双边贸易总额增加了 71.02 个百分点。作为欧亚经济联盟的主要贸易伙伴，2022 年中国与欧亚经济联盟的贸易额突破 2000 亿美元。

3. 统一市场进展

欧亚经济联盟近期、中期的四大主要发展方向和目标如后文所示。

（1）构建共同市场

2022 年率先建立金融统一市场，2024~2025 年建成石油天然气统一市场。欧亚经济委员会于 2021 年 3 月召开金融市场咨询会议，明确共同金融

---

① 《欧亚经济联盟内部目前存在 60 项贸易障碍》，商务部网站，2020 年 9 月 30 日，https：//oys. mofcom. gov. cn/oyjjxs/jmdt/art/2020/art_9eea23b946fa487f819bec41c9c827e4. html。

② 《白俄罗斯总统呼吁欧亚经济联盟消除内部贸易壁垒》，新华网，2018 年 11 月 28 日，https：//www. xinhuanet. com/world/2018-11/28/c_1123778985. htm。

③ 《2020 年—2023 年欧亚经济联盟 GDP 增速为 4.1%》，中国驻塔吉克斯坦共和国大使馆经济商务处网站，2024 年 1 月 25 日，https：//tj. mofcom. gov. cn/jmxw/art/2024/art_4d8e642031de49d8b8149fea38cbf0d8. html。

市场建设路径，通过建立超国家监管机构和统一许可制度的协议草案。欧亚经济联盟计划在 2025 年前完成金融法规协调，逐步开放成员国金融市场，构建跨境支付与结算体系。但成员国利益诉求存在差异，如天然气结算货币选择等关键问题仍处于协商阶段。

（2）减少关税和非关税壁垒

过去两年，欧亚经济联盟内部市场共消除 30 个贸易壁垒，2022 年计划再消除 14 个贸易壁垒。[①] 此外，乌兹别克斯坦作为欧亚经济联盟观察员国，已完成简化同联盟市场相互准入的工作，建议采取措施消除成员国间关税和非关税壁垒，开辟农业快速清关通道，共同探索新的交通走廊，促进联盟产品进入南亚、中东、亚太市场。

（3）提高对联盟内部的宏观经济指标要求

如各成员国通货膨胀率的最大差值不应超过 5%，国家债务占国内生产总值的比重不应高于 50%，预算赤字不应超过国内生产总值的 3%等。

（4）继续开拓盟外市场

目前，欧亚经济联盟内部已具有 2.2 万亿美元的经济总量和 1.7 亿人口，需要进一步开拓联盟以外的市场。欧亚经济联盟自 2015 年成立以来，虽制定了建立统一市场、统一货币等阶段性目标，但一体化进程始终面临多重现实阻碍。从经济层面看，成员国经济结构高度同质化，中亚国家以能源和原材料出口为主导，俄罗斯则依赖资源型经济，这种单一性导致区域内产业互补性不足，难以形成高效分工体系。此外，受全球经济下行和俄乌冲突影响，俄罗斯作为核心引擎的经济增长乏力，延缓了统一市场建设的实质性进展，政治一体化诉求更显脆弱。[②] 联盟成员国经济发展不平衡，宏观经济依然存在问题。西方制裁导致俄罗斯经济增速下降，与其经济、人口和资源大国的地位不符。这种情况的持续，可能会对整个联盟的发

---

① 《消除欧亚经济联盟各成员国间贸易壁垒或可产生 210 亿美元经济影响》，"走出去"导航网，2022 年 1 月 19 日，https://www.investgo.cn/article/gb/fxbg/202201/575330.html。

② 曲雯嘉：《推动丝绸之路经济带与欧亚经济联盟深入合作》，《人民论坛·学术前沿》2019 年第 5 期。

展产生负面影响，因此俄罗斯必须提高自身经济增长率以加强整个联盟经济增长活力。①

4. 欧亚经济联盟的区域经济合作

作为"仅次于欧盟的经济一体化组织"，欧亚经济联盟积极加快自贸区谈判的步伐。2015 年 5 月 29 日，欧亚经济联盟与越南签署了自由贸易区协定。2015 年 10 月，欧亚经济联盟开始与以色列、伊朗、印度、埃及、约旦、泰国、新加坡等探讨自贸协定的可能性。2016 年，欧亚经济联盟开始与中国探讨"丝绸之路经济带"与欧亚经济联盟对接的路线图。

2018 年，欧亚经济联盟与中国签署了经贸合作协定。2018 年中国在欧亚经济联盟贸易额中所占比重从 2017 年的 16.2% 增至 16.76%。作为对比，德国和荷兰在欧亚经济联盟对外贸易中所占比重分别为 8.7% 和 7.3%。中国在欧亚经济联盟出口额中所占比重达到 11.5%，在进口额中所占比重为 19.8%。② 基于"一带一路"框架下的合作，欧亚经济联盟成员国共获得中国 240 亿美元的投资。欧亚经济联盟与伊朗达成自由贸易区临时协定，两项协定自 2019 年初同步生效。同年，联盟还与新加坡、塞尔维亚完成自贸协定签署。尽管近 40 个国家表达合作意向，但实际签署协议的国家仅 3 个，现有自贸网络覆盖范围有限。③

欧亚经济联盟已与伊朗完成自由贸易协定批准程序，该协定于 2023 年 12 月 25 日正式生效。截至 2024 年 12 月，和欧亚经济联盟建立第三方市场合作机制的已经有 14 个主权国家，与其缔结战略伙伴关系备忘录的国际组织有 9 个。观察员国仍保持摩尔多瓦、古巴和乌兹别克斯坦三方参与格局。欧亚经济联盟还正在与印度、以色列和埃及以及印度尼西亚、阿联酋就建立自由贸易区的协议进行谈判。2023 年 12 月 25 日，欧亚经济联盟 5 个成员国

---

① 王志：《欧亚经济联盟：进展与挑战》，《俄罗斯研究》2018 年第 6 期。
② 《2018 年欧亚经济联盟与中国贸易额增长 23%》，中国驻哈萨克斯坦共和国大使馆经商参处网站，2019 年 4 月 12 日，https://kz.mofcom.gov.cn/jmxw/art/2019/art_5b1798789a0440c7bdfeeb364bbf6b04.html。
③ 《欧亚经济联盟对成员国经济的影响：十年回顾》，哈萨克国际通讯社，2025 年 5 月 27 日，https://cn.inform.kz/news/jingduichengguojingdeshinian-65cd43/。

代表与伊朗政府代表签署全面自由贸易协定，取代了自 2019 年起实施的临时贸易协定。

"一带一盟"（即"一带一路"倡议与欧亚经济联盟）对接是一个顶层设计的一体化性质倡议。对欧亚经济联盟来说，作为跨区域治理的制度安排，"一带一盟"协同机制体现了新型区域经济整合的范式创新。从制度建构视角分析，欧亚经济联盟与中国的多边磋商机制不仅构成对接的核心运作平台，还发挥强化联盟内部政策协同与立场调适的制度性功能。从经济学理层面分析，该机制旨在构建涵盖监管标准互认、基础设施互联的区域经济协同网络，其本质是通过制度性衔接推动生产要素的跨境优化配置。值得关注的是，在区域经济合作制度供给不足的现实约束下，当前对接仅构成中欧亚自贸区建设进程中的过渡性制度框架。

2024 年生效的《中欧亚经贸合作协定》具有显著的非传统自由贸易特征：其规避了关税减让等传统 FTA 核心条款，转而聚焦建立跨国项目实施的制度保障体系。这种"弱约束性制度设计"既体现在保留成员国非关税壁垒自主权层面，也反映在合作条款的弹性化表述之中。战略协同的实践效能本质上受制于主导国家的制度协调能力、战略资源的匹配程度以及合作议程的务实性设计。由于欧亚经济联盟国家还没有准备好全面开放市场，因此与中国谈判并达成自贸区协议需要等待相当长一段时间。

（三）"一带一路"与大欧亚伙伴关系

1. 欧亚主义和大欧亚伙伴的区域边界

欧亚主义植根于俄罗斯 19 世纪以来应对"西方"现代性挑战的生存意志，并最终演变为亚历山大·杜金的"新欧亚主义"。通过继承俄罗斯本土发展的欧亚主义传统、整合包括欧洲"传统主义"在内的各种左翼、右翼思想资源，并加入地缘政治思想，杜金逐步发展起一个反抗美国秩序的新理论，其核心在于发展欧亚大陆的联盟/轴心体系，并在此基础上摆脱欧亚地缘的安全困境，最终实现一个"诸帝国体系"，杜金将其核心概括为国家主权、社会正义和传统宗教。

大欧亚伙伴关系是俄罗斯"整合"大欧亚、构建国际新秩序的一个方案。从大欧亚伙伴关系所涵盖的区域来看，主要是俄罗斯、哈萨克斯坦、白俄罗斯等欧亚经济联盟成员，中国、蒙古国等东北亚国家，印度、巴基斯坦等南亚国家和伊朗等中东国家。这些地区恰恰是贸易、资金活动、劳动力转移受限较多的区域。虽然俄方并未给出大欧亚明确的地域范围，但从官方和学者的表述中可见其大体范围。卡拉加诺夫提出，"它囊括东亚、东南亚、南亚、欧亚大陆中心的国家、俄罗斯及欧洲次大陆国家及其组织"[1]。从关注领域来看，"一带一路"倡议重经济，大欧亚伙伴关系重地缘政治。[2] 可以说，大欧亚伙伴关系在地理上可覆盖欧亚大陆，但伙伴关系的性质不同：中国、俄罗斯、印度、中亚等是核心，韩国、日本、东南亚、中东是重要"朋友圈"，欧盟是可对话的伙伴。参与主体除了国家，还可以是地区组织。俄罗斯的欧亚主义是我们在分析大欧亚伙伴关系时不能回避的内容。其原因是当代俄罗斯外交战略架构深植于欧亚主义理论范式之中，而该伙伴关系实质上构成了该思想体系的地缘政治实践形态，而大欧亚伙伴关系实质上是欧亚主义的一种体现。

2. 中国和大欧亚合作关系

就地缘政治角度言，近几年，俄罗斯重要的是将两大外交方向——太平洋和欧亚整合起来。俄罗斯试图展示"向东转"的目的在于，在东盟与自贸区间架起一座"桥梁"，然后再向更广泛的区域全面经济伙伴关系迈进。

从区域发展视角来看，大欧亚合作框架与中国推进新型国际关系的战略诉求具有内在契合性。该框架不仅为拓展地缘经济空间提供制度性支点，还与跨区域联通战略形成互补效应。要想构建具有整体性的区域认知体系，需要在延续既有战略布局的基础上，通过规则创新与内涵重构实现价值升级，特别是注入满足自身发展需求的制度要素，同时确立差异化的参与原则。值得注意的是，该合作框架的战略定位与某些传统区域整合模式存在本质区

---

[1] "От поворота на Восток к Большой Евразии", Сергей Караганов, 2017 年 5 月 30 日, http://globalaffairs.ru/pubcol/Ot-povorota-na-Vostok-k-Bolshoi-Evrazii-18739。

[2] 李自国：《非对称性区域经贸协定研究》，《欧亚经济研究》2024 年第 2 期。

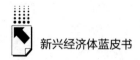

别，前者聚焦构建弹性化的协作网络，后者则隐含政治实体化诉求，这种属性差异决定了二者不可简单的等同。

作为跨大陆协作机制的核心载体，"一带一路"倡议的制度基础是多边经贸规则体系。参与方的协作关系由经济互补性、安全协同度及外交互信水平共同塑造，其中核心伙伴关系的确立源于需求的高度适配性。尽管存在实施路径的差异化特征，但通过机制对接形成的规则互认体系能够有效地缓冲制度性摩擦产生的结构性矛盾。在此过程中，维护机制的包容性特征至关重要，其排他性倾向可能消解多边主义原则的实践价值，进而与倡导合作共赢的战略理念产生本质冲突。

三 中俄"一带一路"合作的平台——上海合作组织

（一）上海合作组织的成立与合作进展

上合组织前身是"上海五国"会晤机制。1996年4月26日，中国、俄罗斯、哈萨克斯坦、吉尔吉斯斯坦、塔吉克斯坦五国元首在上海举行会晤。自此，"上海五国"会晤机制正式建立。

2001年6月15日签署的《上海合作组织成立宣言》和2002年6月7日签署的《上海合作组织宪章》，规定了上合组织的宗旨和原则。这些文件明确了多边协作目标，设计了具体合作领域。首先，通过优化资源配置、加强生态治理、促进技术共享来提升区域发展水平。其次，建立跨境基建联通、文化互信培养、金融风险共担等合作模块。这些措施旨在实现区域资源整合，保障各国均衡发展。

经过二十年的实践，上合组织形成了安全与发展并重的治理模式。在安全层面，通过联合反恐演习、情报共享机制和边境管控合作，显著遏制地区安全风险。在发展层面，重点推进能源网络互联，如跨国油气管道建设保障能源安全等；建立农业合作示范区，提升粮食生产能力。通过努力，上合组织的国际地位和影响力进一步提升，区域经济合作成果丰硕，合作空间进一步扩大,对外联系进一步加强。

上合组织框架内的跨境贸易审批程序持续简化,重点领域联合投资项目有序落地,形成产业资源跨域配置的协同效应。跨成员国能源输送通道实现多点贯通,陆海联运主干线完成标准化改造,数字信息走廊进入试运行阶段;金融监管部门构建定期磋商机制,本币结算系统覆盖范围拓展至核心产业链。在此基础上,区域发展动能由单一项目驱动转向系统化制度创新,最终转化为普惠型民生改善工程,为跨国合作范式转型提供了良好的实践范例。

中国与上合组织成员国经贸规模实现几何级数增长,跨境交易体量较21世纪初呈现指数级跃升态势。目前,中国已构建覆盖多国的核心贸易伙伴网络,在中亚及南亚区域形成关键经贸纽带。中国与中亚经贸合作历经三十年的发展已形成互利共生格局。[①] 成员国通过国际商品交易会、数字贸易博览会等多元渠道深化产业协作,建立特色商品跨境推广体系,创新电子商务联合运营模式。在经贸合作机制建设方面,协同制定通关便利化标准,联合开发跨境支付解决方案,共建标准化质量认证体系。这种全方位合作不仅重塑了区域价值链分工格局,还通过技术标准互认和数字贸易规则衔接,推动形成了开放型区域经济体系,为多边贸易体系改革注入新动能。中国与上合组织成员国进一步加强投资合作,共同实施了一大批油气、化工、农业和民生项目,俄罗斯亚马尔液化天然气、哈萨克斯坦奇姆肯特炼油厂、塔吉克斯坦杜尚别热电站等大项目为促进各国经济发展发挥了重要作用。各国积极加强数字经济、绿色低碳等领域投资合作,挖掘新兴领域合作机遇。

(二)上海合作组织的扩员及其影响

在安全和经济的双重使命驱动下,上合组织快速发展,成为欧亚大陆的"稳定器"。上合组织将迎来前所未有的发展空间和合作潜力。目前,上合组织已进入多边协作机制化发展的新阶段,其制度性公共产品的区域治理效

---

① 《中国与中亚关系30年互利共赢》,《经济日报》2022年1月6日。

能逐步释放。该组织通过签署多层级合作协议，与联合国系统下属职能机构建立常态化政策对话机制，同欧亚经济联盟等区域性组织形成战略协同框架。在新型区域治理模式探索中，既保持地缘安全治理的协同性，又通过数字经济标准互认机制、技术转移转化中心等创新载体，推动区域要素资源实现优化配置，最终形成具有制度韧性的复合型协作网络。[1]

1.上合组织扩员的条件

《上海合作组织接收新成员条例》对新准入国家设定了明确标准：申请国须具备欧亚国家属性，与所有现存成员国保持正式邦交，且已获得观察员国或对话伙伴资格。准入条件还包含承诺推进成员国间经贸与人文协作，同时要求申请主体未受联合国安理会制裁，不存在未解决的军事争端。[2]

2.新成员进入对上合组织产生的积极作用和带来的挑战

经过 20 多年的发展，上合组织不断壮大，由最早的 6 个成员国发展为目前的 26 个成员国、观察员国和对话伙伴国，涉及地区涵盖东亚、中亚、南亚、西亚和欧洲地区。2017 年首批扩员后，印巴两国完成准入程序，推动上合组织跃升为全球人口总量与地域覆盖均居首位的区域合作机制；该进程同步为成员国经贸合作开辟了增量市场空间，并注入新的发展动能。2023年，伊朗加入，2024 年，白俄罗斯加入，由此上合组织成员国增加至 10个。上合组织 10 个成员国的总人口达到 34 亿人，占世界总人口的 44%；GDP 超过 23 万亿美元，占比超过 20%；面积之和占全球陆地面积的1/4，囊括世界领土第一、第三、第七和第九的大国。地域范围从北极延伸至南亚，成为连接北极和印度洋，东起中国连云港、西至俄罗斯加里宁格勒的跨大陆组织。

首先，在地缘布局方面，新成员国的加入重构了欧亚大陆的空间联结体系。以中亚为地理中枢，向东经东亚经济圈延伸至太平洋战略通道，向南通过南亚次大陆打通印度洋能源运输线，向西经伊朗高原衔接西亚油气产区并

---

① 联合国开发计划署：《区域合作白皮书》（UNDP Regional Cooperation Report）。
② 《上合组织扩员后迎来新机遇》，《文汇报》2017 年 6 月 6 日。

直抵地中海航运节点，形成覆盖陆海复合型经济走廊的枢纽网络。这种空间重组使该组织具备调控欧亚物流、能源、信息的枢纽功能。

其次，在安全协作方面，成员国构成的多样性推动反恐机制向立体化升级。通过整合印度、巴基斯坦在克什米尔反恐经验，结合伊朗对中东极端组织的打击能力，构建跨区域联合情报共享平台，重点遏制宗教极端主义跨境传播，强化对网络恐怖主义的技术围堵，并在阿富汗建立反恐与民生协同推进的"安全—发展"双轨机制。

最后，在经济合作方面，扩员突破了原有区域市场壁垒，中国与俄罗斯的基建投资能力、印度的新兴消费市场、伊朗的能源储备形成互补性资源池，通过对接"一带一路"中巴经济走廊、中亚铁路网升级等项目，建立跨境产业链韧性体系，为区域货币结算与数字贸易规则创新提供试验场景。然而扩员也使上合组织面临一些棘手的挑战。例如，在上合组织内部，大国与小国对于扩员的态度存在分歧，一些小国担心上合组织的扩员会削弱其重要性。在决策程序上，多了几个在国际问题上有不同观点的国家，客观上给上合组织长期坚持的"协商一致"和协调工作带来困难和挑战。再如如何争取印巴两国发挥更具建设性的作用，同时避免卷入困扰印巴关系正常化的相关安全问题，是上合组织需要面对的一项艰巨任务。如果处理失当，上合组织有东盟化、独联体化的可能，甚至成为"无定形的"、停留在纸面上的官僚化组织。①

四　中俄在金砖国家的合作

在全球经济复苏乏力与逆全球化趋势交织的背景下，"一带一路"倡议与金砖合作机制通过协同框架成为重塑全球治理体系的重要引擎。两大机制依托多边平台创新合作路径，在深化南南合作与推动区域经济一体化进程

---

① 《上合组织为什么扩员?》，中国经济网，2017 年 4 月 26 日，http：//views. ce. cn/view/ent/201704/26/t20170426_22355380. shtml。

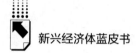

中，展现出摆脱治理困境的制度优势。其中，"一带一路"倡议以基建互联为纽带，金砖合作机制以政策协调为特色，共同构建兼顾效率与公平的新型治理范式。

金砖合作机制作为新兴经济体治理平台，通过整合多元化战略资源构建复合型合作框架。其成员国覆盖全球42%的人口与26.5%的陆地面积，近年来对全球经济增长贡献率持续超50%。中国在"一带一路"倡议与金砖合作机制协同发展中一直发挥主导作用，通过多边平台强化中俄战略协作，既提升区域经济整合效能，又构建多极化治理体系，全方位扩大和提高了中俄合作的范围与水平。

第一，作为金砖合作机制的核心倡导者与制度构建者，中俄两国通过多边外交实践推动新兴经济体合作范式创新。2006年第61届联合国大会期间，中俄牵头组织巴西、印度举行首次四国外长会晤，这一外交行动标志着金砖国家制度化合作的开端。在机制初创阶段，中俄通过战略协调能力构建多方利益整合平台，这种复合型协作模式既巩固了金砖合作机制的制度合法性，又为后续扩员进程奠定了组织基础。

第二，作为金砖合作机制的核心驱动力量，中俄两成员国通过战略协作构建独特的制度性话语权。鉴于其安理会常任理事国身份与作为全球前十大经济体，两国在金砖合作机制的框架下形成差异化互补优势：中国依托完备的产业链与基建互联互通能力、俄罗斯凭借能源资源禀赋与地缘政治影响力，共同构成金砖合作机制运行的双核驱动。通过建立常态化高层对话机制与跨部门协作网络，两国在议程设定、规则制定等关键领域保持政策协同，既保障新兴经济体集体利益诉求，又为金砖扩员与功能升级提供战略支撑。这种复合型协作模式不仅巩固了机制内部凝聚力，还通过议题联动效应提升了金砖国家在全球经济治理中的制度性影响力。

第三，中俄两国在金砖合作机制发展中发挥了关键作用。两国通过高层对话和部门协作，推动金砖合作从经贸领域扩展到战略伙伴关系。作为安理会常任理事国，中俄两国凭借综合国力优势，协调成员国立场，促进合作向更深层次发展。双方通过互补资源和政策协同，既巩固机制内部凝聚力，又提升金砖国家在全球治理中的话语权。

第四，中俄两国在金砖合作机制的框架下密切协作，以金砖国家为平台，积极推动两国双边关系发展。金砖合作机制成为中俄两国就全球重大的政治安全事务进行沟通协调的新机制，成为两国推动全球治理和国际政治经济体系变革的新舞台。金砖扩员由中国提出，获得俄罗斯赞同，并获得其他三国的同意支持。2024 年 1 月 1 日，增加沙特阿拉伯、埃及、阿联酋、伊朗和埃塞俄比亚成为金砖国家正式成员。扩员后的金砖国家成为两国开展更紧密经贸合作的新框架，进一步丰富了两国新时代全面战略协作伙伴关系的内涵。2024 年 10 月，金砖国家领导人在俄罗斯举行了第十六次会晤并发表《金砖国家领导人第十六次会晤喀山宣言》，强调应该在加强多边主义的同时，促进公正的全球发展与安全。

金砖扩员后，成员分布更加多元化。新一轮扩员在不同领域带来的变化不一。扩员后的金砖国家面积占世界领土总面积的 26.46%，人口占世界总人口的 41.93%，石油储备量占世界石油储备量的 44.35%；作为欧佩克成员的沙特阿拉伯、伊朗、阿联酋进一步与俄罗斯、巴西和中国等能源大国一起强化金砖国家的能源供需力量。但是也应注意到，金砖扩员增加了不同成员国之间相互协调的难度，由于各个国家经济水平差距不同，在实施共同行动时容易产生更多的分歧和矛盾。这些都是金砖扩员所面对的挑战。[①] 另外，金砖国家之间的国情存在的巨大差异性也会对金砖合作机制提出更强包容性的要求。针对上述问题，中方需要结合"一带一路"倡议，以开放包容、求同存异精神，与俄罗斯一起，团结成员国和广大发展中国家，维护和推动金砖合作机制的健康稳定发展。[②]

结　论

一是中俄两国要进一步激发合作潜能。中俄要通过加强基础设施建设、

---

① 《南方圆桌：5 国变 11 国，金砖扩员带来哪些机遇和挑战？》，南方网，2023 年 8 月 24 日，https：//news. southcn. com/node_b10c261e35/43b95072e4. shtml。

② 邹治波：《金砖国家历史性扩员的深远影响》，《人民论坛》2023 年第 24 期。

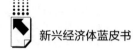

促进贸易投资自由化便利化等措施，实现两国经济发展的良性互动，共同推动区域经济的繁荣与发展。

二是中俄应加强"一带一路"倡议与欧亚经济联盟、上合组织、东盟及金砖合作机制的合作对接。通过建立跨区域协同框架，挖掘大欧亚伙伴关系与"一带一路"的合作空间。两国需要发挥互补优势，在基建互联、贸易便利化等领域深化协作，共同构建更紧密的区域经济网络。在提升次区域整合效能的同时，为全球治理体系改革提供实践范例。

三是中俄要制定应对部分西方国家阻止"一带一路"深化合作的策略。中俄既要加强经济与安全合作，增进战略互信，将能源、粮食、金融等战略性合作推向更高阶段，又要善于利用矛盾，刚柔相济，争取大多数国家的理解和支持，做到从容应对。

四是完善次区域合作机制。当前，在"一带一路"倡议下，中国—中亚合作机制、中吉乌、中蒙俄等多边合作进程加速推进，为上合组织及欧亚经济联盟区域经济合作注入强劲动能，同时中俄要联手应对境外势力对本地区的渗透和干涉。

参考文献

陈小鼎、罗润：《俄乌冲突背景下上合组织区域经济合作——新形势与新思路》，《国际展望》2023 年第 3 期。

陈小沁、张婷婷：《俄乌冲突背景下"带盟"对接的现实路径与前景》，《区域国别学刊》2023 年第 3 期。

程红泽：《欧美制裁背景下俄罗斯能源困境与中俄能源合作的现实选择》，《西伯利亚研究》2023 年第 3 期。

程云洁、燕鑫：《中俄粮食产品贸易竞争性与互补性研究》，《粮食问题研究》2024 年第 1 期。

戴利研、杨行行：《西方对俄制裁持续升级背景下中俄经贸合作策略分析》，《欧亚经济》2023 年第 6 期。

冯绍雷：《全球转型、俄乌危机与中俄关系》，《俄罗斯研究》2024 年第 1 期。

冯玉军：《俄乌冲突的地区及全球影响》，《外交评论（外交学院报）》2022年第6期。

郭曼若：《伊朗加入上合组织：作用力、影响及挑战》，《俄罗斯东欧中亚研究》2023年第3期。

韩献栋：《大国关系演变对东北亚地区格局的影响及其特征》，《和平与发展》2023年第6期。

蒋菁：《粮食安全视角下的中俄农业合作展望》，《世界知识》2023年第13期。

李兴等：《“一带一路”框架下中俄能源合作：成就、问题与对策》，《人文杂志》2023年第4期。

李泽：《战略三角理论视角下中美俄大国关系论析》，《外交评论（外交学院报）》2024年第2期。

李自国：《上海合作组织的扩员与命运共同体建设》，《俄罗斯东欧中亚研究》2021年第4期。

刘华芹：《中欧班列高质量发展路径探索：基于物流绩效指数和贸易额的分析》，《俄罗斯东欧中亚研究》2023年第6期。

王志：《国际组织与地区治理：欧亚“多重一体化”现象研究》，《国际论坛》2023年第3期。

韦宗友、汤杰：《俄乌冲突、美国印太战略新发展与国际秩序》，《俄罗斯东欧中亚研究》2024年第1期。

张雅丽等：《中俄战略性矿产目录对比及贸易情况分析》，《科技导报》2024年第5期。

邹治波：《金砖国家历史性扩员的深远影响》，《人民论坛》2023年第24期。

〔俄〕A. B. 伊万措夫、许金秋、张誉馨：《欧亚经济联盟与丝绸之路经济带：中国国家利益与风险》，《俄罗斯学刊》2019年第2期。

〔俄〕C. Ю. 格拉季耶夫、李新译：《落实大欧亚伙伴关系思想的建设性构想》，《俄罗斯研究》2019年第2期。

〔俄〕弗拉基米尔·亚库宁等：《构建多极化世界格局：俄罗斯外交政策调整与中俄关系新发展》，《俄罗斯研究》2023年第4期。

B.11
"一带一路"框架下中国与印度数字服务贸易竞争性与互补性分析

李 军 黄亦琳*

摘 要: 随着"一带一路"倡议的深入实施,印度作为共建"一带一路"国家中经济较发达的国家之一,与中国之间双边贸易的健康发展将对"一带一路"倡议的实施产生积极的影响。认识并分析两国的数字服务贸易现状、竞争性、互补性有助于两国在"一带一路"区域框架内有效开展竞争与合作,推动两国的数字服务贸易达到新的高度。结合数据分析发现,我国的数字服务贸易基础体量大但增速不及印度,数字服务贸易国际竞争优势虽小于印度但不断增强且发展状况优于印度。中国与印度在数字服务贸易上竞争性与互补性并存,中印两国所处的不同经济发展阶段和具有的不同产业结构特征,是两国开展数字服务贸易合作的良好基础。基于此,本报告提出了增强中印两国政治和战略互信、加强重点领域合作、优化数字服务贸易结构以实现关联产业协同发展等建议,通过竞争与合作实现互利共赢,在数字服务贸易领域实现量的增长与质的飞跃。

关键词: 中国 印度 数字服务贸易

党的二十大报告强调,"推动货物贸易优化升级,创新服务贸易发展机制,发展数字贸易,加快建设贸易强国"。大力发展数字贸易,发挥我国海

---

* 李军,博士,副教授,广东工业大学经济学院国际贸易系副主任,研究领域为国际贸易、"一带一路";黄亦琳,广东工业大学经济学院硕士研究生,研究领域为国际贸易。

量数据和超大规模市场优势，对畅通经济循环、助力经济全球化发展、加快构建新发展格局、推动全球价值链变革、更好满足人民群众的美好生活需要具有重要意义。

数字服务贸易是大数据、云计算以及人工智能等新兴数字技术逐渐与传统服务贸易相融合的产物，是对传统贸易模式的变革，是一种新型的服务提供方式，不仅体现在对传统贸易对象的创新上，还体现在贸易交易、推广宣传等方面不断数字化，不仅创造了新的产业空间和产业形态，催生了新型产业，还有效降低了贸易双方的交易和运输成本，加快贸易效率的提高，数字技术革命推动的数字服务贸易恰好为世界经济转型提供了非常有效的手段，将成为经济增长的"新引擎"和先导力量。

2013 年"一带一路"倡议问世以来，中国持续深化并拓展与共建国家的经贸合作。印度作为共建"一带一路"国家中经济规模较大的国家之一，其与中国之间双边贸易的稳健发展对"一带一路"倡议的落实具有显著的正向影响。中印两国地理位置相邻且同为发展中大国，在自然资源、人口基数及经济发展等方面有诸多相似之处，同时两国庞大的市场规模和巨大的发展潜力吸引了全球的目光。然而，在数字服务贸易领域，中印两国尚存在一定的差距。2022 年，中国的数字服务贸易进出口总额为3710.78 亿美元，同比增长 3.17%；印度的数字服务贸易在近几年迅速发展，2022 年进出口总额为 3410.62 亿美元，同比增长 22.56%。我国的数字服务贸易规模较大，但印度的增速近年来逐渐赶超我国。此外，印度长期重视数字服务业的发展，在通信、计算机和信息服务等知识技术密集型产业上拥有全球较高的市场份额，拥有比较科学合理的服务贸易结构。在大数据飞速发展的时代背景下，我国高新技术产业的竞争优势逐渐增强，在数字服务贸易上掌握越来越多的话语权。因此，分析中印两国在数字服务贸易上的现状、竞争性以及互补性将有助于深化两国的贸易合作，优化双方贸易结构，同时能借鉴印度的数字服务产业发展布局，助力我国经济高质量发展。

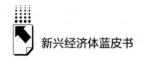

一 中国与印度数字服务贸易现状

（一）中印数字服务贸易规模比较分析

1. 数字服务贸易规模与增长率

从数字服务贸易规模与增长率来看，随着我国产业结构的不断优化和升级，我国数字服务贸易规模呈现稳健的增长态势，进出口规模也呈现持续扩大的趋势。如图1所示，我国数字服务贸易进出口总额从2013年的1850.97亿美元增加到2022年的3710.78亿美元。除了2015年我国的数字服务贸易进出口总额出现暂时减少、增长率为负数以外，近十年数字服务贸易增长率都为正数，且2018年与2021年的增长率都超过了20%。

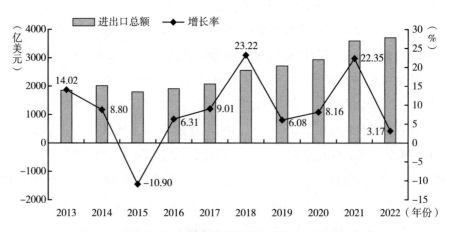

图1 2013~2022年中国数字服务贸易进出口总额及增长率

资料来源：根据国际贸易中心（ITC）数据库整理计算而得。

印度的数字服务贸易规模也呈现扩大的态势，如图2所示，印度的数字服务贸易进出口总额自2013年开始增长缓慢，直至2021年才开始增长明显，从2013年的1589.44亿美元增加至2022年的3410.62亿美元，贸易规模扩大超过1倍。近十年，印度数字服务贸易增长率都为正数且整体呈上升趋势，2022年增长率最高，为22.56%。

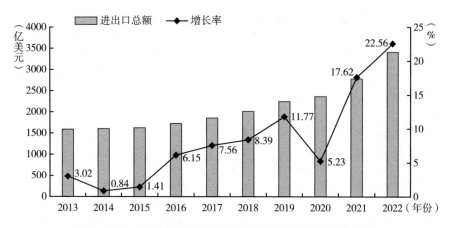

图2　2013~2022年印度数字服务贸易进出口总额及增长率

资料来源：根据ITC数据库整理计算而得。

　　总体而言，在数字服务贸易规模与增长率方面，中印两国在2013~2022年整体均呈现增长的态势。尽管两国的数字服务贸易规模均有所扩大，但相比之下，我国的数字服务贸易进出口总额超过了印度。具体来说，2022年我国的数字服务贸易进出口总额达到了3710.78亿美元，而印度则为3410.62亿美元。然而，我国的数字服务贸易增长率波动较大，且在近几年较低，而印度的数字服务贸易增长率整体呈上升趋势，2022年印度的增长率为22.56%，我国仅为3.17%，印度的增长率已超过我国。

　　2.数字服务贸易进出口规模

　　从数字服务贸易进出口情况来看，我国数字服务贸易出口规模与进口规模整体上都呈现扩大的趋势，但是出口金额增长率基本高于进口金额。如表1所示，2018年前，我国数字服务贸易出口规模整体上小于进口，出口金额占世界比重持续低于进口。自2018年开始，出口规模反超进口，2022年我国出口规模突破2000亿美元，而进口规模仅为1621.64亿美元。这说明我国的数字服务贸易出口竞争力正不断提高，出口竞争优势逐步扩大。

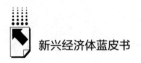

表1 2013~2022年中国数字服务贸易进出口情况

单位：亿美元，%

年份	出口			进口		
	金额	同比增长	占世界比重	金额	同比增长	占世界比重
2013	825.48	12.07	3.44	1025.49	15.64	4.86
2014	990.24	19.96	3.75	1023.69	-0.18	4.32
2015	933.13	-5.77	3.64	861.28	-15.87	3.70
2016	937.01	0.42	3.53	970.70	12.70	4.06
2017	1025.67	9.46	3.56	1053.84	8.57	4.09
2018	1321.66	28.86	4.15	1240.64	17.73	4.45
2019	1435.48	8.61	4.29	1282.63	3.38	4.25
2020	1543.75	7.54	4.54	1396.10	8.85	4.61
2021	1948.45	26.22	5.05	1648.45	18.08	4.95
2022	2089.14	7.22	5.28	1621.64	-1.63	4.80

资料来源：根据ITC数据库整理计算而得。

印度的数字服务贸易进口金额与出口金额整体上均有所攀升，占世界比重整体上有所增长。如表2所示，印度的数字服务贸易出口规模持续大于进口，出口金额占世界比重也持续高于进口金额，说明印度在数字服务贸易出口上具有一定的竞争优势。印度数字服务贸易出口金额增长率整体呈现迅速上涨的态势，2022年出口金额增长率高达25.93%，说明出口规模扩大速度之迅猛。进口金额增长率整体上也有所攀升，2022年进口金额增长率达15.66%。

表2 2013~2022年印度数字服务贸易进出口情况

单位：亿美元，%

年份	出口			进口		
	金额	同比增长	占世界比重	金额	同比增长	占世界比重
2013	1106.54	5.80	4.61	482.90	-2.83	2.29
2014	1128.47	1.98	4.27	474.27	-1.79	2.00
2015	1142.05	1.20	4.45	483.36	1.92	2.08
2016	1175.95	2.97	4.43	549.38	13.66	2.30
2017	1233.19	4.87	4.29	622.53	13.32	2.42
2018	1340.93	8.74	4.21	670.53	7.71	2.40

续表

年份	出口			进口		
	金额	同比增长	占世界比重	金额	同比增长	占世界比重
2019	1492.26	11.29	4.46	756.01	12.75	2.50
2020	1566.89	5.00	4.61	799.08	5.70	2.64
2021	1869.47	19.31	4.84	913.41	14.31	2.74
2022	2354.17	25.93	5.95	1056.46	15.66	3.13

资料来源：根据 ITC 数据库整理计算而得。

总体而言，在数字服务贸易进出口规模方面，2013~2022 年中国与印度的进口和出口情况整体向好，贸易规模显著扩大。在出口方面，除了 2021 年，其他年份印度的贸易规模持续高于中国。印度的数字服务贸易出口金额最高为 2022 年的 2354.17 亿美元，占世界比重为 5.95%；中国的数字服务贸易出口金额最高为 2022 年的 2089.14 亿美元，占世界比重为 5.28%。在进口方面，中国的贸易规模持续高于印度。中国的数字服务贸易进口金额最高为 2021 年的 1648.45 亿美元，占世界比重达 4.95%；印度的数字服务贸易进口金额最高为 2022 年的 1056.46 亿美元，占世界比重为 3.13%。两国的数字服务贸易出口增速在绝大部分年份高于进口，这说明我国和印度数字服务贸易出口的发展态势优于进口，国际竞争优势不断提高。

3. 数字服务贸易进出口差额

从数字服务贸易进出口差额来看，我国自 2018 年开始由贸易逆差转变为贸易顺差，而印度则持续处于贸易顺差的状态。如图 3 所示，我国在 2013 年的贸易差额为 -200.01 亿美元，此后逆差逐渐缩小，直至 2018 年贸易差额由负转正，2022 年的贸易差额为 467.50 亿美元。这说明我国不断增强数字服务贸易出口竞争力，同时减少进口依赖，贸易发展向好。印度则一直保持数字服务贸易顺差的稳定状态且差额整体呈扩大态势，尤其是自 2021 年开始顺差扩大态势愈加明显，贸易差额从 2013 年的 623.63 亿美元扩大至 2022 年的 1297.71 亿美元，增长了 1 倍左右。这说明印度在数字服务贸易出口方面保持着较强的竞争力，并展现出稳定的优势地位。

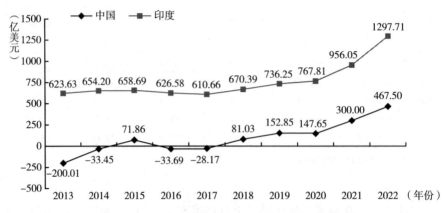

图3　2013~2022年中国和印度数字服务贸易进出口差额

资料来源：根据ITC数据库整理计算而得。

（二）中印数字服务贸易行业结构比较分析

1.数字服务贸易出口结构

从数字服务贸易出口结构来看，如表3所示，我国的其他商业服务占据了主导地位，2013年占比高达69.33%，2022年占比达48.34%，占比虽整体呈下降趋势但仍远超其他五个行业。其次是通信、计算机和信息服务，占比从2013年的20.71%上升至2022年的39.69%，说明我国近几年对通信行业持续的重视与推动，并且取得了不小的成效。金融服务、保险和养老金服务占比较小，基本保持在2%~6%。知识产权使用费虽占比较小但增长迅速，为增长最快的细分行业。而个人、文化和娱乐服务占比最小，近十年占比基本不超过1%。

表3　2013~2022年中国数字服务贸易出口结构

单位：%

年份	知识产权使用费	金融服务	保险和养老金服务	其他商业服务	个人、文化和娱乐服务	通信、计算机和信息服务
2013	1.07	3.86	4.84	69.33	0.18	20.71
2014	0.68	4.58	4.62	69.57	0.18	20.37
2015	1.16	2.50	5.33	62.59	0.78	27.63

年份	知识产权使用费	金融服务	保险和养老金服务	其他商业服务	个人、文化和娱乐服务	通信、计算机和信息服务
2016	1.25	3.43	4.43	61.79	0.79	28.31
2017	4.64	3.60	3.94	60.00	0.74	27.07
2018	4.21	2.63	3.73	52.90	0.92	35.61
2019	4.63	2.72	3.32	51.03	0.83	37.47
2020	5.75	2.76	3.53	48.87	0.84	38.24
2021	6.13	2.62	2.72	48.05	0.96	39.51
2022	6.48	2.48	2.18	48.34	0.84	39.69

资料来源：根据 ITC 数据库整理计算而得。

印度在通信、计算机和信息服务以及其他商业服务上始终占据主导地位，这些细分行业的收入可观，极大地改善了印度的外汇储备状况。如表4所示，这两个行业在印度数字服务贸易总出口中各自所占的比重都比较稳定，均保持在40%~52%，区别在于通信、计算机和信息服务出口规模整体呈缩小趋势，而其他商业服务出口规模整体呈扩大趋势。2016年前，通信、计算机和信息服务为印度数字服务贸易出口的第一大行业，自2016年开始其他商业服务实现赶超，跃居第一位。其次是金融服务，但占比整体呈下降趋势，由2013年的5.76%下降至2022年的3.12%。保险和养老金服务，以及个人、文化和娱乐服务这两个行业所占比重较小，均保持在1%~3%，区别在于前者整体呈现下降的态势，而后者整体呈现上升的态势。占比最小的是知识产权使用费，近十年占比持续低于1%。

表4　2013~2022年印度数字服务贸易出口结构

单位：%

年份	知识产权使用费	金融服务	保险和养老金服务	其他商业服务	个人、文化和娱乐服务	通信、计算机和信息服务
2013	0.40	5.76	1.94	42.16	1.11	48.62
2014	0.58	5.00	2.02	42.94	1.12	48.33
2015	0.41	4.68	1.74	43.87	1.11	48.20
2016	0.45	4.32	1.82	46.48	1.19	45.75

续表

年份	知识产权使用费	金融服务	保险和养老金服务	其他商业服务	个人、文化和娱乐服务	通信、计算机和信息服务
2017	0.53	3.64	1.99	48.55	1.19	44.10
2018	0.59	4.05	1.92	48.64	1.40	43.40
2019	0.58	3.23	1.69	49.59	1.39	43.51
2020	0.80	2.62	1.50	50.08	1.40	43.60
2021	0.47	2.74	1.64	49.72	1.56	43.88
2022	0.50	3.12	1.43	51.18	1.63	42.15

资料来源：根据 ITC 数据库整理计算而得。

总体而言，在数字服务贸易出口结构方面，我国的数字服务贸易出口结构与印度类似，都以其他商业服务，通信、计算机和信息服务这两大行业为主，区别在于变化趋势相反。我国的其他商业服务出口占比整体呈下降的态势，而印度整体呈上升的态势；我国的通信、计算机和信息服务出口占比整体呈上升的态势，而印度整体呈下降的态势，但印度的占比一直高于我国。其他行业出口占比都较小，金融服务、保险和养老金服务这两个行业的出口占比整体呈下降趋势，而知识产权使用费，个人、文化和娱乐服务这两个行业则呈现不同的趋势，其出口占比整体呈上升趋势。

2. 数字服务贸易进口结构

我国数字服务贸易进口结构与出口结构存在相似之处，其中其他商业服务所占比重最大，为数字服务贸易进口的第一大行业。如表5所示，该行业的占比在近十年有所下降，由 2013 年的 46.15% 下降至 2022 年的 32.35%，约下降了 14 个百分点。其次是知识产权使用费，占比整体上呈现上升的趋势，由 2013 年的 20.51% 上升至 2022 年的 27.40%。第三大行业为通信、计算机和信息服务，该行业也是占比增长最快的，占比从 2013 年的 7.43% 迅速增长至 2022 年的 23.45%。保险和养老金服务占比下降较为明显，2013 年占比为 21.54%，但 2022 年仅为 12.88%。金融服务，个人、文化和娱乐服务占比较小，基本稳定在 5% 以下。

表5 2013~2022 年中国数字服务贸易进口结构

单位：%

年份	知识产权使用费	金融服务	保险和养老金服务	其他商业服务	个人、文化和娱乐服务	通信、计算机和信息服务
2013	20. 51	3. 60	21. 54	46. 15	0. 76	7. 43
2014	22. 09	4. 83	21. 93	39. 80	0. 85	10. 50
2015	25. 57	3. 07	10. 21	45. 91	2. 20	13. 04
2016	24. 70	2. 09	13. 30	44. 74	2. 21	12. 96
2017	27. 11	1. 53	9. 88	40. 66	2. 61	18. 20
2018	28. 69	1. 71	9. 58	38. 12	2. 74	19. 16
2019	26. 76	1. 92	8. 39	38. 81	3. 18	20. 94
2020	26. 95	2. 27	8. 84	36. 16	2. 15	23. 61
2021	28. 44	3. 24	9. 73	32. 26	1. 99	24. 33
2022	27. 40	2. 31	12. 88	32. 35	1. 61	23. 45

资料来源：根据 ITC 数据库整理计算而得。

如表6 所示，其他商业服务在印度数字服务贸易进口结构中也占据了主导地位，近十年占比都在一半以上，稳居印度数字服务贸易进口的第一大行业。通信、计算机和信息服务的占比上升趋势较为明显，2022 年占比上升至 16.26%。知识产权使用费这一行业的占比有轻微波动，但占比基本稳定在 8%~12%。金融服务、保险和养老金服务这两大行业的占比较为接近，近十年占比整体呈下降趋势，且前者下降更为明显。个人、文化和娱乐服务占比最小，但近十年整体呈上升趋势，从 2013 年的 1.50% 上升至 2022 年的 5.00%。

表6 2013~2022 年印度数字服务贸易进口结构

单位：%

年份	知识产权使用费	金融服务	保险和养老金服务	其他商业服务	个人、文化和娱乐服务	通信、计算机和信息服务
2013	8. 08	12. 20	12. 34	58. 12	1. 50	7. 75
2014	10. 22	8. 68	12. 40	56. 66	2. 93	9. 10
2015	10. 36	6. 45	10. 83	61. 67	2. 83	7. 86

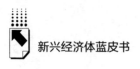

续表

年份	知识产权 使用费	金融服务	保险和养老 金服务	其他商业服务	个人、文化和 娱乐服务	通信、计算机 和信息服务
2016	9.95	9.13	9.22	59.60	3.45	8.65
2017	10.47	9.31	10.11	56.92	3.44	9.75
2018	11.79	6.02	10.06	57.77	3.79	10.57
2019	10.44	3.02	9.00	60.93	3.92	12.70
2020	9.06	5.78	7.12	60.82	3.44	13.77
2021	9.45	6.04	8.77	55.46	4.52	15.75
2022	9.87	5.59	9.08	54.20	5.00	16.26

资料来源：根据 ITC 数据库整理计算而得。

总体而言，在数字服务贸易进口结构方面，我国的数字服务贸易进口结构与印度存在相似之处，即进口的第一大行业均为其他商业服务，区别在于印度的占比较我国的更大。个人、文化和娱乐服务这一行业虽均为两国数字服务贸易进口占比最小的行业，但整体上呈上升趋势，而区别在于印度的占比略高于我国。我国的知识产权使用费，通信、计算机和信息服务的进口占比均比印度高，两国在这两大行业上整体都呈现上升的趋势。两国的金融服务、保险和养老金服务的进口占比整体都呈现下降的趋势，说明在这两个行业上两国对外依赖程度有所下降。

3. 数字服务贸易进出口差额

从数字服务贸易各行业进出口差额来看，如表 7 所示，其他商业服务为我国数字服务贸易的第一大顺差行业，贸易差额在 2022 年达到 485.23 亿美元；通信、计算机和信息服务为第二大顺差行业，贸易差额在 2022 年达到 448.91 亿美元。近十年，这两大行业贸易顺差不断扩大，成为推动我国数字服务贸易发展的主要力量。我国的知识产权使用费长期处于贸易逆差的状态且态势较为严峻，2022 年贸易差额达到 -308.87 亿美元，是导致我国数字服务贸易差额较大的主要原因，尽管 2018 年我国的数字服务贸易差额由负转正，但仍远落后于印度。我国的保险和养老金服务，个人、文化和娱乐服务近十年也处于贸易逆差的状态，且前者的贸易逆差形势较后者严峻，

2022 年保险和养老金服务的贸易差额达到-163.43 亿美元，而个人、文化和娱乐服务仅为-8.61 亿美元，前者近乎为后者的 20 倍。我国金融服务的贸易差额在 2016 年转负为正，贸易状况有所改善。

表7 2013~2022 年中国数字服务贸易各行业进出口差额

单位：亿美元

年份	知识产权使用费	金融服务	保险和养老金服务	其他商业服务	个人、文化和娱乐服务	通信、计算机和信息服务
2013	−201.46	−5.06	−180.97	99.09	−6.36	94.74
2014	−219.37	−4.09	−178.80	281.56	−6.99	94.25
2015	−209.38	−3.10	−38.18	188.61	−11.63	145.54
2016	−228.12	11.78	−87.59	144.70	−13.98	139.53
2017	−238.12	20.77	−63.63	186.84	−19.94	85.91
2018	−300.36	13.60	−69.57	226.23	−21.80	232.93
2019	−276.84	14.38	−59.88	234.72	−28.77	269.24
2020	−287.50	10.93	−68.93	249.59	−17.10	260.66
2021	−349.42	−2.38	−107.30	404.30	−13.98	368.79
2022	−308.87	14.28	−163.43	485.23	−8.61	448.91

资料来源：根据 ITC 数据库整理计算而得。

印度的通信、计算机和信息服务与其他商业服务两大行业长期维持贸易顺差，并且这一顺差额在过去十年里呈现显著的增长态势，成为印度数字服务贸易顺差的主要支柱。如表 8 所示，2013~2022 年，通信、计算机和信息服务顺差额从 500.62 亿美元增加至 820.57 亿美元，增加额约 320 亿美元；其他商业服务的顺差额也从 185.84 亿美元大幅增加到 632.32 亿美元，增加额约 447 亿美元。这充分展现了印度这两个行业在国际市场上的强劲竞争力和高水平发展。然而，知识产权使用费，保险和养老金服务，个人、文化和娱乐服务则持续呈现贸易逆差且逆差规模不断扩大，其中知识产权使用费的逆差最大，其次为保险和养老金服务，个人、文化和娱乐服务逆差最小。金融服务近十年的进出口差额整体上基本为正值，但较为波动，稳定性较差。

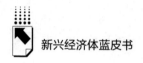

表8   2013~2022年印度数字服务贸易各行业进出口差额

单位：亿美元

年份	知识产权使用费	金融服务	保险和养老金服务	其他商业服务	个人、文化和娱乐服务	通信、计算机和信息服务
2013	−34.58	4.83	−38.15	185.84	5.07	500.62
2014	−41.90	15.30	−36.01	215.88	−1.24	502.17
2015	−45.42	22.28	−32.49	202.87	−1.04	512.48
2016	−49.41	0.57	−29.32	219.16	−4.91	490.48
2017	−58.56	−13.12	−38.31	244.29	−6.79	483.14
2018	−71.21	13.94	−41.66	264.83	−6.57	511.07
2019	−70.18	25.40	−42.78	279.41	−8.91	553.30
2020	−59.87	−5.12	−33.36	298.65	−5.54	573.05
2021	−77.61	−4.03	−49.53	422.94	−12.08	676.36
2022	−92.60	14.27	−62.31	632.32	−14.54	820.57

资料来源：根据ITC数据库整理计算而得。

　　总体而言，在数字服务贸易进出口差额方面，通信、计算机和信息服务以及其他商业服务为中印两国数字服务贸易顺差的主要来源，且贸易顺差额持续显著扩大，国际竞争力不断增强，发展态势非常好，但印度在这两大行业上的贸易顺差状况较我国更好。中印两国在知识产权使用费，保险和养老金服务，个人、文化和娱乐服务行业均持续呈现贸易逆差状态，其中知识产权使用费的逆差情况尤为突出，同时我国在该行业上的贸易逆差额远高于印度。

二　中国与印度数字服务贸易竞争性分析

（一）整体竞争性分析

1. 国际市场占有率（MS）

　　2013~2022年，中国与印度的数字服务贸易MS整体都呈上升趋势，国际竞争力不断增强，但整体上印度的数字服务贸易MS高于我国，说明其较我国更具竞争力。如图 4 所示，近十年我国的数字服务贸易 MS 整体介于（3.4%，5.5%），而印度的 MS 整体介于（4%，6%），说明两国在数字服务贸易出口上均具有较强的比较优势，但印度略优于中国。自 2018 年开始，我国缩小了与印度之间的差距，差距最小时仅为 0.06 个百分点，甚至在 2021 年一度赶超印度。但 2022 年印度的数字服务贸易 MS 激增到 5.95%，而我国仅为 5.28%。整体来看，印度的数字服务贸易国际竞争优势强于我国，但我国竞争力提高的速度更快。

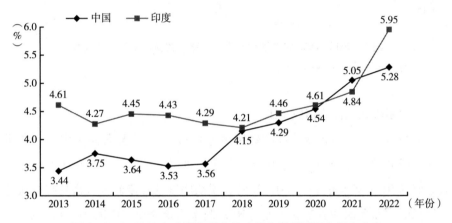

图 4　2013~2022 年中国和印度数字服务贸易国际市场占有率

资料来源：根据 ITC 数据库整理计算而得。

2. 贸易竞争力指数（TC）

如图 5 所示，2018 年前我国的数字服务贸易 TC 基本为负，说明我国的数字服务贸易竞争力较弱，基本不具有国际竞争优势；自 2018 年开始我国的数字服务贸易 TC 由负转正并持续增长，且近几年逐渐超过世界水平，说明我国数字服务贸易的比较优势虽然微弱但持续增强，竞争力不断提升。而印度的数字服务贸易 TC 介于（0.3，0.45），说明其一直保持较强的比较优势，并且竞争力高于世界水平；自 2016 年开始印度 TC 整体呈下降趋势，直至 2021 年才有所回升，TC 整体呈下降趋势，表明印度的数字服务贸易国际竞争优势整体上趋于减弱。

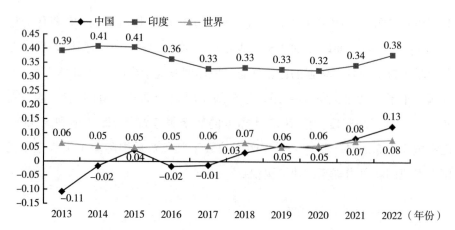

图5　2013~2022年中国和印度数字服务贸易贸易竞争力指数

资料来源：根据ITC数据库整理计算而得。

3. 显示性比较优势指数（RCA）

从整体上看，近十年印度的数字服务贸易RCA均显著高于中国，说明其数字服务贸易比中国更具有国际竞争力。如图6所示，近十年印度的数字服务贸易RCA基本介于（2.0，2.5），说明印度的数字服务贸易具有较强的比较优势。而我国的数字服务贸易RCA基本稳定介于（0.3，0.5），说明我国的数字服务贸易基本不具有国际竞争优势，且处于劣势地位。

图6　2013~2022年中国和印度数字服务贸易显示性比较优势指数

资料来源：根据ITC数据库整理计算而得。

（二）行业竞争性分析

1. 国际市场占有率（MS）

具体来看，我国通信、计算机和信息服务，其他商业服务，保险和养老金服务三大行业的 MS 均高于 2%，呈现不同程度的比较优势。如表 9 所示，在通信、计算机和信息服务上，我国的 MS 增长速度最快，从 2013 年的 4.06% 攀升至 2022 年的 8.91%，说明我国在这一行业上具有极强的比较优势且优势不断增强。其他商业服务的 MS 介于（4%，6%），说明我国在这一行业具有较强的比较优势且优势较为稳定。保险和养老金服务的 MS 介于（2%，4%），说明我国在这一行业的比较优势虽较为微弱但保持稳定。而我国的知识产权使用费，个人、文化和娱乐服务，金融服务这三大行业的 MS 则基本介于（0，3%），说明我国在这三个行业不具有优势，处于劣势地位。但知识产权使用费，个人、文化和娱乐服务，金融服务的 MS 整体呈上升趋势，国际竞争力不断提高，尤其是知识产权使用费这一行业在 2020 年开始呈现微弱的比较优势。

表 9　2013~2022 年中国数字服务贸易各行业国际市场占有率

单位：%

年份	知识产权使用费	金融服务	保险和养老金服务	其他商业服务	个人、文化和娱乐服务	通信、计算机和信息服务
2013	0.29	0.70	3.31	5.48	0.26	4.06
2014	0.20	0.95	3.31	5.98	0.28	4.24
2015	0.33	0.51	3.84	5.32	1.13	5.35
2016	0.33	0.70	3.06	5.03	1.12	5.42
2017	1.24	0.74	2.81	4.96	1.01	5.18
2018	1.33	0.65	3.23	5.12	1.54	7.40
2019	1.50	0.72	3.26	5.11	1.40	7.71
2020	2.25	0.75	3.57	5.25	1.58	7.71
2021	2.61	0.80	3.10	5.82	1.92	8.71
2022	3.05	0.84	2.60	5.97	1.73	8.91

资料来源：根据 ITC 数据库整理计算而得。

如表 10 所示，印度的通信、计算机和信息服务的 MS 远领先于其他行业，近十年基本保持在 8% 以上，说明印度这一行业具有极强的国际竞争优势，但是近十年呈现优势减弱的趋势。其他商业服务的 MS 基本介于（4%，8%），且整体呈现上升的趋势，在 2022 年已经达到 7.12%，说明印度在这一行业上具有较强的比较优势且不断增强，发展态势较好。个人、文化和娱乐服务的 MS 基本介于（2%，4%），且呈现缓慢上升的趋势，说明具有微弱的比较优势且优势处于增强的状态。至于保险和养老金服务、金融服务、知识产权使用费，MS 都介于（0，2%），说明印度在这三大行业上基本不具有国际竞争优势。

表 10　2013~2022 年印度数字服务贸易各行业国际市场占有率

单位：%

年份	知识产权使用费	金融服务	保险和养老金服务	其他商业服务	个人、文化和娱乐服务	通信、计算机和信息服务
2013	0.15	1.41	1.78	4.46	2.14	12.77
2014	0.20	1.19	1.65	4.21	2.01	11.45
2015	0.14	1.17	1.53	4.56	1.96	11.43
2016	0.15	1.11	1.57	4.75	2.11	10.98
2017	0.17	0.90	1.71	4.82	1.95	10.14
2018	0.19	1.02	1.69	4.77	2.39	9.14
2019	0.20	0.89	1.72	5.16	2.43	9.30
2020	0.32	0.72	1.54	5.46	2.68	8.93
2021	0.19	0.80	1.79	5.78	2.99	9.28
2022	0.26	1.20	1.92	7.12	3.77	10.66

资料来源：根据 ITC 数据库整理计算而得。

总体而言，我国和印度数字服务贸易行业中国际竞争优势最强的是通信、计算机和信息服务，在该行业印度的 MS 高于我国，但我国的增长率比印度稍高；其次是其他商业服务，在该行业我国绝大多数年份的 MS 高于印度，但印度的增长率比我国稍高。这与中印两国都在积极发展新兴的服务行业、转变服务贸易出口结构有密切的关系。而两国的知识产权使用费、金融服务基本上都不具有国际竞争力，处于劣势地位。

2. 贸易竞争力指数（TC）

如表11所示，我国的数字服务贸易行业中TC最高的为通信、计算机和信息服务，TC基本介于（0.3，0.4），说明我国在这一行业具有较强的比较优势；其次为其他商业服务，TC基本介于［0.09，0.4）且呈上升的趋势，说明这一行业的比较优势虽然微弱但不断增强，发展状况较好。我国金融服务的TC自2016年开始由负转正，扭转了原先处于劣势地位的局面，但发展较为不稳定，国际竞争优势先增强而后减弱。个人、文化和娱乐服务，知识产权使用费，保险和养老金服务三大行业的TC在近十年均为负值，不具有国际竞争优势。但值得一提的是，这三大行业的TC均呈现显著上升的趋势，比较劣势不断减弱。

表11　2013~2022年中国数字服务贸易各行业贸易竞争力指数

年份	知识产权使用费	金融服务	保险和养老金服务	其他商业服务	个人、文化和娱乐服务	通信、计算机和信息服务
2013	-0.92	-0.07	-0.69	0.09	-0.68	0.38
2014	-0.94	-0.04	-0.66	0.26	-0.67	0.30
2015	-0.91	-0.06	-0.28	0.19	-0.44	0.39
2016	-0.91	0.22	-0.51	0.14	-0.49	0.36
2017	-0.71	0.39	-0.44	0.18	-0.57	0.18
2018	-0.73	0.24	-0.41	0.19	-0.47	0.33
2019	-0.68	0.23	-0.39	0.19	-0.55	0.33
2020	-0.62	0.15	-0.39	0.20	-0.40	0.28
2021	-0.59	-0.02	-0.50	0.28	-0.27	0.31
2022	-0.53	0.16	-0.64	0.32	-0.20	0.37

资料来源：根据ITC数据库整理计算而得。

如表12所示，印度数字服务贸易各行业的TC与我国存在较多相似之处。TC最高的为通信、计算机和信息服务，2013~2022年基本高于0.7，说明在这一行业具有极强的比较优势，但呈现优势缓慢减弱的趋势；其次为其他商业服务，TC基本介于（0.2，0.4）且呈上升的趋势，说明这一行业的比较优势虽然微弱但不断增强，发展状况较好；金融服务的 TC 基本为正值，但偶尔出现负值，波动较大，说明这一行业虽然具有微弱的比较优势但较为不稳定。个人、文化和娱乐服务，知识产权使用费，保险和养老金服务三大行业的 TC 在近十年均基本为负值，不具有国际竞争优势，尤其是知识产权使用费，其 TC 保持在 -0.80 左右，比较劣势较为严峻。

表 12　2013~2022 年印度数字服务贸易各行业贸易竞争力指数

年份	知识产权使用费	金融服务	保险和养老金服务	其他商业服务	个人、文化和娱乐服务	通信、计算机和信息服务
2013	-0.80	0.04	-0.47	0.25	0.26	0.87
2014	-0.76	0.16	-0.44	0.29	-0.05	0.85
2015	-0.83	0.26	-0.45	0.25	-0.04	0.87
2016	-0.82	0.01	-0.41	0.25	-0.15	0.84
2017	-0.82	-0.13	-0.44	0.26	-0.19	0.80
2018	-0.82	0.15	-0.45	0.25	-0.15	0.78
2019	-0.80	0.36	-0.46	0.23	-0.18	0.74
2020	-0.70	-0.06	-0.41	0.24	-0.11	0.72
2021	-0.82	-0.04	-0.45	0.29	-0.17	0.70
2022	-0.80	0.11	-0.48	0.36	-0.16	0.70

资料来源：根据 ITC 数据库整理计算而得。

总体而言，我国和印度数字服务贸易行业中国际竞争优势较为显著的是通信、计算机和信息服务，印度的竞争优势相比我国更强，但两国的竞争优势均呈现不断减弱的趋势。其次是其他商业服务，两国在该行业上都具有微弱的比较优势，且优势不断增强，发展态势较好。而在个人、文化和娱乐服务，知识产权使用费，保险和养老金服务上，两国都处于劣势地位，竞争力不容乐观，尤其是知识产权使用费。

3. 显性比较优势指数（RCA）

如表 13 所示，我国数字服务贸易各行业的 RCA 均低于 0.8，说明这六大行业均处于竞争劣势。但区别在于，我国的通信、计算机和信息服务的

RCA 相较于其他行业较高，且上升趋势明显，从 2013 年的 0.40 上升至 2022 年的 0.70，说明这一行业的国际竞争力不断提高，处于劣势地位的情况有所缓和。其他商业服务、保险和养老金服务的 TC 整体呈现下降的趋势，说明其竞争劣势近几年愈加明显。而知识产权使用费，个人、文化和娱乐服务的 TC 增长显著，说明其竞争劣势有所减弱。

表 13　2013~2022 年中国数字服务贸易各行业显示性比较优势指数

年份	知识产权使用费	金融服务	保险和养老金服务	其他商业服务	个人、文化和娱乐服务	通信、计算机和信息服务
2013	0.03	0.07	0.33	0.54	0.03	0.40
2014	0.02	0.09	0.31	0.56	0.03	0.40
2015	0.03	0.04	0.33	0.46	0.10	0.46
2016	0.03	0.06	0.28	0.45	0.10	0.49
2017	0.11	0.07	0.26	0.46	0.09	0.48
2018	0.12	0.06	0.30	0.47	0.14	0.68
2019	0.14	0.07	0.29	0.46	0.13	0.69
2020	0.18	0.06	0.28	0.42	0.13	0.61
2021	0.20	0.06	0.23	0.44	0.15	0.66
2022	0.24	0.07	0.21	0.47	0.14	0.70

资料来源：根据 ITC 数据库整理计算而得。

相较于中国，印度数字服务贸易各行业的 RCA 整体较高。如表 14 所示，通信、计算机和信息服务的 RCA 虽整体呈下降趋势但依然保持在 4 以上，说明印度的这一行业国际竞争优势虽然有所减弱但依然是最具优势的行业。其他商业服务的 RCA 基本介于（2，3），这反映出该行业具有显著的国际竞争力，并且其优势不断增强。而个人、文化和娱乐服务，保险和养老金服务虽展现出一定的比较优势，但优势并不明显。至于知识产权使用费和金融服务，则处于较为劣势的地位。

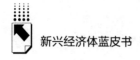

表14　2013~2022年印度数字服务贸易各行业显示性比较优势指数

年份	知识产权使用费	金融服务	保险和养老金服务	其他商业服务	个人、文化和娱乐服务	通信、计算机和信息服务
2013	0.07	0.69	0.87	2.18	1.05	6.24
2014	0.10	0.60	0.84	2.14	1.02	5.82
2015	0.07	0.59	0.78	2.33	1.00	5.83
2016	0.07	0.55	0.78	2.36	1.05	5.46
2017	0.08	0.43	0.82	2.32	0.93	4.87
2018	0.09	0.49	0.81	2.30	1.15	4.40
2019	0.09	0.42	0.80	2.41	1.13	4.33
2020	0.15	0.34	0.73	2.59	1.27	4.24
2021	0.08	0.36	0.80	2.58	1.34	4.14
2022	0.11	0.50	0.80	2.96	1.57	4.44

资料来源：根据ITC数据库整理计算而得。

总体而言，印度数字服务贸易各行业的RCA基本上高于我国，说明印度数字服务贸易各行业较我国更具优势，其中通信、计算机和信息服务的竞争力水平远超我国。虽然我国数字服务贸易的大部分行业处于竞争劣势，但近十年我国注重优化数字服务贸易进出口结构，新兴行业竞争力基本有所提高。

三　中国与印度数字服务贸易互补性分析

（一）整体互补性分析

如图7所示，无论是从中国出口测算还是从进口测算，互补综合指数基本小于1，说明我国和印度在数字服务贸易上的互补性较弱。但是，我国出口测算的结果普遍低于进口测算，这反映出我国进口与印度出口的匹配程度相对较高，而我国出口与印度进口的匹配程度相对较低。这也揭示出我国数字服务贸易对印度的出口具有更强的依赖性，而我国的数字服务贸易进口与印度的出口之间则呈现良好的互补关系。2013~2022 年，从我国出口角度计算的与印度数字服务贸易的互补综合指数由 0.31 逐渐提升至 0.42，表明两国之间的贸易互补性逐步增强，这反映出随着印度数字服务贸易的快速发展，印度对我国数字服务贸易的需求逐步增多。而从我国进口角度计算的与印度数字服务贸易的互补综合指数在 2017 年前有所下降，从 1.13 降至 0.84，表明我国一度减少了对印度数字服务贸易出口的依赖。但自 2017 年开始，该指数开始回升，从 2017 年的 0.84 上升到 2022 年的 1.19，显示出两国之间的贸易互补性逐渐增强。

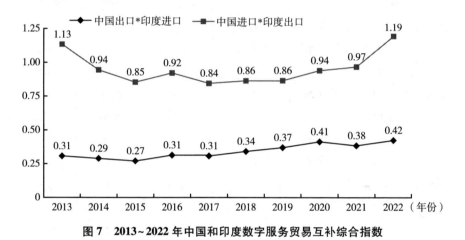

图 7　2013~2022 年中国和印度数字服务贸易互补综合指数

资料来源：根据 ITC 数据库整理计算而得。

（二）行业互补性分析

如表 15 所示，2013~2022 年我国出口角度测算与印度进口的各行业数字服务贸易互补指数均小于 1，说明我国出口与印度进口的匹配度较低，互补性较弱。具体来看，其他商业服务的互补指数相较于其他行业较高，而通信、计算机和信息服务的互补指数从 2013 年的 0.22 攀升至 2022 年的 0.74，说明我国在这两个行业的出口能与印度的进口形成较好的互补，发展前景可观。而在知识产权使用费，个人、文化和娱乐服务这两个行业上，虽然互补

指数较低但整体呈上升趋势，前者的互补指数从 2013 年的 0.01 上升至 2022
年的 0.15，后者的互补指数从 2013 年的 0.01 上升至 2022 年的 0.23，说明
印度在这两个行业上对我国的进口匹配程度与依赖程度逐渐提高。而金融服
务、保险和养老金服务的互补指数较低而且呈现下降的趋势，说明在这两个
行业上中国出口与印度进口的互补性较弱。

表 15　2013~2022 年中国出口角度测算与印度进口的各行业数字服务贸易互补指数

年份	知识产权使用费	金融服务	保险和养老金服务	其他商业服务	个人、文化和娱乐服务	通信、计算机和信息服务
2013	0.01	0.08	0.40	0.57	0.01	0.22
2014	0.01	0.07	0.32	0.54	0.02	0.23
2015	0.02	0.03	0.35	0.51	0.08	0.22
2016	0.02	0.06	0.30	0.54	0.11	0.32
2017	0.07	0.06	0.30	0.50	0.10	0.32
2018	0.08	0.03	0.35	0.50	0.16	0.47
2019	0.08	0.02	0.34	0.53	0.16	0.61
2020	0.12	0.04	0.30	0.59	0.17	0.64
2021	0.12	0.04	0.27	0.52	0.21	0.67
2022	0.15	0.04	0.24	0.54	0.23	0.74

资料来源：根据 ITC 数据库整理计算而得。

　　如表 16 所示，2013~2022 年中国进口角度测算与印度出口的各行业数
字服务贸易互补指数中，只有通信、计算机和信息服务这一行业的互补指数
均大于 1 且不断增大，从 2013 年的 1.84 增加至 2022 年的 3.20，说明在通
信、计算机和信息服务这一行业中国进口与印度出口的互补程度高，契合水
平高，发展前景广阔。其他行业的互补指数基本小于 1，其中其他商业服务
的互补指数相对较大但呈现下降的趋势；保险和养老金服务、金融服务的互
补指数相对较小且呈现下降的趋势；个人、文化和娱乐服务，知识产权使用
费的互补指数相对较小但呈现上升的趋势。

表16 2013~2022 年中国进口角度测算与印度出口的各行业数字服务贸易互补指数

年份	知识产权使用费	金融服务	保险和养老金服务	其他商业服务	个人、文化和娱乐服务	通信、计算机和信息服务
2013	0.05	0.13	1.03	1.02	0.14	1.84
2014	0.06	0.13	0.82	0.77	0.14	2.04
2015	0.04	0.07	0.34	0.84	0.29	2.03
2016	0.05	0.05	0.51	0.90	0.32	2.26
2017	0.06	0.03	0.41	0.79	0.33	2.66
2018	0.07	0.04	0.43	0.76	0.44	2.60
2019	0.06	0.04	0.38	0.76	0.49	2.74
2020	0.11	0.03	0.37	0.81	0.41	2.84
2021	0.07	0.05	0.45	0.78	0.38	2.89
2022	0.09	0.06	0.63	0.97	0.40	3.20

资料来源：根据 ITC 数据库整理计算而得。

总体而言，除了通信、计算机和信息服务，无论是从中国出口角度测算还是从中国进口角度测算，各行业数字服务贸易互补指数基本小于 1，说明我国和印度在数字服务贸易各行业上的互补性较弱。而我国进口与印度出口的各行业数字服务贸易互补指数比我国出口与印度进口的大，说明印度出口与我国进口的各行业数字服务贸易的匹配度更高。通信、计算机和信息服务行业作为印度的优势产业，具有极强的国际竞争优势，相较于我国展现出明显的比较优势。因此，印度在这些行业与我国之间的贸易互补性势必更为显著。同时，我国应抓住这一机遇，积极借鉴印度的发展经验，以促进我国通信、计算机和信息服务行业的进一步发展。而其他数字服务贸易行业的互补指数都较低，这说明中印两国在新兴服务行业都处于起步阶段，因此贸易互补性较弱，更多体现的是贸易竞争性。

四　结论与政策建议

在数字服务贸易规模上，尽管我国的数字服务贸易规模基础较为雄厚，但近年来印度数字服务贸易呈现迅猛的发展态势，整体呈现持续上升的趋势，展现出了良好的发展前景和较强的国际竞争力。同时，虽然我国近几年的贸易差额由负转正，进出口结构不断优化，但印度的贸易差额持续远超我国。在行业结构方面，通信、计算机和信息服务以及其他商业服务在中印两国的进口结构和出口结构中占比较高，同时是两国数字服务贸易顺差的主要来源，且规模呈现扩大的趋势，发展态势较好，但印度的贸易状况较我国更优。综合来看，印度在知识技术密集型行业中的占比高于我国，服务贸易出口结构相对更为合理，相比之下我国在具有高附加值的新兴服务行业的发展较为滞后。

在数字服务贸易竞争性上，MS、TC、RCA 三种方式测算的结果一致显示，中印两国的数字服务贸易国际竞争力都呈现上升的趋势。值得注意的是，印度的竞争优势不仅在我国之上，还超越世界水平。但我国数字服务贸易国际竞争力的增速快于印度，增长趋势较印度更加稳定。在行业竞争性上，中印两国都在知识技术密集型的数字服务行业展现出更强的竞争优势，但印度的优势强于我国。我国和印度数字服务贸易国际竞争力最强的是通信、计算机和信息服务，且印度较我国更具优势，但我国在该行业上的竞争优势呈增强的趋势而印度呈减弱的趋势。其次是其他商业服务，两国在该行业上都具有比较优势，且优势不断增强，发展态势较好。而在数字服务贸易的其他行业，我国和印度基本不具有国际竞争优势，处于劣势地位。

在数字服务贸易互补性上，中国和印度的数字服务贸易互补性较弱，但是近年来互补性增强的趋势较为显著。我国的数字服务贸易中，进口测算的贸易互补综合指数普遍高于出口测算的指数，这表明我国在数字服务贸易进口与印度的出口具有更高的匹配度，相比之下，我国出口与印度进口的匹配度则较低。在行业互补性上，除了中国进口与印度出口的通信、计算机和信息服务这一行业的贸易互补性较强外，无论是从中国出口测算还是从进口测算，其他行业的贸易互补性均较弱。这主要是因为中印两国在新兴服务行业都处于起步阶段，所以我国在数字服务贸易领域与印度之间的互补性并不显著，而更多地呈现一种贸易竞争性的态势。此外，印度出口与我国进口的各行业数字服务贸易的匹配度相较于我国出口与印度进口的更高，互补性更强。

中印两国在经济发展阶段和产业结构特征上存在的差异，为两国开展数字服务贸易合作提供了有利的基础条件。两国在数字服务贸易发展方面既存在一定竞争性，又在通信、计算机和信息服务等数字服务行业具有较强的贸易互补性，匹配度较高，合作空间广阔。为此，本报告就中印数字服务贸易合作发展提出如下对策建议。

第一，增强政治和战略互信，推进两国务实合作。中印两国应持续优化中印关系的顶层设计，确保双方各层次交往的深入与稳定。在此基础上，应构建和完善制度化的工商界对话机制，举办国际数字服务贸易交易会等，以国家的力量为后盾，共同推动中印数字服务贸易的蓬勃发展。同时，双方应深化务实合作，携手共建孟中印缅经济走廊，实现利益的深度融合和共同繁荣，进一步巩固和密切中印两国市场的联系，推动双边经贸关系不断加深。此外，双方还应积极加强人文交流，通过加强文化、教育、旅游等领域的交流与合作，增进两国人民之间的了解与友谊，为双边关系的健康稳定发展奠定坚实的人文基础。

第二，利用产业结构互补性，加强重点领域合作。通过前文分析发现，我国进口与印度出口的通信、计算机和信息服务的互补性较强，所以我国应持续推进与印度在信息技术等领域的合作，这对其他领域的合作发展可以起到很好的带动和示范作用。虽然印度在信息服务等高新技术产业领域拥有明显的比较优势，但不容忽视的是，其国内基础设施建设仍显滞后，且生产技术尚未达到成熟水平。因此，我国应积极引进印度的软件产业资源，借此提升本国的信息服务水平，进而增强在数字服务贸易领域的国际竞争力。而我国巨大的市场需求可以帮助印度解决其通信行业快速发展带来的产能过剩的问题，优化其数字服务贸易进出口结构。如此合作不仅有助于弥补我国在某些技术领域的不足，还能推动两国在数字服务贸易领域的深入交流与共赢发展。

第三，优化数字服务贸易结构，实现关联产业协同发展。我国数字服务

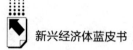

贸易结构仍有待进一步优化，知识密集型产业如金融服务、保险和养老金服务及知识产权使用费等的发展尚显不足，特别是在通信、计算机和信息服务方面，我国与印度相比还存在明显的差距。为了推动数字服务贸易产业的健康发展，我国应有针对性地选择并大力扶持关键产业。为激发数字服务贸易的活力与潜力，应深化市场化改革，积极融入全球服务贸易体系，主动承接现代服务贸易产业的国际转移。不断优化产业结构，推动数字服务贸易向高端化、智能化、绿色化方向发展，以构建具有国际竞争力的数字服务贸易体系。同时，应围绕知识密集型产业，积极构建产业集群，实现上下游产业的紧密连接与协同发展。

参考文献

李春顶、彭冠军：《中国—印度双边贸易竞争性和互补性及发展前景》，《中国市场》2014 年第 41 期。

刘芳、王星睿：《中印服务贸易竞争性与互补性分析》，《合作经济与科技》2023 年第 8 期。

孙艳琳、王诗慧、刘琴：《中国与"一带一路"沿线国家服务贸易的互补性和竞争性》，《武汉理工大学学报》（社会科学版）2020 年第 1 期。

谭梦珂：《中国与 RCEP 伙伴国数字服务贸易的竞争性和互补性分析》，《中国商论》2023 年第 15 期。

王晓佳、李澳：《中国数字服务贸易发展现状及国际竞争力影响因素分析》，《黑龙江金融》2024 年第 1 期。

B.12

"一带一路"背景下中国与南非
数字经济国际合作分析*

李景睿　刘嘉瑜**

摘　要:　在"一带一路"倡议的推动下,中国与南非开展了广泛的数字经济合作,助力了南非的数字化转型,拓宽了中国的数字经济发展渠道。本报告从数字环境治理、数字基础设施、数字技术应用和数字金融发展四个维度构建数字经济发展指标体系,对中国和南非2017~2023年的数字经济发展水平进行测度。通过对中国与南非数字经济发展水平的比较分析发现,两国差异较为明显,优势各不相同,存在合作空间。本报告进一步构建演化博弈模型,探讨中国与南非进行数字经济合作实现互利共赢的可行性,进而从数字环境治理体系构建、数字基础设施建设、数字技术应用转型和数字金融发展的合作视角分析了中国与南非数字经济国际合作前景。

关键词:　中国　南非　数字经济　"一带一路"倡议　国际合作

当前,地缘政治冲突频发、贸易保护主义抬头、逆全球化潮流涌现,世界经济与政治局势迎来了一场"百年未有之大变局"。同时,以互联网、大

* 本报告得到国家社科基金项目"数字经济背景下全球价值链分工地位重塑与收入分配的演变研究"(22BJL078)支持。

** 李景睿,经济学博士,广东工业大学经济学院教授,研究领域为发展经济学、数字经济、世界经济;刘嘉瑜,广东工业大学经济学院应用经济学硕士研究生,研究领域为产业经济学、数字经济。

数据、人工智能等为代表的第四次工业革命以前所未有的态势席卷而来，对全球经济产生重大的影响。数字经济改变了产业链组织结构形态，成为构建现代化经济体系的重要引擎，也促成了各国之间日益紧密的国际合作。2017年，《"一带一路"数字经济国际合作倡议》发布。2020年，金砖国家制定了《金砖国家经济伙伴战略2025》，明确了数字经济等金砖国家重点合作领域及相关合作目标。2021年，中国宣布愿同非洲共同制定和实施"中非数字创新伙伴计划"。2023年，在第三届"一带一路"国际合作高峰论坛上，中方与有关国家共同发布《数字经济和绿色发展国际经贸合作框架倡议》。在共建"一带一路"进程不断推进下，中国与南非的数字经济合作有望继续深化。

一 中国与南非数字经济合作背景

2017年，习近平主席在首届"一带一路"国际合作高峰论坛上提出，要坚持创新驱动发展，加强在数字经济、人工智能、纳米技术、量子计算机等前沿领域合作，推动大数据、云计算、智慧城市建设，连接成21世纪的数字丝绸之路。[1] 2023年，在北京举行的全球数字经济大会中，南非约翰内斯堡市与全球18个城市共同参与发布《全球数字经济伙伴城市合作倡议》，这一倡议，是共建"一带一路"，推动全球城市间和国际多双边框架下的数字经济开发创新网络的重要举措。数字化转型正在重塑世界经济，数字经济健康发展也有利于构筑中国与南非的竞争新优势。

（一）合作历史与当前机遇

当前，全球正经历第四次工业革命，多项新兴技术成熟与发展，改变了全球的生产、消费和生活方式，成为全球产业数字化转型的关键推动力。作为以智能制造为主导的新一轮技术革命，以信息通信技术、网络空间虚拟系

---

[1] 《习近平出席"一带一路"高峰论坛开幕式并发表主旨演讲（全文）》，中国政府网，2017年5月14日，https://www.gov.cn/xinwen/2017-05/14/content_5193658.htm。

统、信息物理系统等推动制造业智能化转型，速度之快、规模之大、系统之复杂、影响之深前所未有。中国国家副主席王岐山在世界经济论坛 2019 年年会上表示，期待中国积极参与全球科技治理，共担时代责任，共促全球发展，实现"科技向善"，进一步落实构建全球命运共同体的目标。[①] 习近平主席在 2020 年中非团结抗疫特别峰会上指出，愿同非方一道，共同拓展数字经济、智慧城市、清洁能源、5G 等新业态合作。[②] 中非数字创新伙伴计划表明中方将与非方分享数字技术成果，促进数字基础设施互联互通，加强电子商务合作，支持公共部门和企业数字化水平提升等。该计划面向非洲，为南非数字经济发展提供了广阔的合作空间。

中国与南非数字经济合作离不开建交以来双方政治互信、利益交融、民心互通的不断深化。南非是首个同中国签署"一带一路"合作谅解备忘录的非洲国家。在 2023 年第三届"一带一路"国际合作高峰论坛数字经济高级别论坛上，国家网信办主任庄荣文表示，近年来，中国与共建"一带一路"国家加强合作，携手擘画数字经济发展蓝图，让古丝绸之路焕发新生机。在会上科摩罗数字经济部部长表示，大多数非洲国家面临着资金和技术两大挑战，而中国基本具备应对这些挑战的方案，并且本着"一带一路"倡议的精神在数字经济发展领域开展国际合作。为推动"一带一路"更高质量、高水平发展，同年两国元首签署《中南关于同意深化"一带一路"合作的意向书》。南非约翰内斯堡大学非洲—中国研究中心主任戴维·蒙亚埃曾在媒体中发表文章指出，中南有着强健的经济关系，未来应加强数字技术、信息通信和人工智能等领域的合作。

（二）政府牵头与企业助力

在"一带一路"倡议、中非合作论坛等框架下，中国积极帮助南非缩

---

① 《第四次工业革命：中国的角色与责任》，世界经济论坛网站，2019 年 5 月 31 日，https：//cn. weforum. org/stories/2019/05/di-si-ci-gong-ye-ge-ming-zhong-guo-de-jue-se-yu-ze-ren/。

② 《习近平在中非团结抗疫特别峰会上的主旨讲话（全文）》，中国政府网，2020 年 6 月 17 日，https：//www. gov. cn/xinwen/2020-06/17/content_5520086. htm。

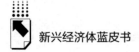

小数字鸿沟，从互联网基础设施建设到电子商务运用和人才培养，再到移动支付、社交媒体等，中南数字经济合作内涵不断丰富，助力南非实现数字化转型，惠及当地广大民众。

中国企业积极响应南非数字化环境治理号召。华为于1998年进入南非市场，早期为南非的学校和医院提供网络连接服务。随着业务的不断拓展，面对南非政府业务应用逐渐复杂化的需求，华为通过"一云一网+公共服务"模式，助力南非政府的数字化转型。目前，华为是南非国家信息技术管理局政务云的基础设施供应商，积极与当地运营商合作提供5G网络服务。2023年7月，南非总统拉马福萨在约翰内斯堡为"华为南非创新中心"揭幕，该中心是华为为促进与南非本地伙伴、开发者、中小微企业，在ICT领域进行联合创新而设立的机构。除了华为，阿里巴巴与南非也有广泛的数字经济合作。在2018年中非合作论坛北京峰会闭幕后，南非总统拉马福萨在访华最后一天专程前往杭州阿里巴巴总部，与阿里巴巴集团董事局主席马云探讨数字经济在南非的发展前景，并邀请马云在南非建立数字培训中心。2022年10月10日，阿里巴巴非洲创业者培训在杭州开班，该培训是由阿里巴巴全球创新与发展倡议计划（AGI）在eWTP合作框架下发起的，通过分享数字经济在促进普惠贸易发展方面的积极影响，激励和帮助全球企业家、青年和女性。

中国与南非的企业携手共建数字基础设施。中国电信、中国移动、中国联通等通信企业均在南非设立独立机构，在南非通信基础设施建设中发挥重要作用。作为南非通信基础设施建设领域主要参与者之一的中兴通讯，早在2014年就与非洲最大的ICT设备分销商Pinnacle Africa签订协议，迅速拓展南非政企网市场。2022年9月，华为为南非国有交通运输公司Transnet提供了铁路全光骨干网络解决方案，助力南非的铁路行业数字化破局。2022年11月，中国移动国际有限公司与南非迈斯特派尔科技有限公司签署合作备忘录，协力推进南非电信、金融服务等互联网数据中心建设，共同驱动非洲数字化转型。在2023年世界移动通信大会上，中兴通讯与南非BCX集团签署战略合作协议，携手推进南非地区行业数字化部署进程，深化包括服务器存储、交换机、5G专网、数据中心、私有云等业务的合作，优势互补加快区域数字化进程。

中国企业助力南非数字技术应用的不断普及。南非的网络覆盖率已增至50%以上，网购、外卖、叫车等中国消费者习以为常的互联网业务在南非逐渐活跃开来。2019年，开普敦举行的中南经贸合作大型签约仪式，将中南经贸互利合作推向新的高度。受新冠疫情影响，加快数字化转型以缓解新冠疫情冲击对经济复苏至关重要。数字经济成为中国助力南非发展的新方向，中国企业提供技术和经验支持的电子商务、金融科技等成为推动非洲国家经济复苏的重要方式。在2022年中非青年论坛上，南非驻华使馆政治参赞彭寇先生指出，2009年以来，中国就是南非第一大贸易伙伴，南非也是中国在非洲的第一大贸易伙伴，他呼吁中国同南非深化在数字经济架构发展中的合作。同年7月，华为携手合作伙伴举办2022南非企业客户伙伴生态大会，分享了助力南非数字化转型并支持南非数字经济发展的规划。

中国与南非的企业数字金融合作前景广阔。南非金融科技市场的巨大潜力吸引了以银联、阿里巴巴、腾讯为代表的中国金融科技企业。2015年，微信在南非发布移动钱包，允许P2P支付、电费和话费预付及零售店支付等，与南非标准银行合作共建确保服务的安全性。2023年，南非旅游部部长表示正推动支付宝和微信在南非落地。中国银行、中国工商银行等中资银行纷纷在南非设立了分行，为当地提供了融资支持和服务。南非Android市场占比约79.78%，远超iOS，三星、荣耀、小米等拥有较大市场份额。南非被视为一个极具吸引力的市场，高端智能手机市场将进一步扩大，这得益于中国与南非贸易紧密合作的助力。移动通信设备的普及为数字金融合作奠定了良好的基础。

综上所述，中国与南非的政治互信、利益交融为两国数字经济合作奠定了基础，而数字经济发展水平的差异扩大了两国数字经济合作的空间。中国与南非的数字经济合作大有可为，应进一步挖掘数字经济国际合作潜力，以数字化助推高质量共建"一带一路"。本报告从数字环境治理、数字基础设施、数字技术应用和数字金融发展四个维度构建了数字经济发展指标体系，对中国和南非的数字经济发展水平进行测度与比较，进一步挖掘中国与南非数字经济合作的可行性。

二　中国与南非数字经济发展水平测度

（一）数字经济发展指标体系的构建

本报告参考王军等、潘为华等、郭峰等、张勋等对数字经济和数字金融的指标构建体系，[①] 基于数据的可获得性构建数字经济发展指标体系。以IMD 世界竞争力报告、WIPO 全球创新指数报告、世界银行 The Global Findex Database 为基准，选取 2017~2023 年 55 个国家[②] 57 个三级指标的数字经济发展基础数据，利用熵权法确定综合权重，构建了涵盖 12 个维度的二级指标和 4 个维度的一级指标的数字经济发展指标体系（见表 1）。

表 1　数字经济发展指标体系

一级指标	二级指标	三级指标	综合权重
数字环境治理	数字安全环境	数字政府	0.084
		公私伙伴关系保障	
		网络安全	
		软件盗版	
		政府网络安全能力	
		隐私权的法律保护	

① 王军、朱杰、罗茜：《中国数字经济发展水平及演变测度》，《数量经济技术经济研究》2021 年第 7 期；潘为华、贺正楚、潘红玉：《中国数字经济发展的时空演化和分布动态》，《中国软科学》2021 年第 10 期；郭峰等：《测度中国数字普惠金融发展：指数编制与空间特征》，《经济学（季刊）》2020 年第 4 期；张勋等：《数字经济、普惠金融与包容性增长》，《经济研究》2019 年第 8 期。

② 55 个国家：阿根廷、澳大利亚、奥地利、比利时、巴西、保加利亚、加拿大、智利、中国、哥伦比亚、克罗地亚、塞浦路斯、捷克共和国、丹麦、爱沙尼亚、芬兰、法国、德国、希腊、匈牙利、印度、印度尼西亚、爱尔兰、以色列、意大利、日本、约旦、哈萨克斯坦、韩国、拉脱维亚、立陶宛、马来西亚、墨西哥、蒙古国、荷兰、新西兰、挪威、秘鲁、菲律宾、波兰、葡萄牙、罗马尼亚、沙特阿拉伯、新加坡、斯洛伐克共和国、斯洛文尼亚、南非、西班牙、瑞典、瑞士、泰国、土耳其、阿联酋、英国、美国。

一级指标	二级指标	三级指标	综合权重
数字环境治理	数字监管环境	创业环境	0.072
		执行合同监管	
		法治环境	
		技术开发与应用治理	
		科学研究立法环境	
		知识产权环境	
	数字创新环境	教育评估	0.107
		国际经验	
		外籍高技能人才	
		国际学生净流动	
		城市管理水平	
		数码技术技能	
数字基础设施	数字设施普及程度	电子参与	0.037
		ICT 利用率	
		ICT 普及率	
	数字设施基础条件	通信技术	0.070
		移动宽带用户	
		无线宽带	
		因特网用户	
		因特网宽带速度	
		高技术出口水平	
	数字域名建设水平	国家顶级域名(nTLD)	0.232
		通用顶级域名(gTLD)	
数字技术应用	数字技术的使用程度	世界机器人	0.079
		数字应用的机会与挑战	
		数字企业敏捷性	
		大数据分析的使用	
		数字知识传递	
		创业灵活性	
	数字技术的科研投入	研发支出总额占比	0.099
		人均研发人员数	
		研究员	
		按出版物分列的研发生产率	
		科学技术就业	

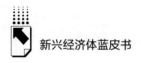

续表

一级指标	二级指标	三级指标	综合权重
数字技术应用	数字技术的科研投入	高科技专利资助	0.099
		机器人的教育研发	
	数字技术的生产水平	购买力平价 GDP 增长率	0.043
		新兴数字型生产企业的人口	
		计算机软件生产的开支在 GDP 中占比	
		产品 ISO9001 质量水平认证	
		高端、中高端技术生产占比	
数字金融发展	数字金融便利化	使用手机或互联网线上购物 15 岁以上人群占比	0.059
		使用手机或互联网支付借贷等账单占比	
	数字金融覆盖度	使用手机或互联网查看账户余额人群占比	0.049
		数字货币使用度	
	数字行业的金融价值	IT 和媒体股票市值	0.069
		技术发展资金	
		银行和金融服务	
		国家信用等级	
		风险资本	
		电信投资	

　　数字环境治理一级指标从数字安全环境、数字监管环境、数字创新环境三个维度选取了数字政府、公私伙伴关系保障、网络安全等 18 个三级指标。数字基础设施一级指标的构建以普惠性、便捷性为目标从数字设施普及程度、数字设施基础条件、数字域名建设水平三个维度选取了电子参与、ICT利用率、ICT 普及率等 11 个三级指标。数字技术应用一级指标从数字技术的使用程度、数字技术的科研投入、数字技术的生产水平三个维度选取了18 个三级指标，涵盖研发、机器人、大数据等数字创新及高水平知识的运用情况。数字金融发展一级指标从数字金融便利化、数字金融覆盖度、数字行业的金融价值三个维度选取了使用手机或互联网线上购物 15 岁以上人群占比、数字货币使用度、IT 和媒体股票市值等 10 个三级宏微观金融指标。

在数据处理方面，部分缺失值采用线性插值法补全，采用熵值法对数字经济发展水平进行评价，根据各个二级指标的分散程度，利用信息熵确定各指标的权重。首先，在熵值法计算之前，由于指标体系中选取的各类指标度量单位不尽相同，数据间不存在直接可比性，因此对各个指标进行标准化处理。所有指标均为正向指标，即当指标数值越大，对评价越有积极作用，因此将采用正向指标标准化公式（1）处理。

$$x_{ijk}^1 = \frac{x_{ijk} - x_{minj}}{x_{maxj} - x_{minj}} \tag{1}$$

假设x_{ijk}代表第i个国家、第j个指标在第k年的数值，x_{ijk}^1则代表x_{ijk}经过标准化处理后的数值，x_{minj}和x_{maxj}分别代表第j个指标在全部样本中的最小值和最大值。经过标准化处理后x_{ijk}^1取值范围在［0，1］，代表x_{ijk}在全部样本中相对值的大小。其次，计算第j个指标的比重，即公式（2）。计算第j个指标的熵值，即公式（3）。计算第j个指标的信息效用度，即公式（4）。计算第j个指标的权重，即公式（5）。

$$y_{ijk} = \frac{x_{ijk}^1}{\sum_i \sum_k x_{ijk}^1} \tag{2}$$

$$S_j = -\frac{1}{\ln mt} \sum_i \sum_k y_{ijk} \ln(y_{ijk}) \ , S_j \in [0,1] \tag{3}$$

$$g_i = 1 - S_j \tag{4}$$

$$w_j = \frac{g_j}{\sum_j g_j} \tag{5}$$

（二）中国与南非数字经济发展测度

根据前文构建的衡量数字经济发展水平的指标体系和熵值法，测算出2017~2023年中国与南非数字经济发展水平在不同维度上的得分，四个指标数字环境治理、数字基础设施、数字技术应用和数字金融发展的取值范围均为0~100，数值越大，表示相对发展水平越高。

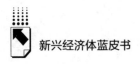

中国与南非两国数字经济发展水平测度结果（见表2、表3）表明，总体来说两国数字经济发展稳步向前。其中，2019~2021年，南非数字经济发展变缓，中国数字经济发展轻微放缓，随后逐渐加速，相比之下南非波动更为明显且至2023年仍未恢复至疫情前水平。后文分别从四个维度进一步比较两国数字经济发展的差异并寻找未来数字经济合作的方向。

表2　2017~2023年中国数字经济发展情况

年份	总分	数字环境治理	数字基础设施	数字技术应用	数字金融发展
2017	44.23	50.25	21.32	64.67	48.24
2018	49.17	58.60	23.63	68.07	54.66
2019	56.00	66.30	27.34	79.69	60.02
2020	57.01	68.22	27.78	76.42	64.98
2021	55.97	62.83	28.05	72.98	68.98
2022	61.62	70.10	33.35	74.85	77.14
2023	64.01	68.89	34.88	78.15	83.40

表3　2017~2023年南非数字经济发展情况

年份	总分	数字环境治理	数字基础设施	数字技术应用	数字金融发展
2017	23.73	29.17	13.86	31.94	23.13
2018	27.68	32.38	15.17	38.10	29.14
2019	30.94	35.31	19.58	38.68	33.86
2020	22.75	20.51	18.07	19.50	34.31
2021	17.94	9.27	14.50	16.05	33.09
2022	26.76	22.23	19.98	28.85	38.21
2023	25.61	19.08	18.61	25.24	41.79

三　中国与南非数字经济发展水平比较

（一）数字经济发展指标趋势特征

第一，中国数字经济发展水平稳步提升。2017~2023年，四个数字经济发展指标呈现向好趋势，其中数字金融发展增长态势最为明显，数字支付便利化程度大大提升，数字环境治理和数字技术应用稳步增长，相较之下，数字基础设施较为薄弱（见图1）。随着数字经济的快速发展，全球各国都越来越重视数字经济的发展，致力于将数字技术转化为现实生产力，以满足人民日益增长的物质文化需求。

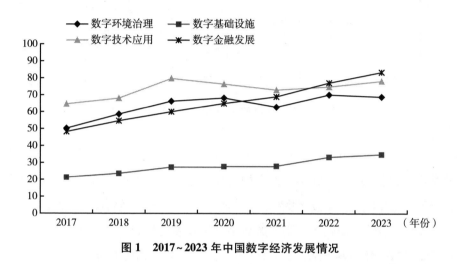

图1 2017~2023年中国数字经济发展情况

第二，南非数字经济发展动荡性较强。南非的数字经济发展整体落后于中国。在新冠疫情的冲击下，除了数字金融发展增长态势明显以外，南非的数字环境治理、数字基础设施和数字技术应用在2019~2021年均呈现下降趋势，2022~2023年缓慢恢复（见图2）。这体现出南非数字经济发展的根基较为薄弱，易受外界影响，尤其是数字环境治理所受的影响较大。

（二）数字经济发展四大维度比较

本报告进一步对中国与南非在数字环境治理、数字基础设施、数字技术应用和数字金融发展四个维度进行横向比较。

在数字环境治理上，我国在数字安全环境、数字监管环境、数字创新环境三个指标中都具有较大优势，尤其是在代表技能、教育、高水平人才资源的数字创新环境上优势较为明显（见图3）。一方面，我国人口基数较大，人

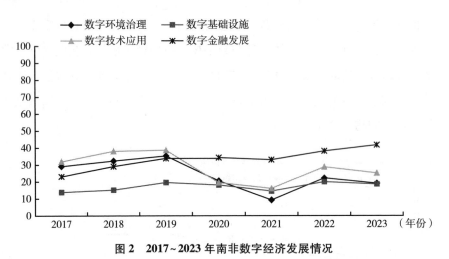

图2　2017～2023年南非数字经济发展情况

力资源充足；另一方面，我国从1980年开始普及义务教育，至2008年义务教育覆盖率已达99.3%。在第七次全国人口普查时，全国拥有大学文化程度的人口已超过2亿人，在数字政府、监管法律、数字安全环境方面均有较大的潜力。在新冠疫情的影响下，南非的数字经济发展受到很大的冲击，三个指标在2020～2021年急剧下降，疫情后缓慢恢复，有着广阔的市场空间。

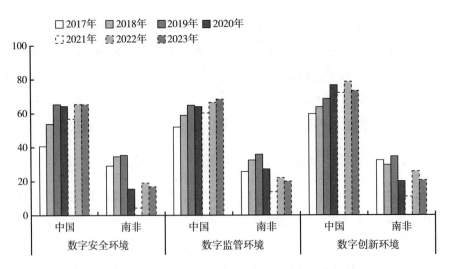

图3　2017～2023年中国与南非数字环境治理情况

在数字基础设施上，我国数字设施普及程度和数字设施基础条件较好，数字域名建设水平相对较低。数字基础设施是新型基础设施的核心内容，是用新一代信息技术对传统基础设施数字化、智能化的改造。数字基础设施是满足高品质生活需求、支撑高质量发展必不可少的要素。随着各地相继出台相关政策加快数字化、网络化、智能化技术在各领域的应用，我国的数字基础设施条件也逐渐改善。由电子参与、ICT 利用率和 ICT 普及率构成的数字设施普及程度近七年快速增长。2023 年发布的《中国互联网络发展状况统计报告》显示，我国网民规模达 10 亿人，互联网普及率达 76.4%。但是，在数字域名建设水平指标上，中国国家顶级域名和通用顶级域名都属于弱项，还需要不断增强。南非在通信技术、宽带、互联网等领域较为薄弱，数字基础设施条件落后于中国（见图 4）。

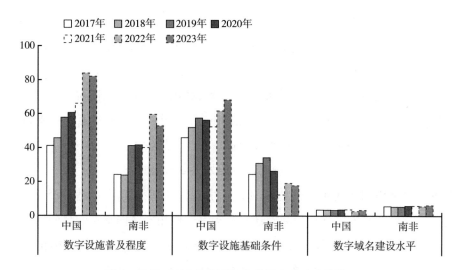

图 4　2017~2023 年中国与南非数字基础设施情况

在数字技术应用上，中国数字技术的使用程度、数字技术的科研投入和数字技术的生产水平远高于南非，有较大优势（见图 5）。我国重视科技研发和人员投入，鼓励科技成果转化，设置专项资金、加快专利审批等，为科技创新发展提供强大后盾。南非在数字技术的使用程度、科研投入方面相对薄弱，2020 年受疫情的不利影响较大，至 2023 年还未恢复至疫情之前水平。

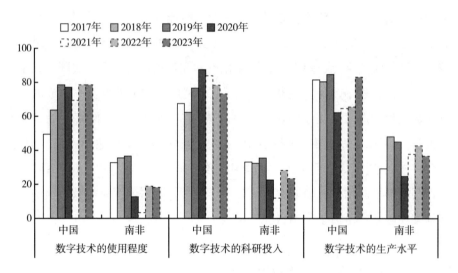

图5 2017~2023 年中国与南非数字技术应用情况

在数字金融发展上，中国在数字金融便利化、数字金融覆盖度、数字行业的金融价值方面均领先于南非（见图6）。中国以互联网线上购物支付为主的数字金融便利化程度近年来飞速提高，已位居世界前列。中国互联网络信息中心发布的第52次《中国互联网络发展状况统计报告》显示，至2023年6月，网络购物使用率已达82%，网络支付使用率更是达到87.5%。相比之下，南非在网络连接生活上还有待提高，使用互联网支付购物的比例较低。中国以 IT 和媒体股票市值、银行和金融服务、电信投资等指标衡量的数字行业的金融价值稳步增长，而南非的数字行业的金融价值在经历疫情后恢复缓慢。

从数字环境治理、数字基础设施、数字技术应用和数字金融发展四个维度的比较分析发现，中国与南非的数字经济发展差异较为明显，优势各不相同，这也给合作共赢带来可能性。数字化转型是大势所趋，两国数字经济合作未来可期。

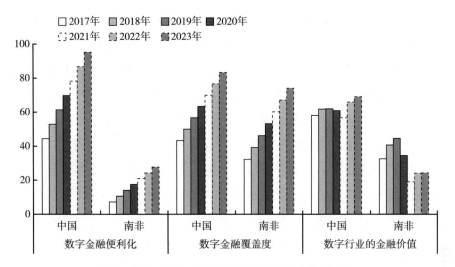

图6 2017~2023年中国与南非数字金融发展情况

四 基于演化博弈角度探讨中南数字经济合作共赢

数字经济已经成为撬动全球经济增长的重要引擎。数字技术和数据要素的经济价值关键在于流通和流转，倘若相互之间以邻为壑会难以促进技术创新发展。面对数字时代的生态、竞争新格局，未来无论是在科技创新领域的开发还是在应用推广方面，都需要加强合作。接下来，本报告参考张华、宋彪等参与方演化博弈分析框架，[①] 构建中南双方演化博弈模型，探讨中南数字经济合作的利益格局。

（一）中国与南非数字经济博弈矩阵

假设各国的经济发展水平目标已制定且在一定时间内不变，在目标达成前不停止博弈，博弈主体为中国与南非。

---

① 张华：《协同创新、知识溢出的演化博弈机制研究》，《中国管理科学》2016年第2期；宋彪、徐沙沙、丁庆洋：《"一带一路"战略下企业合作及政府监管的机会主义行为演化博弈分析》，《管理评论》2018年第1期。

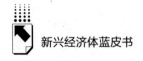

南非为 S，策略集为（合作，不合作），假设 S_1 表示的策略为与中国合作，策略占比为 x，S_2 表示的策略为不与中国合作，策略占比为 $1-x$，$0 \leqslant x \leqslant 1$。假设在发展过程中未计划与中国合作时南非单独投入所有资源，在完善数字环境治理方面投入人力、物力及财力的成本为 P_{S1}，在推动数字基础设施建设方面投入及引进技术成本为 P_{S2}，在数字技术应用方面鼓励支持数字化应用所投入的成本为 P_{S3}，深化数字金融普惠性、便利性所投入的人才学习、创新研发、金融产品推广等成本为 P_{S4}，没有与中国开展数字经济合作时的南非收益为 N_S。与中国合作共同发展后，两国协调合作共同探讨建设方案南非所投入的成本为 Q_S；合作后中国给南非数字环境治理带来丰富的发展经验及人才培养资助等，此时在数字环境治理方面南非投入的成本为 Q_{S1}；中国提供先进的技术、人力资源帮助南非建设数字基础设施，此时在数字基础设施方面南非投入的成本为 Q_{S2}；中南合作，加快双方数字化全方位发展，此时数字技术应用领域南非所投入的成本为 Q_{S3}；数字金融发展所投入成本为 Q_{S4}。中国带来先进的技术、高水平的人才和援助资金，这在一定程度上加快南非数字经济发展进程，而数字化程度越高，带来的便利就越多。假设合作后给南非带来的利益增值为 R_S；未成功与中国合作前，南非积极寻求合作所付出的成本为 M_S，在南非寻求合作而中国暂不考虑合作情况下，中国给予南非的资助为 K_S。

中国为 C，策略集为（合作，不合作），假设 C_1 表示策略为与南非合作，策略占比为 y，C_2 表示的策略为不与南非合作，策略占比为 $1-y$，$0 \leqslant y \leqslant 1$。若没有在数字经济发展上与南非合作时的中国收益为 N_C，在本国数字经济发展中所投入的成本为 P_C。若在数字经济发展上与南非合作，中国与南非合作协调成本为 Q_C，中国在数字环境治理方面对南非投入的成本为 Q_{C1}，在数字基础设施方面对南非投入的成本为 Q_{C2}，在数字技术应用方面对南非投入的成本为 Q_{C3}，在数字金融发展方面对南非投入的成本为 Q_{C4}。与南非合作后，中国富余的生产力、先进的技术在南非可以产生更多的价值，从国内市场转向国外市场，创造更多的收益，因此带来的收益增值表示为 R_C；两国优势互补，南非铁、铬等金属矿产资源的直接供应，为中国数字经济发

展节省的成本为 T_C；未成功与南非合作前，中国积极寻求合作所付出的成本为 M_C。中国与南非博弈收益矩阵如表 4 所示。

表 4 中国与南非博弈收益矩阵

		中国	
		合作 y	不合作 $1-y$
南非	合作 x	$N_S+R_S-(Q_S+Q_{S1}+Q_{S2}+Q_{S3}+Q_{S4})$, $N_C+R_C-P_C+T_C-$ $(Q_C+Q_{C1}+Q_{C2}+Q_{C3}+Q_{C4})$	$N_S+K_S-M_S-(P_{S1}+P_{S2}+P_{S3}+P_{S4})$, $N_C-P_C-K_S$
	不合作 $1-x$	$N_S-(P_{S1}+P_{S2}+P_{S3}+P_{S4})$, $N_C-M_C-P_C$	$N_S-(P_{S1}+P_{S2}+P_{S3}+P_{S4})$, N_C-P_C

（二）中国与南非数字经济博弈收益

南非采取合作策略的期望收益：

$$E_{11} = N_S + K_S + y[R_S + M_S - K_S - (Q_S + Q_{S1} + Q_{S2} + Q_{S3} + Q_{S4}) + (P_{S1} + P_{S2} + P_{S3} + P_{S4})] - M_S - (P_{S1} + P_{S2} + P_{S3} + P_{S4}) \tag{6}$$

采取不合作策略的期望收益：

$$E_{12} = N_S - (P_{S1} + P_{S2} + P_{S3} + P_{S4}) \tag{7}$$

南非的复制动态方程：

$$F(x) = x(1-x)[y(R_S + M_S + P_{S1} + P_{S2} + P_{S3} + P_{S4} - Q_S - Q_{S1} - Q_{S2} - Q_{S3} - Q_{S4}) + K_S - M_S] \tag{8}$$

中国采取合作策略的期望收益：

$$E_{21} = N_C - M_C - P_C + x[R_C + M_C + T_C - (Q_C + Q_{C1} + Q_{C2} + Q_{C3} + Q_{C4})] \tag{9}$$

采取不合作策略的期望收益：

$$E_{22} = N_C - P_C - x K_S \tag{10}$$

中国的复制动态方程：

$$F(y) = y(1-y)[x(R_C + M_C + T_C + K_S - Q_C - Q_{C1} - Q_{C2} - Q_{C3} - Q_{C4}) - M_C] \tag{11}$$

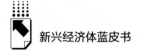

同时满足 $F(x) = 0$，$F(y) = 0$，得出 5 个均衡 $(0,0)$，$(0,1)$，$(1,0)$，$(1,1)$，

$$\left(\frac{M_C}{R_C + M_C + T_C + K_S - Q_C - Q_{C1} - Q_{C2} - Q_{C3} - Q_{C4}}, \frac{M_S - K_S}{R_S + M_S + P_{S1} + P_{S2} + P_{S3} + P_{S4} - Q_S - Q_{S1} - Q_{S2} - Q_{S4}} \right)$$

通过雅可比矩阵 J 行列式和迹符号判断，若行列式大于 0 且迹小于 0，则该均衡点具有局部稳定性。雅可比矩阵如下：

$$J = \begin{pmatrix} \frac{\partial F(x)}{\partial x} & \frac{\partial F(x)}{\partial y} \\ \frac{\partial F(y)}{\partial x} & \frac{\partial F(y)}{\partial y} \end{pmatrix} \tag{12}$$

$$\frac{\partial F(x)}{\partial x} = (1 - 2x)[y(R_S + M_S + P_{S1} + P_{S2} + P_{S3} + P_{S4} - Q_S - Q_{S1} - Q_{S2} - Q_{S3} - Q_{S4}) + K_S - M_S] \tag{13}$$

$$\frac{\partial F(x)}{\partial y} = x(1 - x)(R_S + M_S + P_{S1} + P_{S2} + P_{S3} + P_{S4} - Q_S - Q_{S1} - Q_{S2} - Q_{S3} - Q_{S4}) \tag{14}$$

$$\frac{\partial F(y)}{\partial x} = y(1 - y)(R_C + M_C + T_C + K_S - Q_C - Q_{C1} - Q_{C2} - Q_{C3} - Q_{C4}) \tag{15}$$

$$\frac{\partial F(y)}{\partial y} = (1 - 2y)[x(R_C + T_C + M_C + K_S - Q_C - Q_{C1} - Q_{C2} - Q_{C3} - Q_{C4}) - M_C] \tag{16}$$

在 $R_S + P_{S1} + P_{S2} + P_{S3} + P_{S4} + K_S - (Q_S + Q_{S1} + Q_{S2} + Q_{S3} + Q_{S4}) > 0$，$R_C + T_C + K_S - (Q_C + Q_{C1} + Q_{C2} + Q_{C3} + Q_{C4}) > 0$ 时，仅有（合作，合作）策略集具有稳定性。基于博弈理性人假设，博弈双方均追求利益最大化，当 $R_S + P_{S1} + P_{S2} + P_{S3} + P_{S4} + K_S > Q_S + Q_{S1} + Q_{S2} + Q_{S3} + Q_{S4}$ 时，南非选择合作战略，当 $R_C + T_C + K_S > Q_C + Q_{C1} + Q_{C2} + Q_{C3} + Q_{C4}$ 时，中国选择合作战略，所得到的收益大于付出的成本。

中国与南非数字经济发展水平测度和比较表明，中南两国数字经济发展水平存在显著的差异，推动数字经济发展具有较大的空间；基于演化博弈视角分析长远发展的收益，两国合作更是互利共赢之策。中南两国合作前景向好，携手推进数字经济发展是未来合作的大方向。

五　中国与南非数字经济国际合作前景

近年来，中国数字经济总体稳步向前发展但也存在一定的不平衡。南非数字经济发展具有不稳定性，受外界影响较大，起步较晚，底子较为薄弱，但非常重视科技发展，一直积极寻求突破口提高自身数字经济实力。中国依托在数字经济领域的技术优势、人才优势、科研优势，与南非在数字环境治理、数字基础设施、数字技术应用、数字金融发展等方面展开合作，可夯实中国与南非的合作基础，实现中南合作更高质量发展。后文从数字经济发展四个维度展望中国与南非数字经济合作的前景。

（一）"一带一路"背景下中国与南非数字环境治理体系构建

第一，积极建立多维度的数字治理体系，促进贸易与投资便利化，提高两国的合作效率。设立数字纠纷仲裁委员会，由互联网应用服务提供商、互联网接入服务提供商、网络运营商、网络内容服务商、平台经营者以及电子商务经营者等发起成立，负责对数字经济领域内的纠纷案件进行公正、统一且具有权威性的裁决。在此基础上，可成立数字产业治理联盟，提高对数字经济活动的监管能力。通过共享信息、知识和经验促进跨行业的合作与交流，推动形成更加透明、公平、高效的数字产业治理环境。同时，积极参与全球数字贸易规则的制定，尤其是在共建"一带一路"国家间推动数字技术标准的整合与统一，并以此作为数据开放与共享的基础保障。

第二，构建有效的数字经济合作机制，因地制宜地推动数字经济协调发展。南非数字经济发展起步较慢，数字环境安全保障不充分，在疫情影响下波动较大，帮助南非构建稳定、安全的发展环境至关重要。分享中国的数字经济环境治理经验，共享数字经济发展成果，建立高效的数字化协作机制，促进数字经济协同发展。加大对南非的支持，加强人才交流，签署区域合作协议，构建多边交流平台，增强战略互信，鼓励数字创新。在助力南非数字经济跨越式发展的同时，应切实关注南非发展重点，中南双方以尊重为前提，共创数字安全，提升数字治理能力，强化安全风险防控能力，将数字化合作落细、落实、落深，携手共建和谐可持续的数字经济发展环境。

（二）"一带一路"背景下中国与南非数字基础设施建设

第一，设立资金项目支持南非的数字基础设施建设。数字基础设施建设需要大量资金、技术及人才等，中国应有针对性地提供支持，如设立专项资金或援助项目，以低利率支持其发展，加速其数字基础设施建设。2023 年，中南两国签署《中南关于同意深化"一带一路"合作的意向书》，进一步促进了中国企业对南非的投资，加强了两国数字工业化合作。数字基础设施建设的加强是数字经济发展的基石，是促进经济活动和恢复社会韧性的关键动力。IDC 数据显示，2023 年南非国家电力和电信 ICT 总支出规模接近 6 亿美元，并且将逐年增长。中国企业在南非建立 ICT 领域合作伙伴网络，投资了大量的电信基础设施建设项目和网络建设项目，市场营收近亿美元。

第二，加大科研投入支持南非的数字基础设施建设。从数字经济建设根源出发，激发科研潜力，抓住发展机遇，实现基础设施数字化普及。南非2019 年成立了第四次工业革命总统委员会，积极响应智慧非洲联盟提出的"智慧非洲"计划，发布《国家数据和云政策草案》，推动政府数据库建设并计划建设高性能计算中心。南非科创部和统计局发布的研发调查显示，与2020 年相比，2021 年南非经济显著复苏，研发支出随之增加，其中工商部门研发支出增加了 34.8 亿兰特，高等教育部门研发支出增加了 4.46 亿兰特，外资研发经费占研发资金的 14.5%，增加了 10 多亿兰特。

（三）"一带一路"背景下中国与南非数字技术应用转型

第一，推动企业数字化转型，促进数字技术和实体经济融合发展。在新一轮技术革命驱动下，各国都积极探索数字经济发展路径，加上数字经济对生产生活的重要作用的凸显，数字化正逐渐成为国家经济复苏的基础战略支柱。面对"后疫情时代"南非数字化转型的急迫需求,中国部分企业依托先发优势,积极推动中国与南非之间的合作,实现优势互补,扩大彼此的市场范围,实现互利共赢。南非人工智能专家西里达兹·马尔瓦拉表示,非洲人口基数大、增速快,必须借助科技的力量,利用第四次工业革命带领非洲走出贫困,将数字化引入农业、制造业。

第二,大力培育数字化人才,推动数字技术的普及与应用。随着数字时代的到来,数字技术在人们的工作和生活中发挥着越来越大的作用,这就对劳动者需要具备的数字化能力提出了更高的要求。大力提高劳动者的数字化能力,是顺应经济发展规律、夯实数字经济发展与产业升级基础、满足劳动力市场需求结构不断变化的需要。自 2020 年开始,中国企业已与南非多所大学合作建立信息通信学院,协助南非师生建立 ICT 人才生态圈。以我国高水平人力资源的丰富经验,帮助南非提高人民受教育水平,培育数字领域专业人才,建立数字人才培育体系,通过社会、企业、学校等助力南非数字人才成长,设立奖学金支持优秀学子深造。

(四)"一带一路"背景下中国与南非数字金融发展的合作

第一,根据两国金融发展水平和需求构建灵活的合作方式。随着各地区数字经济伙伴关系网络的加速构建,中国数字金融发展不断释放活力,正处于亟待开拓国际市场的快速发展阶段。而南非数字金融服务供给不足,中国与南非在数字金融发展领域的合作一方面为我国提供了广阔的国际市场,另一方面也推动了南非数字金融发展。充分利用现有的合作载体,如"一带一路"国际合作高峰论坛、中非合作论坛及中非互联网发展与合作论坛等,探索中国与南非数字金融交流合作机制,促进数字货币在跨境支付结算、投融资等领域的推广,畅通两国企业之间的合作渠道。

第二,建立数字金融合作试点示范项目。可借助中国南非科技园区,在数字支付、数字信贷、数字结算等应用方面先行尝试,及时检测出在跨境金融运营中出现的漏洞,并对可能出现的安全风险进行排查和处理。加快建设中国—南非金融科技与信息服务中心,鼓励和支持具有技术和市场优势的金融科技企业，积极参与南非的金融科技发展浪潮，推动移动支付、区块链技术应用于金融领域，促进双方在金融领域的合作和交流，共同探索和实践新的商业模式，推动两国金融服务业的升级和发展。同时，在数字金融发展的合作过程中，加强金融监管和技术安全保障，确保两国数字金融发展的合作的安全性和稳定性。

参考文献

《深化数字经济合作　共享数字发展红利》，《中国经济导报》2023 年 10 月 31 日，第 2 版。

《中南经贸合作成果丰硕潜力大》，《经济日报》2024 年 1 月 9 日，第 4 版。

郭峰等：《测度中国数字普惠金融发展：指数编制与空间特征》，《经济学（季刊）》2020 年第 4 期。

潘为华、贺正楚、潘红玉：《中国数字经济发展的时空演化和分布动态》，《中国软科学》2021 年第 10 期。

齐俊妍、任奕达：《东道国数字经济发展水平与中国对外直接投资——基于"一带一路"沿线 43 国的考察》，《国际经贸探索》2020 年第 9 期。

宋彪、徐沙沙、丁庆洋：《"一带一路"战略下企业合作及政府监管的机会主义行为演化博弈分析》，《管理评论》2018 年第 1 期。

唐旻、黄志刚、林朝颖：《"一带一路"沿线国家的金融机构国际合作指数构建与影响因素分析》，《管理评论》2023 年第 10 期。

王军、朱杰、罗茜：《中国数字经济发展水平及演变测度》，《数量经济技术经济研究》2021 年第 7 期。

张华：《协同创新、知识溢出的演化博弈机制研究》，《中国管理科学》2016 年第 2 期。

张勋等：《数字经济、普惠金融与包容性增长》，《经济研究》2019 年第 8 期。

祝合良、王春娟：《"双循环"新发展格局战略背景下产业数字化转型：理论与对策》，《财贸经济》2021 年第 3 期。

B.13
中国与沙特阿拉伯高质量共建
"一带一路"面临的挑战及对策

汪莎莎　陈淑敏*

摘　要： 自 2013 年习近平主席提出共建"一带一路"倡议以来，中沙两国不断加强战略对接，深化政治互信，经贸和其他领域蓬勃发展。当前，国际形势较为复杂多变，沙特阿拉伯作为中东地缘政治核心，是共建"一带一路"国家的重要合作对象。同时，中方支持沙方"2030 愿景""绿色中东"等一系列重大发展倡议，积极助力沙特阿拉伯经济多元化发展。为了进一步深化合作，中沙要持续推动共建"一带一路"。本报告经过分析目前中国与沙特阿拉伯在能源、气候、经贸领域的合作以及政治、安全与人文交流合作现状，指出面临的挑战，并提出以下建议：一是中沙两国应加强政策沟通和协调，巩固友好关系；二是创新传统领域合作方式，推动新领域合作；三是加强文化交流，增进友谊和合作；四是推动人才培养的合作，加强交流沟通。

关键词： 中国　沙特阿拉伯　"一带一路"倡议

一　中国与沙特阿拉伯合作现状

为加强中国同沙特阿拉伯的战略性关系，习近平主席在 2022 年 12 月 7~9 日对沙特阿拉伯进行了国事访问。"一带一路"倡议提出以来，

---

* 汪莎莎，广东工业大学经济学院国际商务硕士研究生，研究领域为国际贸易；陈淑敏，广东工业大学经济学院硕士研究生，研究领域为绿色贸易。

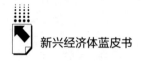

沙特阿拉伯成为中国重要的合作伙伴，双方在能源、经贸、气候、金融、农业方面都进行了大量合作，并取得了良好的效果。

（一）中沙能源合作现状

近年来，中国和沙特阿拉伯在能源领域的合作愈加深入，既涵盖了传统石油领域的长期合作，也包括了新能源领域的战略合作。

在传统能源合作方面，中国和沙特阿拉伯的合作主要集中在石油贸易和上下游产业链投资领域。首先，两国的贸易规模持续增长。自2010年起，中国成为沙特阿拉伯最大的石油出口国之一。据中国海关统计，2022年，中国自沙特阿拉伯进口的原油达8750万吨，在中国原油进口总量中占17%，沙特阿拉伯是我国原油的第一大进口来源国；2023年，中国自沙特阿拉伯进口的原油为8595.9万吨，同比微降1.8%，沙特阿拉伯从第一大原油进口来源国降为第二。从贸易量来看，中国对沙特阿拉伯原油的需求持续增多，反映了两国在能源供应方面的高度互补性。其次，两国的合作从简单的石油进口转向包括炼化和石化在内的上下游一体化发展。例如，中国石化和沙特阿美合作的延布石化项目是一体化炼油与化工联合体，生产成品油和化学品，不仅满足当地市场，还供给中国和全球市场。这一项目实现了资源的就地加工，有效提升了两国在石化产品链上的协同效应。同时，中国石油与沙特阿美在中国福建合资建设炼化一体化设施，旨在拓展成品油和化学品的市场，共享全球市场机会。最后，在"一带一路"倡议的支持下，沙特阿拉伯能源项目吸引了大量来自中国金融和基础设施方面的支持。例如，中国银行和沙特阿拉伯各大银行签署了贷款协议，用于支持沙特阿拉伯的炼油与天然气设施建设。这类跨金融和能源领域的合作，有助于为沙特阿拉伯的能源基础设施提供长期资金保障。

在全球能源转型的大趋势下，中沙在新能源领域的合作逐渐展开，在可再生能源和核能领域已取得多项进展。

1.可再生能源合作

沙特阿拉伯凭借丰富的日照资源，在光伏发电领域具有极大的潜力。近

3年，中国企业大力开展和沙特阿拉伯在新能源领域的合作。2023年，中国企业晶科科技成功签署沙特阿拉伯 Tabarjal 400MW 光伏发电项目协议，这是中国在中东清洁能源领域的重要合作案例。该项目与沙特阿拉伯电力采购公司（SPPC）达成了为期25年的购电协议，标志着中国企业在沙特阿拉伯能源市场的深度参与，支持沙特阿拉伯"2030愿景"中的清洁能源发展目标，同时深化了两国在新能源领域的合作。2024年7月，中国晶科能源宣布与沙特阿拉伯公共投资基金（PIF）和沙特阿拉伯能源设备公司 Vision Industries 合作，共同成立合资公司，在沙特阿拉伯建设10吉瓦（GW）高效电池及组件项目。该项目计划投资71.59亿元，涵盖电池及组件生产的关键产业链环节。这一合作标志着中国企业在沙特阿拉伯新能源领域的深度参与，不仅提升了沙特阿拉伯的可再生能源制造能力，还为其"2030愿景"中的能源多元化和可持续发展目标的实现提供了技术支持。

2. 核能合作

沙特阿拉伯正在积极探索和平利用核能，以应对国内日益增长的电力需求，同时减少对化石燃料的依赖。为此，2017年，中沙两国在核能领域签署了多项合作协议，涵盖核电技术、人才培训和项目开发等内容。在核燃料循环方面，中国在核燃料循环和后端处理技术方面具备优势，沙特阿拉伯对这一领域的需求日益增加。2020年，中核集团与沙特阿拉伯签署了核燃料循环技术合作框架协议，涵盖核燃料制造和废料处理技术，为沙特阿拉伯的核能发展提供全面支持，能帮助沙特阿拉伯实现核燃料的本土化生产，减少对进口的依赖，并为后续核能项目的扩展奠定基础。同时，随着全球氢能产业的兴起，中沙两国在氢能方面的合作逐步展开。沙特阿拉伯计划在2025年前建成全球最大的绿氢生产基地，而中国则有着成熟的制氢技术和丰富的应用经验。未来，中国能帮助沙特阿拉伯建立氢能生产和供应链体系，推动绿色氢能在沙特阿拉伯工业领域的应用。

（二）中沙气候合作现状

近年来，随着全球应对气候变化的压力不断加大，中沙两国在气候合作上的需求和意愿逐步增多与增强，主要通过二十国集团（G20）和《联合国气候变化框架公约》（UNFCCC）这两个国际框架推动多层次合作。这些合作不仅反映了两国在应对全球气候变化上达成共识，还为双方的能源结构转型和可持续发展提供了重要支持。

在 G20 框架下的气候合作中，中沙两国在过去十年逐步从共识性声明向具体行动实施转变。2016 年，两国在 G20 杭州峰会上共同支持《巴黎协定》，承诺在清洁能源合作和碳排放管理方面加强努力。2019 年，G20 大阪峰会期间，中沙达成了关于气候韧性的共识，沙特阿拉伯承诺在未来五年投入 100 亿美元用于气候适应型项目建设，中国也承诺提供技术和金融支持。2020 年，沙特阿拉伯作为 G20 主席国首次提出"碳循环经济"概念，主张通过碳捕集、利用、储存和再利用管理碳排放。该主张获得包括中国在内的多国支持，两国随即启动了碳捕集和储存（CCUS）示范项目，每年减少约 500 万吨的二氧化碳排放，标志着碳循环经济从概念走向应用，展现出中沙在 G20 框架下的务实合作。

在 UNFCCC 框架下，中沙两国的合作集中在气候治理、技术转移和资金支持等方面，特别是在推动清洁能源发展和帮助发展中国家应对气候变化上发挥了重要作用。中沙在历届联合国气候变化大会（COP）上经常立场一致，共同呼吁发达国家履行气候资金承诺，为发展中国家提供更多技术和资金支持，助力清洁能源转型。中国在光伏、风能等清洁能源技术方面拥有丰富的经验，为沙特阿拉伯提供了技术转移和设备支持，助力沙特阿拉伯实现"2030 愿景"中的可再生能源目标。此外，中国通过全球发展和南南合作基金为其他发展中国家提供气候适应的资金和技术支持，沙特阿拉伯则通过公共投资基金（PIF）在中东地区和非洲投资清洁能源项目，推动低碳发展。中沙在"一带一路"倡议下也展开了密切的绿色合作，中国企业积极参与沙特阿拉伯的太阳能和风能项目，为当地提供技术支持并助力碳减排。这些合作不仅体现了中沙在 UNFCCC 框架下对全球气候治理的共同承诺，还在国际气候资金分配和技术转移方面为其他发展中国家提供了示范。

（三）中沙经贸合作现状

近年来，中国与沙特阿拉伯在贸易、投资和金融领域的合作不断加深，取得了显著成果。首先，在贸易合作方面，过去十年中沙贸易规模稳步上升。中国从沙特阿拉伯进口的主要商品包括原油和石化产品，向沙特阿拉伯出口的商品则集中在机电设备、钢材和服装等。中国和沙特阿拉伯贸易规模不断扩大，2019 年，两国贸易总额达到 781.8 亿美元，其中中国进口额为542.6 亿美元，出口额为 239.2 亿美元。尽管 2020 年受新冠疫情影响，贸易总额下降至 671.3 亿美元，但 2022 年贸易总额创下新高，达到 1160.4 亿美元，其中中国对沙特阿拉伯的出口额为 379.9 亿美元，进口额为 780.5 亿美元。2023 年，贸易总额略微回落至 1072.3 亿美元（见表 1）。同时，中国石油与沙特阿美签署了长期原油供应协议，每年从沙特阿拉伯进口 500 万吨原油，此类大宗商品协议体现了两国在能源领域的稳定贸易关系。随着两国贸易结构逐步优化，贸易额的增长反映了中沙在能源和工业产品领域的强互补性和长期合作潜力。

表 1 2019~2023 年中沙贸易及投资规模

单位：亿美元

年份	中国进口额	中国出口额	贸易总额	中国对沙特阿拉伯的直接投资额	沙特阿拉伯对中国的直接投资额
2019	542.6	239.2	781.8	5.1	18.4
2020	390.3	281.0	671.3	29.3	20.9
2021	569.9	303.2	873.1	35.2	23.6
2022	780.5	379.9	1160.4	30.1	19.6
2023	428.6	643.7	1072.3	——	——

资料来源：中华人民共和国商务部和国际货币基金组织。

其次，在投资合作方面，中沙的直接投资额近年来明显增加，涵盖了多个新兴行业。2019 年，中国对沙特阿拉伯的直接投资额为 5.1 亿美元，而沙特阿拉伯对中国的直接投资额则为 18.4 亿美元。自 2020 年起，中国对沙特阿拉伯的直接投资额显著上升，2021 年达到 35.2 亿美元，覆盖领域包括基础设施、清洁能源和科技创新。阿里巴巴集团和商汤科技等中国知名科技企业积极进入沙特阿拉伯市场，与沙特阿拉伯当地企业建立合资公司，推动人工智能和电子商务的快速发展。例如，阿里云与沙特阿拉伯签署了 3.5 亿美元的云计算和大数据协议，以协助沙特阿拉伯发展数字经济。同时，中沙合作的大型基础设施项目不断推进，中国建筑股份有限公司参与了沙特阿拉伯红海新城的建设项目，投资额达数十亿美元。这些大型投资项目不仅助力了沙特阿拉伯的基础设施和数字经济发展，还为中沙双方创造了更多经济和技术交流的机会。

最后，在金融合作方面，中沙进一步深化了双边金融关系。2020 年，在沙特阿拉伯担任 G20 主席国期间，中国支持其提出的《二十国集团缓债倡议后续债务处理共同框架》，并在国际货币基金组织和世界银行等平台上加强协作。2023 年，中国进出口银行与沙特阿拉伯国家银行首次达成了人民币贷款合作，贷款额优先满足中沙贸易资金需求，这一合作反映了人民币国际化的进展。同年，中国央行与沙特阿拉伯央行签署了两国首次双边本币互换协议，金额达 200 亿元（约合 30 亿美元），旨在加强双边金融合作，促进两国贸易和投资便利化。此外，深圳证券交易所与沙特阿拉伯交易所集团签署了合作谅解备忘录，计划在资本市场信息共享和产品开发等方面开展合作。中国的中金公司和中信证券等大型证券公司也在沙特阿拉伯积极布局，进一步推动了中沙资本市场的深度合作。这些金融合作措施提升了中沙在金融市场的互联互通水平，有助于支持双边经贸往来，并为两国企业在国际市场上的融资提供了便利。

（四）中沙政治、安全与人文交流合作现状

在政治合作方面，过去十年间，中沙双方在互利、平等的基础上不断深化了政治互信和合作。中国始终坚持不干涉内政的原则，支持沙特阿拉伯在中东地区扮演的稳定角色，并通过外交努力帮助区域国家缓解紧张局势。2023 年 3 月 10 日，在中国的斡旋下，沙特阿拉伯与伊朗正式恢复外交关

系，开启了中东地区合作的新篇章。此次调解不仅改善了中东地区的外交关系，还增强了沙特阿拉伯参与"一带一路"倡议的意愿。与此同时，沙特阿拉伯成为中国在中东地区的重要伙伴，自 2016 年中沙双方推动"一带一路"倡议与"2030 愿景"的对接以来，双边合作逐年增多。仅 2022 年，中国对沙特阿拉伯的投资规模已超过 30 亿美元，涉及多个经济和基础设施领域，为中沙政治关系的巩固提供了坚实支撑。通过"一带一路"倡议，中沙在联合国等国际平台上也保持协调立场，进一步增强了双边政治互信。

在安全合作方面，中沙近年来在反恐和网络安全领域的合作力度加大。2019 年，两国签署《反恐合作备忘录》，承诺共同打击恐怖主义和极端主义。2021 年，沙特阿拉伯邀请中国参与其国家安全战略合作，并从中国引进先进的监控和安防技术，用于提升沙特阿拉伯的国内安全防范体系水平。2022 年，中沙两国在网络安全领域展开密切合作，沙特阿拉伯国家网络安全局与中国网络安全公司签订了技术合作协议，双方共同参与数据安全和网络威胁检测技术的研发。此举有助于提高沙特阿拉伯对网络攻击的防御能力。中沙两国开展安全合作的频次在过去五年间稳步上升，双方每年进行至少两次军官互访及交流活动，涉及信息共享、技术培训等多个领域，有效提升了双方对区域安全威胁的应对能力。

在人文交流合作方面，中沙两国在教育、文化和旅游等领域的交流合作持续深化，范围和层次不断拓展。"一带一路"倡议为中沙人文交流合作的加强提供了强大的动力，在中沙两国的合作中，人文交流提升到了新的战略高度。截至 2023 年，沙特阿拉伯已有超过 10 所学校开设了中文课程，中文学习的热潮在当地持续涌现，学习中文的学生突破 2000 人，越来越多的沙特阿拉伯民众对中国文化产生兴趣。此外，中沙在教育方面的交流项目不断增加，目前每年约有 300 名沙特阿拉伯学生赴华留学，而越来越多的沙特阿拉伯青年来中国进行文化和学术交流。在旅游业合作方面，中国企业参与了沙特阿拉伯红海新城项目，该项目预计年接待游客可达 1000 万人次，助力沙特阿拉伯旅游业发展。与此同时，中沙两国在旅游论坛和文化节，如"中阿旅游合作论坛"和"中阿城市文化和旅游论

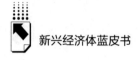

坛"等平台上加强互动，2022 年参加论坛的中沙游客和代表人数达到 800 余人。这些合作不仅增进了两国民众之间的相互了解，还为中沙人文交流提供了更广阔的空间。

二 中国与沙特阿拉伯高质量共建
"一带一路"面临的挑战

（一）大国博弈给中沙合作带来挑战

近年来，随着中国在"一带一路"倡议下与沙特阿拉伯合作的深入，来自其他大国的挑战不断增加，特别是来自美国的竞争压力愈加明显。

来自欧盟的挑战主要集中在能源转型与绿色合作领域，尤其是随着欧盟在中东地区的绿色投资增加，沙特阿拉伯逐步开始依赖欧盟的技术支持。2022 年 5 月，欧盟与海湾合作委员会（GCC）宣布建立"战略伙伴关系"，进一步加强能源领域的合作，并在绿色能源转型方面提供政策支持。2022 年 9 月，德国总理朔尔茨访问沙特阿拉伯、卡塔尔和阿联酋三国，达成了价值约 200 亿欧元的能源和基础设施合作协议，德国企业承诺加速沙特阿拉伯的绿色氢能和可再生能源项目建设，提供技术与融资支持。这些项目不仅扩大了欧盟在沙特阿拉伯能源转型中的影响力，加强了与沙特阿拉伯的经济联系，还为沙特阿拉伯提供了在绿色技术方面的选择权，使其在"一带一路"框架外的合作需求增加，从而对中国在绿色项目中的技术优势产生了挑战。一些国家通过推动大型基础设施项目、开展经济合作等方式，使沙特阿拉伯有更多的选择。

来自俄罗斯的挑战则主要表现在能源和军事合作的深化上。俄罗斯积极寻求与中东地区国家的合作，尤其是沙特阿拉伯。2021 年，俄罗斯对沙特阿拉伯的出口额增长了 35%，达到近 30 亿美元，出口产品涵盖军火、农业和高科技设备，增强了沙特阿拉伯与俄罗斯在供应链和技术领域的互补性。2022 年，沙特阿拉伯阿美公司与俄罗斯天然气工业股份公司（Gazprom）签署了价值超过 20 亿美元的联合投资协议，内容包括在沙特阿拉伯开发石油、天然气以及其他矿产资源。此外，俄罗斯为沙特阿拉伯提供低息贷款以支持其能源项目，融资额达 15 亿美元，比其他国家提供的融资条件更为优惠。这一系列举措帮助沙特阿拉伯实现了能源多元化发展，同时与中国在沙特阿拉伯的能源和技术合作构成竞争关系。

（二）沙特阿拉伯产业结构单一给传统经贸合作领域带来挑战

在贸易方面，沙特阿拉伯产业结构单一、过度依赖石油出口。过去十年间，国际油价波动导致中沙贸易额的大幅波动，尤其是在油价下跌时对沙特阿拉伯的贸易收入产生直接冲击。例如，受新冠疫情影响，全球石油需求减少，国际油价大幅下跌，虽然中国从沙特阿拉伯进口的原油量保持相对稳定，但进口总额从 2019 年的 542 亿美元下降至 2020 年的 390 亿美元，减幅约 28%。2022 年，随着油价回升，中国从沙特阿拉伯的进口总额增加至 780 亿美元，其中原油进口额达到 643 亿美元，占比超过 82%。这种依赖石油的贸易结构使中沙贸易在油价下跌时期不具备稳健性。沙特阿拉伯单一的出口结构对双方贸易的可持续性产生了挑战，也显示出扩大非油产品贸易合作的紧迫性。

在投资方面，沙特阿拉伯的经济结构对外资吸引力不足，尤其是除能源以外的其他行业投资机会有限。尽管近年来沙特阿拉伯提出"2030 愿景"以促进产业多元化，但在吸引非石油领域的外商投资方面进展较为缓慢。以制造业为例，中国在 2021 年对沙特阿拉伯的直接投资额中，能源类投资额占比超过 75%，而沙特阿拉伯为吸引非油气投资设立的"沙特工业发展基金"进展缓慢。2022 年，中沙双方尽管在建筑和科技领域签署了多个合作协议，如中国建筑股份有限公司与沙特阿拉伯红海新城的基础设施建设项目，但大部分投资仍然集中在基础设施和能源服务领域，科技和高新技术领域的合作相对不足。沙特阿拉伯对能源的过度依赖限制了其在更广泛领域吸引外资的能力，不利于中沙投资合作的多元化发展。

在金融合作方面，沙特阿拉伯的财政收入对石油出口依赖性强，油价波动会直接影响其金融市场的稳定性，从而给中沙金融合作带来一定风险。例如，2020年，随着油价暴跌，沙特阿拉伯政府财政赤字增加，债务水平迅速上升，外汇储备缩水了近500亿美元。这种财政压力使得沙特阿拉伯的信用评级受到影响，进而影响了与中国在金融领域的合作。近年来，尽管中沙两国在资本市场合作方面有所进展，但沙特阿拉伯财政的波动性依然限制了人民币在沙特阿拉伯金融市场的进一步推广。金融合作的稳定性在很大程度上受制于沙特阿拉伯油气依赖型经济结构，这使两国金融合作的长效性面临不确定性。

（三）文化的差异性使中国与沙特阿拉伯民众的相互认知仍存在不足

我国与沙特阿拉伯之前主要是石油贸易的往来，两国民众交流相对比较少，民众对于对方国家的认知存在一些偏差。首先，在历史背景和文化传统方面，中国和沙特阿拉伯因不同的地理位置和历史发展，形成了截然不同的文化传统和社会习惯。中国历史悠久，拥有丰富的文化遗产，而沙特阿拉伯则深受伊斯兰教文化的影响，这导致两国民众在价值观、礼仪、习惯等方面存在显著的差异，影响着相互认知的深度和广度。

其次，宗教和社会制度的不同。宗教和社会制度的不同导致两国在社会结构、法律体系以及日常生活中的多种差异，使相互认知的过程更加复杂。

最后，语言差异同样影响中沙民众的相互认知和文化交流。中文和阿拉伯语在语法、词汇和表达方式上存在显著差异，这种语言差异使两国民众在直接交流中往往难以深入理解对方的文化。对一些词汇和概念的翻译不当，容易产生误解和沟通困难，影响了文化互动的深度。例如，在商务合作中，一些沙特阿拉伯合作伙伴对中文合同中某些术语的理解存在偏差，就会导致在贸易条件和细节上出现不必要的分歧。

（四）沙特阿拉伯本国的人才难以满足其在科技创新等领域发展的需要

沙特阿拉伯在科技创新和新兴产业发展中面临显著的人才瓶颈，本土人才供给不足、教育体系滞后、产学研合作匮乏,限制了其与中国在高科技领域的深度合作。首先,人才不足,高端技术人才供不应求。过去十年中,沙特阿拉伯在高科技领域面临显著的人才不足,特别是在信息技术、工程和新能源等新兴产业中。虽然沙特阿拉伯"2030愿景"提出减少对石油产业的依赖,推动经济多元化,但高附加值产业所需要的专业人才仍然匮乏。如今,沙特阿拉伯在新兴科技领域70%的技术岗位依赖外籍专家,本土人才则主要集中在管理或支持性岗位。人才供给的不足削弱了沙特阿拉伯在科技创新项目中的自主能力,也影响了中沙在高科技产业的合作节奏。尽管沙特阿拉伯政府推出了奖学金和海外留学项目,但教育领域仍存在一些滞后,特别是在科技创新方面的教育资源和培养体系相对不足与不完善,缺乏创新型教育体系导致人才在科技创新领域的专业知识和实践经验相对匮乏,短期内难以弥补本土人才的缺口。

其次,教育体系不完善。沙特阿拉伯的教育体系长期以来注重传统行业和职业,相对忽视了对新兴产业、科技创新等领域的职业导向。这导致了沙特阿拉伯本土人才在新兴产业的专业素养和实践经验相对不足,难以满足科技创新发展的需求。

此外,缺乏产学研合作,不利于科技创新。在全球化的时代,与国际科研机构、企业等开展合作对提升创新能力至关重要。然而,沙特阿拉伯在一段时间内相对封闭,国际创新资源的整合和利用不足,导致了国际前沿科技领域的本土人才较少。NEOM未来城作为沙特阿拉伯"2030愿景"的重要旗舰项目,吸引了全球多个国家的技术支持,尤其是美国、欧洲和亚洲的公司。然而,沙特阿拉伯本土高校和科研机构在NEOM项目中的参与度较低。大部分关键技术合作集中在建筑、智能城市管理、可再生能源等领域,涉及的国际企业如Air Products和ACWA Power主导技术引入,而沙特阿拉伯本土研究机构和大学则更多地参与辅助性研究。沙特阿拉伯在对接本土科研资源与国际技术转化方面的能力有限,导致产学研合作难以实现深度融合。

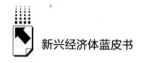

三 进一步推进中国—沙特阿拉伯高质量 共建"一带一路"的建议

（一）中沙两国应加强政策沟通和协调，巩固友好关系

首先，中沙两国可以通过建立高层次的政府沟通机制，进一步筑牢政治合作的基础，深化战略互信。建议两国设立年度高层会晤机制，包括元首会晤和部长级磋商，并通过中沙政府间协调委员会等机构，确保在政策、经济、科技等多方面达成一致合作并解决潜在问题。定期的高层政策沟通将有助于两国在关键政策上的协调一致，增进政治互信。同时，在"一带一路"倡议与"2030愿景"对接的框架下，建议设立"中沙政策沟通与创新发展论坛"，为两国政策制定者和行业专家提供常态化的对话平台，特别是聚焦新能源、人工智能和绿色科技等创新领域。创新领域的合作方面，通过设立"中沙创新合作智库"，支持两国在前沿科技和产业转型领域的政策研究。该智库可以定期发布政策报告，提供技术和产业发展的战略建议，以推动创新领域的合作。

其次，在"一带一路"框架下，中沙应建立更加务实、稳定的安全合作机制，以确保两国在经济和技术合作中的安全需求得到满足。面对区域内复杂的安全形势，中沙可以深化在反恐、网络安全等方面的合作，通过安全磋商机制、情报共享和应急联动机制，确保重大项目的安全稳定运转。例如，两国可以建立"一带一路"项目安全保障小组、开展联合反恐演习和信息共享，提升应对安全威胁的能力。这种安全合作机制不仅能保障投资方的利益，还能为中沙在中东地区的合作项目提供更为可靠的安全保障，有助于应对来自区域内外的潜在威胁。同时，沙特阿拉伯的海湾位置对全球能源运输至关重要，建议中沙在海上防卫方面深化合作，定期开展联合海上巡逻和演习，如可以在霍尔木兹海峡等重点区域进行联合巡防，为区域稳定和双方能源运输安全提供保障。

最后，为了提升合作效率，中沙可以建立更加灵活的合作机制，进一步推动多层次、多领域的务实合作。通过设立中沙经贸联席会议等制度化平台，两国企业能够在金融、基础设施、科技等领域开展合作，并根据需求调整合作方式。此外，灵活的机制将有助于沙特阿拉伯企业更广泛地参与"一带一路"建设，促进双向投资、技术交流和人员往来，充分共享发展机遇。例如，中沙可以探索跨境投资和金融支持机制，推动本币结算和灵活的信贷支持，以便为两国企业提供更多的便利条件。通过建立这些灵活的机制，中沙能够在应对全球经济变局时迅速调整合作模式，从而巩固双边关系，搭建更为稳固的合作桥梁。

（二）中沙两国要创新传统领域合作方式，推动新领域合作

创新传统领域的合作方式、推动并加强在新领域的合作是促进中沙两国经济进一步发展的重要方式。首先，两国可以创新贸易合作，推动传统产业的升级和转型。中方要大力支持沙特阿拉伯实施产业升级计划，促进传统产业向高附加值、高技术含量的方向发展。在传统能源领域，除了开展传统的石油进出口贸易合作，还应该拓展在石油的勘探与开发、能源的投资等方面的合作，深化"油气+"能源合作模式。同时，加强石油的运输合作，在传统的运输方式的基础上开辟新的运输方式，如联合开发石油运输智能管理系统，实现从油井到港口的全程可视化管理，减少运输中的人为风险和因为油价波动和地缘政治带来的影响。

其次，两国可以创新投资合作，加大对新兴能源和基础设施的支持。两国可以设立"中沙绿色能源合作基金"，为两国企业在核能、风能和太阳能领域的合作提供资金支持。该基金可重点支持中沙在新能源技术研发、项目建设和技术转让方面的合作，推动沙特阿拉伯的绿色能源产业发展。中国基础设施企业也可以与沙特阿拉伯本地企业组成联合体，参与特许经营项目如大型港口、机场、交通网络等的竞标。这种合作方式可以让两国企业共享风险和收益，同时提高中标率和项目质量。

最后，两国可以创新金融合作，推动人民币结算和本币互换。中国和沙

特阿拉伯可以在能源交易中开展人民币结算试点项目。中国人民银行与沙特阿拉伯央行可以合作设立"人民币结算推广小组",制定具体的使用方案,并鼓励沙特阿拉伯的大型企业在采购中国商品或进行石油结算时选择人民币结算,逐步扩大人民币使用范围。两国央行可以进一步扩大人民币与沙特里亚尔的本币互换协议金额,并探索在双边银行业中提高本币账户的使用频率。为促进这一政策的实施,中沙两国可出台针对本币结算的税收减免政策,吸引更多企业选择使用本币结算,减少对美元的依赖。

(三)中沙两国要加强文化交流,增进友谊和合作

中沙文化交流是中沙两国深化友好关系、促进共同发展的关键一环。首先,两国可以创新文化合作,推动多元化的文化交流项目。中沙两国可以通过建立常态化的文化交流平台,推动多层次、多领域的文化互动。建议在两国设立"中沙文化中心",举办包括文化展览、艺术节、电影周等活动,展示两国的文化精髓,增进彼此的认知和理解。文化交流不再限于大型活动,可以通过小规模、社区层面的艺术项目、手工艺交流等实现,让普通民众参与其中。同时,设立两国联合艺术基金,支持艺术家交流、剧团巡演和文化创意作品的合作出版。这将使两国文化元素更加快速地融入彼此的社会,增强和提高两国民众的文化认同感与认知度。

其次,语言交流是增进两国理解的基础。中沙两国可以鼓励高校和中小学开设中文和阿拉伯语课程。通过设立语言学习奖学金,鼓励更多沙特阿拉伯学生来中国留学,学习中文和相关专业知识,同时欢迎更多中国学生赴沙特阿拉伯进行阿拉伯语学习和文化交流。此外,设立线上语言学习平台,提供双语课程和资源,减少语言壁垒,为更多人提供便捷的学习途径。在专业教育领域,中沙可以合作设立工程、科技和医疗专业的联合学位项目,通过跨国培训、课程共享和双学位认证,培养具备国际视野的高水平专业人才,为中沙的未来合作提供人才保障。

最后,创新卫生和体育合作将进一步巩固中沙民众的友谊。建议中沙在医疗卫生领域合作设立"中沙健康促进中心",重点研究和应对两国共同面

临的公共卫生挑战，如疫情防控、慢性病管理等。中国可为沙特阿拉伯医疗行业提供技术培训和医疗设备支持，沙特阿拉伯则可在中东地区医疗资源的管理和优化方面提供经验。在体育方面，建议定期举办"中沙友谊杯"体育赛事，如足球、篮球等比赛，并鼓励青少年参与，增进两国年轻人之间的互动和交流。同时，可以在两国设立"体育文化交流项目"，支持教练员、运动员互访和培训，提高两国的体育文化交流水平。这一系列的卫生和体育合作将为中沙关系注入新的活力，增强民众间的健康、友谊与认同感。

（四）中沙两国要推动人才培养的合作，加强交流沟通

中沙人才培养的合作是深化两国友好关系、促进共同发展的关键领域。首先，创新人才培养合作。中沙两国可以通过签署双边人才培养合作协议，建立长期稳定的人才培训合作机制，明确政府间及高校、科研机构间的合作框架。两国可以设立"中沙卓越人才合作计划"，每年选拔青年专业人才，资助他们在重点领域进行深度交流和学习，确保培养出具备国际视野和跨文化理解能力的高端人才，为两国的发展和产业升级提供人才支撑。此外，可以推动联合研发项目和学术交流活动，深化中沙两国在研究领域的协同合作。

其次，创新人才培训基地，设立专业化的培训中心。中沙可以共同设立"中沙联合培训中心"，提供面向不同学科和产业的专业化培训课程。培训中心可以覆盖科技创新、现代管理、文化传播等领域，并提供双语教学，培养能够适应国际工作环境的专业人才。同时，中沙高校可以联合开设"中沙跨文化学位项目"，通过师资互换、课程共享和实习项目，让学生在学术和实践中加深了解彼此国家的文化和产业发展动态。培训基地的设立将使中沙的教育资源优势得以共享，提升人才培养的实用性和专业性，满足各个领域的多层次人才需求。

此外，创新资助计划，提供奖学金和专项资助。通过设立"中沙联合奖学金"，鼓励更多的沙特阿拉伯学生赴中国留学，深入了解和学习中国的文化、科技和管理经验。同时，可以设立资助计划，鼓励中方专业人才前往

沙特阿拉伯分享中国在各个领域的先进经验，对当地人才进行精准培训。资助计划还可覆盖青年企业家和职业技术人才的交流活动，帮助他们在创业和创新中获得支持。通过这些创新的资助机制，两国的人才合作将更加高效且有吸引力，为中沙关系的长期发展注入持久动力。

参考文献

白雪：《"2030 愿景"背景下日本与沙特的合作及对中国的启示》，《国际公关》2022 年第 16 期。

丁俊、朱琳：《新时代中国与阿拉伯国家合作的机制、成就与意义》，《阿拉伯世界研究》，2022 年第 3 期。

姜英梅：《卡塔尔经济发展战略与"一带一路"建设》，《阿拉伯世界研究》2016 年第 6 期。

姜志达、王睿：《中国与中东共建数字"一带一路"：基础、挑战与建议》，《西亚非洲》2020 年第 6 期。

武芳、庞超然：《中国与沙特的经贸合作：意义、挑战与发展建议》，《海外投资与出口信贷》2023 年第 2 期。

肖雨：《双向奔赴：中沙经贸合作阔步前行》，《中国外资》2023 年第 21 期。

Al-Asfour, A., Khan, S. A., "Workforce Localization in the Kingdom of Saudi Arabia: Issues and Challenges," *Human Resource Development International* 2 (2014): 243-53.

Al-Maamary, Hilal, M. S., Hussein A. K., Miqdam T. C., "The Impact of Oil Price Fluctuations on Common Renewable Energies in GCC Countries," *Renewable and Sustainable Energy Reviews* 75 (2017): 989-1007.

Anderson, J. N., "Law as a Social Force in Islamic Culture and History," *Bulletin of the School of Oriental and African Studies* 1 (1957): 13-40.

Ryan, M., "Higher Education in Saudi Arabia: Challenges, Opportunities, and Future Directions," *Research in Higher Education Journal* 43 (2023).

Stanojević, N., "Arab Countries Along the Maritime Silk Road," *The Review of International Affairs* 71 (2020): 5-24.

B.14
中国与埃及深化"一带一路"
国际合作的挑战及对策

王 政 蔡春林*

摘 要: 2014~2022 年,埃及总统塞西七次访华,致力于加强与中国的发展战略对接。这一系列高层互访旨在推动两国建立全面战略伙伴关系,加强中埃双方在基础设施、能源、贸易等领域的密切合作。在促进更紧密的中埃合作中,中国鼓励有实力的企业积极赴埃及投资兴业,为埃及经济注入新的活力。同时,中埃双方加强基础设施、农业技术、可再生能源等领域的合作,通过共同努力推动两国优势互补,实现互惠互利。为促进中埃全面战略伙伴关系的发展,双方将不断加强人文交流合作,推动更多埃及优质产品进入中国市场。但中埃合作也存在着一些挑战,如何应对这些挑战成为两国深入开展"一带一路"合作的重要课题。为推动中埃关系进一步可持续发展,需要把握历史、厘清现状、拥抱变化、迎接挑战,使中埃合作关系成为新时代典范。

关键词: "一带一路"倡议 中埃合作 中埃关系

埃及是与中国建交的第一个阿拉伯和非洲国家,是中国在非洲地区的关键支点。两国关系深远友好,随着国际和地区形势的不断演变,中埃关系的战略性和全局性愈加凸显。中埃双方理念相通、利益相互交融,在国际事务中始终相互支持。当前,中埃两国正处于合作共赢的黄金时期,埃及积极参

---

* 王政,广东工业大学经济学院硕士研究生,研究领域为国际商务;蔡春林,韩山师范学院教授、新质生产力与粤东对外开放研究院执行院长,广东工业大学经济学院教授、金砖国家研究中心主任,中国致公党广东省委经济委副主任,研究领域为世界经济。

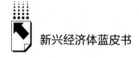

与共建"一带一路",不仅成为这一倡议的杰出践行者、受益者,还是其他倡议参与者的示范者、引领者。

一 中国—埃及"一带一路"国际合作现状

2024年1月1日,埃及正式成为金砖国家成员,中埃合作进入新阶段。2016年1月,中国领导人时隔12年首次正式访问埃及,两国领导人落实加强两国全面战略伙伴关系,并签署了《中华人民共和国政府和阿拉伯埃及共和国政府关于共同推进丝绸之路经济带和21世纪海上丝绸之路建设的谅解备忘录》以及电力、基础设施建设、经贸、能源、金融、航空航天、文化、新闻、科技、气候变化等领域的多项双边合作文件。此次访问不仅对中埃战略伙伴关系的深入发展提供了助力,还推动了"一带一路"倡议和埃及"2030愿景"的深入对接。

(一)中埃经贸合作现状

埃及《金字塔报》报业集团董事长纳贾尔在该报网站发表题为《埃中两国经济合作拥有巨大潜力》的署名文章,指出埃中两国经贸合作拥有互惠共赢的光明前景。2016年,埃及进行了全方位的经济改革,如表1所示,2017~2023年埃及的GDP呈现逐年增长的趋势。2023年,埃及GDP超过4800亿美元,位居非洲前列。但近两年,埃及内部面临多重经济挑战,外部遭受多方安全冲击。

表1 2016~2023年埃及GDP

单位:亿美元

	2016年	2017年	2018年	2019年	2020年	2021年	2022年	2023年
GDP	3324.4	2483.6	2625.9	3186.8	3838.2	4246.7	4767.5	4867.6

资料来源:埃及国家统计局。

尽管全球新冠疫情发生、国际局势动荡,但中埃经贸合作依然逆势而上,表现出强大的韧性。如表 2 所示,2021 年中国与埃及双边贸易额 199.69 亿美元,创下历史新高,其中,中国出口 182.65 亿美元,同比增长 34%,中国进口 17.04 亿美元,同比增长 85%。2023 年,中国与埃及双边贸易额 158.18 亿美元,同比下降 12%,双方贸易关系在一度活跃后呈现相对疲弱的趋势。

表 2 2016~2023 年中埃双边贸易情况

单位:亿美元

	2016 年	2017 年	2018 年	2019 年	2020 年	2021 年	2022 年	2023 年
埃及对中国出口	5.53	13.41	18.43	10.01	9.23	17.04	10.20	8.82
埃及从中国进口	104.37	94.86	119.87	122.01	136.28	182.65	169.89	149.36
双边贸易额	109.90	108.27	138.30	132.02	145.51	199.69	180.09	158.18

资料来源:中国国家统计局。

中埃深层次的经贸联系不仅体现在贸易额上,如表 3 所示,2016~2022 年中国对埃及的投资存量整体呈上升趋势,2022 年中国对埃及的直接投资达到 22979 万美元,达到历史峰值,两国之间的经济联系和投资关系不断加强。同时,两国共建中国·埃及苏伊士经贸合作区,该合作区是埃及目前综合环境最优、投资密度最大、单位产出最高、中资企业最集中的工业园区。截至 2023 年 7 月,中埃·泰达苏伊士经贸合作区共吸引超 140 家企业入驻,实际投资额超 16 亿美元,累计销售额超 37 亿美元,缴纳税费超 2 亿美元,直接解决就业近 6000 人,产业带动就业约 5 万人,被埃及总统塞西评为目前苏伊士运河经济带最成功的项目。

表 3 2016~2022 年中国对埃及直接投资情况

单位:亿美元

	2016 年	2017 年	2018 年	2019 年	2020 年	2021 年	2022 年
中国对埃及的投资流量	1.20	0.93	2.22	0.11	0.27	1.96	2.30
中国对埃及的投资存量	8.89	8.35	10.79	10.86	11.92	12.73	12.03

资料来源:《2022 年度中国对外直接投资统计公报》。

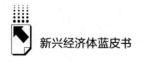

（二）"一带一路"项目合作现状

中国与埃及在"一带一路"项目方面的合作展现出显著的进展和亮点，中埃"一带一路"项目成为地区合作的典范。中埃双方在基础设施建设、交通、能源等核心领域的合作项目取得了实质性的成果，不仅为埃及提供了新的发展机遇，还为中国企业提供了更广阔的市场空间，为双方经济发展注入了强大的动力。

基础设施建设是中埃"一带一路"项目合作的最重要课题，是关乎经济发展和民生福祉的重要举措。2016年，中国建筑与埃及签署了新首都中央商务区（CBD）合作项目，中国建筑工程总公司（CSCEC）与阿拉伯承包商等公司组成的财团参与其中，并由埃及政府实体（EGE）监督。经过中埃多年的紧密合作，"新开罗"的一栋栋高楼如雨后春笋般在沙漠中涌现。此项目占地面积约50.5万平方米，总建筑面积近192万平方米，包括写字楼、住宅楼和大型酒店等数十座建筑，以及仅用三年时间就建成的385.8米的非洲新高点标志塔。目前，大部分高层建筑主体结构的施工已接近尾声。

经济效益方面，该项目将造就埃及新首都商业价值最大、综合功能最强的地段，不仅将吸引大量投资并创造大量就业岗位，为埃及的商业环境注入新的活力，还推动红海经济带和苏伊士运河经济带的发展，成为埃及经济全面繁荣的引擎。中国不是简单地引入项目，而是以"鲁班学院"的方式传授经验和技术，为当地的人才培养和产业升级贡献了力量。社会效益方面，该项目有效地减轻了首都开罗的人口压力。随着政府机关、议会、国家行政机构等从老开罗搬迁至新首都，老城区的人口密度变小，生活空间和道路交通的压力也随之减轻，解决了老开罗的"大城市病"。

设施联通是中埃"一带一路"基础设施建设合作的战略重心，更是埃及经济蓬勃发展的动脉所在。2017年8月，由中国中铁—中航国际联合体与埃及国家隧道局签订合同的斋月十日城铁路项目的落地，标志着埃及拥有首条电气化铁路，总里程约66公里，设有12座车站和2座变电所，列车最高时速达 120 公里。斋月十日城铁路项目成功连接了埃及首都开罗市区、新行政首都、斋月十日城以及东部沿线卫星城。

经济效益方面，该项目便民惠民，拉动了埃及经济发展。铁路使居民出行更高效、便捷，同时铁路建设及运营过程中创造的大量就业机会直接提升了当地居民的收入水平、消费和生活水平，为社会交流和经济发展搭建了桥梁。铁路连接各城市地区，促进了城市地区间经济互补和合作，推动了新兴产业的崛起，为埃及的经济结构优化注入了新动力。社会效益方面，该项目为推动整个中非合作提供了范例。铁路运输推动了中欧班列的发展，通过陆路贸易通道加速了共建国家的发展，形成了更为紧密的经济共同体，为共建"一带一路"注入了更多的活力和动能。这种全面合作的模式也为其他中非国家提供了可借鉴的经验，推动了整个中非合作事业的繁荣。

清洁能源方面，中埃"一带一路"项目在清洁能源领域的对接给两国带来了重要机遇。阿斯旺本班光伏产业园太阳能电站项目标志着中资企业首次涉足埃及光伏领域的投资。这次光伏合作有助于充分利用埃及的日照优势，增加绿色能源产量，同时为埃及在治理沙漠、推动沙漠地区社会经济发展方面做出了积极贡献，进一步推动"绿色丝绸之路"的实现。以自然为基础的解决方案和自然机制方法代表了中国在促进经济增长的同时解决社会环境问题的模式。

输电线路方面，国家电网 500 千伏输电线路项目不仅是中埃产能合作的首个签约、执行并完成融资关闭的项目，还是埃及近年来规模最大的输电线路项目。经济效益方面，该项目预计将促进中东地区原材料、电工装备、电源等相关产业的发展，同时为埃及提供大约 7000 个就业岗位。社会效益方面，该项目有助于提高与扩大电力供应的可靠性和覆盖范围，对整个地区的电力基础设施建设具有重要意义

文旅教育方面，文化旅游上，中埃两国于 1956 年签订了《中埃文化合作协定》，于 2002 年签订了《关于中国公民组织赴埃及观光旅游的谅解备忘录》等文件，在"一带一路"倡议启动以后中埃旅游关系得到了快速的发展。两国间签订的多项合作协定促进了旅游关系的发展，对增进两国人民

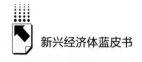

之间的相互了解和友谊具有显著的社会效益。

文化教育上，2006 年埃及文化部下属的"埃及国家翻译中心"成立，2007~2019 年，中国在埃及建立了 2 所孔子学院、3 个孔子课堂，埃及的 16 所大学也陆续开办了中文系、开设了汉语专业课，2020 年，中埃签署《关于将汉语纳入埃及中小学作为选修第二外语的谅解备忘录》。文旅教育方面的中埃"一带一路"项目为两国人文交流提供了重要平台。通过建设孔子学院、孔子课堂、推动中文教育等方式，中埃合作促进了文化和语言教育的交流，为中埃友好关系的深化奠定了基础。

政治安全方面，中国致力于向世界提供一个合法和实用的国际秩序愿景，也一直同所有阿拉伯国家保持友好关系，积极维护全球安全。2023 年 2 月 21 日，中方正式发布《全球安全倡议概念文件》，以期消弭国家冲突根源，完善全球安全治理，推动国际社会携手为动荡变化的时代注入更多稳定性和确定性，实现世界持久和平与发展。埃及外交部前部长纳比尔·法赫米在 2023 年 11 月 19 日发文称："中国与所有阿拉伯国家和以色列保持着良好的关系。最近，中国成功促成了沙特阿拉伯与伊朗的安排。在巴以冲突升级的情况下，中国积极进行外交努力，并在最近强调支持推动两国和平进程的解决方案。"可见，中国发挥其大国力量积极参与全球安全治理得到了埃及的充分认可，两国在政治安全领域的紧密合作，为地区稳定和国际安全做出了积极贡献。

二 中国—埃及高质量推进"一带一路" 国际合作面临的挑战

中埃合作尽管在"一带一路"框架下取得了令人瞩目的进展，但也面临一系列严峻挑战。埃及面临国际动荡、外部依赖性增强等多重经济挑战，这对其参与共建项目和实现可持续发展构成了严峻的考验。贸易逆差以及结构性失衡，尤其是对华贸易逆差的严重性，使埃及在全球贸易体系中陷入一种不容忽视的竞争劣势。与此同时，司法效率低下、协调性不足等问题影响了中资企业在埃及的发展，阻碍了合作的深入推进。因此，深入剖析并应对这些挑战，不仅对中埃双方的共同利益至关重要，还将为"一带一路"倡议的全面实施奠定更为坚实的基础。

（一）埃及地处战略要冲，国际性动荡影响其政治安全

埃及坐落于非洲和亚洲的交汇处，其地理位置至关重要，特别是埃及独具特色的地理要素——苏伊士运河，它连接地中海和红海，是全球最繁忙的航道之一，成为国际贸易和能源运输的重要通道。这一地理优势赋予了埃及在国际事务中不可或缺的战略地位，使其在全球航运和贸易网络中扮演着重要的角色。

然而，埃及在拥有地缘战略地位的同时，面临一系列复杂而严重的政治安全问题。首先，新冠疫情的发生给埃及的国际关系带来了不确定性。全球卫生危机使国际社会的重心转向卫生事务，而这影响了埃及与其他国家的合作与交往。其次，埃及不可避免地深陷地区性纷争的漩涡之中。这不仅加剧了埃及周边地区的紧张局势，还给埃及的政治安全带来了极为复杂的挑战。埃及的地缘政治位置的特殊性将其置于地缘政治漩涡的中心，使其可能受到来自不同方面的压力和影响。在这一极具挑战性的背景下，埃及政府亟须审慎处理与各方的外交关系，以谨防陷入可能导致国家不稳定的纷争之中。因此，埃及迫切需要在保持中立和维护国家安全之间找到平衡，以有效地防范潜在的外部安全风险。

（二）埃及面临国际动荡，外部依赖性加剧其经济挑战

由于经济高度的外部依赖性，埃及面临外汇不足、货币贬值和债务问题等多重挑战。在宗教极端主义、全球疫情以及俄乌冲突等多方面的综合影响下，全球局势的动荡导致约250亿美元的外国投资迅速撤离埃及市场，严重削弱了埃及的美元流动性和国际储备。外汇管理上的限制和商业银行对外汇业务的额度控制加剧了企业经营的不确定性，使得外资企业面临更加严重的兑换和利润问题。

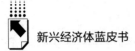

此外，国际信用评级机构穆迪公司将埃及主权信用评级从 B3 下调至 Caa1，表明存在重大风险，主权债券收益率不断受到影响，埃及需要大量还债，占净国际储备的 85%。这一连锁反应使得埃及陷入了恶性循环，严重制约了重新平衡经济政策的空间，投资环境变得更加不稳定，投资者对该地区的兴趣明显减弱。

（三）埃及贸易逆差严重，结构性失衡威胁其经济发展

2023 年，埃及货物进出口总额为 1252 亿美元，同比下降 15.6%。[①] 埃及主要出口商品集中于资源密集型产品和初级工业品，如石油、天然气、塑料制品等，这些商品的价格波动较大，容易受到国际市场的影响。而在进口方面，埃及主要依赖于工业制成品、耐用消费品等高附加值产品，这使得进口成本相对较高，贸易逆差进一步加大。

中国作为埃及贸易逆差的最大来源国，对埃及出口的商品中包含了电器设备、音像设备、工业设备、医疗设备、车辆及其配件、塑料及其制品等，这些商品往往具有较高的附加值。而埃及从中国进口的商品主要是矿物燃料、矿物油及其产品、食用水果及坚果、食品工业的残渣及废料等，这些商品相对较为基础，不具有高附加值，导致贸易逆差难以有效缩小。贸易逆差的长期存在不仅加大了埃及的外部债务压力，还限制了国内产业升级和技术创新的空间。这种结构性失衡不仅使埃及在全球价值链中的地位不稳固，还使其在国际市场上更加脆弱，在全球贸易体系中处于竞争劣势。

（四）埃及的司法体系效率较低、政策协调性不足限制中资企业发展

埃及的司法体系效率较低和政策协调不足问题凸显。程序冗长、案件处理时间过长，都可能导致企业权益受到损害。企业在与埃及司法机构和政府部门打交道时，常常面临效率较低、程序不透明的情况，这不仅增加了企业的法律风险，还降低了其在当地的经营效益。不同部门之间的政策协调不足

---

① 全球贸易观察（GTF）。

也是一个突出的问题。部门间政策有时无法协调一致，导致政策冲突，损害了投资者的利益。在一些案例中，政策不一致甚至导致企业无法正常运营，造成了严重的经济损失。

埃及法律法规也存在不合理的地方。例如，埃及的《投资法》规定外资企业中外籍员工占比不得超过 10%，必要时向 GAFI 申请方可提高到 20%，加大与提高了外资企业的员工管理、招聘的难度和成本；埃及对工作签证的审核较为严格，即使企业符合相关要求，签证也常因各种理由被拒，给企业获取足额工作签证带来了严重的不确定性；在埃及获得道路工作许可（如占用许可、环境许可或交通许可等）需要 5 个月，协调周期长使效率较低。这一系列法规限制使中资企业在埃及的经营环境更为复杂和困难。

三 中国—埃及高质量推进"一带一路"国际合作的建议

尽管埃及在地理位置、资源分布和经济结构上与中国存在一定的不同，但正是这些差异给中埃合作带来了独特的机遇。埃及作为非洲和中东地区的重要枢纽，其发展潜力和地缘优势为中埃共建"一带一路"提供了广阔的空间。中国与埃及共同致力于深化产能合作，为埃及经济结构的多元化和工业化进程注入新动力。然而，面对这一机遇需要认识到，不同国家的文化、制度和市场存在差异。因此，如何在尊重彼此差异的基础上，更好地融合各自优势，推动中埃合作走向更为深远的发展，成为当前亟须思考和解决的问题。

（一）架起中埃人民友谊的桥梁，加强安全合作共建命运共同体

人文交流作为加强中埃关系的纽带，两国应该加强文化合作，以艺术展览、教育交流等形式，架起中埃人民友谊的桥梁。在这密切互动的过程中，两国不仅提高了文化认知，还培养了相互理解的土壤。通过深度的人文交流为共同维护政治安全奠定了基础。通过共建中埃交流平台，畅通两国人民交流的渠道，不仅促进了双方的政治理念的互鉴，还使两国在面临国际和地区

安全挑战时能够更加默契地协同应对。例如，在人文交流的背景下，中埃共同关心的问题，如打击恐怖主义、维护地区稳定，将成为双方政治安全合作的切入点，为两国关系的可持续发展奠定坚实的基础。

（二）深化中埃产能合作，加快埃及经济结构多元化步伐

中埃深化产能合作的目标在于广泛拓展合作范围与领域，同时致力于引领产业向更高层次升级。中国积极引导本国企业与埃及开展更为广泛的合作，着眼于技术含量高、附加值高的生产经营项目，以促使埃及提高工业化水平。例如：在新能源领域，可以探索共同研发和应用可再生能源技术，推动埃及能源结构的绿色升级；在信息技术领域，可以共同推动数字化转型，提高生产效率和信息化水平；在高端装备制造领域，可以共同开展研发项目，推动埃及制造业向更高附加值方向发展。这种合作模式将发挥中埃两国在产业结构上的互补作用，从而实现更为有力的经济协同发展。通过共同开发和拓展高技术含量的产业，中埃两国不仅在贸易方面拥有更强的互补性，还在技术创新和产业发展方面实现共同进步。

（三）加强中埃自贸区的建设，拓展中埃之间的贸易合作领域

加强中埃自贸区的建设是深化中埃经济合作、推动"一带一路"倡议实施的关键一环。作为埃及的主要贸易伙伴，中国应该积极引领中埃自贸区的建设，将其融入"一带一路"倡议的整体框架，发挥其在地区合作中的重要作用。首先，中国应该加大对埃及优势产能及非石油产品的进口力度，通过自贸区机制实现更加便捷、高效的贸易，从而缩小中埃贸易逆差，提升埃及产品在中国市场的竞争力。其次，在中埃自贸区框架下，两国应该着力推进以技术、标准出口为主的服务贸易，打破传统贸易壁垒，共同推动高附加值服务领域的发展。此外，中埃自贸区应该被定位为"一带一路"倡议实施的重要节点，通过深化合作，共同推动区域内的贸易畅通，加强共建国家的互联互通。这一系列措施将使中埃自贸区在"一带一路"倡议实施中发挥更为重要的作用，成为加强中埃经济合作、促进地区繁荣的重要平台。

（四）改善司法政策体系环境，促进商业环境的不断优化

在司法领域，中埃两国应该共享经验，并深入探讨司法改革的路径和具体实施措施。中国政府可通过建立更完善的反馈机制和服务机构，主动协助企业解决法律和政策问题，以提升其法律风险防范能力。埃及政府需要加强与中国的沟通，逐步修订和优化法规，以创造更加开放、透明的法律环境，提高对外资企业的开放度。比如，在解决外籍员工比例和工作签证审核等问题的过程中，中埃双方可共同努力，为企业提供更加灵活、便利的人才流动渠道，促进良好的商业环境的形成。为了进一步将中埃合作提升到战略层面，一方面，中埃双方可探讨创新法律合作机制，包括设立独立的仲裁机构，以更高效、公正的方式解决商业纠纷；另一方面，通过定期的高级别对话机制，加强协调沟通，在相互充分了解、达成共识的情况下，推动法律和司法领域的交流与合作，减少中资企业投资的阻力和风险，共同促进两国商业环境的不断优化，为企业长期发展提供更稳定、可持续的法律保障。

（五）规范中资企业投资流程，建立评估体系以防范经营风险

为了保障中资企业在参与"一带一路"埃及项目投资过程中的稳健性与可持续发展，构建一套严谨的规范化投资流程，并建立一套全面、科学的风险评估与防范体系是至关重要的。在实际操作中，这要求企业在决定投资之前，首先要深入细致地研究和掌握埃及的法律法规环境，确保企业行为符合当地法律框架，避免潜在的法律风险。其次要对埃及的营商环境进行详尽的考察，包括但不限于政府政策的稳定性、市场竞争状况、税务制度以及劳动力市场等关键要素，以便准确预测和规划项目的运营成本及发展前景。同时，充分理解和尊重文化差异，通过跨文化交流与融合来规避因文化冲突而产生的商业风险，促进与当地社区的和谐共生。再者，中资企业需要明确自身的社会责任定位，不仅要在经济层面追求利润最大化，还要注重环境保护、劳工权益保护以及社区关系建设等方面的社会效

益，以实现经济效益和社会效益的双重目标。此外，结合投资项目所在行业的特点、发展趋势以及业务规模的具体情况，企业应系统梳理出自身在投资过程中需要遵循的合规义务和要求，形成针对性强且行之有效的内部管理制度和流程规范。最后，通过对项目的技术可行性、财务可行性和战略适应性等方面的深度评估，建立包含风险识别、风险量化、风险应对预案在内的全方位评估体系，以便及时发现并有效控制可能遇到的经营风险，确保中资企业在"一带一路"埃及项目上的投资能够取得成功并获得长期稳定的收益。

参考文献

郭万福：《国际主权债务危机爆发的原因及启示》，《产业创新研究》2023 年第18 期。

王少峰：《以中国建造金字招牌打造中埃两国"一带一路"合作新典范》，《施工企业管理》2023 年第 3 期。

王瑛、张玉荣、杨飞飞：《"一带一路"倡议下中埃经贸合作的动力基础与障碍分析》，《对外经贸实务》2017 年第 11 期。

文言：《"一带一路"倡议背景下中国—埃及产能合作：现状、挑战及对策》，《中阿科技论坛（中英文）》2023 年第 9 期。

武芳：《埃及新〈投资法〉对中国的影响分析及对策建议》，《海外投资与出口信贷》2018 年第 1 期。

於宾强：《"一带一路"倡议下中国和埃及的基础设施建设合作》，《一带一路报道（中英文）》2022 年第 4 期。

Afzaal Muhammad，"Belt and Road：A Chinese World Order，" *Asia Pacific Business Review* 27（2021）：786-788.

Chen Juan，"Strategic Synergy Between Egypt'Vision 2030'and China's'Belt and Road'Initiative，" *Контурыглобальныхтрансформаций：политика，экономика，право* 11（2018）：219-235.

Robert Agwot Komakech，Thomas Ogoro Ombati，"Belt and Road Initiative in Developing Countries：Lessons from Five Selected Countries in Africa，" *Sustainability* 15（2023）：12334.

Rodenbiker Jesse，"Green Silk Roads，Partner State Development，and Environmental Governance：Belt and RoadInfrastructure on the Sino-East African Frontier，" *Critical Asian*

Studies 55 （2023）：169-192.

Wang Weihong，Xiao Lan，Curdt-Christiansen，"Teaching Chinese to International Students in China：Political Rhetoric and Ground Realities，" *The Asia-Pacific Education Researcher* 25 （2016）：723-734.

B.15
中国与阿联酋高质量共建"一带一路"
推进各领域务实合作的建议

古茂盛　蔡春林*

摘　要：　在全球经济一体化和全球格局深刻变革的宏观背景下，中国与阿联酋的经贸与政治合作虽持续深化，但亦面临多重挑战，呼唤更为创新的合作模式。2013 年，中国提出的"一带一路"倡议为两国合作注入了新的活力。阿联酋的"重振丝绸之路"构想与中国的"一带一路"倡议在理念上高度契合，极大地促进了双方的紧密关系，为"一带一路"倡议的实施奠定了坚实的合作基石。在此背景下，中国深化与阿联酋的战略对接，积极支持阿联酋的"面向未来 50 年发展战略"，并广泛参与其重大项目建设，以实现"一带一路"倡议与"全球发展倡议"的高质量协同发展。本报告旨在从学术视角深入剖析在"一带一路"倡议框架下，阿联酋与中国共建"一带一路"的当前状态，并探讨两国如何在该倡议的引导下，稳步推动各领域务实合作的深入发展。

关键词：　阿联酋　务实合作　"一带一路"倡议

一　阿联酋与中国高质量共建"一带一路"的现状

在"一带一路"倡议的推动下，中国与阿联酋的合作领域不断拓

---

* 古茂盛，广东工业大学经济学院国际商务硕士研究生，研究领域为工业企业国际化运营与供应链管理；蔡春林，韩山师范学院教授、新质生产力与粤东对外开放研究院执行院长，广东工业大学经济学院教授、金砖国家研究中心主任，中国致公党广东省委经济委副主任，研究领域为世界经济。

宽。自 2015 年两国共同设立总规模高达 100 亿美元的投资基金起，合作已广泛涵盖基础设施、贸易和投资、能源开发、航天技术，以及教育交流等核心领域，并辅以一系列政策文件的签署，确保合作的有序推进和有效实施。两国正携手推进深度合作，致力于打造覆盖广泛和形式多样的"一带一路"合作伙伴关系。中阿两国的合作已成为中国与阿拉伯国家务实合作的典范，展现了两国在全球化背景下互利共赢的坚定决心与实际行动。

（一）贸易和投资

在投资方面，阿联酋凭借得天独厚的资源禀赋、战略性的区位优势、发达的基础设施以及自由的营商环境，已成为海湾地区最具投资价值的热点区域之一。从图 1 可知，2013 年"一带一路"倡议提出以后，中国对阿联酋的对外直接投资（OFDI）存量呈现稳步上升的趋势，特别是在 2019 年 7 月，阿布扎比王储的访华之行进一步推动了双方的合作，两国签署了一系列涵盖安全、能源、贸易和投资等关键领域的合作协议。此后，中国对阿联酋的 OFDI 流量显著增长，至 2022 年已达到历史性的 160745.00 万美元，同时中国对阿联酋的 OFDI 存量累积至 1188469.00 万美元（见表 1）。中国的投

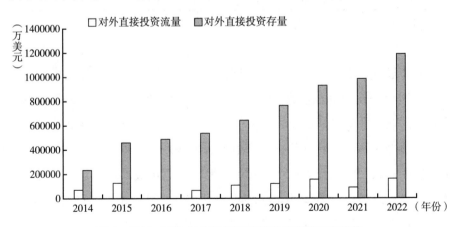

图 1　2014~2022 年中国与阿联酋对外直接投资趋势

资料来源：历年《中国对外直接投资统计公报》。

资主要集中在建筑、能源、港口及建材等关键领域，这些领域不仅与中国自身的产业优势相契合，还符合阿联酋国家发展的长期需求。与此同时，阿联酋政府积极采取措施，吸引中国企业在其国内进行投资，特别是在迪拜自由贸易区和迪拜国际金融中心等具有战略意义的地区。阿联酋作为一个拥有巨大发展潜力的国家，在多个领域展现出了强劲的增长势头，这无疑为中阿两国的合作提供了更多的机遇。迄今为止，阿联酋境内注册的中国企业分支机构和办事处已突破 4000 家。这不仅体现了中国企业对阿联酋市场的信心，还预示着未来中阿合作广阔的发展空间。

表 1　2015~2022 年中国与阿联酋对外直接投资情况

单位：万美元，%

年份	对外直接投资流量	同比增长	对外直接投资存量	同比增长
2015	126868.00	80	460284.00	97
2016	-39138.00	-131	488830.00	6
2017	66123.00	269	537283.00	10
2018	108101.00	63	643606.00	20
2019	120741.00	12	763567.00	19
2020	155195.00	29	928324.00	22
2021	89414.00	-42	984494.00	6
2022	160745.00	80	1188469.00	21

资料来源：历年《中国对外直接投资统计公报》。

图 2 显示，在"一带一路"倡议实施前，中阿双边贸易规模相对有限，2010 年进出口总额仅为 256.9 亿美元。但是随着"一带一路"倡议的实施，阿联酋凭借贯通欧亚的区位优势与充足的能源储备，在共建"一带一路"国家中占据独特地位，成为中东地区推进"一带一路"倡议的关键节点国家。2013 年后，除 2015~2016 年出现短暂波动外，双边贸易额总体保持增长态势，至 2023 年达到 949.9 亿美元，其中中国出口 556.8 亿美元，进口 393.1 亿美元（见表 2）。这一增长趋势凸显了"一带一路"框架下两国经贸合作的深化。

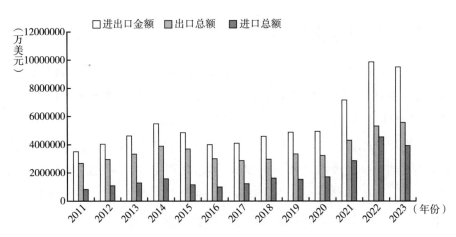

图2　2011~2023年中国与阿联酋贸易趋势

资料来源：中国海关总署。

表2　2011~2023年中国与阿联酋贸易情况

单位：万美元，%

年份	进出口		中国对阿联酋的出口		中国自阿联酋的进口	
	金额	同比增长	金额	同比增长	金额	同比增长
2011	3511922	36.72	2681285	26.27	830637	86.60
2012	4042029	15.09	2956832	10.28	1085197	30.65
2013	4623482	14.39	3341130	13.00	1282353	18.17
2014	5479786	18.52	3903451	16.83	1576336	22.93
2015	4853420	−11.43	3702016	−5.16	1151403	−26.96
2016	4006689	−17.45	3007253	−18.77	999436	−13.20
2017	4103512	2.42	2872397	−4.48	1231116	23.18
2018	4588902	11.83	2965125	3.23	1623777	31.89
2019	4874963	6.23	3341289	12.69	1533674	−5.55
2020	4936517	1.26	3231035	−3.30	1705482	11.20
2021	7164623	45.14	4307773	33.32	2856849	67.51
2022	9855320	37.56	5313649	23.35	4541671	58.97
2023	9499234	−3.61	5568313	4.79	3930921	−13.44

资料来源：中国海关总署。

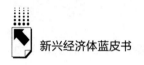

（二）中阿两国重大发展项目合作

在与阿联酋项目合作方面，中资企业深度参与了轨道交通、航空枢纽、海运码头及通信系统等基础设施建设重点项目。中阿在多个领域的合作项目成功实施已成为共建"一带一路"的典型示范项目。

在港口合作方面，中远海运集团与阿布扎比港务局就哈里发港二期集装箱码头项目达成战略合作，于2018年底顺利完成该码头的建设并投入运营。这一合作项目旨在将哈里发港打造成为"一带一路"沿线的重要海运枢纽，预计年处理能力可达600万标准箱，助力该港口跃居全球港口排名前25。

在轨道交通合作方面，中资企业在阿联酋市场屡获突破，接连斩获多个重要项目。2019年3月，中建中东公司与韩国企业联合中标阿布扎比联邦铁路二期A段工程，合同金额达4.1亿美元；6月，中国铁建领衔的联合体成功签约联邦铁路二期B、C标段的设计施工总承包合同；12月，中国铁建与阿联酋本土企业组成的联营体再次获得C0308标段合同。这些项目的顺利实施不仅有助于完善阿联酋交通基础设施网络，提升区域物流效率，还为中国高铁技术走向海外与深化"一带一路"合作提供了重要契机。

在产能合作方面，2017年，两国政府签署战略合作协议及示范园区投资协定，开启了在产业园区建设领域的新篇章。具有代表性的重点项目是：2017年7月，江苏海外投资公司与阿布扎比港务局就中阿产能合作示范园项目达成投资协议，该园区选址于阿布扎比哈里发工业区。2018年7月，中阿两国在联合声明中重申将进一步推进执行《产能与投资合作框架协议》，通过协同推动产业合作示范区建设，致力于将相关项目塑造为"一带一路"倡议下的标志性工程。在政府大力扶持和企业积极参与下，截至2018年，示范园区已吸引16家企业签署投资意向，累计投资额达64亿元。

（三）人文交流、政治互动和安全合作

随着"一带一路"倡议的提出，两国在人文交流领域取得了跨越式的发展。中阿两国共同推进阿联酋中文教学"百校项目",中国迄今为止已在阿联酋 171 所公立学校开设了中文课程,且设立了 2 所孔子学院。在中阿互免普通护照签证的政策激励下,2019 年到阿联酋的中国游客突破 175 万人次。此外,中阿两国通过开展多元化的文化教育互动、媒体协作项目、人才互访计划以及青年妇女交流活动等,不断深化民间友好往来。

在政治互动方面,中国与阿联酋建立了稳固且坚实的战略互信关系。2012 年,两国正式建立战略伙伴关系。2017 年,中阿两国外交部部长共同主持召开首届政府间合作委员会会议,标志着双边关系迈入新阶段。2018 年,两国关系正式提升为全面战略伙伴关系。在高层互访的推动下,两国关系持续升温,合作领域不断拓展。同时,双方进一步签署政府间合作委员会谅解备忘录。这一机制的确立为落实全面战略伙伴关系提供了制度保障,促进了各领域务实合作的深入开展。此外,2024 年 1 月,阿联酋正式成为金砖国家的一员,这一重要事件为阿联酋的发展开辟了全新的前景。加入金砖国家不仅有助于阿联酋在关键领域拓展新业务,还将促进阿联酋经济的长期稳定发展,进一步巩固其在全球经济中的重要地位。

在安全合作方面,2017 年,中国和阿联酋签署了《中阿共同打击恐怖主义协议》,进一步加强了双方在反恐领域的合作。2018 年,中方领导人在北京与阿联酋国防部部长穆罕默德举行会晤,双方就深化反恐领域合作达成一致,并签署了相关协议,推动两国在该领域的合作迈上新台阶。2022 年,中阿反恐合作磋商机制正式启动,首次会议由中国外交部涉外安全事务专员程国平与阿联酋国际反暴力极端主义示范中心主席阿里共同主持。双方围绕国际及国内反恐形势、安全关切及应对措施等议题进行深入探讨,并就加强反恐与去极端化领域的双边合作达成了多项共识。两国在联合国等国际组织框架下密切合作,共同推动国际反恐合作,维护地区和平与安全。这些交流与合作充分彰显了中阿两国在安全领域的战略协作关系,双方携手应对恐怖主义威胁,共同促进区域安全与稳定。

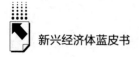

（四）能源合作

能源合作在中阿产能合作中占据核心地位，中国能源企业的积极参与体现了双方合作的深度与广度。具体而言，第一，中石油工程建设公司凭借在巴基斯坦项目积累的丰富经验与阿布扎比国际石油投资公司（IPIC）展开了深度合作。2008年末，该公司联合中石油管道局，成功承建了连接阿布扎比与富查伊拉的战略输油管道工程，全长400公里。随后，中石油工程建设公司在2015年和2017年相继中标ADNOC的曼德和巴布油田服务项目，进一步巩固了其在阿联酋能源市场的地位。第二，中化ATLANTIS公司运营的UAQ气田项目是中国石油企业在阿联酋的标杆性工程，作为中东地区首个由中国企业独立开发的能源项目，其成功投产彰显了中国企业在中东地区能源市场取得的重大进展。第三，中石油国际公司在阿联酋的能源布局亦取得显著进展。2014年，中石油国际（香港）公司与阿布扎比国家石油公司合资成立AlYasat公司，共同在指定陆上和海上区块进行油田勘探。2017年第一季度，中石油成功获得阿布扎比陆上油田40年开发权的8%股权。同年3月，该公司又成功竞得阿布扎比海上油田特许经营项目中两个区块各10%的股权，充分展现了中国能源企业的综合竞争力。

2019年，中阿双方通过签署《关于加强全面战略伙伴关系的联合声明》与《核能安全利用合作谅解备忘录》，聚焦新能源领域的合作路径，正式确立能源战略协作框架，通过制度性安排推动两国在清洁能源技术研发、低碳转型等方向形成联动。同年，上海电气集团与迪拜水电局签署战略合作协议，负责建设装机规模达700兆瓦的太阳能热发电站，成为中阿可再生能源合作中规模最大的项目。同期，中国企业主导投资的哈斯彦洁净煤电厂作为中东地区首个采用清洁煤技术的能源项目，凸显了中国在环保能源领域的技术实力。而在核能方面，阿韩合作建设的布拉卡核电站开创了海湾地区商业核电站的先河，为区域能源多元化发展提供了新思路。目前，中国核电产业正处于国际化拓展的重要时期，其自主研发的第四代核电技术凭借卓越的安全性能和成本优势获得国际认可。若能在阿联酋市场取得突破，不仅将促进中国核能技术的创新发展，还将为推进中国核电标准的国际化进程提供重要契机。

（五）金融合作

在金融合作方面，阿联酋作为中东地区的国际贸易和金融资本枢纽中心，拥有开放的金融市场、自由的资本流动以及丰富的外汇储备。阿联酋阿布扎比国际金融中心与中国国家发展改革委共同鼓励并支持中国优势产能企业依托两国良好关系在阿联酋开展投资。两国鼓励并支持有条件的中国企业积极参与阿布扎比国际金融中心的建设，打造辐射中东北非的"一带一路"投融资中心。2019年7月，中国和阿联酋签署了《关于推动中阿双边及共同在中东北非地区开展"一带一路"产能与投融资合作的谅解备忘录》。此外，随着人民币国际化进程的加速，阿联酋的人民币支付比例近两年大幅提高，中国与阿联酋的金融联系日益紧密。同时，人民币业务清算行将进一步促进人民币在中东地区的使用，推动中国与阿联酋在"一带一路"建设下实现金融服务领域的合作与共赢。

二 中国与阿联酋共建"一带一路"存在的问题

（一）地缘政治错综复杂，阻碍经济发展

在"一带一路"倡议的推进过程中，中阿两国的经贸合作面临来自地缘政治风险的考验。这些风险主要源于大国之间的复杂博弈，以及地缘战略竞争的加剧。阿联酋所处的海湾地区拥有丰富的油气资源和独特的战略地位，一直是大国竞相角逐的重要目标。中阿两国在共建"一带一路"时，不可避免地要面对这些外部因素的干扰，无疑给引进中国资本、人才和技术带来了一定的困扰。阿联酋尽管具有相对开放和包容的优势，但也成为一些极端分子的避风港。这些极端分子利用阿联酋的特殊地位进行资金筹集和活动策划，给该国的投资环境带来了潜在的危害。

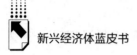

此外，跨境洗钱、贩毒、走私等非法活动与恐怖主义势力相结合，进一步恶化了阿联酋的投资环境。

（二）阿联酋外向型经济影响中阿经贸合作

阿联酋的经济具有明显的外向型特征，极易受外部经济波动的影响。以迪拜为例，迪拜的税制、金融体制、营商环境和投资政策吸引了来自全球各地众多的投资商，同时，迪拜位于亚非欧三大洲交汇处，是极其重要的全球航空中转站。这一系列因素使迪拜成为一个重要的商品集散中心，经济高度外向。各类商家期望以迪拜为辐射中心，开发整个阿联酋市场，乃至亚洲、欧洲和非洲的市场。但同时阿联酋的对外依赖性增强，国内经济易受到外部经济波动的影响。此外，作为中东地区的航运、贸易和金融中心，许多高风险国家或地区的公司为方便业务的开展，在阿联酋设立空壳公司，因此，阿联酋面临较大的洗钱风险。

（三）阿联酋单一的产业结构易导致经济风险

阿联酋的产业结构因高度依赖石油产业而显得相对单一，这种单一性使其经济体系容易受到石油市场波动的显著影响。近年来，阿联酋政府为减少这种风险，积极推行经济多元化战略，致力于发展传统工业、信息技术以及可再生能源技术等新兴产业。然而，尽管如此，石油和天然气产业依然是阿联酋经济的主要支柱，阿联酋经济的稳定性和增长潜力依然高度依赖于国际石油市场的价格和动态。这种产业结构的局限性使得阿联酋在面对全球石油市场波动时显得尤为脆弱，特别是当世界石油市场价格发生剧烈变动时，阿联酋的经济和国家财政都会受到直接冲击。这种产业结构单一导致的经济脆弱性不仅影响了阿联酋的内部稳定，还给阿联酋和中国的贸易合作带来了潜在的经济风险。

（四）阿联酋各酋长国经济发展失衡

阿联酋实行的是一种较为松散的联邦制，各酋长国间经济发展水平具有显著不均衡性。尽管中央政府承担国家总体经济政策的制定任务，但各酋长国在经济运行上仍保持较高的独立性。它们有权自主规划、实施和调整各自的经济发展战略、政策框架和法律法规。

这种联邦制的分散特性限制了阿联酋在全国范围内有效统筹和协调经济结构的能力。众多大型项目的规划和实施往往未能充分考虑现有资源状况和七个酋长国各自独特的发展条件，导致基于相同产业领域的重复性投资和不良竞争现象出现，典型的例子包括石油化工项目的冗余布局、机场和港口的过度建设等。这些现象反映了阿联酋在经济发展过程中存在的结构性挑战和协调机制的不足，进一步导致"一带一路"项目资源的重复、浪费。

（五）中国"一带一路"倡议在阿联酋还未得到普遍认可

两国虽然近年来在各领域的合作不断深化，但相隔甚远，同时存在文化、宗教和意识形态等的差异，使两国民众对彼此的了解相对较少。

在"一带一路"倡议的解读和认知方面，从阿联酋政府官员到普通民众对该倡议的认知尚不充分，未能理解其真正含义，缺乏具体了解中国政策和政策解读的途径，因此双方在对"一带一路"倡议的宣传上还有待加强。

三　进一步推进中国—阿联酋"一带一路"高质量合作的对策建议

尽管"一带一路"倡议的提出助力了中国和阿联酋在多个领域进行合作，但在实际合作过程中，两国也面临多种阻碍和问题。针对以上问题，本报告为阿联酋与中国高质量稳步推进各领域务实合作提出以下对策建议。

（一）工业领域

依托完整的工业体系，中国可积极参与阿联酋的产业升级进程。2016年，阿联酋启动"2030工业发展蓝图"，将航空航天、海洋工程、金属加

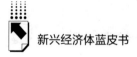

工、医疗设备和机械制造等列为重点发展领域，旨在建设具有全球影响力的创新工业中心。预计 2025 年后，该国工业领域将获得超过 700 亿美元投资，工业增加值占 GDP 的比重有望从 16% 提升至 25%，成为推动经济发展的主要动力。面对阿联酋工业基础相对薄弱的现状，中国作为全球工业门类最齐全的国家，在制造业方面具有独特优势。中资企业在阿联酋的投资布局，不仅践行了中国"走出去"发展战略，还为当地工业体系建设提供了有力支撑，这种协同发展模式既促进了阿联酋工业化进程，还为中国制造业的国际化拓展创造了新契机。从阿联酋的产业规划来看，工业园区建设和本土企业培育是其重点发展方向。中国在工业园区建设和制造业发展方面积累了丰富经验，众多企业在生产工艺和技术创新方面已达到国际先进水平。因此，中方可通过提供园区规划咨询、开展职业培训、促进企业技术交流等方式，深化两国产业合作，增进民间友好，推动中阿产能合作向更高水平迈进。

（二）能源领域

中阿两国在传统能源与新能源领域展现出了显著的互补优势。阿联酋凭借在石油储量和生产方面的世界领先地位，成为全球能源供应的重要一环。而作为全球主要能源消费国，中国持续增长的能源需求为深化中阿能源合作提供了重要动力。面对传统油气资源的可持续性挑战，阿联酋凭借资金优势，正加快推进可再生能源产业发展，着力构建多元化能源供应体系，这一转型战略与中国的能源安全诉求形成互补，为双方拓展新能源领域合作创造了有利条件。基于中阿两国在能源领域的互补优势，除传统油气合作外，新能源产业投资潜力巨大。阿联酋政府计划在光伏发电、节能增效及绿色建筑等领域引入公私合营机制，鼓励私营资本参与，促进清洁能源产业发展。这一战略既推动了阿联酋能源结构转型，也为深化两国新能源合作开辟了新空间。

当前，中国太阳能产业面临产能过剩问题，国内市场需求相对不足，这促使相关企业加快开拓海外市场的步伐。阿联酋作为清洁能源领域的新兴市场，为中国企业提供了重要的发展机遇。目前，阿联酋正在积极推进能源转型，致力于减少对进口清洁能源的依赖，并加大对本土可再生能源产业的投资力度。在此背景下，中国可以充分发挥在清洁能源领域的技术和经验优势，积极参与阿联酋的清洁能源项目建设。通过技术转移和经验分享，不仅能够帮助阿联酋提升清洁能源自主发展能力，还为中国清洁能源企业开拓国际市场提供了重要平台。这种合作模式将有效促进两国清洁能源产业的协同发展，实现优势互补和互利共赢。

（三）经贸、投资领域

在"一带一路"倡议的背景下，两国应高质量推进在经贸、投资和产业园等领域的合作。对于像阿联酋这样吸引外资能力不容小觑的国家，中国应当充分吸收和借鉴阿联酋的发展经验，提升自身的核心竞争力。中国除了支持更多阿联酋非石油产品进入中国市场，不断优化贸易结构和加强电子商务贸易往来，还应该加强中阿产业示范园的交流与合作，重点推进中阿产能合作示范园的建设，因地制宜地在阿联酋不同城市推广不同产业的合作业态。以先进制造业和战略性新兴产业为导向，充分考虑阿联酋的要素禀赋和产业发展基础，选择阿联酋具有比较优势和区位优势的行业切入以支持阿联酋工业化进程。例如，中白（中国—白俄罗斯）工业园被誉为"一带一路"明珠项目，中白工业园以高科技和创新为主导产业，重点发展机械制造、电子商务、人工智能和5G网络开发等多个领域，未来还将进一步聚焦高端机械制造、生物医药、仓储物流、电子信息等创新型产业，致力于形成聚集效应，并完善上下游配套，形成完整产业链。所以，中阿产业示范园可以中白工业园为样本，规划后续发展。

展望未来，中阿经贸合作将逐渐趋向多元化。当前，尽管两国产能合作主要集中在石油、石化等传统领域，且以承包工程和资源开发为主要模式，满足了中国在能源资源领域的迫切需求，但这种合作模式却未能全面展现中国在制造业等领域的卓越实力与优势。随着中国工业制造能力的持续提升，其优势产能和高端装备正加速走向国际舞台，寻求更广阔的市场空间。在这一背景下，中阿两国应充分结合中国的产能优势与阿联酋的资源优势、地缘

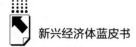

优势及市场潜力，共同推动经贸合作向更高层次、更宽领域发展，这一战略合作符合全球经济一体化和区域合作的大趋势。

（四）高新技术领域

中阿科技创新合作迎来重要发展机遇期。随着中国创新驱动发展战略与阿联酋"国家创新战略""2050 能源战略"的协同推进，双方在尖端技术领域的合作空间持续拓展，特别是在航天科技领域，阿联酋通过实施首个国家航天政策，重点布局卫星研发、深空探测等项目，为中国航天企业提供了重要市场机遇。中国可依托成熟的航天技术体系，深化与阿联酋在航天装备、空间技术应用等领域的合作，这不仅有助于提高全球市场份额，还能提升中国高端制造的国际影响力。

（五）金融领域

考虑到中阿两国政治体制的差异性，在推进金融合作过程中，中国需要建立健全政治风险防控体系。建议由商务部牵头，联合外交部、中国人民银行和国家外汇管理局等部门，构建跨部门协同的风险评估与预警平台，通过在阿联酋设立专业机构，实现数据共享与实时监测，提供风险预警和应对方案。同时，可参考经济学人智库等国际权威机构的评估模型，提升对阿联酋政治风险的研判能力。

在未来的金融合作中，中国应重点推进与阿联酋的货币互换和跨境人民币结算业务。可以充分利用"一带一路"框架下的丝路基金、亚投行等多边金融机构，推动双边贸易，尤其是石油贸易采用人民币计价结算，从而增加人民币在阿联酋市场的需求。同时，应积极开发多样化的人民币金融产品，发挥离岸人民币中心的优势，为阿联酋金融机构开展跨境人民币业务提供便利化政策支持，进一步促进人民币在贸易和投资领域的自由使用。此外，中阿两国还应加强货币合作机制的制定，通过双边和多边渠道扩大人民币在阿联酋的流通规模。借助阿联酋在中东地区能源领域和金融领域的影响力，人民币国际化进程有望得到进一步加速。

（六）政治安全领域

中国应该密切关注中东地区的安全形势，并加强与阿联酋在安全领域的合作。由于地缘政治风险可能会对中国的投资造成一定的限制，两国应在加强经贸合作的基础上不断注重地区的政治安全事务，以达到最大限度规避地缘政治风险的目的。一方面，积极保持两国高层领导人的互访与军事交流；另一方面，在军事专业技术与武器装备方面深化合作，在建立长效的安全合作机制的同时，开展相关军事和反恐交流合作，共同应对国际和地区恐怖主义。为顺利开展此类活动，中阿两国可建立军事合作委员会以落实相关举措。例如，中埃两国通过设立防务合作委员会和国防科技工业合作联委会等机制，有效推进了双边军事合作项目的实施。这一成功经验可为中阿军事合作提供有益借鉴，通过建立类似的制度化合作框架，不仅能够深化双方在防务领域的协作，还能够为应对地区安全挑战提供机制保障。

参考文献

韩永辉、李子文、张帆：《中国在阿联酋的投资机会与风险分析》，《长安大学学报》（社会科学版）2020 年第 1 期。

冷彦杰：《浅析阿联酋经济多元化战略及中阿经贸合作》，《现代经济信息》2020 年第 3 期。

王金岩：《中国与阿联酋共建"一带一路"的条件、问题与前景》，《当代世界》2017 年第 6 期。

伊小孟：《"一带一路"倡议下中国与阿联酋经贸关系分析》，《海峡科技与产业》2019 年第 3 期。

张滔、范鹏辉：《中国与阿联酋经贸合作的空间、挑战和应对建议》，《中国经贸导刊》2020 年第 10 期。

Al-Maamary, H. M. S., Kazem, H. A., Chaichan, M. T., "Renewable Energy and GCC States Energy Challenges in the 21st Century: A Review," *International Journal of Computation and Applied Sciences IJOCAAS* 2 (2017): 11−18.

Bayar, Y., Gavriletea, M. D., "Peace, Terrorism and Economic Growth in Middle East

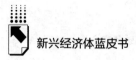新兴经济体蓝皮书

and North African Countries," *Quality & Quantity* 5 (2018): 2373-2392.

Cordesman, A. H., "*Bahrain, Oman, Qatar, and the UAE: Challenges of Security*", Routledge, 2018.

Gibbins, J., "Power Play: The United Arab Emirates' New Approach to Geopolitics," *Journal of Middle Eastern Politics and Policy* 9 (2017): 23-35.

Sbia, R., Shahbaz, M., Hamdi, H., "A Contribution of Foreign Direct Investment, Clean Energy, Trade Openness, Carbon Emissions and Economic Growth to Energy Demand in UAE," *Economic Modelling* 36(2014): 191-197.

Shadab, S., "Economic Diversification and the Role of Non-oil Sector in the United Arab Emirates," *Asian Journal of Multidimensional Research* (*AJMR*) 7 (2019): 65-76.

B.16
中国与伊朗共建"一带一路"
促进互联互通扩大人文交流的建议

龚文军　李景睿*

摘　要： 2023 年 2 月 14~16 日，伊朗伊斯兰共和国总统莱希对中国进行国事访问，中伊关系提质升级。双方签署并达成了一系列协议和谅解备忘录，双方将积极推进《中伊 25 年全面合作协议》，落实好共建"一带一路"合作规划。本报告在分析伊朗与我国共建"一带一路"合作，促进互联互通、扩大人文交流的路径中发现，中伊两国在"一带一路"框架下的合作潜力巨大、前景广阔。为此，提出以下建议：一是加强政治互信，共同维护国际公平正义和区域安全；二是科学化、持久化地提高中国—伊朗能源合作水平；三是深化经贸、基础设施等领域的务实合作；四是扩大农产品贸易与投资，推动农业技术合作；五是完善工业人才培养体系，打造地区工业中心；六是开展人文交流活动，推动民心相通。

关键词： 伊朗　"一带一路"倡议　人文交流

作为欧亚大陆两大文明发祥地，中国与伊朗均拥有悠久的历史文明。横贯东西的古代商贸通道"丝绸之路"历史性地串联起两国的文化互动与民间往来，为两国关系奠定了深厚的历史根基。1971 年，两国正式建立外交

---

* 龚文军，广东工业大学经济学院国际商务硕士研究生，研究领域为工业企业国际化与供应链管理；李景睿，广东工业大学经济学院教授，金砖国家研究中心副主任，研究领域为宏观经济学、国际经济学、发展经济学等。

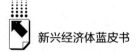

关系以来，两国战略伙伴关系在国际格局多番演变中展现出显著韧性，逐步构建健康稳定的发展模式。值得关注的是，在双方元首的战略引领下，当前两国互动机制持续优化、政治互信不断增强、经贸协同持续深化、人文纽带日趋紧密，特别是在能源、基础设施建设、跨境物流、科技研发等关键领域，实质性合作项目接连落地，为双边关系注入新的发展动能。2007年以来，中国一直保持着伊朗第一大贸易伙伴国地位，而伊朗是中国在中东地区第三大贸易伙伴，中伊两国正按照"一带一路"倡议，切实加强战略对接，致力于共同发展。

一 中国与伊朗"一带一路"合作现状

中东地区位于亚、欧、非三大洲的交界处，这三大洲均与"一带一路"倡议存在关联，中东地区目前已有14个国家与中方签署"一带一路"合作文件，这些国家在基础设施建设、能源、贸易和文化交流等方面与中国开展了广泛的合作。其中，伊朗地处中东地区的"心脏"地带，作为中国在中东地区的重要伙伴，未来将在经贸合作等方面释放更大活力。

（一）政治互动

中国与伊朗签署《关于共同推进"丝绸之路经济带"和"21世纪海上丝绸之路"建设的谅解备忘录》以来，中伊两国不断加强政治互动。2019年6月，习近平主席与伊朗总统鲁哈尼在比什凯克举行会晤，就新形势下中伊关系发展达成重要共识。2021年3月，中伊签署《中伊25年全面合作协议》，该协议涵盖政治、经济、文化等范畴，聚焦能源、基础设施、制造、技术等领域的合作。2021年9月，伊朗在杜尚别上海合作组织成员国元首理事会第21次会议上，正式加入上海合作组织，成为该组织的第9个成员国。2023年2月14~16日，伊朗总统莱希对中国进行国事访问，中伊关系提质升级。2023年3月10日，中国促成沙特阿拉伯与伊朗在北京握手言和，两国复交。2023年8月24日，伊朗等六国获邀加入金砖国家。近年来，伊朗始终贯彻"亚洲优先"和"向东看"的外交战略,政治互动的不断加强,更加凸显中伊两国在"一带一路"框架下的合作潜力巨大、前景广阔。

(二)经贸合作

从经济发展水平来看,伊朗的经济并不发达,2023 年伊朗的 GDP 为 4035 亿美元,人均 GDP 为 4663 美元,居全球第 114 位。伊朗的石油产业是其经济的支柱,占伊朗外汇总收入的一半以上,伊朗石化工业呈现快速增长态势,其非石油类贸易出口总量中,石化制品贡献比例达 30%左右。2018 年 5 月,伊朗贸易环境恶化,出现严重的通货膨胀,中国和伊朗的双边贸易和双向投资均明显受伊朗面临的国际环境影响。

在贸易方面,由于伊朗贸易环境恶化,中伊双边贸易遭受巨大冲击,2019 年跌破 300 亿美元,下滑至 230.25 亿美元,同比下降 34.3%,2020 年跌破 200 亿美元,下滑至 149.12 亿美元,同比下降 35.3%(见表 1)。至此,中伊双边货物贸易额趋于稳定,2021~2023 年均在 150 亿美元左右。然而,中国从伊朗进口的产品越来越少,进口额从 2019 年的 134.34 亿美元下降至 2023 年的 45.82 亿美元,塑料及其制品占伊朗对中国出口的首位,出口额前三位分别为塑料及其制品,矿物燃料、矿物油及其产品、沥青等有机化学品。从伊朗进口的情况来看,2023 年伊朗从中国进口的数额甚至高于 2019 年,可见,伊朗越来越依赖中国的产品,中国出口的机电产品占比近

表1 2019~2023 年中伊双边货物贸易情况

单位:亿美元,%

年份	金额			累计同比增长		
	进出口	中国出口	中国进口	进出口	中国出口	中国进口
2019	230.25	95.91	134.34	-34.3	-31.2	-36.3
2020	149.12	85.10	64.02	-35.3	-11.3	-52.3
2021	147.78	82.80	64.98	-1.0	-2.7	1.5
2022	157.95	94.40	63.55	6.9	14.0	-2.2
2023	146.57	100.75	45.82	-7.2	6.7	-27.9

资料来源:中国海关总署。

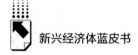

四成，其他产品出口额较小。总体而言，中伊双边贸易规模明显受伊朗面临的国际环境影响，这种影响短期内不会消失，中伊双边贸易额要想实现大的突破，需要依靠"一带一路"合作发力。

在投资方面，2019年，中国对伊朗全行业直接投资17956万美元，同比下降15.2%。同期，伊朗对中国实际投资为零。2020年，中国对伊朗全行业直接投资7175万美元，同比下降60%，同期伊朗对中国实际投资92万美元。2021年，中国对伊朗全行业直接投资2.42亿美元。2022年，中国对伊朗全行业投资仅1968万美元，投资额大幅收缩。现阶段，伊朗市场在中国对外工程承包项目及技术装备输出领域占据重要战略地位。该国引进外资的重点领域覆盖能源开发、工业制造、化工生产、食品药品加工等产业门类。受2018年美方强化制裁政策影响，欧洲跨国企业大规模撤离伊朗市场，中国在伊企业经营规模亦呈收缩态势。总体而言，中伊两国间的双边投资不对称、数额较小且高度依赖政府的参与，两国在投资方面的合作有待进一步深化。

（三）农业合作

作为传统农牧业大国，伊朗农业对其国民经济贡献显著，占GDP的比重达12%，吸纳全国20%的就业人口，农业及农产品外贸在非石油类贸易体系中占据重要地位。中伊两国农产品贸易呈较强的互补性，伊朗粮食需求已经超过自身生产能力，国内近1/3的粮食需求靠进口，中国谷物类农产品有利于出口伊朗。伊朗出口的农产品主要包括瓜类、坚果、藏红花、葡萄以及伊朗茶等，这些农产品正是我国需要进口的，其中，藏红花作为伊朗的特色农产品，产量占世界总产量的90%。2023年，伊朗藏红花制品出口覆盖全球55个市场，累计创汇超过2.07亿美元，中国内地及香港、阿联酋、意大利、西班牙、卡塔尔是伊朗主要的藏红花出口目的地。2023年2月，中国与伊朗签署了中伊农业合作计划，这将有利于实现双方农业生产要素的优化配置，扩大农业合作，进而推动两国经济贸易关系的协同发展。

（四）工业合作

伊朗是中东地区唯一具有工业体系的国家，在海湾和西亚地区是工业强国之一，已具备一定规模，且拥有部分关键技术，美国制裁在一定程度上制约了伊朗工业体系的建立。目前，伊朗在钢铁、汽车领域取得了显著成就，2023年伊朗粗钢产量为3110万吨，占西亚地区钢铁总产量的58.4%，伊朗当前继续维持全球第十大钢铁生产国地位。伊朗目前是世界上第十九大汽车制造国，汽车产业为伊朗第二大支柱产业。中国奇瑞公司在伊朗克尔曼省投资的汽车产业园于2021年3月投入生产运营，整车生产年产能达17万辆，约20家汽车零部件企业入驻。在伊朗的中资企业中有相当一部分从事对外工程承包项目的跟踪和开发，业务范围涵盖能源开采、轨道交通、冶金、电力工程、化学工业、矿产开发及通信技术等众多领域。

（五）基础设施合作

在"一带一路"倡议下，中伊双方不断深入基础设施领域的合作，在过去的20年中，中国公司在伊朗各地建造了一大批桥梁、水坝、铁路和隧道，恰巴哈尔港铁路、德黑兰地铁系统、德黑兰至伊斯法罕的高铁工程、德黑兰至马什哈德的铁路电气化高噪声消减工程等，不仅为当地民众的生活提供了极大的便利，还在伊朗人民心目中树立了良好的中国形象。此外，华为和中兴等都着眼于在伊朗通信市场的长期投入。中国将帮助伊朗建设恰巴哈尔港，恰巴哈尔的背后是伊朗和中亚诸国富产矿物的地区，它正好处于西亚、南亚、中亚和印度洋的交汇之处，地理交通位置极其重要。伊朗在多个基础设施领域提出发展规划（见表2），伊朗将加大对基础设施领域的投入，中国可积极承接伊朗的基础设施建设项目，双方在基础设施领域的合作将为中伊关系的发展打下良好的基础。

表2　伊朗基础设施发展规划

基础设施领域	发展规划
天然气	伊朗提出10年天然气发展规划，伊朗将大力建设天然气管线，将天然气管线长度从3.6万公里增加至2025年的4.5万公里，同时，伊朗国家天然气公司表示，天然气产业还需要625亿美元投资

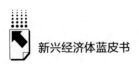

续表

基础设施领域	发展规划
电力	伊朗能源部表示,目前伊朗的电力领域需要多达 500 亿美元的投资,伊朗把发展电力工业作为国家的优先选择
海运	伊朗计划每年投入 50 万亿伊朗里亚尔用于改善海运基础设施和增加运力
铁路	伊朗政府有计划将国家铁路与邻国铁路相连,如伊拉克、阿富汗、阿塞拜疆、亚美尼亚等
公路	伊朗道路与城市发展部正加快推动多个高速公路项目,截至 2020 年底,伊朗全国高速公路里程约 2500 公里
地铁	伊朗正在大力推进城市地铁建设,库姆、阿瓦士、卡拉季等城市的业主推动地铁线和城郊铁路建设

(六)人文交流

随着"一带一路"倡议的提出,两国在人文领域的交流愈加频繁。文化方面,2019 年,中国和伊朗在北京和德黑兰分别举办了"伊朗书展"和"中国书展";公共卫生方面,2020 年,中国和伊朗在抗击新冠疫情的过程中互相支持、互相帮助,展现了两国人民的深厚友谊和团结精神;旅游方面,2021 年是中国和伊朗建交 50 周年,由于"中伊友好合作 50 周年"系列活动的推动,2022 年中国去伊朗的旅游人数突破 5 万人次,同比增长 57.1%;教育方面,2023 年 10 月 15~21 日,云南大学伊朗研究中心主任姚继德教授带团参加在伊朗穆斯塔法国际大学举办的第四届中国—伊朗文明对话国际学术会议。这些人文交流活动增进了中伊两国人民的相互了解和友谊,为共建"一带一路"奠定了民意基础。

二 中国与伊朗深化"一带一路" 合作面临的挑战

2016 年 1 月,习近平主席访问伊朗,两国建立全面战略伙伴关系,并签署《关于共同推进"丝绸之路经济带"和"21 世纪海上丝绸之路"建设的谅解备忘录》等多份双边合作文件，从而开启了两国关系的新纪元。但中国和伊朗在深化"一带一路"合作中存在一些需要重视的问题。

（一）中东地区地缘政治问题突出

中东地区地缘政治错综复杂，在一定程度上会影响"一带一路"倡议的推进。首先，伊核问题，这是中国在伊朗推进"一带一路"倡议的一个主要阻碍，尽管伊朗正加速推进核计划并继续贯彻"亚洲优先"和"向东看"的外交战略，但伊朗所面临的严峻国际环境将持续影响伊朗的发展和中伊之间的合作；其次，在逊尼派与什叶派、伊斯兰国家与以色列、改革派与保守派、亲美派与反美派这四大中东基本矛盾中，伊朗均为矛盾的主要一方。伊朗与沙特阿拉伯的矛盾、巴以冲突爆发后伊朗急于撇清与"阿克萨洪水"行动的关系、伊核问题等都是这些矛盾的体现；最后，伊朗在安全、宗教等方面面临较为严峻的形势，近年来，伊朗国内民众抗议运动与恐怖主义袭击事件相继发生，例如，2022 年 9 月爆发的"头巾抗议事件"、设拉子灯王墓恐袭事件等。这些是我国在伊朗推进"一带一路"倡议必须认真面对的问题。

（二）伊朗的市场体系不完善，营商环境欠佳

首先，中伊两国双边贸易结构失衡，严重依赖部分产品的进出口，伊朗系原油出口依赖型国家，出口产品中近 50% 为石化和石油产品。从伊朗对中国出口商品的结构来看，伊朗对中国出口的产品品类十分集中，前八类产品的占比就高达 99%，从中国对伊朗出口商品的结构来看，中国出口伊朗的机电产品占比近四成，其他产品出口额较小。其次，伊朗在资金、技术等方面缺口严重，国内基础设施严重滞后，许多生产和服务领域还未饱和，投资潜力巨大，但由于美国制裁，伊朗吸引外资面临巨大挑战，伊朗在与国际社会合作中处于不利地位。再次，伊朗的双边投资不对称，投资领域狭窄，2023 年，伊朗吸引外商直接投资流量为 14.22 亿美元；截至 2023 年末，伊朗累计吸引外商直接投资存量达 630.58 亿美元，其引资行业集中于能源开

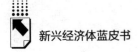

发、工业制造、化工生产及食品药品加工领域。最后，伊朗还存在法律执行不透明、政府资金紧张、金融服务不到位、外汇管制不合理以及行政效率不高等营商环境欠佳问题。世界银行发布的《2020 年营商环境报告》显示，在全球 190 个国家和地区中，伊朗营商环境便利度综合排名为第 127；在透明国际"2022 腐败感知指数"中，伊朗在全球 180 个国家和地区中位列第150；世界知识产权组织发布的《2023 年全球创新指数》显示，在 132 个国家和地区中，伊朗综合指数排名第 62，比上年下降 9 位。

（三）农业合作有待深入

在"一带一路"倡议下，伊朗积极拓展除石油之外的其他领域合作，农业作为双方合作的重要领域，存在一些值得双方重视的问题。第一，伊朗农业生产自然条件较差、土壤贫瘠、质量较低，国内耕地较少，耕地面积占总陆地面积的 9%，多年生作物面积仅占耕地面积的 12.2%，且土地遭受风化、流水侵蚀、盐渍化侵蚀和风力侵蚀等，严重影响农业生产；第二，伊朗是一个传统的农业种植国家，农业投入少，发展层次低，粗放经营，而我国已步入农业现代化阶段，两者所处的发展阶段存在差异。例如，伊朗国内新式农业机械依赖于进口，主要进口国有德国、意大利、法国、韩国等，因此，在农业合作方面，中方需要大力支持伊朗的农业生产，提供技术指导、完善基础设施、加大科技投入等；第三，中伊双方在农产品市场上互动较少，农产品贸易额在双边贸易总额中占比较低，伊朗农业部数据显示，伊历1402 年（2023 年 3 月至 2024 年 3 月），伊朗农产品出口额为 62 亿美元，进口额为 173 亿美元，贸易逆差为 111 亿美元，缩小 15.5%。伊朗农产品出口额居前列的是开心果、苹果、椰枣和西红柿，伊拉克、阿联酋、俄罗斯等国是主要出口目的地。伊朗主要进口玉米、大豆、植物油和大米，阿联酋、土耳其、俄罗斯、英国是主要进口来源国。

（四）工业领域合作难以进行

伊朗虽然是中东地区唯一具有工业体系的国家，但所处的环境过于恶劣，工业发展受限，中国与伊朗在工业领域的合作面临诸多挑战。第一，伊朗工业生产体系存在显著的结构性短板，表现为关键原材料与工业中间品高度依赖进口。2018年8月以来，各大外资汽车品牌纷纷暂缓或停止涉伊业务，导致伊朗零配件供应紧缺，汽车产量下降明显，伊朗汽车产业面临前所未有的危机。第二，伊朗工业以石油勘探开发为主，另外还有炼油、石化、钢铁、电力、纺织、汽车拖拉机装配、冶金、制药和水泥等，工业体系不完善，外商投资行业高度集中在化工材料及制品、金属等领域，其他行业的投资难以获得配套产业的支持。伊朗凭借得天独厚的油气资源优势，已形成规模化的石油化学工业体系，该产业不仅构成国民经济支柱，还是国家外汇创收的重要渠道。第三，无法引进外国技术，伊朗自身研发能力有限，大部分产品达不到世界先进水平。中国与伊朗的工业合作严重受制于美国的技术封锁，不但中国企业以及其他亚洲企业自2018年以来撤出或持续缩小经营规模，甚至欧洲外资企业直接撤出伊朗，其中包括道达尔、西门子、戴姆勒等知名公司。

（五）伊朗基础设施建设滞后

伊朗素有"欧亚陆桥"和"东西方空中走廊"之称。作为共建"一带一路"的重要节点国家，伊朗对于连接南亚、中亚、中东地区意义重大。然而，伊朗基础设施建设严重滞后，主要存在基础设施不完善、技术落后、基础设施的建设严重依赖外国的投资和技术等问题。第一，公路方面存在交通拥堵、运力不足、高速公路建设不完善等问题；第二，铁路方面存在未建成高铁、与周边国家铁路互联情况不佳、地铁建设滞后等问题；第三，空运方面存在运营客机老旧、部分航空公司停飞伊朗线路、机场急需扩建等问题，美国金融监管部门采取特别措施，终止了此前授予航空制造企业对伊出口民用航空设备的商业许可；第四，水运方面存在海运业务开展受限、港口建设不完善等问题，目前仅伊朗国航还在承接伊朗海运业务，霍梅尼港、阿萨卢耶港等重要海运节点与阿巴斯港之间尚未建立完善的海上货运通道；第五，电力方面，伊朗电力短缺，主要由于能源基础设施老化、发电效率低下，伊朗电力大部分来源于天然气，但发电效率

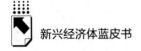

仅有 37%，虽然伊朗是世界天然气储量第二大国，但其出口收入无法覆盖每年气田、油田设备维修、翻新的支出。

（六）中伊两国人文交流不够深入

中国和伊朗在人文交流方面存在不够深入的问题，人文交流的滞后在一定程度上会阻碍中伊两国在共建"一带一路"方面的对接。具体问题如下：第一，伊朗民间对"一带一路"不甚了了，两国在文化、宗教和意识形态等方面存在较大差异，民众对彼此了解相对较少，部分民众甚至认为"一带一路"是中国修的一条高速公路或某一个基础设施；第二，双方在教育方面的合作不足，中文教育和波斯语教育在两个国家都存在平台有限、热度不高、宣传不足等问题，两国高等教育的交流项目也比较少，目前伊朗仅有 2 所孔子学院、4 所高校开设了中文课程，而阿联酋迄今为止已有 171 所公立学校开设中文课程；第三，双方在旅游方面交流不足，中国和伊朗旅游资源丰富，近年来，两国民众去对方国家旅游的人数均不足 10 万人，然而根据中国旅游研究院的数据，仅 2023 年上半年，中国内地出境游的游客就已达到 4037 万人次，中国去伊朗旅游的人数十分稀少。

三　中国—伊朗深化"一带一路"合作的建议

伊朗参与"一带一路"倡议并在这一框架下实施行动计划，推动中伊战略伙伴关系迈入新阶段。当前重要的是了解两国国内正在发生的深度变革，并增强双边合作的互补性。因此，应当致力于系统性发掘潜在合作机遇，提升合作机制的成效。

（一）加强政治互信，共同维护国际公平正义和区域安全

中东地区地缘政治问题突出，中国需要与中东各国加强政治互信，共同维护国际公平正义和区域安全，有助于"一带一路"合作的落实。首先，积极利用对话与外交方式消除各国分歧并维护已取得的外交成果，定期举行

高层互访和战略对话，就重大国际和地区问题保持沟通和协调，树立大局意识，不断加强合作机制与"一带一路"项目管理体系建设；其次，积极参与"一带一路"国际合作高峰论坛、全球发展倡议、金砖合作机制等多边机制以及丝路基金、全球发展等合作项目，助推中国和中东国家建立伙伴关系并加强融合与协调；最后，加强中国与伊朗的军事交流与合作，保持双方高层军方领导人的互访，定期开展军事联合演习，以共建"一带一路"为契机，加大宗教安全和治理方面的合作力度，共同打击恐怖主义组织、宗教极端主义势力，推动中伊关系进一步深入发展。

（二）科学化、持久化地提高中国—伊朗能源合作水平

能源领域是中伊经济合作的重点，目前，中国已经是伊朗最大的原油出口国，而伊朗则是中国第三大原油进口来源地。虽然伊朗资源丰富，但美国制裁极大地影响了伊朗能源的出口。为提高中国—伊朗能源合作水平，一是加大对伊朗能源设施及配套产业的投资，并进一步从政府领域扩展到民间领域；二是加强石油、天然气管道建设，促进伊朗境内的管道与周边国家管道设施的互联互通，特别是与巴基斯坦管道设施的互联互通，在促进伊朗能源出口的同时有助于中国的能源进口与能源安全；三是积极推进人民币国际化，促进石油贸易和其他贸易往来用人民币结算。

（三）深化经贸、基础设施等领域的务实合作

伊朗人口众多，许多生产和服务领域还未饱和，而中伊双边贸易产品品类高度集中，中国对伊朗的投资项目比较集中，且原有的项目合作在一定程度上受到美国制裁和新冠疫情的影响。针对以上问题，首先，已经与伊朗达成合作的公司和项目，应积极维护已取得的成果，并建立风险应急机制，规避可能产生的风险；其次，鼓励中国具备完全自主知识产权的公司在伊朗投资建厂，完善伊朗的工业体系，利用伊朗丰富的劳动力资源，在增加伊朗就业岗位的同时刺激内需；最后，深化基础设施领域的务实合作，积极推进铁路、公路、机场、港口、能源、电力等基础设施合作，稳

固伊朗中东交通要塞的地位，我国相关企业可积极承接伊朗的基础设施建
设项目。

（四）扩大农产品贸易与投资，推动农业技术合作

农业是"一带一路"倡议的关键抓手，中伊两国在农业资源禀赋、农
产品贸易、农业技术等方面具有互补性，为深化中伊在农业方面的合作，本
报告提出以下建议。一是扩大农产品贸易，推动产品结构升级。两国要继续
扩大农产品贸易规模，优化贸易结构，如中国加大对伊朗出口小麦、玉米、
大米等，扩大对伊朗的瓜类、开心果、藏红花等的进口；落实博览会以及跨
境电商合作平台建设，多方式扩大贸易往来，同时，拓展贸易深度，建立农
产品加工基地，提高农产品附加值。二是推动农业技术合作，加强人才流
动。加快现代农业技术示范园区建设，加强对伊朗农业技术的指导，开设农
业技术研发机构，拓宽农业技术合作领域，加强对小麦、大米、玉米、开心
果等重要产品的培育，完善土壤改良、水资源保护、虫害防御等技术。加强
科技人才流动，促进相互交流，在"一带一路"倡议背景下，密切联系，
推动两国高精尖人才流动，共同开发农业技术，开办农业类职业技术教育，
帮助伊朗培养农业方面的人才。

（五）完善工业人才培养体系，打造地区工业中心

工业化一直是发达国家与新兴工业化国家经济社会结构转型的驱动力。
伊朗尽管具有多项工业发展的潜在资源优势，但工业化基础薄弱、制造业发
展能力滞后等不利因素致使伊朗工业发展速度得不到提升，也成为掣肘中伊
工业合作的重要因素。为加强中伊之间的工业合作，本报告提出以下建议。
一是完善中伊工业合作人才培养体系。从中伊高校合作来看，中国与伊朗的
高校应加强双边合作交流，开发线上技能课程，帮助伊朗完善理工科等相关
学科，打造工业技术人才培养机制。同时，中国应鼓励伊朗高校学生借助英
才计划、青年科学家计划等项目和平台，选派伊朗优秀青年赴中国学习先进
工业技术。从中伊企业合作来看，在推进伊朗企业员工培训的基础上，不断

完善伊朗员工培训体系，重点聚焦技能培训，采取线上与线下相结合的方式对伊朗工业技术从业人员进行技能培训，培养一批中伊工业合作急需的高技能人才。二是扩大投资领域，将伊朗打造为地区工业中心。鼓励中国大型工业公司与伊朗公司深度合作，结合伊朗的专家资源、能源、廉价劳动力、生产线和设备基础，将伊朗打造为地区多领域的制造中心。比如，中国作为世界上最大的压缩机生产国，其生产技术可应用于伊朗冰箱、冰柜及工业制冷设备制造领域。考虑到伊朗周边国家及地区没有压缩机产能，伊朗可以接管该地区 4 亿~7 亿台/年的大市场。

（六）开展人文交流活动，推动民心相通

中国和伊朗在人文交流方面拥有深厚的历史积淀，加强两国人文交流对促进两国相互理解、民心相通意义重大。建议以共建"一带一路"高质量发展为纽带，扩大人文交流，增进民心相通和文明互鉴。具体建议如下：一是推进中伊高校间的务实合作，共商高质量共建"一带一路"的路径，持续传递相关智库成果，加强中文和波斯语教育，互派留学生和教师；二是帮助伊朗政府开展与旅游相关的工作人员的培训，规范工作人员行为，外交部或其他部门可设立"伊朗文旅"微信公众号及短视频平台账号，宣传伊朗的旅游景点、旅游线路、旅游攻略等；三是共建中伊交流平台，增进两国人民对彼此文化的理解和认同，助力中伊两国在共建"一带一路"方面的对接。

参考文献

刘文波、於宾强：《"一带一路"倡议在中东：地缘政治格局、地缘政治风险与地缘战略选择》，《天津师范大学学报》（社会科学版）2023 第 1 期。

宋科等：《"一带一路"倡议与人民币国际化——来自人民币真实交易数据的经验证据》，《管理世界》2022 年第 9 期。

陶士贵、仇欣雨：《中国实体受美国经济制裁的影响及其应对策略》，《福建论坛》

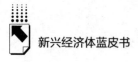

（人文社会科学版）2023年第10期。

喻发美、陈俊华：《"一带一路"倡议下中伊农业合作研究》，《绵阳师范学院学报》2022年第2期。

赵锦浩：《"一带一路"倡议实施中伊朗的宗教风险研究》，《世界宗教文化》2023年第3期。

周茂等：《共建"一带一路"与互联互通深化——基于沿线国家间的视角》，《管理世界》2023年第11期。

Bakalls, S., Valdramidis, V. P., Argyropoulos, D., "Perspectives from CO + RE: How COVID-19 Changed our Food Systems and Food Security Paradigms," *Current Research in Food Science* (2020): 166-172.

Edward, M., "COVID-19 and the State of Food Security in Africa: Building more Resilient Food Systems," *Agriculture and Human Values* (2020): 627-628.

Garlick, H. R, "The Dragon Dithers: Assessing the Cautious Implementation of China's Belt and Road Initiative in Iran," *Eurasian Geography and Economics* (2020): 454-480.

B.17
中国与埃塞俄比亚深化高质量
共建"一带一路"合作及建议

廖智杰　胡钦太*

摘　要： 2023 年 10 月 17 日，习近平主席在第三届"一带一路"国际合作高峰论坛期间会见埃塞总理阿比时指出，埃塞俄比亚是共建"一带一路"的重要参与方，10 年来中国和埃塞共建"一带一路"合作领域之广、成果之丰都走在中非合作前列。中方愿同埃塞一道，弘扬马拉松精神，在促进和平与发展的征程上携手同行，共同构建人类命运共同体。同时，两国共同签署了诸多共建"一带一路"的合作交流文件。本报告建议：一是注重安全风险，强化项目保障；二是加强反腐建设，透明投资合作；三是深化农业合作，推动农业升级；四是进军数字贸易，扩大贸易合作；五是加强合作宣传，推进民心相通。

关键词： 埃塞俄比亚　"一带一路"倡议　高质量发展

中国与埃塞俄比亚之间的友好交往其来有自。早在 1964 年，埃塞俄比亚就是周恩来总理率团首访非洲十国的目的地之一。1970 年建交后，两国奉行独立自主的外交政策，在涉及彼此核心利益的重大问题上相互支持和配合。2016 年，中国成为埃塞俄比亚第一大投资来源国，埃塞俄比亚也是中国在非洲最大的贸易伙伴之一，是共建"一带一路"的重要参与方、全球发展倡议的积极践行者。

---

* 廖智杰，广东工业大学经济学院国际商务硕士研究生，研究领域为工业企业国际化运营与供应链管理；胡钦太，广东工业大学党委书记、教授，研究领域为教育数字化、高等教育、基础教育。

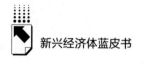

一　中国与埃塞俄比亚"一带一路"合作现状

埃塞俄比亚是非洲最积极参与"一带一路"建设的国家之一，支持并参与了中国在非洲的各种区域合作机制。近年来，随着"一带一路"倡议的推进，两国在水利、公路、城建、工业制造、电信网络等领域的合作都已取得重大成效。目前，两国合作已步入新的阶段。

（一）经贸合作现状

从发展现状看，两国的发展水平不对等，存在较大差异。埃塞俄比亚的经济发展水平较低，2023 年经济总量只有 1203.7 亿美元，人均 GDP 仅为 1218 美元，属于典型贫困国家。埃塞俄比亚国民经济支柱产业为农业，约占 GDP 的 40%，85%的国民从事种植业、畜牧业和手工业，埃塞俄比亚的咖啡豆、羊毛手工艺制品、白檀木雕刻等特产在全球都享有很高的知名度。但各类基础设施发展落后，仍处于工业化的初级阶段。近年来，受新冠疫情、外部输入性风险、内部政治动乱等因素影响，埃塞俄比亚经济增速放缓，人民生活质量和生命安全皆受到较大影响。因此，两国在经贸投资领域存在较多的合作可能与开发前景。

从投资领域看，中国在埃塞俄比亚的投资规模快速增长，投资领域日趋多元化（见表 1）。截至 2023 年 6 月，埃塞俄比亚投资委累计批准中国独资/合资项目 1859 个，其中已投产项目 1185 个，中国已成为埃塞俄比亚最大的投资来源国，两国投资合作成果出现在埃塞俄比亚经济社会的诸多领域。工业投资方面，中资企业参与投建了埃塞俄比亚的第一家工业园、最高建筑、首条高速公路、城市轻轨、跨国电气化铁路等。2022 年，中国企业在埃塞俄比亚新签承包工程合同 85 份，新签承包工程合同额 30.2 亿美元，完成营业额 15.8 亿美元。农业投资方面，由中国投资 4000 万元在埃塞俄比亚津奇地区建立的农业技术示范中心于 2013 年正式运营。目前，上百家中国农业企业在埃塞俄比亚投资运营，生产蔬菜、猪肉、禽肉等产品以及各种农业设备。但遗憾的是,中国对埃塞俄比亚的投资在近年来呈现一定的消极态势,出现了明显的撤资和减少投资的现象,其中涉及的因素较为复杂,有可能出于经济环境变化、政策调整或其他商业考虑,并不意味着整个中国对埃塞俄比亚的投资都是负数,未来双方投资合作的前景依旧可期。

表1　近年来中国—埃塞俄比亚各领域部分重点投资合作项目

中国企业名称	投资项目	领域
华坚集团	华坚(埃塞俄比亚)国际鞋城	鞋业
	埃塞俄比亚—中国华坚国际轻工业城	工业园区
江苏阳光集团	产业园区:以毛纺产业为主	纺织
中地海外和中非基金联合投资	埃塞汉盛国际玻璃有限公司	玻璃
中非基金与河南新乡黑田明亮制革有限公司	中非洋皮业有限公司	皮革
中非发展基金和中国江苏其元集团	埃塞俄比亚东方水泥厂	水泥
力帆集团	扬帆汽车有限公司	汽车
深圳传音控股股份有限公司	控股埃塞手机组装厂	手机
三圣股份	三圣药业有限公司	医药

从贸易领域看,两国间的货物贸易存在一定的起伏波动,贸易商品和结构受新冠疫情等各种因素影响较大,存在不稳定性。2015年,中埃塞货物进出口额为38.2亿美元,此后呈下跌趋势,2020年以后开始回升。很大一部分原因在于埃塞俄比亚在吸引中国投资的同时,寻求在中国市场上获得更多份额,2021年中国从埃塞俄比亚进口商品3.66亿美元,同比增长8%。但是,双方的贸易开始进入增长瓶颈期,2022年,中埃塞双边贸易总额达26.58亿美元,同比增长0.8%,相较于2015年12%的增长率明显动力不足。[①] 然而,2023年双边贸易总额为30.3亿美元,同比增长14.7%(见图1)。由此看出,"一带一路"合作为中埃塞双方创造了更多的合作机遇,爆发出新的贸易增长动力点,强势追赶2015年的进出口总额及增长率。因

---

① 数据来源:https://www.mofcom.gov.cn/tjsj/ywtjxxhz/xyfztjsj/art/2023/art_39d610264c0940 30970d5f144261e77b.html。

此，尽管现阶段双边贸易走向积极增长趋势，但仍需要继续深化双边"一带一路"合作，以维持和促进中埃塞两国贸易经济的稳定增长。

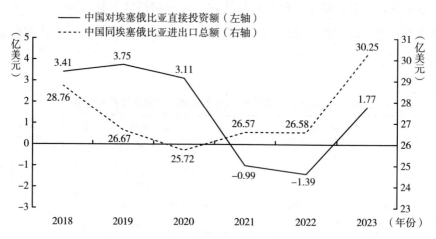

图1　2018～2023年中国—埃塞俄比亚贸易额及直接投资额

资料来源：https://www.mfa.gov.cn/web/gjhdq_676201/gj_676203/fz_677316/120 6_677366/sbgx_677370/。

（二）政治安全与人文交流合作现状

在政治上，中埃塞两国都坚持独立自主的外交政策，致力于实现民族振兴，在涉及核心利益的问题上相互支持，共同探索适合本国国情的发展道路。同时，埃塞俄比亚高度信任中国发展的模式与制度，深入学习和借鉴中国经验，创造了非洲的经济奇迹，因此有着"非洲小中国"之称。此外，相较于西方国家，历任中国领导人均高度重视和埃塞俄比亚领导人的关系，两国领导层间的政治信任和个人友谊也更加深厚，为两国政治互信与双边关系持续深入发展奠定了良好基础。如今，双方将全面战略合作伙伴关系提升为全天候战略伙伴关系，夯实了两国政治互信与经济合作基础，更加激发了双方未来合作的潜力。

在人文交流上，新时代的中埃塞人文交流合作在教育、文化旅游、科技等各大领域全面开花结果（见表2）。两国通过教育合作培养了一批了解各自文化的留学生，2023 年埃塞在华留学生达到 3732 名，为埃塞各国家重点领域输送了一批发展急需的人才。同时，孔子学院、中非高校 20+20 合作计划、鲁班工坊、中非青年领导人论坛、武术训练中心等人文交流合作项目搭建了两国青年互助交流的桥梁。目前，两国在政治、人文交流及各个领域都有所建树，但实际上的双边交流深度依然不足，几大类型的交流主要围绕我国对埃塞俄比亚的各种援建展开，两国企业和民间自发的人文交流依然匮乏，两国地理位置距离较远，一定程度上阻碍了两国之间的交流学习。

因此，本报告寄希望于在"一带一路"倡议的引领下，中埃塞两国能持续推进政治安全与人文交流合作，不断开启双边的教学培训、文化活动、思想对话等切实交流，助推两国人民友好交往，成为"一带一路"上的典范。

表 2　中国—埃塞俄比亚突出的人文交流合作

领域	合作项目	合作内容	合作成就
教育	《关于向埃塞农业技术职业教育与培训项目派遣中国教师的协议》	20 批次 485 人次的援助埃塞农业职教教师在埃塞当地 13 所农职院校执教	传授 70 余种实用技术、培养埃塞师生和农技人员 6 万余人，帮助建立埃塞当地的教职体系和人才梯队
	亚的斯亚贝巴大学孔子学院	"中文+职业技术培训"模式	为埃塞培养了一批批复合型人才
	鲁班工坊	工程实验创新项目（EPIP）	成为东非四国职业院校培养高水平师资的重要基地
医疗公共卫生	中国派遣医疗队援助	中国政府累计向埃塞派遣 24 批医疗队 2013 年以来共派遣 8 批次 120 余名成员	累计诊疗 15 万余人次，向埃塞援助新冠疫苗 1400 万支，极大提高了埃塞的医疗技术水平
	重点援建非洲疾控中心总部项目	中国援非盟非洲疾控中心总部在亚的斯亚贝巴落成	成为非洲大陆首个现代化疾控中心
文化旅游	关于在埃塞设立中国文化中心的谅解备忘录和执行决议书	落实在埃塞开展文化活动、教学培训、信息服务、思想对话等	加强了中埃塞人文领域交流，进一步夯实了中埃塞友好民意基础，助推了中埃塞两国政经关系全面深入发展

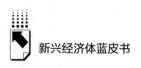

续表

领域	合作项目	合作内容	合作成就
文化旅游	亚的斯亚贝巴中国签证申请中心	为增进两国人文交流提供便利	中国青年志愿者不断前往埃塞服务，促使两国青年有着良好的交流合作基础
科技	中国—埃塞俄比亚/斯里兰卡可再生能源三方合作项目	增进在可再生能源利用方面的知识共享与经验交流，为各方分享南南合作与三方合作经验做法搭建了平台	对促进埃塞俄比亚可再生能源技术示范应用、助力可持续发展目标实现具有现实意义
科技	人造卫星合作项目	埃塞首颗人造卫星ETRSS-1在中国发射升空，并获得了大量应对气候变化的可靠分析数据	大批埃塞青年开始关注、学习航天技术，并在中方的帮助下成为卫星运控、气候变化分析的骨干
媒体	"一带一路"新闻合作联盟	以埃塞俄比亚通讯社为代表的埃塞国家级媒体加入"一带一路"新闻合作联盟，与新华社等签订了合作备忘录	在深化新闻合作、管控网络空间、处理媒体关系、加强对话交流方面，开展了卓有成效的媒体合作
媒体	人类命运共同体非洲研究中心	共同推进人类命运共同体理念的全球传播进程	
体育	埃塞国家体育场	开创中埃塞体育合作新模式	为当地培训了数百名具备施工技术的工程师
体育	中埃塞武术合作	超过800家武术训练中心在埃塞俄比亚成立	中国武术深受埃塞年轻人的喜欢

（三）"一带一路"项目合作典型成功案例

2018年，两国签署了共同推进"一带一路"建设的谅解备忘录；2019年，双方签署了共同推进"一带一路"建设的合作规划；2023年，我国与埃塞俄比亚建立全天候战略伙伴关系。基于以上合作机制，两国的共同目标在于高质量共建"一带一路"合作，在制造业、能源、矿业及冶炼、农业、基础设施、医疗、教育等重点领域进行务实合作，切实推动两国增进政治互信、加强经贸合作。

1. 亚吉铁路

亚吉铁路是中埃塞经济合作最重要的标志，也是"一带一路"倡议在非洲的重要实践项目之一。其全长约756公里，连接了埃塞俄比亚和吉布提两国首都，是东非地区首条标准轨距电气化铁路，作为中国企业在海外建设的第一条全产业链"走出去"的铁路，被誉为"新时期的坦赞铁路"。

面对非洲诸国，亚吉铁路的案例成为中国铁路"走出去"，推动"一带一路"倡议可持续发展的范本。成功的"亚吉模式"为"一带一路"倡议增添了浓墨重彩的一笔：中国标准实施的铁路项目，有能力把技术标准，包括设计、建设、运营在内的全产业链带出去；通过铁路带动沿线经济发展，惠及埃塞俄比亚、吉布提两国及周边邻国民众；为中国项目在"一带一路"合作上积攒口碑，让中国标准成为非洲标准，助力更多中国的企业、模式、产品立足非洲。

2. 鲁班工坊

鲁班工坊是天津响应"一带一路"倡议、推动企业"走出去"、加强职业教育国际化合作交流的一种发展新模式。通过与埃塞俄比亚共建鲁班工坊，为其提供了中国优质的职业教育，培养了当地经济社会发展所急需的高素质技能人才，为中国与埃塞共建"一带一路"项目做好了人才铺垫。

埃塞俄比亚鲁班工坊由天津职业技术师范大学和埃塞俄比亚联邦职业技术教育与培训学院共同建设，聚焦工业传感器、机电一体化、工业控制、工业机器人四大技术方向。目前，鲁班工坊已经取得了一系列成就：鲁班工坊探索出了一条本土化的教学道路，中国高校率先建设性地提出了工程实验创新项目（EPIP），有效解决了学生遇到的问题，满足了当地的教学需求；埃塞鲁班工坊运作以来，树立了国际职业教育的培养典范，接待了联合国、非盟代表、东非高校代表等五十余批次千余人次实地参观考察学习，成为东非四国职业院校培养高水平师资的重要基地，打响了中国职业教育的品牌；鲁班工坊推动了埃塞职业技能人才投入当地发展、走向世界，当前，鲁班工坊培训了超过300名学员，已经投入当地的产业发展与教学活动当中。同时，鲁班工坊的 5 名骨干教师在 2021 世界机器人大赛上取得了一金、两银、两铜的优异成绩，实现了埃塞俄比亚在世界级技能比赛中的参赛并获奖双突破。

以上两个案例是中埃塞两国在基础设施建设和职业教育领域较为典型和突出的合作，为"一带一路"合作积攒了声誉、积累了经验。与此同时，各类大型工程项目都通过"一带一路"倡议逐步顺利落地，埃塞俄比亚的大部分在建大型工程项目以工程总承包的方式被中资企业揽下建设（见表 3）。此外，在工业园区建设方面，在与中资企业合作开发了埃塞俄比亚首个工业园区（东方工业园）后，埃塞俄比亚政府便决定以中国工业园区的发展模式为蓝图，与中国合作大力建设埃塞俄比亚工业园区（见图 2），并借助中资企业对埃塞俄比亚工业园区的合作与投资，促进了本国大量青年劳动力的就业，实现了技术转移和外汇收益。通过在纺织、皮革、农业加工、医药等领域的工业园区建设，埃塞俄比亚的制造业和服务业水平不断提高，其中 2018 年 10 月落成的阿达玛工业园已经吸引了江苏阳光、浙江金达等来自中国的大型纺织服装企业不断落户。埃塞俄比亚政府期望在 2025 年将国家打造成非洲的轻工业发展基地，为达成这一目标，仍需要把"一带一路"合作当成重大契机，以"一带一路"倡议为基础吸收中国的高质量制造业生产经验与技术，实现两国的互利共赢。

表 3 近年来中资企业在埃塞俄比亚承建的大型工程项目

项目名称	中国企业名称
瓦尔凯特 24000TCD 糖厂	中工国际工程股份有限公司
吉那勒达瓦（GD）-3 水电站	中国葛洲坝集团
奥姆 5 糖厂	江联国际
埃塞商业银行新总部大楼	中国建筑集团
宝利国际机场航站楼扩建项目	中国交通建设集团
阿伊莎（Aysha）风电站	东方电气集团
马克雷供水项目	中国葛洲坝集团
德雷达瓦工业园	中国土木工程集团
埃塞离网太阳能项目	中国电力技术装备有限公司

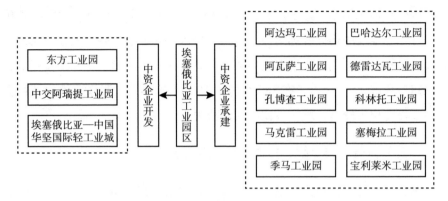

图2　由中资开发和承建的埃塞俄比亚工业园区

二　中国与埃塞俄比亚共建"一带一路"面临的挑战

2023 年 10 月 16 日，在中埃塞两国总理的见证下，两国有关部门负责人共同签署了"一带一路"合作工作机制、重点领域三年合作计划、经济发展领域交流合作和数字经济合作等文件，有力地扩大与拓展了双方未来"一带一路"合作的范围和深度。与此同时，在未来的共同发展与合作当中，中埃塞两国需要重视在共建"一带一路"中存在的问题，高质量共建"一带一路"。

（一）社会环境动荡，投资合作风险加剧

埃塞俄比亚局势尚不明朗，政局的动荡将导致投资与合作的高风险性、长期项目的不稳定性和务工人员的不安全性。部分中资企业的若干项目至今仍处于暂停状态，在埃塞俄比亚的中国公民受到不同程度的波及，一定程度上阻碍了中埃塞双方的深度合作，对后续"一带一路"合作产生负面影响。

（二）政府清廉不足，营商环境不利于投资

埃塞俄比亚政府行政较低效，官员腐败行为较普遍，不利于合作项目的

293

落地与运营。世界银行《2020 年营商环境报告》显示，埃塞俄比亚在全球 190 个经济体的营商环境排名中位居第 159，开办企业、获得电力、办理施工许可三个维度的得分皆远落后于世界平均水平，表明埃塞俄比亚政府的行政效率比较低下。此外，根据世界数据图谱分析平台测度，埃塞俄比亚的腐败感知指数得分为 37 分，在 187 个国家中位居第 98，表明埃塞俄比亚社会的腐败程度相对较高，埃塞俄比亚的司法独立性有待增强。

（三）农业发展受阻，拉动经济增长不足

农业虽说是埃塞俄比亚第一大产业，也是国民经济和出口创汇的支柱，但缺乏一系列现代化基础建设，欠缺拉动经济增长的动力。埃塞俄比亚全国农用耕地面积约 15 万平方公里，以小农耕作为主，技术水平、机械化程度低，水利和农田灌溉等基础设施落后，土壤肥力一般，农业生产方式原始等因素严重制约了埃塞俄比亚农业发展，同时当地缺乏规模化生产。同样，埃塞俄比亚的工业制造水平低，基础薄弱，配套设施不足。工业门类不齐全，结构不合理，零部件、原材料依靠进口。因此，加速工业化以赋能农业高质量发展成为埃塞俄比亚当前亟待解决的问题。

（四）经济结构不合理，投资运营成本较高

埃塞俄比亚通货膨胀率较高，外汇短缺，可能增加与提高中资企业的金融风险和运营成本。埃塞俄比亚虽然是非洲经济增长的"明星"，但仍面临外债压力大、基础设施不足、产业结构不合理、支柱产业落后、城乡二元结构等问题，导致埃塞俄比亚较难与中国的经济进行对接。例如，埃塞俄比亚总理阿比曾含蓄地表明亚吉铁路让埃塞俄比亚背负沉重债务，对国民经济造成一定负面影响。此外，由于埃塞俄比亚民众对于铁路能给国家带来的经济效益缺乏认知，亚吉铁路发生了频繁的盗窃和破坏事件。因此，中埃塞合作项目也需要考虑埃塞方的还款能力、市场需求、后期运营等因素，以确保项目的经济效益和社会效益。寻求新的贸易与投资合作增长点以避免埃塞俄比亚的现实困境对双方合作造成不可逆的负面影响成为当下双方亟须思考的问题。

（五）贸易条件不利，本土产业建设困难

虽然中埃塞的双边贸易给埃塞俄比亚带来了更多的产品、资源及机遇，但埃塞俄比亚从中国的进口量远大于出口量，贸易结构失衡。一方面，埃塞俄比亚的本土制造商认为与中国企业进行竞争处于劣势，来自中国的廉价优质商品对本土的制造业、服务业造成一定冲击。另一方面，埃塞俄比亚政府意识到两国间存在贸易不平衡，担忧会对后续与中国的贸易合作产生抵触。即便中国尝试从援助、优惠贷款、债务减免等措施解决这一问题，但两国间的贸易仍然不对称。同时，埃塞俄比亚目前仍不是 WTO 成员，无法利用WTO 争端解决机制去解决国际贸易的争端，在与其他国家的贸易中也始终处于弱势。

（六）人文交流受限，"一带一路"倡议宣传不足

两国自 1970 年建交以来，关系发展良好，如今更是从全面战略合作伙伴升级到了全天候战略合作伙伴。但两国民众对彼此的认知度仍然较低，同时国内舆论对非洲仍存在一定的刻板印象，尤其是埃塞俄比亚的旅游治安较差、偷窃抢劫频发等负面新闻的流入，加深了国民对埃塞俄比亚的消极看法，一方面可能导致我国企业对埃塞俄比亚的投资持有负面态度，致使投资合作机遇的流失，另一方面可能使两国民心交流受阻，致使"一带一路"合作项目落地受挫。同时，媒体对两国合作的宣传不充足，导致了民众对某些合作项目的认知不充分。

三 进一步推进中国—埃塞俄比亚 "一带一路"合作的对策建议

尽管埃塞俄比亚存在若干国内外的发展阻力，但整体而言，无论是政府态度还是民众舆论，对两国"一带一路"合作都持正面积极的态度。因此，两国在面对合作发展中的消极态势时，更应当团结协作，在"一带一路"

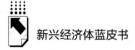

框架下发掘共同合作的新机遇，切实了解两国国内正在进行的变革，共同探索两国存在的互惠互利的关系，积极寻求更广泛的合作伙伴，以期双方在未来的合作发展中产出更富成效的成果，携手面对消极因素时有更充足的底气与应对机制。

（一）注重安全风险，强化项目保障

中资企业赴埃塞俄比亚投资合作前，需要对合作项目所在地的政策、文化、相关法律等方面进行研判。首先，落地边境的项目需要做好当地安全的风险调研，切实了解当地信息，与当地政府武装力量进行沟通，确保风险来临之际能及时提供帮助。其次，企业项目应该及时评估施工工地、仓库、住房、车辆等安全性能，对有缺陷的设施进行安全升级，如加强安保、设立监控、加固防盗等。同时，对企业员工进行安全培训，有必要时可以聘请资质可靠的国际安保公司来保障安全。最后，企业需要建立一套行之有效的应急机制，并且定期举行安全演练，根据实际情况不断完善应对机制，遇到危险及时向有关部门与大使馆通报，维护企业和国民的安全权益。

（二）加强反腐建设，透明投资合作

我国明确将"不干涉内政"原则作为独立自主的和平外交政策的重中之重。因此，在推动双边"一带一路"建设中，面对埃塞俄比亚存在的法治腐败、行政低效等问题，我国尽可能进行引导性帮助。其一，推动良好的双边政治关系。已有充分研究和经验表明，世界大国可以利用其地位与影响力为本国企业出海合作投资提供安全保障。我国相关部门可通过政治外交活动优化双边关系，助推企业建立廉政清明、行之有效的区域合作机制及平台，为我国企业"走出去"夯实行政稳定基础，营造良好的投资政治环境，从而减少投资合作面临的腐败风险。其二，加强反腐经验交流。通过加强法治教育、政治文化和反腐治理交流，增强当地官员和民众的法律意识，提升埃塞俄比亚政府对廉洁治理重要性的认识，分享我国对反腐治理的相关经验，促进两国对反腐达成共识，加强合作项目反腐建设，共同打击腐败行为。其三，建立监督与问责机制。在两国政府加强文化与经验交流的同时，应为两国合作项目建立高效的监督机制，对两国合作的具体事项、财务状况、资金流动等进行定期审查，确保合作符合廉洁和高效的标准。

（三）深化农业合作，推动农业升级

"一带一路"倡议提出以来，中国对埃塞俄比亚的农业援助更加广泛，作为埃塞俄比亚的支柱产业，农业仍以小农耕作为主，发展水平较低，但也意味着未来合作开发的空间广大。首先，应该持续加大农业基础设施的开发。小农耕作的低生产效率严重制约了农业发展，两国应该在电力、灌溉等农业基础设施方面加强合作，夯实农业经济高质量发展的生产基础。其次，推动农业科学技术的普及。智慧温室、农用无人机、智慧灌溉等先进农业技术能大大提升埃塞俄比亚农民的生产效率，同时提高农产品的质量和产量。此外，应当持续培育技术人员，开展农业技术教学教育工作，确保做好"授人以渔"，建设好农业人才队伍。最后，两国应制定长期发展的规划与战略。中资企业应因地制宜，将发展规划紧密联系当地实际，同时将教育和技术援助、企业发展纳入合作规划当中，做好长期发展的计划打算。

（四）进军数字贸易，扩大贸易合作

数字经济作为当前新兴经济形态，对国家经济发展与产业结构重塑具有重要作用。埃塞俄比亚政府深刻认识到数字经济的重要性，出台了《数字埃塞俄比亚2025战略》，评估了数字经济发展现状并制定了发展目标。因此，本报告建议，应着眼于发展两国间数字贸易合作，旨在以新经济增长动能对抗经济结构性困境与两国贸易不平衡现状。其一，中国可利用自身网络强国优势，带动通信、互联网等企业进驻埃塞俄比亚，传递埃塞俄比亚所缺乏的数字资源，参与建设网络基站、互联网和电子支付等，以此扩大市场与合作。其二，加强数字支付与金融服务，建设数字化贸易平台，以提供便捷的在线市场、物流支持和支付方案等服务，为两国企业合作衍生更多的数字化工具和资源。同时，促进跨境支付，加强企业间金融联系，降低合作的成本。其三，应注重对数字化人才的培养和数字化贸易的推广。建议引导国内具备培训资质的教学机构与人才入驻埃塞俄比亚，开展数字技术领域的人才培训，确保有足够的专业人才支撑数字贸易的发展。此外，可以为埃塞俄比亚企业举办数字经济与贸易的交流研讨会、宣传讲座等，提高埃塞俄比亚企业对数字贸易的认知，鼓励更多企业参与到与我国的数字贸易当中。

（五）加强合作宣传，推进民心相通

面对人文交流受限与"一带一路"倡议宣传不足的问题，本报告建议以共建"一带一路"合作为纽带，定期举办两国文化交流活动，促进两国民众了解彼此的人文历史与文化异同。此外，应当鼓励民众多用社交媒体、电商平台等工具，加速传播双方信息，打破交流壁垒。同时，两国政府应当加强社交网络对双边合作项目的宣传，让更多民众知道"一带一路"合作的理念、具体措施、互利互惠，减少负面舆论对两国合作的影响，推动民心相通，共建民心所向，增强两国企业与民众对共建"一带一路"合作的信心。

参考文献

陈兆源：《中国直接投资与埃塞俄比亚国家能力建设》，《世界政治研究》2021年第1期。

胡仁杰、孙照吉：《"一带一路"背景下中国与埃塞俄比亚产能合作的机遇与挑战》，《全国流通经济》2020年第23期。

林毅夫：《中国未来发展及中国—埃塞俄比亚产能合作》，《开发性金融研究》2015年第4期。

涂明辉：《"一带一路"建设框架下中非经贸合作的机遇与挑战》，《中阿科技论坛（中英阿文）》2019年第4期。

徐舒扬、王璟璇：《埃塞俄比亚安全风险态势及在埃塞投资风险防范》，《中国投资（中英文）》2023年第1期。

《中华人民共和国与埃塞俄比亚联邦民主共和国关于建立全天候战略伙伴关系的联

合声明》。

周嘉希:《埃塞俄比亚的国家发展与"一带一路"实践》,《和平与发展》2019 年第 5 期。

Amy, F., Naomi, B., "China's Belt and Road Initiative in Malaysia and Ethiopia," *Indian Journal of Asian Affairs* 1(2022): 1-22.

Ding, F., Chuan, L., "Chinese Eastern Industrial Zone in Ethiopia: Unpacking the Enclave," *Third World Quarterly* 4(2020): 623-644.

Shankar, M. B., "The Sustainable Development and Economic Impact of China's Belt and Road Initiative in Ethiopia," *East Asia* 2(2023): 175-194.

Zhangxi, C., "Building the Belt and Road Initiative? -Practices en Route," *The Pacific Review* 5(2020): 788-812.

附　录
金砖11国向 WTO（GATT）通报并
生效的 FTA（RTA）基本信息简表

附录1　巴西向 WTO（GATT）通报并
生效的 FTA（RTA）基本信息

1. 巴西—墨西哥

协定名称	巴西—墨西哥		
覆盖范围	货物	类型	部分领域协定
法律地位	有效	通报类型	授权条款
签订日期	2002 年 7 月 3 日	通报日期	2019 年 7 月 23 日
生效日期	2003 年 5 月 2 日		
备注	参考拉丁美洲一体化协会（LAIA）：AAP. CE 53. 本协议还根据授权条款由 LAIA 各方通知，作为 1980 年 LAIA《蒙得维的亚条约》（WT/COMTD/RTA15/ N/1/Add. 52）的变更		
目前缔约国	巴西；墨西哥		
初始缔约国	巴西；墨西哥		
RTA 类型	双边		
地区	南美；北美		
所有缔约方是否为 WTO 成员？	是	是否跨地区	是

2. 发展中国家全球贸易优惠制（GSTP）

协定名称	发展中国家全球贸易优惠制（GSTP）		
覆盖范围	货物	类型	部分领域协定
法律地位	有效	通报类型	授权条款
签订日期	1988年4月13日	通报日期	1989年9月25日
生效日期	1989年4月19日		
目前缔约国	阿尔及利亚；阿根廷；孟加拉国；贝宁；玻利维亚；巴西；喀麦隆；智利；哥伦比亚；古巴；厄瓜多尔；埃及；加纳；几内亚；圭亚那；印度；印度尼西亚；伊朗；伊拉克；朝鲜；韩国；利比亚；马来西亚；墨西哥；摩洛哥；莫桑比克；缅甸；尼加拉瓜；尼日利亚；巴基斯坦；秘鲁；菲律宾；新加坡；斯里兰卡；苏丹；坦桑尼亚；泰国；特立尼达和多巴哥；突尼斯；委内瑞拉；越南；津巴布韦		
初始缔约国	阿尔及利亚；阿根廷；孟加拉国；贝宁；玻利维亚；巴西；喀麦隆；智利；哥伦比亚；古巴；厄瓜多尔；埃及；加纳；几内亚；圭亚那；印度；印度尼西亚；伊朗；伊拉克；朝鲜；韩国；利比亚；马来西亚；墨西哥；摩洛哥；莫桑比克；缅甸；尼加拉瓜；尼日利亚；巴基斯坦；秘鲁；菲律宾；罗马尼亚；新加坡；斯里兰卡；苏丹；坦桑尼亚；泰国；特立尼达和多巴哥；突尼斯；委内瑞拉；越南；津巴布韦		
RTA类型	诸边		
地区	非洲；南美；西亚；加勒比；东亚；中东；北美；中美		
所有缔约方是否为WTO成员？	否	是否跨地区	是

3. 拉丁美洲一体化协会（LAIA）

协定名称	拉丁美洲一体化协会（LAIA）		
覆盖范围	货物	类型	部分领域协定
法律地位	有效	通报类型	授权条款
签订日期	1980年8月12日	通报日期	1982年7月1日
生效日期	1981年3月18日		
备注	下面列出的当前签署国是"经各缔约方通知"的。但是请注意巴拿马现在是拉丁美洲一体化协会的成员		
目前缔约国	阿根廷；玻利维亚；巴西；智利；哥伦比亚；古巴；厄瓜多尔；墨西哥；巴拉圭；秘鲁；乌拉圭；委内瑞拉		
初始缔约国	阿根廷；玻利维亚；巴西；智利；哥伦比亚；厄瓜多尔；墨西哥；巴拉圭；秘鲁；乌拉圭；委内瑞拉		

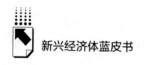

续表

协定名称	拉丁美洲一体化协会（LAIA）		
RTA 类型	诸边		
地区	南美；加勒比；北美		
所有缔约方是否为 WTO 成员？	是	是否跨地区	是

4. 贸易谈判议定书（PTN）

协定名称	贸易谈判协定书（PTN）		
覆盖范围	货物	类型	部分领域协定
法律地位	有效	通报类型	授权条款
签订日期	1971 年 12 月 8 日	通报日期	1971 年 11 月 9 日
生效日期	1973 年 2 月 11 日		
目前缔约国	孟加拉国；巴西；智利；埃及；以色列；韩国；墨西哥；巴基斯坦；巴拉圭；秘鲁；菲律宾；塞尔维亚；突尼斯；土耳其；乌拉圭		
初始缔约国	孟加拉国；巴西；智利；埃及；以色列；韩国；墨西哥；巴基斯坦；巴拉圭；秘鲁；菲律宾；罗马尼亚；突尼斯；土耳其；乌拉圭；南斯拉夫		
RTA 类型	诸边		
地区	西亚；南美洲；非洲；中东；东亚；北美；欧洲		
所有缔约方是否为 WTO 成员？	否	是否跨地区	是

5. 南方共同市场（MERCOSUR）

协定名称	南方共同市场（MERCOSUR）		
覆盖范围	货物 & 服务	类型	关税同盟和经济一体化协定
法律地位	生效	通报类型	授权条款和 GATS 第 5 条
签订日期（G）	1991 年 3 月 26 日	通报日期（G）	1992 年 2 月 17 日
签订日期（S）	1997 年 12 月 15 日	通报日期（S）	2006 年 12 月 5 日
生效日期（G）	1991 年 11 月 29 日		
生效日期（S）	2005 年 12 月 7 日		
备注	参考 LAIA：AAP. CE 18. 本协议也由 LAIA 各方根据授权条款通知，作为 1980 年 LAIA《蒙得维的亚条约》（WT/COMTD/RTA15/N/1/Add. 18）的变更。下面列出的当前签署国是"经各缔约方通知"。但请注意，委内瑞拉现在是南方共同市场的一个缔约方		

续表

协定名称	南方共同市场（MERCOSUR）		
目前缔约国	阿根廷;巴西;巴拉圭;乌拉圭		
初始缔约国	阿根廷;巴西;巴拉圭;乌拉圭		
RTA 类型	诸边		
地区	南美		
所有缔约方是否为 WTO 成员？	是	是否跨地区	否

6. 南方共同市场（MERCOSUR）—埃及

协定名称	南方共同市场（MERCOSUR）—埃及		
覆盖范围	货物	类型	自由贸易协定
法律地位	生效	通报类型	授权条款
签订日期	2010 年 8 月 2 日	通报日期	2018 年 2 月 19 日
生效日期	2017 年 9 月 1 日		
目前缔约国	阿根廷;巴西;巴拉圭;乌拉圭;埃及		
初始缔约国	阿根廷;巴西;巴拉圭;乌拉圭;埃及		
RTA 类型	双边;一方为区域贸易协定		
地区	南美;非洲		
所有缔约方是否为 WTO 成员？	是	是否跨地区	是

7. 南方共同市场（MERCOSUR）—印度

协定名称	南方共同市场（MERCOSUR）—印度		
覆盖范围	货物	类型	部分领域协定
法律地位	生效	通报类型	授权条款
签订日期	2004 年 1 月 25 日	通报日期	2010 年 2 月 23 日
生效日期	2009 年 6 月 1 日		
目前缔约国	阿根廷;巴西;巴拉圭;乌拉圭;印度		
初始缔约国	阿根廷;巴西;巴拉圭;乌拉圭;印度		
RTA 类型	双边;一方为区域贸易协定		
地区	南美;西亚		
所有缔约方是否为 WTO 成员？	是	是否跨地区	是

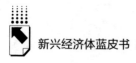

8. 南方共同市场（MERCOSUR）—以色列

协定名称	南方共同市场（MERCOSUR）—以色列		
覆盖范围	货物	类型	自由贸易协定
法律地位	生效	通报类型	GATT 第 24 条
签订日期	2007 年 12 月 18 日	通报日期	2019 年 3 月 29 日
生效日期	2009 年 12 月 23 日		
备注	生效日期：2009 年 12 月 23 日，乌拉圭和以色列；2010 年 3 月 24 日，巴拉圭和以色列；2010 年 4 月 3 日，巴西和以色列；2011 年 9 月 9 日，阿根廷和以色列		
目前缔约国	阿根廷；巴西；巴拉圭；乌拉圭；以色列		
初始缔约国	阿根廷；巴西；巴拉圭；乌拉圭；以色列		
RTA 类型	双边；一方为 RTA		
地区	南美；中东		
所有缔约方是否为 WTO 成员？	是	是否跨地区	是

9. 南方共同市场（MERCOSUR）—南部非洲关税同盟（SACU）

协定名称	南方共同市场（MERCOSUR）—南部非洲关税同盟（SACU）		
覆盖范围	货物	类型	部分领域协定
法律地位	生效	通报类型	授权条款
签订日期	2008 年 12 月 15 日	通报日期	2017 年 7 月 19 日
生效日期	2016 年 4 月 1 日		
备注	签订日期：南方共同市场成员国 2008 年 12 月 15 日，南部非洲关税同盟成员国 2009 年 4 月 3 日		
目前缔约国	阿根廷；巴西；巴拉圭；乌拉圭；博茨瓦纳；莱索托；纳米比亚；南非；斯瓦蒂尼		
初始缔约国	阿根廷；巴西；巴拉圭；乌拉圭；博茨瓦纳；莱索托；纳米比亚；南非；斯瓦蒂尼		
RTA 类型	双边；所有缔约方均为区域贸易协定缔约方		
地区	南美；非洲		
所有缔约方是否为 WTO 成员？	是	是否跨地区	是

附录2　俄罗斯向 WTO（GATT）通报并生效的 FTA（RTA）基本信息

1. 欧亚经济联盟（EAEU）

协定名称	欧亚经济联盟（EAEU）		
覆盖范围	货物和服务	类型	关税同盟和经济一体化协定
法律地位	有效	通报类型	GATT 第 24 条和 GATS 第 5 条
签订日期	2014 年 5 月 29 日	通报日期	2014 年 12 月 12 日
生效日期	2015 年 1 月 1 日		
备注	生效日期：2015 年 1 月 1 日白俄罗斯、哈萨克斯坦和俄罗斯生效；2015 年 1 月 2 日亚美尼亚生效；2015 年 8 月 12 日吉尔吉斯斯坦生效		
目前缔约国	亚美尼亚；白俄罗斯；哈萨克斯坦；吉尔吉斯斯坦；俄罗斯		
原始缔约国	白俄罗斯；哈萨克斯坦；俄罗斯		
RTA 类型	诸边		
地区	独立国家联合体（CIS），包括某些联系国和前成员国		
所有缔约方是否为世贸组织成员？	否	是否跨区域	否

2. 欧亚经济联盟（EAEU）—伊朗

协定名称	欧亚经济联盟（EAEU）—伊朗		
覆盖范围	货物	类型	自由贸易协定
法律地位	有效	通报类型	GATS 第 24 条
签订日期	2018 年 5 月 17 日	通报日期	2020 年 1 月 31 日
生效日期	2019 年 10 月 27 日		
目前缔约国	亚美尼亚；白俄罗斯；哈萨克斯坦；吉尔吉斯斯坦；俄罗斯；伊朗		
原始缔约国	亚美尼亚；白俄罗斯；哈萨克斯坦；吉尔吉斯斯坦；俄罗斯；伊朗		
RTA 类型	双边；一方是 RTA		
地区	独立国家联合体（CIS），包括某些联系国和前成员国；中东地区		
所有缔约方是否为世贸组织成员？	否	是否跨区域	是

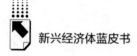

3. 欧亚经济联盟（EAEU）—塞尔维亚

协定名称	欧亚经济联盟（EAEU）—塞尔维亚		
覆盖范围	货物	类型	自由贸易协定
法律地位	有效	通报类型	GATS 第 24 条
签订日期	2019 年 10 月 25 日	通报日期	2021 年 11 月 3 日
生效日期	2021 年 7 月 10 日		
目前缔约国	亚美尼亚；白俄罗斯；哈萨克斯坦；吉尔吉斯斯坦；俄罗斯；塞尔维亚		
原始缔约国	亚美尼亚；白俄罗斯；哈萨克斯坦；吉尔吉斯斯坦；俄罗斯；塞尔维亚		
RTA 类型	双边；一方是 RTA		
地区	独立国家联合体（CIS），包括某些联系国和前成员国；欧洲		
所有缔约方是否为世贸组织成员？	否	是否跨区域	是

4. 欧亚经济联盟（EAEU）—越南

协定名称	欧亚经济联盟（EAEU）—越南		
覆盖范围	货物和服务	类型	自由贸易协定和经济一体化协定
法律地位	有效	通报类型	GATT 第 24 条和 GATS 第 5 条
签订日期	2015 年 5 月 29 日	通报日期	2017 年 5 月 4 日
生效日期	2016 年 10 月 5 日		
目前缔约国	亚美尼亚；白俄罗斯；哈萨克斯坦；吉尔吉斯斯坦；俄罗斯；越南		
原始缔约国	亚美尼亚；白俄罗斯；哈萨克斯坦；吉尔吉斯斯坦；俄罗斯；越南		
RTA 类型	双边；一方是 RTA		
地区	独立国家联合体（CIS），包括某些联系国和前成员国；东亚		
所有缔约方是否为世贸组织成员？	否	是否跨区域	是

5. 格鲁吉亚—俄罗斯

协定名称	格鲁吉亚—俄罗斯		
覆盖范围	货物	类型	自由贸易协定
法律地位	有效	通报类型	GATT 第 24 条
签订日期	1994 年 2 月 3 日	通报日期	2001 年 2 月 8 日

续表

协定名称	格鲁吉亚—俄罗斯		
生效日期	1994年5月10日		
目前缔约国	格鲁吉亚；俄罗斯		
原始缔约国	格鲁吉亚；俄罗斯		
RTA类型	双边		
地区	独立国家联合体（CIS），包括某些联系国和前成员国		
所有缔约方是否为世贸组织成员？	是	是否跨区域	否

6. 俄罗斯—阿塞拜疆

协定名称	俄罗斯—阿塞拜疆		
覆盖范围	货物	类型	自由贸易协定
法律地位	有效	通报类型	GATT第24条
签订日期	1992年9月30日	通报日期	2012年9月13日
生效日期	1993年2月17日		
目前缔约国	阿塞拜疆；俄罗斯		
原始缔约国	阿塞拜疆；俄罗斯		
RTA类型	双边		
地区	独立国家联合体（CIS），包括某些联系国和前成员国		
所有缔约方是否为世贸组织成员？	否	是否跨区域	否

7. 俄罗斯—塞尔维亚

协定名称	俄罗斯—塞尔维亚		
覆盖范围	货物	类型	自由贸易协定
法律地位	有效	通报类型	GATT第24条
签订日期	2000年8月28日	通报日期	2012年12月21日
生效日期	2006年6月3日		
目前缔约国	俄罗斯；塞尔维亚		
原始缔约国	俄罗斯；塞尔维亚		
RTA类型	双边		

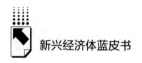

续表

协定名称	俄罗斯—塞尔维亚		
地区	独立国家联合体(CIS),包括某些联系国和前成员国;欧洲		
所有缔约方是否为世贸组织成员?	否	是否跨区域	是

8. 俄罗斯—土库曼斯坦

协定名称	俄罗斯—土库曼斯坦		
覆盖范围	货物	类型	自由贸易协定
法律地位	有效	通报类型	GATT 第 24 条
签订日期	1992 年 11 月 11 日	通报日期	2013 年 1 月 18 日
生效日期	1993 年 4 月 6 日		
目前缔约国	俄罗斯;土库曼斯坦		
原始缔约国	俄罗斯;土库曼斯坦		
RTA 类型	双边		
地区	独立国家联合体(CIS),包括某些联系国和前成员国		
所有缔约方是否为世贸组织成员?	否	是否跨区域	否

9. 俄罗斯—乌兹别克斯坦

协定名称	俄罗斯—乌兹别克斯坦		
覆盖范围	货物	类型	自由贸易协定
法律地位	有效	通报类型	GATT 第 24 条
签订日期	1992 年 11 月 13 日	通报日期	2013 年 1 月 18 日
生效日期	1993 年 3 月 25 日		
目前缔约国	俄罗斯;乌兹别克斯坦		
原始缔约国	俄罗斯;乌兹别克斯坦		
RTA 类型	双边		
地区	独立国家联合体(CIS),包括某些联系国和前成员国		
所有缔约方是否为世贸组织成员?	否	是否跨区域	否

10. 独联体国家（ICS）自由贸易区条约

协定名称	独立国家联合体(ICS)成员国之间的自由贸易区条约		
覆盖范围	货物	类型	自由贸易协定
法律地位	有效	通报类型	GATT 第 24 条
签订日期	2011 年 10 月 18 日	通报日期	2013 年 6 月 6 日
生效日期	2012 年 9 月 20 日		
备注	生效日期:2012 年 9 月 20 日俄罗斯、白俄罗斯和乌克兰生效;2012 年 10 月 17 日亚美尼亚生效;2012 年 12 月 8 日哈萨克斯坦生效;2012 年 12 月 9 日摩尔多瓦共和国生效;2013 年 12 月 13 日吉尔吉斯斯坦生效;2015 年 12 月 24 日塔吉克斯坦生效。请注意,根据《亚美尼亚、白俄罗斯、哈萨克斯坦、吉尔吉斯共和国、摩尔多瓦共和国、俄罗斯联邦、塔吉克斯坦和乌克兰自由贸易区条约》第 23.1、23.2 条和附件 5,以前生效的若干协议被终止。请参见 WT/REG82/N/3 和 WT/REG/GEN/N/8—9 文件		
目前缔约国	亚美尼亚;白俄罗斯;哈萨克斯坦;吉尔吉斯共和国;摩尔多瓦共和国;俄罗斯;塔吉克斯坦;乌克兰		
原始缔约国	亚美尼亚;白俄罗斯;哈萨克斯坦;吉尔吉斯共和国;摩尔多瓦共和国;俄罗斯;塔吉克斯坦;乌克兰		
RTA 类型	诸边		
地区	独立国家联合体(CIS),包括某些联系国和前成员国;欧洲		
所有缔约方是否为世贸组织成员?	否	是否跨区域	是

附录3　印度向 WTO（GATT）通报并生效的 FTA（RTA）基本信息

1. 东盟（ASEAN）—印度

协定名称	东盟—印度		
覆盖范围	货物和服务	类型:	自由贸易协定和经济一体化协定
法律地位	有效	通报类型	授权条款和 GATS 第 5 条
签订日期	2009 年 8 月 13 日	通报日期	2010 年 8 月 19 日
签订日期	2014 年 11 月 13 日	通报日期	2015 年 8 月 20 日

续表

协定名称	东盟—印度		
生效日期	2010 年 1 月 1 日		
生效日期	2015 年 1 月 1 日		
备注	框架协议:2004 年 7 月 1 日。TIG 协议:印度、马来西亚、新加坡和泰国,2010 年 1 月 1 日;文莱、缅甸和越南,2010 年 6 月 1 日;印度尼西亚,2010 年 10 月 1 日;老挝,2011 年 1 月 1 日;菲律宾,2011 年 5 月 17 日;柬埔寨,2011 年 7 月 15 日		
目前缔约国	文莱;缅甸;柬埔寨;印度尼西亚;老挝;马来西亚;菲律宾;新加坡;越南;泰国;印度		
初始缔约国	文莱;缅甸;柬埔寨;印度尼西亚;老挝;马来西亚;菲律宾;新加坡;越南;泰国;印度		
RTA 类型	双边;一方为区域贸易协定		
地区	东亚;西亚		
所有缔约方是否为 WTO 成员?	是	是否跨地区	是

2. 亚太贸易协定（APTA）

协定名称	亚太贸易协定（APTA）		
覆盖范围	货物和服务	类型	部分领域协定和经济一体化协定
法律地位	有效	通报类型	授权条款和 GATS 第 5 条
签订日期	1975 年 7 月 31 日	通报日期	1976 年 11 月 2 日
签订日期	2011 年 8 月 24 日	通报日期	2019 年 6 月 17 日
生效日期	1976 年 6 月 17 日		
生效日期	2013 年 9 月 17 日		
备注	前称《曼谷协定》,修订后的协定生效日期:2006 年 9 月 1 日		
目前缔约国	孟加拉国;中国;印度;韩国;老挝;斯里兰卡		
初始缔约国	孟加拉国;印度;韩国;老挝;斯里兰卡		
RTA 类型	诸边		
地区	西亚;东亚		
所有缔约方是否为 WTO 成员?	是	是否跨地区	是

3. 智利—印度

协定名称	智利—印度		
覆盖范围	货物	类型	部分领域协定
法律地位	有效	通报类型	授权条款
签订日期	2006 年 3 月 8 日	通报日期	2009 年 1 月 13 日
生效日期	2007 年 8 月 17 日		
备注	由于行政性质的内部考量,该协议于 2007 年 9 月 11 日在印度生效		
目前缔约国	智利;印度		
初始缔约国	智利;印度		
RTA 类型	双边		
地区	南美;西亚		
所有缔约方是否为 WTO 成员?	是	是否跨地区	是

4. 发展中国家全球贸易优惠制（GSTP）

协定名称	发展中国家全球贸易优惠制（GSTP）		
覆盖范围	货物	类型	部分领域协定
法律地位	有效	通报类型	授权条款
签订日期	1988 年 4 月 13 日	通报日期	1989 年 9 月 25 日
生效日期	1989 年 4 月 19 日		
目前缔约国	阿尔及利亚;阿根廷;孟加拉国;贝宁;玻利维亚;巴西;喀麦隆;智利;哥伦比亚;古巴;厄瓜多尔;埃及;加纳;几内亚;圭亚那;印度;印度尼西亚;伊朗;伊拉克;朝鲜;韩国;利比亚;马来西亚;墨西哥;摩洛哥;莫桑比克;缅甸;尼加拉瓜;尼日利亚;巴基斯坦;秘鲁;菲律宾;新加坡;斯里兰卡;苏丹;坦桑尼亚;泰国;特立尼达和多巴哥;突尼斯;委内瑞拉;越南;津巴布韦		
初始缔约国	阿尔及利亚;阿根廷;孟加拉国;贝宁;玻利维亚;巴西;喀麦隆;智利;哥伦比亚;古巴;厄瓜多尔;埃及;加纳;几内亚;圭亚那;印度;印度尼西亚;伊朗;伊拉克;朝鲜;韩国;利比亚;马来西亚;墨西哥;摩洛哥;莫桑比克;缅甸;尼加拉瓜;尼日利亚;巴基斯坦;秘鲁;菲律宾;罗马尼亚;新加坡;斯里兰卡;苏丹;坦桑尼亚;泰国;特立尼达和多巴哥;突尼斯;委内瑞拉;越南;津巴布韦		
RTA 类型	诸边		
地区	非洲;南美洲;西亚;加勒比海;东亚;中东;北美;中美洲		
所有缔约方是否为 WTO 成员?	否	是否跨地区	是

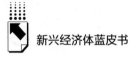

5.印度—阿富汗

协定名称	印度—阿富汗		
覆盖范围	货物	类型	部分领域协定
法律地位	有效	通报类型	授权条款
签订日期	2003年3月6日	通报日期	2010年3月8日
生效日期	2003年5月13日		
目前缔约国	阿富汗;印度		
初始缔约国	阿富汗;印度		
RTA类型	双边		
地区	西亚		
所有缔约方是否为WTO成员?	是	是否跨地区	否

6.印度—不丹

协定名称	印度—不丹		
覆盖范围	货物	类型	部分领域协定
法律地位	有效	通报类型	授权条款
签订日期	2006年7月28日	通报日期	2008年6月30日
生效日期	2006年7月29日		
目前缔约国	不丹;印度		
初始缔约国	不丹;印度		
RTA类型	双边		
地区	西亚		
所有缔约方是否为WTO成员?	否	是否跨地区	否

7.印度—日本

协定名称	印度—日本		
覆盖范围	货物和服务	类型	自由贸易协定和经济一体化协定
法律地位	有效	通报类型	GATT第24条和GATS第5条
签订日期	2011年2月16日	通报日期	2011年9月14日

协定名称	印度—日本		
生效日期	2011 年 8 月 1 日		
目前缔约国	印度；日本		
初始缔约国	印度；日本		
RTA 类型	双边		
地区	西亚；东亚		
所有缔约方是否为 WTO 成员？	是	是否跨地区	是

8. 印度—马来西亚

协定名称	印度—马来西亚		
覆盖范围	货物和服务	类型	自由贸易协定和经济一体化协定
法律地位	有效	通报类型	授权条款和 GATS 第 5 条
签订日期	2011 年 2 月 18 日	通报日期	2011 年 9 月 6 日
生效日期	2011 年 7 月 1 日		
目前缔约国	印度；马来西亚		
初始缔约国	印度；马来西亚		
RTA 类型	双边		
地区	西亚；东亚		
所有缔约方是否为 WTO 成员？	是	是否跨地区	是

9. 印度—毛里求斯

协定名称	印度—毛里求斯		
覆盖范围	货物和服务	类型	自由贸易协定和经济一体化协定
法律地位	有效	通报类型	授权条款和 GATS 第 5 条
签订日期	2021 年 2 月 22 日	通报日期	2021 年 4 月 15 日
生效日期	2021 年 4 月 1 日		
目前缔约国	印度；毛里求斯		
初始缔约国	印度；毛里求斯		
RTA 类型	双边		

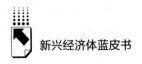

续表

协定名称	印度—毛里求斯		
地区	西亚;非洲		
所有缔约方是否为 WTO 成员?	是	是否跨地区	是

10. 印度—尼泊尔

协定名称	印度—尼泊尔		
覆盖范围	货物	类型	部分领域协定
法律地位	有效	通报类型	授权条款
签订日期	2009 年 10 月 27 日	通报日期	2010 年 8 月 2 日
生效日期	2009 年 10 月 27 日		
目前缔约国	印度;尼泊尔		
初始缔约国	印度;尼泊尔		
RTA 类型	双边		
地区	西亚		
所有缔约方是否为 WTO 成员?	是	是否跨地区	否

11. 印度—新加坡

协定名称	印度—新加坡		
覆盖范围	货物和服务	类型	自由贸易协定和经济一体化协定
法律地位	有效	通报类型	GATT 第 24 条和 GATS 第 5 条
签订日期	2005 年 6 月 29 日	通报日期	2007 年 5 月 3 日
生效日期	2005 年 8 月 1 日		
目前缔约国	印度;新加坡		
初始缔约国	印度;新加坡		
RTA 类型	双边		
地区	西亚;东亚		
所有缔约方是否为 WTO 成员?	是	是否跨地区	是

12. 印度—斯里兰卡

协定名称	印度—斯里兰卡		
覆盖范围	货物	类型	自由贸易协定
法律地位	有效	通报类型	授权条款
签订日期	1998 年 12 月 28 日	通报日期	2002 年 6 月 17 日
生效日期	2000 年 3 月 1 日		
目前缔约国	印度;斯里兰卡		
初始缔约国	印度;斯里兰卡		
RTA 类型	双边		
地区	西亚		
所有缔约方是否为 WTO 成员?	是	是否跨地区	否

13. 印度—泰国

协定名称	印度—泰国		
覆盖范围	货物	类型	部分领域协定
法律地位	有效	通报类型	授权条款
签订日期	2003 年 10 月 9 日	通报日期	2017 年 6 月 18 日
生效日期	2004 年 9 月 1 日		
备注	签署日期 框架协议:2003 年 10 月 9 日 框架协定修正议定书:2004 年 8 月 30 日 修订框架协议的第二议定书:2012 年 1 月 25 日 生效日期 框架协议:2004 年 9 月 1 日 框架协定修正议定书:2004 年 8 月 31 日 修订框架协议的第二议定书:2012 年 6 月 8 日		
目前缔约国	印度;泰国		
初始缔约国	印度;泰国		
RTA 类型	双边		
地区	西亚;东亚		
所有缔约方是否为 WTO 成员?	是	是否跨地区	否

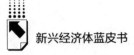

14. 印度—阿联酋

协定名称	印度—阿联酋		
覆盖范围	货物和服务	类型	自由贸易协定和经济一体化协定
法律地位	有效	通报类型	授权条款和GATS第5条
签订日期	2022年2月18日	通报日期	2022年9月22日
生效日期	2022年5月1日		
目前缔约国	印度;阿联酋		
初始缔约国	印度;阿联酋		
RTA类型	双边		
地区	西亚;中东		
所有缔约方是否为WTO成员?	是	是否跨地区	是

15. 韩国—印度

协定名称	韩国—印度		
覆盖范围	货物和服务	类型	自由贸易协定和经济一体化协定
法律地位	有效	通报类型	GATT第24条和GATS第5条
签订日期	2009年8月7日	通报日期	2010年7月1日
生效日期	2010年1月1日		
备注	本协定是根据GATT第24条、授权条款和GATS第5条通报		
目前缔约国	印度;韩国		
初始缔约国	印度;韩国		
RTA类型	双边		
地区	西亚;东亚		
所有缔约方是否为WTO成员?	是	是否跨地区	是

16. 南亚自由贸易协定(SAFTA)

协定名称	南亚自由贸易协定(SAFTA)		
覆盖范围	货物	类型	自由贸易协定
法律地位	有效	通报类型	授权条款

续表

协定名称	南亚自由贸易协定（SAFTA）		
签订日期	2004 年 1 月 6 日	通报日期	2008 年 4 月 21 日
生效日期	2006 年 1 月 1 日		
目前缔约国	阿富汗;孟加拉国;不丹;印度;马尔代夫;尼泊尔;巴基斯坦;斯里兰卡		
初始缔约国	孟加拉国;不丹;印度;马尔代夫;尼泊尔;巴基斯坦;斯里兰卡		
RTA 类型	诸边		
地区	西亚		
所有缔约方是否为 WTO 成员？	否	是否跨地区	否

17. 南亚优惠贸易安排（SAPTA）

协定名称	南亚优惠贸易安排（SAPTA）		
覆盖范围	货物	类型	部分领域协定
法律地位	生效	通报类型	授权条款
签订日期	1993 年 4 月 11 日	通报日期	1997 年 4 月 21 日
生效日期	1995 年 12 月 7 日		
目前缔约国	孟加拉国;不丹;印度;马尔代夫;尼泊尔;巴基斯坦;斯里兰卡		
初始缔约国	孟加拉国;不丹;印度;马尔代夫;尼泊尔;巴基斯坦;斯里兰卡		
RTA 类型	诸边		
地区	西亚		
所有缔约方是否为 WTO 成员？	否	是否跨地区	否

18. 南方共同市场（MERCOSUR）—印度

协定名称	南方共同市场（MERCOSUR）—印度		
覆盖范围	货物	类型	部分领域协定
法律地位	生效	通报类型	授权条款
签订日期	2004 年 1 月 25 日	通报日期	2010 年 2 月 23 日
生效日期	2009 年 1 月 1 日		
目前缔约国	阿根廷;巴西;巴拉圭;乌拉圭;印度		
初始缔约国	阿根廷;巴西;巴拉圭;乌拉圭;印度		

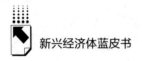

续表

协定名称	南方共同市场（MERCOSUR）—印度		
RTA 类型	双边；一方为区域贸易协定		
地区	南美；西亚		
所有缔约方是否为 WTO 成员？	是	是否跨地区	是

19. 印度—澳大利亚

协定名称	印度—澳大利亚		
覆盖范围	货物和服务	类型	自由贸易协定和经济一体化协定
法律地位	生效	通报类型	GATT 第 24 条和 GATS 第 5 条
签订日期	2022 年 4 月 2 日	通报日期	2023 年 9 月 7 日
生效日期	2022 年 12 月 29 日		
目前缔约国	印度；澳大利亚		
初始缔约国	印度；澳大利亚		
RTA 类型	双边		
地区	大洋洲；西亚		
所有缔约方是否为 WTO 成员？	是	是否跨地区	是

附录4　中国向 WTO（GATT）通报并生效的 FTA（RTA）基本信息

1. 东盟（ASEAN）—中国

协定名称	东盟—中国		
覆盖范围	货物和服务	类型	自由贸易协定和经济一体化协定
法律地位	有效	通报类型	授权条款和 GATS 第 5 条
签订日期（G）	2004 年 11 月 29 日	通报日期（G）	2005 年 9 月 21 日
签订日期（S）	2007 年 1 月 14 日	通报日期（S）	2008 年 6 月 26 日
生效日期（G）	2005 年 1 月 1 日		

续表

协定名称	东盟—中国		
生效日期(S)	2007 年 7 月 1 日		
目前缔约国	文莱;缅甸;柬埔寨;印度尼西亚;老挝;马来西亚;菲律宾;新加坡;越南;泰国;中国		
初始缔约国	文莱;缅甸;柬埔寨;印度尼西亚;老挝;马来西亚;菲律宾;新加坡;越南;泰国;中国		
RTA 类型	双边;一方为区域贸易协定		
地区	东亚		
所有缔约方是否为 WTO 成员?	是	是否跨地区	否

2. 亚太贸易协定（APTA）

协定名称	亚太贸易协定(APTA)		
覆盖范围	货物和服务	类型	部分领域协定和经济一体化协定
法律地位	有效	通报类型	授权条款和 GATS 第 5 条
签订日期(G)	1975 年 7 月 31 日	通报日期(G)	1976 年 11 月 2 日
签订日期(S)	2011 年 8 月 24 日	通报日期(S)	2019 年 6 月 17 日
生效日期(G)	1976 年 6 月 17 日		
生效日期(S)	2013 年 9 月 17 日		
备注	前称《曼谷协定》。修订后的协定生效日期:2006 年 9 月 1 日		
目前缔约国	孟加拉国;中国;印度;韩国;老挝;斯里兰卡		
初始缔约国	孟加拉国;印度;韩国;老挝;斯里兰卡		
RTA 类型	诸边		
地区	西亚;东亚		
所有缔约方是否为 WTO 成员?	是	是否跨地区	是

3. 澳大利亚—中国

协定名称	澳大利亚—中国		
覆盖范围	货物和服务	类型	自由贸易协定和经济一体化协定
法律地位	有效	通报类型	GATT 第 24 条和 GATS 第 5 条
签订日期	2015 年 6 月 17 日	通报日期	2016 年 1 月 26 日

续表

协定名称	澳大利亚—中国		
生效日期	2015 年 12 月 20 日		
目前缔约国	澳大利亚;中国		
初始缔约国	澳大利亚;中国		
RTA 类型	双边		
地区	大洋洲;东亚		
所有缔约方是否为 WTO 成员?	是	是否跨地区	是

4. 智利—中国

协定名称	智利—中国		
覆盖范围	货物和服务	类型	自由贸易协定和经济一体化协定
法律地位	有效	通报类型	GATT 第 24 条和 GATS 第 5 条
签订日期(G)	2005 年 11 月 18 日	通报日期(G)	2007 年 6 月 20 日
签订日期(S)	2008 年 4 月 13 日	通报日期(S)	2010 年 11 月 18 日
生效日期(G)	2006 年 10 月 1 日		
生效日期(S)	2010 年 8 月 1 日		
目前缔约国	智利;中国		
初始缔约国	智利;中国		
RTA 类型	双边		
地区	南美;东亚		
所有缔约方是否为 WTO 成员?	是	是否跨地区	是

5. 中国—哥斯达黎加

协定名称	中国—哥斯达黎加		
覆盖范围	货物和服务	类型	自由贸易协定和经济一体化协定
法律地位	有效	通报类型	GATT 第 24 条和 GATS 第 5 条
签订日期	2010 年 4 月 8 日	通报日期	2012 年 2 月 27 日
生效日期	2011 年 8 月 1 日		
目前缔约国	中国;哥斯达黎加		

续表

协定名称	中国—哥斯达黎加		
初始缔约国	中国；哥斯达黎加		
RTA类型	双边		
地区	东亚；中美洲		
所有缔约方是否为WTO成员？	是	是否跨地区	是

6. 中国—格鲁吉亚

协定名称	中国—格鲁吉亚		
覆盖范围	货物和服务	类型	自由贸易协定和经济一体化协定
法律地位	有效	通报类型	关税与贸易总协定第二十四条和服务贸易总协定第五条
签订日期	2017年5月13日	通报日期	2018年4月5日
生效日期	2018年1月1日		
目前缔约国	中国；格鲁吉亚		
初始缔约国	中国；格鲁吉亚		
RTA类型	双边		
地区	东亚；独立国家联合体（独联体），包括某些准成员国和前成员国		
所有缔约方是否为WTO成员？	是	是否跨地区	是

7. 中国—中国香港

协定名称	中国—中国香港		
覆盖范围	货物和服务	类型	自由贸易协定和经济一体化协定
法律地位	有效	通报类型	GATT第24条和GATS第5条
签订日期	2003年6月29日	通报日期	2003年12月27日
生效日期	2003年6月29日		
备注	实施期结束（EOI）：协定的最后一份补充协议的实施期结束。自2003年协定生效以来，每年的补充协议都修改了原EOI		
目前缔约方	中国；中国香港		
初始缔约方	中国；中国香港		

协定名称	中国—中国香港		
RTA 类型	双边		
地区	东亚		
所有缔约方是否为 WTO 成员？	是	是否跨地区	否

8. 中国—韩国

协定名称	中国—韩国		
覆盖范围	货物和服务	类型	自由贸易协定和经济一体化协定
法律地位	有效	通报类型	GATT 第 24 条和 GATS 第 5 条
签订日期	2015 年 6 月 1 日	通报日期	2016 年 3 月 1 日
生效日期	2015 年 12 月 20 日		
目前缔约国	中国;韩国		
初始缔约国	中国;韩国		
RTA 类型	双边		
地区	东亚		
所有缔约方是否为 WTO 成员？	是	是否跨地区	否

9. 中国—中国澳门

协定名称	中国—中国澳门		
覆盖范围	货物和服务	类型	自由贸易协定和经济一体化协定
法律地位	有效	通报类型	GATT 第 24 条和 GATS 第 5 条
签订日期	2003 年 10 月 17 日	通报日期	2003 年 12 月 27 日
生效日期	2003 年 10 月 17 日		
备注	实施期结束(EOI):协定的最后一份补充协议的实施期结束。自 2003 年协定生效以来,每年的补充协议都修改了原 EOI		
目前缔约方	中国;中国澳门		
初始缔约方	中国;中国澳门		
RTA 类型	双边		
地区	东亚		
所有缔约方是否为 WTO 成员？	是	是否跨地区	否

10. 中国—毛里求斯

协定名称	中国—毛里求斯		
覆盖范围	货物和服务	类型	自由贸易协定和经济一体化协定
法律地位	有效	通报类型	GATT 第 24 条和 GATS 第 5 条
签订日期	2019 年 10 月 17 日	通报日期	2021 年 1 月 5 日
生效日期	2021 年 1 月 1 日		
目前缔约国	中国；毛里求斯		
初始缔约国	中国；毛里求斯		
RTA 类型	双边		
地区	东亚；非洲		
所有缔约方是否为 WTO 成员？	是	是否跨地区	是

11. 中国—新西兰

协定名称	中国—新西兰		
覆盖范围	货物和服务	类型	自由贸易协定和经济一体化协定
法律地位	有效	通报类型	GATT 第 24 条和 GATS 第 5 条
签订日期	2008 年 4 月 7 日	通报日期	2009 年 4 月 21 日
生效日期	2008 年 10 月 1 日		
目前缔约国	中国；新西兰		
初始缔约国	中国；新西兰		
RTA 类型	双边		
地区	东亚；大洋洲		
所有缔约方是否为 WTO 成员？	是	是否跨地区	是

12. 中国—新加坡

协定名称	中国—新加坡		
覆盖范围	货物和服务	类型	自由贸易协定和经济一体化协定
法律地位	有效	通报类型	GATT 第 24 条和 GATS 第 5 条
签订日期	2008 年 10 月 23 日	通报日期	2009 年 3 月 2 日

续表

协定名称	中国—新加坡		
生效日期	2009 年 1 月 1 日		
目前缔约国	中国;新加坡		
初始缔约国	中国;新加坡		
RTA 类型	双边		
地区	东亚		
所有缔约方是否为 WTO 成员?	是	是否跨地区	否

13. 冰岛—中国

协定名称	冰岛—中国		
覆盖范围	货物和服务	类型	自由贸易协定和经济一体化协定
法律地位	有效	通报类型	GATT 第 24 条和 GATS 第 5 条
签订日期	2013 年 4 月 15 日	通报日期	2014 年 10 月 10 日
生效日期	2014 年 7 月 1 日		
目前缔约国	中国;冰岛		
初始缔约国	中国;冰岛		
RTA 类型	双边		
地区	东亚;欧洲		
所有缔约方是否为 WTO 成员?	是	是否跨地区	是

14. 巴基斯坦—中国

协定名称	巴基斯坦—中国		
覆盖范围	货物和服务	类型	自由贸易协定和经济一体化协定
法律地位	有效	通报类型	GATT 第 24 条和 GATS 第 5 条
签订日期(G)	2006 年 11 月 24 日	通报日期(G)	2008 年 1 月 18 日
签订日期(S)	2009 年 2 月 21 日	通报日期(S)	2010 年 5 月 20 日
生效日期(G)	2007 年 7 月 1 日		
生效日期(S)	2009 年 10 月 10 日		
目前缔约国	中国;巴基斯坦		
初始缔约国	中国;巴基斯坦		

续表

协定名称	巴基斯坦—中国		
RTA 类型	双边		
地区	东亚;西亚		
所有缔约方是否为 WTO 成员?	是	是否跨地区	是

15. 秘鲁—中国

协定名称	秘鲁—中国		
覆盖范围	货物和服务	类型	自由贸易协定和经济一体化协定
法律地位	有效	通报类型	GATT 第 24 条和 GATS 第 5 条
签订日期	2009 年 4 月 28 日	通报日期	2010 年 3 月 3 日
生效日期	2010 年 3 月 1 日		
目前缔约国	中国;秘鲁		
初始缔约国	中国;秘鲁		
RTA 类型	双边		
地区	东亚;南美		
所有缔约方是否为 WTO 成员?	是	是否跨地区	是

16. 瑞士—中国

协定名称	瑞士—中国		
覆盖范围	货物和服务	类型	自由贸易协定和经济一体化协定
法律地位	有效	通报类型	GATT 第 24 条和 GATS 第 5 条
签订日期	2013 年 7 月 6 日	通报日期	2014 年 6 月 30 日
生效日期	2014 年 7 月 1 日		
目前缔约国	中国;瑞士		
初始缔约国	中国;瑞士		
RTA 类型	双边		
地区	东亚;欧洲		
所有缔约方是否为 WTO 成员?	是	是否跨地区	是

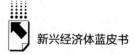

17. 中国—柬埔寨

协定名称	中国—柬埔寨		
覆盖范围	货物和服务	类型	自由贸易协定和经济一体化协定
法律地位	生效	通报类型	GATT 第 24 条和 GATS 第 5 条
签订日期	2020 年 10 月 12 日	通报日期	2024 年 2 月 7 日
生效日期	2022 年 1 月 1 日		
目前缔约国	柬埔寨;中国		
初始缔约国	柬埔寨;中国		
RTA 类型	双边		
地区	东亚		
所有缔约方是否为 WTO 成员?	是	是否跨地区	否

18. 中国—厄瓜多尔

协定名称	中国—厄瓜多尔		
覆盖范围	货物	类型	自由贸易协定
法律地位	生效	通报类型	关贸总协定第 24 条
签订日期	2023 年 5 月 10 日	通报日期	2024 年 8 月 12 日
生效日期	2024 年 5 月 1 日		
目前缔约国	中国;厄瓜多尔		
初始缔约国	中国;厄瓜多尔		
RTA 类型	双边		
地区	东亚;南美洲		
所有缔约方是否为 WTO 成员?	是	是否跨地区	是

19. 中国—尼加拉瓜

协定名称	中国—尼加拉瓜		
覆盖范围	货物和服务	类型	自由贸易协定和经济一体化协定
法律地位	生效	通报类型	GATT 第 24 条和 GATS 第 5 条
签订日期	2023 年 8 月 31 日	通报日期	2024 年 2 月 2 日
生效日期	2024 年 1 月 1 日		
目前缔约国	中国;尼加拉瓜		
初始缔约国	中国;尼加拉瓜		
RTA 类型	双边		
地区	东亚;中美洲		
所有缔约方是否为 WTO 成员?	是	是否跨地区	是

20. 中国—塞尔维亚

协定名称	中国—塞尔维亚		
覆盖范围	货物	类型	自由贸易协定
法律地位	生效	通报类型	关贸总协定第 24 条
签订日期	2023 年 10 月 17 日	通报日期	2024 年 8 月 19 日
生效日期	2024 年 7 月 1 日		
目前缔约国	中国;塞尔维亚		
初始缔约国	中国;塞尔维亚		
RTA 类型	双边		
地区	东亚;欧洲		
所有缔约方是否为 WTO 成员?	否	是否跨地区	是

注：截至 2025 年 4 月 26 日，中国自由贸易区服务网（mofcom. gov. cn）公布中国已签协议的自贸区共计 21 个，其中上述 20 个（港澳作为单独关税区分别通报）向 WTO 做了通报，而 RCEP（2023 年 6 月 2 日生效）和中国—马尔代夫（尚未生效）2 个自贸区尚未通报。

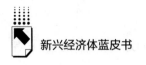

附录5 南非向 WTO（GATT）通报并
生效的 FTA（RTA）基本信息

1. 欧洲自由贸易联盟（EFTA）—南部非洲关税同盟（SACU）

协定名称	欧洲自由贸易联盟(EFTA)—南部非洲关税同盟(SACU)		
覆盖范围	货物	类型	自由贸易协定
法律地位	有效	通报类型	GATT 第 24 条
签订日期	2006 年 6 月 26 日	通报日期	2008 年 10 月 29 日
生效日期	2008 年 5 月 1 日		
目前缔约国	博茨瓦纳;莱索托;纳米比亚;南非;埃斯瓦蒂尼;冰岛;列支敦士登;挪威;瑞士		
初始缔约国	博茨瓦纳;莱索托;纳米比亚;南非;埃斯瓦蒂尼;冰岛;列支敦士登;挪威;瑞士		
RTA 类型	双边;双方均为 RTA		
地区	非洲;欧洲		
所有缔约方是否为 WTO 成员?	是	是否跨地区	是

2. 欧盟（EU）—南部非洲发展共同体（SADC）

协定名称	欧盟(EU)—南部非洲发展共同体(SADC)		
覆盖范围	货物	类型	自由贸易协定
法律地位	有效	通报类型	GATT 第 24 条
签订日期	2016 年 6 月 10 日	通报日期	2017 年 4 月 3 日
生效日期	2016 年 10 月 10 日		
备注	欧盟官方期刊:2016 年 9 月 16 日 L250 号文件。从 2016 年 10 月 10 日起,博茨瓦纳、莱索托瓦、纳米比亚、南非、埃斯瓦蒂尼与欧盟暂时适用该协定。2018 年 1 月 16 日,莫桑比克向欧盟理事会致函,表示同意批准该协议。该协议将于 2018 年 2 月 4 日起在莫桑比克和欧盟之间暂时实施。本协议经各方批准后生效。在 2020 年 1 月 31 日之前,英国一直是欧盟的成员国。欧盟和英国已经根据《欧洲联盟条约》第 50 条达成《"脱欧"协议》,其中规定了一个有时间限制的过渡期,在此期间,除《"脱欧"协议》中规定的有限例外情况外,欧盟的法律将适用于英国。进一步的细节可在 2020 年 2 月 1 日英国的信函(WT/GC/206)和 2020 年 1 月 27 日欧盟的口头说明(WT/LET/1462)中找到,其中说道,通知 WTO 成员,在过渡期内,为了相关国际协定的目的,英国被视为欧盟的一个成员国		

续表

协定名称	欧盟(EU)—南部非洲发展共同体(SADC)		
目前缔约国	奥地利;比利时;保加利亚;克罗地亚;塞浦路斯;捷克共和国;丹麦;爱沙尼亚;芬兰;法国;德国;希腊;匈牙利;爱尔兰;意大利;拉脱维亚;立陶宛;卢森堡;马耳他;荷兰;波兰;葡萄牙;罗马尼亚;斯洛伐克共和国;斯洛文尼亚;西班牙;瑞典;博茨瓦纳;埃斯瓦蒂尼;莱索托;莫桑比克;纳米比亚;南非		
初始缔约国	奥地利;比利时;博茨瓦纳;保加利亚;克罗地亚;塞浦路斯;捷克共和国;丹麦;爱沙尼亚;埃斯瓦蒂尼;芬兰;法国;德国;希腊;匈牙利;爱尔兰;意大利;拉脱维亚;莱索托;立陶宛;卢森堡;马耳他;莫桑比克;荷兰;波兰;葡萄牙;罗马尼亚;斯洛伐克共和国;斯洛文尼亚;南非;西班牙;瑞典;英国		
RTA 类型	诸边;一方是 RTA		
地区	欧洲;非洲		
所有缔约方是否为 WTO 成员?	是	是否跨地区	是

3. 欧盟（EU）—南非

协定名称	欧盟(EU)—南非		
覆盖范围	货物	类型	自由贸易协定
法律地位	有效	通报类型	GATT 第 24 条
签订日期	1999 年 10 月 11 日	通报日期	2000 年 11 月 2 日
生效日期	2000 年 1 月 1 日		
备注	欧盟官方公报:1999 年 12 月 4 日 L311 文件。英国在 2020 年 1 月 31 日之前是欧盟成员国。欧盟和英国已经根据《欧洲联盟条约》第 50 条商定了《"脱欧"协议》,其中规定了一个有时间限制的过渡期,在此期间,除《"脱欧"协议》中规定的有限例外情况外,欧盟的法律将适用于英国。进一步的细节可在 2020 年 2 月 1 日英国的信函(WT/GC/206)和 2020 年 1 月 27 日欧盟的口头说明(WT/LET/1462)中找到,其中说道,通知 WTO 成员,在过渡期内,为了相关国际协定的目的,英国被视为欧盟一个成员国		
目前缔约国	奥地利;比利时;保加利亚;克罗地亚;塞浦路斯;捷克共和国;丹麦;爱沙尼亚;芬兰;法国;德国;希腊;匈牙利;爱尔兰;意大利;拉脱维亚;立陶宛;卢森堡;马耳他;荷兰;波兰;葡萄牙;罗马尼亚;斯洛伐克共和国;斯洛文尼亚;西班牙;瑞典;南非		
初始缔约国	奥地利;比利时;丹麦;芬兰;法国;德国;希腊;爱尔兰;意大利;卢森堡;荷兰;葡萄牙;南非;西班牙;瑞典;英国		

协定名称	欧盟（EU）—南非		
RTA 类型	双边；一方是 RTA		
地区	欧洲；非洲		
所有缔约方是否为 WTO 成员？	是	是否跨地区	是

4. 南部非洲关税同盟（SACU）

协定名称	南部非洲关税同盟（SACU）		
覆盖范围	货物	类型	关税联盟
法律地位	有效	通报类型	GATT 第 24 条
签订日期	2002 年 10 月 21 日	通报日期	2007 年 6 月 25 日
生效日期	2004 年 6 月 15 日		
目前缔约国	博茨瓦纳；埃斯瓦蒂尼；莱索托；纳米比亚；南非		
初始缔约国	博茨瓦纳；埃斯瓦蒂尼；莱索托；纳米比亚；南非		
RTA 类型	诸边		
地区	非洲		
所有缔约方是否为 WTO 成员？	是	是否跨地区	否

5. 南部非洲发展共同体（SADC）

协定名称	南部非洲发展共同体（SADC）		
覆盖范围	货物和服务	类型	自由贸易协定和经济一体化协定
法律地位	至少一方有效	通报类型	GATT 第 24 条
签订日期（G）	1996 年 8 月 24 日	通报日期（G）	2004 年 8 月 2 日
签订日期（S）	2012 年 8 月 19 日	通报日期（S）	2022 年 9 月 12 日
生效日期（G）	2000 年 9 月 1 日		
生效日期（S）	2022 年 1 月 13 日		
备注	SADC 共同体的成员：安哥拉；博茨瓦纳；科摩罗；刚果民主共和国；埃斯瓦蒂尼；莱索托；马达加斯加；马拉维；毛里求斯；莫桑比克；纳米比亚；塞舌尔；南非；坦桑尼亚；赞比亚和津巴布韦。除安哥拉、科摩罗和刚果民主共和国外，所有成员国都适用 GATT。除安哥拉、科摩罗、刚果民主共和国、马达加斯加和坦桑尼亚外，所有成员都适用 GATS		

续表

协定名称	南部非洲发展共同体（SADC）		
目前缔约国	安哥拉;博茨瓦纳;科摩罗;刚果民主共和国;埃斯瓦蒂尼;莱索托;马达加斯加;马拉维;毛里求斯;莫桑比亚;纳米比亚;塞舌尔;南非;坦桑尼亚;赞比亚;津巴布韦		
初始缔约国	博茨瓦纳;埃斯瓦蒂尼;莱索托;马拉维;毛里求斯;莫桑比克;纳米比亚;南非;坦桑尼亚;赞比亚;津巴布韦		
RTA 类型	诸边		
地区	非洲		
所有缔约方是否为 WTO 成员?	否	是否跨地区	否

6. 南方共同市场（MERCOSUR）—南部非洲关税同盟（SACU）

协定名称	南方共同市场（MERCOSUR）—南部非洲关税同盟（SACU）		
覆盖范围	货物	类型	部分领域协定
法律地位	有效	通报类型	授权条款
签订日期	2008 年 12 月 15 日	通报日期	2017 年 7 月 19 日
生效日期	2016 年 4 月 1 日		
备注	签订日期:南方共同市场成员于 2008 年 12 月 15 日签署,南部非洲关税同盟成员于 2009 年 4 月 3 日签署		
目前缔约国	阿根廷;巴西;巴拉圭;乌拉圭;博茨瓦纳;莱索托;纳米比亚;南非;埃斯瓦蒂尼		
初始缔约国	阿根廷;巴西;巴拉圭;乌拉圭;博茨瓦纳;莱索托;纳米比亚;南非;埃斯瓦蒂尼		
RTA 类型	双边;双方均为 RTA		
地区	南美;非洲		
所有缔约方是否为 WTO 成员?	是	是否跨地区	是

7. 英国—南部非洲关税同盟（SACU）—莫桑比克

协定名称	英国—南部非洲关税同盟（SACU）—莫桑比克		
覆盖范围	货物	类型	自由贸易协定
法律地位	有效	通报类型	GATT 第 24 条
签订日期	2019 年 10 月 9 日	通报日期	2021 年 1 月 8 日

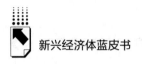

续表

协定名称	英国—南部非洲关税同盟（SACU）—莫桑比克		
生效日期	2021 年 1 月 1 日		
备注	签订日期：2019 年 10 月 9 日英国、博茨瓦纳、埃斯瓦蒂尼、莱索托、莫桑比克、纳米比亚签订；2019 年 10 月 16 日南非签订		
目前缔约国	博茨瓦纳；莱索托；纳米比亚；南非；埃斯瓦蒂尼；莫桑比克；英国		
原始缔约国	博茨瓦纳；莱索托；纳米比亚；南非；埃斯瓦蒂尼；莫桑比克；英国		
RTA 类型	诸边；一方是 RTA		
地区	非洲；欧洲		
所有缔约方是否为 WTO 成员？	是	是否跨区域	是

附录6　沙特阿拉伯向 WTO（GATT）通报并生效的 FTA（RTA）基本信息

1. 欧洲自由贸易联盟—海湾阿拉伯国家合作委员会（GCC）

协定名称	欧洲自由贸易联盟—海湾阿拉伯国家合作委员会（GCC）		
覆盖范围	货物和服务	类型	自由贸易协定和经济一体化协定
法律地位	有效	通报类型	GATT 第 24 条和 GATS 第 5 条
签订日期	2009 年 6 月 22 日	通报日期	2022 年 10 月 6 日
生效日期	2014 年 7 月 1 日		
目前缔约国	巴林王国；科威特国；阿曼；卡塔尔；沙特阿拉伯王国；阿拉伯联合酋长国；冰岛；列支敦士登；挪威；瑞士		
原始缔约国	巴林王国；科威特国；阿曼；卡塔尔；沙特阿拉伯王国；阿拉伯联合酋长国；冰岛；列支敦士登；挪威；瑞士		
RTA 类型	双边；所有缔约方都是 RTA		
地区	中东地区；欧洲		
所有缔约方是否为 WTO 成员？	是	是否跨区域	是

2. 海湾阿拉伯国家合作委员会（GCC）

协定名称	海湾阿拉伯国家合作委员会（GCC）		
覆盖范围	货物	类型	关税同盟
法律地位	有效	通报类型	GATT 第 24 条和授权条款
签订日期	2001 年 12 月 31 日	通报日期	2006 年 10 月 3 日
生效日期	2003 年 1 月 1 日		
备注	本协议根据《关贸总协定》第二十四条和授权条款进行通知		
目前缔约国	巴林王国；科威特国；阿曼；卡塔尔；沙特阿拉伯王国；阿拉伯联合酋长国		
原始缔约国	巴林王国；科威特国；阿曼；卡塔尔；沙特阿拉伯王国；阿拉伯联合酋长国		
RTA 类型	诸边		
地区	中东地区		
所有缔约方是否为 WTO 成员？	是	是否跨区域	否

3. 海湾阿拉伯国家合作委员会（GCC）—新加坡

协定名称	海湾阿拉伯国家合作委员会（GCC）—新加坡		
覆盖范围	货物	类型	自由贸易协定和经济一体化协议
法律地位	有效	通报类型	授权条款和 GATS 第 5 条
签订日期	2008 年 12 月 15 日	通报日期	2015 年 6 月 30 日
生效日期	2013 年 9 月 1 日		
备注	本协议根据《关贸总协定》第二十四条和授权条款进行通知		
目前缔约国	巴林王国；科威特国；阿曼；卡塔尔；沙特阿拉伯王国；阿拉伯联合酋长国；新加坡		
原始缔约国	巴林王国；科威特国；阿曼；卡塔尔；沙特阿拉伯王国；阿拉伯联合酋长国；新加坡		
RTA 类型	双边；一方是区域贸易协定		
地区	中东地区；东亚		
所有缔约方是否为 WTO 成员？	是	是否跨区域	是

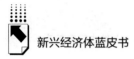
4.泛阿拉伯自由贸易区（PAFTA）

协定名称	泛阿拉伯自由贸易区（PAFTA）		
覆盖范围	货物	类型	自由贸易协定
法律地位	有效	通报类型	GATT 第 24 条
签订日期	1997 年 2 月 19 日	通报日期	2006 年 10 月 3 日
生效日期	1998 年 1 月 1 日		
备注	下文所述的当前签署方是"经缔约方通知的"。但是,请注意,阿尔及利亚和巴勒斯坦西海岸还有加沙地区的权力机构现在是泛阿拉伯自由贸易区的缔约方		
目前缔约国	巴林王国;埃及;伊拉克;约旦;科威特国;黎巴嫩;利比亚;摩洛哥;阿曼;卡塔尔;沙特阿拉伯王国;苏丹;阿拉伯叙利亚共和国;突尼斯;阿拉伯联合酋长国;也门		
原始缔约国	巴林王国;埃及;伊拉克;约旦;科威特国;黎巴嫩;利比亚;摩洛哥;阿曼;卡塔尔;沙特阿拉伯王国;苏丹;阿拉伯叙利亚共和国;突尼斯;阿拉伯联合酋长国;也门		
RTA 类型	诸边		
地区	中东地区;非洲		
所有缔约方是否为 WTO 成员?	否	是否跨区域	是

附录7　埃及向 WTO（GATT）通报并生效的 FTA（RTA）基本信息

1.阿加迪尔协议

协定名称	阿加迪尔协议		
覆盖范围	货物	类型	自由贸易协定
法律地位	有效	通报类型	授权条款
签订日期	2004 年 2 月 25 日	通报日期	2016 年 2 月 22 日
生效日期	2007 年 3 月 27 日		

续表

协定名称	阿加迪尔协议		
目前缔约国	埃及;约旦;摩洛哥;突尼斯		
原始缔约国	埃及;约旦;摩洛哥;突尼斯		
RTA 类型	诸边		
地区	非洲;中东地区		
所有缔约方是否为 WTO 成员？	是	是否跨区域	是

2. 东部和南部非洲共同市场（COMESA）

协定名称	东部和南部非洲共同市场(COMESA)		
覆盖范围	货物	类型	关税同盟
法律地位	有效	通报类型	授权条款
签订日期	1993 年 11 月 5 日	通报日期	1995 年 5 月 4 日
生效日期	1994 年 12 月 8 日		
备注	下文所述的当前签署方是"根据缔约方的通知"。但是,请注意,真正的成员是:布隆迪;科摩罗;刚果民主共和国;吉布提;埃及;厄立特里亚;斯威士兰;埃塞俄比亚;肯尼亚;阿拉伯利比亚民众国;马达加斯加;马拉维;毛里求斯;卢旺达;塞舌尔;索马里;苏丹;突尼斯;乌干达;赞比亚;津巴布韦。		
目前缔约国	安哥拉;布隆迪;科摩罗;刚果民主共和国;埃及;厄立特里亚;斯威士兰;埃塞俄比亚;肯尼亚;莱索托;马拉维;毛里求斯;卢旺达;塞舌尔;苏丹;坦桑尼亚;乌干达;赞比亚;津巴布韦		
原始缔约国	安哥拉;布隆迪;科摩罗;刚果民主共和国;埃及;厄立特里亚;斯威士兰;埃塞俄比亚;肯尼亚;莱索托;马拉维;毛里求斯;卢旺达;塞舌尔;苏丹;坦桑尼亚;乌干达;赞比亚;津巴布韦		
RTA 类型	诸边		
地区	非洲		
所有缔约方是否为 WTO 成员？	否	是否跨区域	否

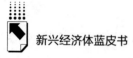

3. 欧洲自由贸易联盟（ETFA）—埃及

协定名称	欧洲自由贸易联盟（ETFA）—埃及		
覆盖范围	货物	类型	自由贸易协定
法律地位	有效	通报类型	GATT 第 24 条
签订日期	2007 年 1 月 27 日	通报日期	2007 年 7 月 17 日
生效日期	2007 年 8 月 1 日		
目前缔约国	埃及;冰岛;列支敦士登;挪威;瑞士		
原始缔约国	埃及;冰岛;列支敦士登;挪威;瑞士		
RTA 类型	双边;其中一方是区域贸易协定		
地区	非洲;欧洲		
所有缔约方是否为 WTO 成员？	是	是否跨区域	是

4. 埃及—土耳其

协定名称	埃及—土耳其		
覆盖范围	货物	类型	自由贸易协定
法律地位	有效	通报类型	授权条款
签订日期	2005 年 12 月 27 日	通报日期	2007 年 10 月 5 日
生效日期	2007 年 3 月 1 日		
目前缔约国	埃及;土耳其		
原始缔约国	埃及;土耳其		
RTA 类型	双边		
地区	非洲;欧洲		
所有缔约方是否为 WTO 成员？	是	是否跨区域	是

5. 欧洲联盟—埃及

协定名称	欧洲联盟—埃及		
覆盖范围	货物	类型	自由贸易协定
法律地位	有效	通报类型	GGAT 第 24 条
签订日期	2001 年 6 月 25 日	通报日期	2004 年 9 月 3 日

续表

协定名称	欧洲联盟—埃及
生效日期	2004 年 6 月 1 日
备注	《欧洲联盟公报》:2004 年 9 月 30 日第 304 号公报。在 2020 年 1 月 31 日之前,英国是欧盟成员国。欧洲联盟和联合王国根据《欧洲联盟条约》第 50 条达成了一项《退出协定》,该条规定了一个有时限的过渡期,在此期间,除《退出协定》规定的有限例外情况外,欧洲联盟法律将适用于联合王国。详情见联合王国 2020 年 2 月 1 日的函件(WT/GC/206)和欧洲联盟 2020 年 1 月 27 日的口头照会(WT/LET/1462),其中通知世贸组织成员,在过渡期内,就相关国际协定而言,联合王国被视为欧洲联盟成员国。
目前缔约国	奥地利;比利时;保加利亚;克罗地亚;塞浦路斯;捷克共和国;丹麦;爱沙尼亚;芬兰;法国;德国;希腊;匈牙利;爱尔兰;意大利;拉脱维亚;立陶宛;卢森堡;马耳他;荷兰;波兰;葡萄牙;罗马尼亚;斯洛伐克共和国;斯洛文尼亚;西班牙;瑞典;埃及
原始缔约国	奥地利;比利时;塞浦路斯;捷克共和国;丹麦;埃及;爱沙尼亚;芬兰;法国;德国;希腊;匈牙利;爱尔兰;意大利;拉脱维亚;立陶宛;卢森堡;马耳他;荷兰;波兰;葡萄牙;斯洛伐克共和国;斯洛文尼亚;西班牙;瑞典;英国
RTA 类型	双边;其中一方是区域贸易协定
地区	欧洲;非洲

所有缔约方是否为 WTO 成员?	是	是否跨区域	是

6. 发展中国家全球贸易优惠制（GSTP）

协定名称	发展中国家全球贸易优惠制（GSTP）		
覆盖范围	货物	类型	部分范围协议
法律地位	有效	通报类型	授权条款
签订日期	1988 年 4 月 13 日	通报日期	1989 年 9 月 25 日
生效日期	1989 年 4 月 19 日		
目前缔约国	阿尔及利亚;阿根廷;孟加拉国;贝宁;玻利维亚;巴西;喀麦隆;智利;哥伦比亚;古巴;厄瓜多尔;埃及;加纳;几内亚;圭亚那;印度;印度尼西亚;伊朗;伊拉克;朝鲜民主主义人民共和国;韩国;利比亚;马来西亚;墨西哥;摩洛哥;莫桑比克;缅甸;尼加拉瓜;尼日利亚;巴基斯坦;秘鲁;菲律宾;新加坡;斯里兰卡;苏丹;坦桑尼亚;泰国;特立尼达和多巴哥;突尼斯;委内瑞拉;越南;津巴布韦		

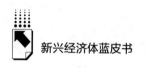

续表

协定名称	发展中国家全球贸易优惠制（GSTP）		
原始缔约国	阿尔及利亚；阿根廷；孟加拉国；贝宁；玻利维亚；巴西；喀麦隆；智利；哥伦比亚；古巴；厄瓜多尔；埃及；加纳；几内亚；圭亚那；印度；印度尼西亚；伊朗；伊拉克；朝鲜民主主义人民共和国；韩国；利比亚；马来西亚；墨西哥；摩洛哥；莫桑克；缅甸；尼加拉瓜；尼日利亚；巴基斯坦；秘鲁；菲律宾；罗马尼亚；新加坡；斯里兰卡；苏丹；坦桑尼亚；泰国；特立尼达和多巴哥；突尼斯；委内瑞拉；越南；津巴布韦		
RTA 类型	诸边		
地区	非洲；南美洲；西亚；加勒比海地区；东亚；中东地区；北美洲；中美洲		
所有缔约方是否为 WTO 成员？	否	是否跨区域	是

7. 泛阿拉伯自由贸易区（PAFTA）

协定名称	泛阿拉伯自由贸易区（PAFTA）		
覆盖范围	货物	类型	自由贸易协定
法律地位	有效	通报类型	GATT 第 24 条
签订日期	1997 年 2 月 19 日	通报日期	2006 年 10 月 3 日
生效日期	1998 年 1 月 1 日		
备注	下文所述的当前签署方是"经缔约方通知的"。但是，请注意，阿尔及利亚和巴勒斯坦西海岸还有加沙地区的权力机构现在是泛阿拉伯自由贸易区的缔约方。		
目前缔约国	巴林王国；埃及；伊拉克；约旦；科威特国；黎巴嫩；利比亚；摩洛哥；阿曼；卡塔尔；沙特阿拉伯王国；苏丹；阿拉伯叙利亚共和国；突尼斯；阿拉伯联合酋长国；也门		
原始缔约国	巴林王国；埃及；伊拉克；约旦；科威特国；黎巴嫩；利比亚；摩洛哥；阿曼；卡塔尔；沙特阿拉伯王国；苏丹；阿拉伯叙利亚共和国；突尼斯；阿拉伯联合酋长国；也门		
RTA 类型	诸边		
地区	中东地区；非洲		
所有缔约方是否为 WTO 成员？	否	是否跨区域	是

8. 发展中国家间贸易谈判议定书（PTN）

协定名称	贸易谈判协定书（PTN）		
覆盖范围	货物	类型	部分领域协定
法律地位	有效	通报类型	授权条款
签订日期	1971 年 12 月 8 日	通报日期	1971 年 11 月 9 日
生效日期	1973 年 2 月 11 日		
目前缔约国	孟加拉国；巴西；智利；埃及；以色列；韩国；墨西哥；巴基斯坦；巴拉圭；秘鲁；菲律宾；塞尔维亚；突尼斯；土耳其；乌拉圭		
初始缔约国	孟加拉国；巴西；智利；埃及；以色列；韩国；墨西哥；巴基斯坦；巴拉圭；秘鲁；菲律宾；罗马尼亚；突尼斯；土耳其；乌拉圭；南斯拉夫		
RTA 类型	诸边		
地区	西亚；南美洲；非洲；中东；东亚；北美；欧洲		
所有缔约方是否为 WTO 成员?	否	是否跨地区	是

9. 南方共同市场（MERCOSUR）—埃及

协定名称	南方共同市场（MERCOSUR）—埃及		
覆盖范围	货物	类型	自由贸易协定
法律地位	有效	通报类型	授权条款
签订日期	2010 年 8 月 2 日	通报日期	2018 年 2 月 19 日
生效日期	2017 年 9 月 1 日		
目前缔约国	阿根廷；巴西；巴拉圭；乌拉圭；埃及		
初始缔约国	阿根廷；巴西；巴拉圭；乌拉圭；埃及		
RTA 类型	双边；一方是区域贸易协定		
地区	南美洲；非洲		
所有缔约方是否为 WTO 成员?	是	是否跨地区	是

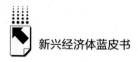

10. 英国—埃及

协定名称	英国—埃及		
覆盖范围	货物	类型	自由贸易协定
法律地位	有效	通报类型	GGAT 第 24 条
签订日期	2020 年 12 月 5 日	通报日期	2020 年 12 月 20 日
生效日期	2021 年 1 月 1 日		
目前缔约国	埃及;英国		
初始缔约国	埃及,英国		
RTA 类型	双边		
地区	非洲;欧洲		
所有缔约方是否为 WTO 成员?	是	是否跨地区	是

附录8 阿拉伯联合酋长国向 WTO（GATT）通报并生效的 FTA（RTA）基本信息

1. 欧洲自由联盟—海湾阿拉伯国家合作委员会（GCC）

协定名称	欧洲自由联盟—海湾阿拉伯国家合作委员会（GCC）		
覆盖范围	货物	类型	自由贸易协定和经济一体化协定
法律地位	有效	通报类型	GGAT 第 24 条和 GATS 第 5 条
签订日期	2009 年 6 月 22 日	通报日期	2022 年 10 月 6 日
生效日期	2014 年 7 月 1 日		
目前缔约国	巴林王国;科威特国;阿曼;卡塔尔;沙特阿拉伯王国;阿拉伯联合酋长国;冰岛;列支敦士登;挪威;瑞士		
初始缔约国	巴林王国;科威特国;阿曼;卡塔尔;沙特阿拉伯王国;阿拉伯联合酋长国;冰岛;列支敦士登;挪威;瑞士		
RTA 类型	双边;所有缔约方都在区域贸易协定里		
地区	中东地区;欧洲		
所有缔约方是否为 WTO 成员?	是	是否跨地区	是

2. 海湾阿拉伯国家合作委员会（GCC）

协定名称	海湾阿拉伯国家合作委员会（GCC）		
覆盖范围	货物	类型	关税同盟
法律地位	有效	通报类型	GATT第24条和授权条款
签订日期	2001年12月31日	通报日期	2006年10月3日
生效日期	2003年1月1日		
备注	本协议根据《关贸总协定》第二十四条和授权条款进行通知		
目前缔约国	巴林王国；科威特国；阿曼；卡塔尔；沙特阿拉伯王国；阿拉伯联合酋长国		
原始缔约国	巴林王国；科威特国；阿曼；卡塔尔；沙特阿拉伯王国；阿拉伯联合酋长国		
RTA类型	诸边		
地区	中东地区		
所有缔约方是否为WTO成员？	是	是否跨区域	否

3. 海湾阿拉伯国家合作委员会（GCC）—新加坡

协定名称	海湾阿拉伯国家合作委员会（GCC）—新加坡		
覆盖范围	货物	类型	自由贸易协定和经济一体化协议
法律地位	有效	通报类型	授权条款和GATS第5条
签订日期	2008年12月15日	通报日期	2015年6月30日
生效日期	2013年9月1日		
目前缔约国	巴林王国；科威特国；阿曼；卡塔尔；沙特阿拉伯王国；阿拉伯联合酋长国；新加坡		
原始缔约国	巴林王国；科威特国；阿曼；卡塔尔；沙特阿拉伯王国；阿拉伯联合酋长国；新加坡		
RTA类型	双边；其中一方是区域贸易协定		
地区	中东地区；东亚		
所有缔约方是否为WTO成员？	是	是否跨区域	是

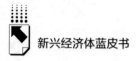

4. 印度—阿拉伯联合酋长国

协定名称	印度—阿拉伯联合酋长国		
覆盖范围	货物和服务	类型	自由贸易协定和经济一体化协议
法律地位	有效	通报类型	授权条款和 GATS 第 5 条
签订日期	2022 年 2 月 18 日	通报日期	2022 年 9 月 22 日
生效日期	2022 年 5 月 1 日		
目前缔约国	印度;阿拉伯联合酋长国		
原始缔约国	印度;阿拉伯联合酋长国		
RTA 类型	双边		
地区	西亚;中东地区		
所有缔约方是否为 WTO 成员?	是	是否跨区域	是

5. 摩洛哥—阿拉伯联合酋长国

协定名称	摩洛哥—阿拉伯联合酋长国		
覆盖范围	货物	类型	自由贸易协定
法律地位	有效	通报类型	授权条款
签订日期	2001 年 6 月 1 日	通报日期	2019 年 6 月 19 日
生效日期	2003 年 7 月 9 日		
目前缔约国	摩洛哥;阿拉伯联合酋长国		
原始缔约国	摩洛哥;阿拉伯联合酋长国		
RTA 类型	双边		
地区	非洲;中东地区		
所有缔约方是否为 WTO 成员?	是	是否跨区域	是

6. 泛阿拉伯自由贸易区（PAFTA）

协定名称	泛阿拉伯自由贸易区（PAFTA）		
覆盖范围	货物	类型	自由贸易协定
法律地位	有效	通报类型	GATT 第 24 条
签订日期	1997 年 2 月 19 日	通报日期	2006 年 10 月 3 日

续表

协定名称	泛阿拉伯自由贸易区（PAFTA）		
生效日期	1998 年 1 月 1 日		
备注	下文所述的当前签署方是"经缔约方通知的"。但是，请注意，阿尔及利亚和巴勒斯坦西海岸还有加沙地区的权力机构现在是泛阿拉伯自由贸易区的缔约方		
目前缔约国	巴林王国；埃及；伊拉克；约旦；科威特国；黎巴嫩；利比亚；摩洛哥；阿曼；卡塔尔；沙特阿拉伯王国；苏丹；阿拉伯叙利亚共和国；突尼斯；阿拉伯联合酋长国；也门		
原始缔约国	巴林王国；埃及；伊拉克；约旦；科威特国；黎巴嫩；利比亚；摩洛哥；阿曼；卡塔尔；沙特阿拉伯王国；苏丹；阿拉伯叙利亚共和国；突尼斯；阿拉伯联合酋长国；也门		
RTA 类型	诸边		
地区	中东地区；非洲		
所有缔约方是否为 WTO 成员？	否	是否跨区域	是

附录9　伊朗向 WTO（GATT）通报并生效的 FTA（RTA）基本信息

1. 经济合作组织（ECO）

协定名称	经济合作组织（ECO）		
覆盖范围	货物	类型	部分范围协议
法律地位	有效	通报类型	授权条款
签订日期	1992 年 2 月 17 日	通报日期	1992 年 7 月 10 日
生效日期	1992 年 2 月 17 日		
备注	下文所述的当前签署方是"根据缔约方的通知"。但是，请注意，阿富汗和塔吉克斯坦也是《经合组织贸易协定》的缔约国		
目前缔约国	伊朗；巴基斯坦；土耳其		
原始缔约国	伊朗；巴基斯坦；土耳其		
RTA 类型	诸边		
地区	中东地区；西亚；欧洲		
所有缔约方是否为 WTO 成员？	否	是否跨区域	是

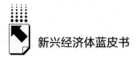

2.欧亚经济联盟（EAEU）—伊朗

协定名称	欧亚经济联盟（EAEU）—伊朗		
覆盖范围	货物	类型	自由贸易协定
法律地位	有效	通报类型	GATT 第 24 条
签订日期	2018 年 5 月 17 日	通报日期	2020 年 1 月 31 日
生效日期	2019 年 10 月 27 日		
目前缔约国	亚美尼亚；白俄罗斯；哈萨克斯坦；吉尔吉斯斯坦；俄罗斯；伊朗		
原始缔约国	亚美尼亚；白俄罗斯；哈萨克斯坦；吉尔吉斯斯坦；俄罗斯；伊朗		
RTA 类型	双边；其中一方是区域贸易协定		
地区	独立国家联合体（独联体），包括某些准成员国和前成员国；中东		
所有缔约方是否为 WTO 成员？	否	是否跨区域	是

3.发展中国家全球贸易优惠制（GSTP）

协定名称	发展中国家全球贸易优惠制（GSTP）		
覆盖范围	货物	类型	部分领域协定
法律地位	有效	通报类型	授权条款
签订日期	1988 年 4 月 13 日	通报日期	1989 年 9 月 25 日
生效日期	1989 年 4 月 19 日		
目前缔约国	阿尔及利亚；阿根廷；孟加拉国；贝宁；玻利维亚；巴西；喀麦隆；智利；哥伦比亚；古巴；厄瓜多尔；埃及；加纳；几内亚；圭亚那；印度；印度尼西亚；伊朗；伊拉克；朝鲜；韩国；利比亚；马来西亚；墨西哥；摩洛哥；莫桑比克；缅甸；尼加拉瓜；尼日利亚；巴基斯坦；秘鲁；菲律宾；新加坡；斯里兰卡；苏丹；坦桑尼亚；泰国；特立尼达和多巴哥；突尼斯；委内瑞拉；越南；津巴布韦		
初始缔约国	阿尔及利亚；阿根廷；孟加拉国；贝宁；玻利维亚；巴西；喀麦隆；智利；哥伦比亚；古巴；厄瓜多尔；埃及；加纳；几内亚；圭亚那；印度；印度尼西亚；伊朗；伊拉克；朝鲜；韩国；利比亚；马来西亚；墨西哥；摩洛哥；莫桑比克；缅甸；尼加拉瓜；尼日利亚；巴基斯坦；秘鲁；菲律宾；罗马尼亚；新加坡；斯里兰卡；苏丹；坦桑尼亚；泰国；特立尼达和多巴哥；突尼斯；委内瑞拉；越南；津巴布韦		
RTA 类型	诸边		
地区	非洲；南美；西亚；加勒比；东亚；中东；北美；中美		
所有缔约方是否为 WTO 成员？	否	是否跨地区	是

附录10 埃塞俄比亚向 WTO（GATT）通报并 生效的 FTA（RTA）基本信息

1. 东部和南部非洲共同市场（COMESA）

协定名称	东部和南部非洲共同市场（COMESA）		
覆盖范围	货物	类型	关税同盟
法律地位	有效	通报类型	授权条款
签订日期	1993 年 11 月 5 日	通报日期	1995 年 5 月 4 日
生效日期	1994 年 12 月 8 日		
备注	下文所述的当前签署方是"根据缔约方的通知"。但是，请注意，真正的成员是：布隆迪；科摩罗；刚果民主共和国；吉布提；埃及；厄立特里亚；斯威士兰；埃塞俄比亚；肯尼亚；阿拉伯利比亚民众国；马达加斯加；马拉维；毛里求斯；卢旺达；塞舌尔；索马里；苏丹；突尼斯；乌干达；赞比亚；津巴布韦		
目前缔约国	安哥拉；布隆迪；科摩罗；刚果民主共和国；埃及；厄立特里亚；斯威士兰；埃塞俄比亚；肯尼亚；莱索托；马拉维；毛里求斯；卢旺达；塞舌尔；苏丹；坦桑尼亚；乌干达；赞比亚；津巴布韦		
原始缔约国	安哥拉；布隆迪；科摩罗；刚果民主共和国；埃及；厄立特里亚；斯威士兰；埃塞俄比亚；肯尼亚；莱索托；马拉维；毛里求斯；卢旺达；塞舌尔；苏丹；坦桑尼亚；乌干达；赞比亚；津巴布韦		
RTA 类型	诸边		
地区	非洲		
所有缔约方是否为 WTO 成员？	否	是否跨区域	否

附录11 印度尼西亚向 WTO（GATT）通报并 生效的 FTA（RTA）基本信息

1. 东盟—澳大利亚—新西兰

协定名称	东盟—澳大利亚—新西兰		
覆盖范围	货物与服务	类型	自由贸易与经济一体化协定
法律地位	生效中	通报类型	GATT 第 24 条与 GATS 第 5 条

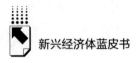

续表

协定名称	东盟—澳大利亚—新西兰		
签订日期	2009 年 2 月 27 日	通报日期	2010 年 4 月 8 日
生效日期	2010 年 1 月 1 日		
备注	生效日期详情 2010 年 1 月 1 日:澳大利亚、文莱、马来西亚、缅甸、新西兰、菲律宾、新加坡、越南 2010 年 3 月 12 日:泰国 2011 年 1 月 1 日:老挝 2011 年 1 月 4 日:柬埔寨 2012 年 1 月 10 日:印度尼西亚		
目前缔约国	澳大利亚、文莱、缅甸、柬埔寨、印度尼西亚、老挝、马来西亚、菲律宾、新加坡、越南、泰国、新西兰		
初始缔约国	澳大利亚、文莱、缅甸、柬埔寨、印度尼西亚、老挝、马来西亚、菲律宾、新加坡、越南、泰国、新西兰		
RTA 类型	存在变动:一方为区域贸易协定		
地区	大洋洲;东亚		
所有缔约方是否为 WTO 成员?	是	是否跨地区	是

2. 东盟—中国

协定名称	东盟—中国		
覆盖范围	货物和服务	类型	自由贸易协定和经济一体化协定
法律地位	有效	通报类型	授权条款和 GATS 第 5 条
签订日期(G)	2004 年 11 月 29 日	通报日期(G)	2005 年 9 月 21 日
签订日期(S)	2007 年 1 月 14 日	通报日期(S)	2008 年 6 月 26 日
生效日期(G)	2005 年 1 月 1 日		
生效日期(S)	2007 年 7 月 1 日		
目前缔约国	文莱;缅甸;柬埔寨;印度尼西亚;老挝;马来西亚;菲律宾;新加坡;越南;泰国;中国		
初始缔约国	文莱;缅甸;柬埔寨;印度尼西亚;老挝;马来西亚;菲律宾;新加坡;越南;泰国;中国		
RTA 类型	双边;一方为区域贸易协定		
地区	东亚		
所有缔约方是否为 WTO 成员?	是	是否跨地区	否

3. 东盟—中国香港

协定名称	东盟—中国香港		
覆盖范围	货物与服务	类型	自由贸易与经济一体化协定
法律地位	生效中	通报类型	GATT 第 24 条与 GATS 第 5 条
签订日期	2018 年 3 月 28 日	通报日期	2021 年 2 月 10 日
生效日期	2019 年 3 月 28 日		
备注	生效日期详情 2019 年 6 月 11 日：中国香港、老挝、缅甸、新加坡、泰国、越南 2019 年 10 月 13 日：马来西亚 2020 年 5 月 12 日：菲律宾 2020 年 7 月 4 日：印尼 2020 年 10 月 20 日：文莱 2021 年 2 月 12 日：柬埔寨		
目前缔约国	文莱、缅甸、柬埔寨、印度尼西亚、老挝、马来西亚、菲律宾、新加坡、越南、泰国、中国香港		
初始缔约国	文莱、缅甸、柬埔寨、印度尼西亚、老挝、马来西亚、菲律宾、新加坡、越南、泰国、中国香港		
RTA 类型	双边协定；一方为区域贸易协定		
地区	东亚		
所有缔约方是否为 WTO 成员？	是	是否跨地区	否

4. 东盟—印度

协定名称	东盟—印度		
覆盖范围	货物和服务	类型	自由贸易协定和经济一体化协定
法律地位	有效	通报类型	授权条款和 GATS 第 5 条
签订日期（G）	2008 年 3 月 26 日	通报日期（G）	2009 年 11 月 23 日
签订日期（S）	2019 年 2 月 27 日	通报日期（S）	2015 年 8 月 20 日
生效日期（G）	2008 年 12 月 1 日		
生效日期（S）	2020 年 8 月 1 日		
备注	具体签署/生效日期信息详见通知文件（参考编号：WT/REG277/N/1—3 和 S/C/N/1117）		
目前缔约国	文莱、缅甸、柬埔寨、印度尼西亚、老挝、马来西亚、菲律宾、新加坡、越南、泰国、日本		

续表

协定名称	东盟—印度		
初始缔约国	文莱、缅甸、柬埔寨、印度尼西亚、老挝、马来西亚、菲律宾、新加坡、越南、泰国、日本		
RTA 类型	双边；一方为区域贸易协定		
地区	东亚		
所有缔约方是否为 WTO 成员？	是	是否跨地区	否

5. 东盟—日本

协定名称	东盟—日本		
覆盖范围	货物和服务	类型	自由贸易协定和经济一体化协定
法律地位	有效	通报类型	授权条款和 GATS 第 5 条
签订日期(G)	2004 年 11 月 29 日	通报日期(G)	2005 年 9 月 21 日
签订日期(S)	2007 年 1 月 14 日	通报日期(S)	2008 年 6 月 26 日
生效日期(G)	2005 年 1 月 1 日		
生效日期(S)	2007 年 7 月 1 日		
目前缔约国	文莱；缅甸；柬埔寨；印度尼西亚；老挝；马来西亚；菲律宾；新加坡；越南；泰国；中国		
初始缔约国	文莱；缅甸；柬埔寨；印度尼西亚；老挝；马来西亚；菲律宾；新加坡；越南；泰国；中国		
RTA 类型	双边；一方为区域贸易协定		
地区	东亚		
所有缔约方是否为 WTO 成员？	是	是否跨地区	否

6. 东盟—韩国

协定名称	东盟—韩国		
覆盖范围	货物和服务	类型	自由贸易协定和经济一体化协定
法律地位	有效	通报类型	授权条款和 GATS 第 5 条
签订日期(G)	2006 年 8 月 24 日	通报日期(G)	2010 年 7 月 8 日
签订日期(S)	2008 年 11 月 21 日	通报日期(S)	2010 年 7 月 8 日

续表

协定名称	东盟—韩国		
生效日期（G）	2010 年 1 月 1 日		
生效日期（S）	2009 年 5 月 1 日		
目前缔约国	文莱、缅甸、柬埔寨、印度尼西亚、老挝、马来西亚、菲律宾、新加坡、越南、泰国、韩国		
初始缔约国	文莱、缅甸、柬埔寨、老挝人民民主共和国、马来西亚、菲律宾、新加坡、越南、泰国、韩国		
RTA 类型	双边；一方为区域贸易协定		
地区	东亚		
所有缔约方是否为 WTO 成员？	是	是否跨地区	否

7. 东盟自由贸易区

协定名称	东盟自由贸易区		
覆盖范围	货物和服务	类型	自由贸易协定和经济一体化协定
法律地位	有效	通报类型	授权条款和 GATS 第 5 条
签订日期（G）	2009 年 2 月 26 日	通报日期（G）	2021 年 8 月 31 日
签订日期（S）	1995 年 12 月 15 日	通报日期（S）	2022 年 12 月 21 日
生效日期（G）	2010 年 5 月 17 日		
生效日期（S）	1998 年 8 月 12 日		
备注	《东盟货物贸易协定》（ATIGA）为东盟实现区域内货物自由流动提供法律框架。该协定以《共同有效普惠关税协定》（CEPT）为基础，纳入透明度、通知和贸易便利化承诺，以深化东盟成员国间的合作。《东盟服务贸易框架协定》（AFAS）旨在加强成员国间服务合作，实质性消除服务贸易限制，提升服务业附加值，最终实现服务贸易自由化		
目前缔约国	文莱、柬埔寨、印度尼西亚、老挝、马来西亚、缅甸、菲律宾、新加坡、泰国、越南		
初始缔约国	文莱、柬埔寨、印度尼西亚、老挝、马来西亚、缅甸、菲律宾、新加坡、泰国、越南		
RTA 类型	多边		
地区	东亚		
所有缔约方是否为 WTO 成员？	是	是否跨地区	否

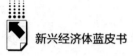

8. 东盟服务贸易协定（ATISA）

协定名称	东盟服务贸易协定（ATISA）		
覆盖范围	服务	类型	经济一体化协定
法律地位	对至少一方有效	通报类型	GATS 第 5 条
签订日期	2020 年 10 月 7 日	通报日期	2024 年 4 月 29 日
生效日期	2021 年 4 月 5 日		
备注	ATISA 的批准日期如下： 文莱：2021 年 7 月 27 日 柬埔寨：2023 年 8 月 24 日 印度尼西亚：2023 年 2 月 20 日 老挝：2022 年 1 月 11 日 马来西亚：2021 年 6 月 21 日 缅甸：2022 年 5 月 31 日 新加坡：2021 年 4 月 1 日 泰国：2021 年 4 月 5 日 越南：2021 年 10 月 29 日		
目前缔约国	文莱；柬埔寨；印度尼西亚；老挝；马来西亚；缅甸；菲律宾；新加坡；泰国；越南		
初始缔约国	文莱；柬埔寨；印度尼西亚；老挝；马来西亚；缅甸；菲律宾；新加坡；泰国；越南		
RTA 类型	诸边		
地区	东亚		
所有缔约方是否为 WTO 成员？	是	是否跨地区	否

9. 智利—印度尼西亚

协定名称	智利—印度尼西亚		
覆盖范围	货物	类型	自由贸易协定
法律地位	有效	通报类型	GATT 第 24 条
签订日期	2017 年 12 月 14 日	通报日期	2020 年 4 月 1 日
生效日期	2019 年 8 月 10 日		
目前缔约国	智利；印度尼西亚		
初始缔约国	智利；印度尼西亚		
RTA 类型	双边		

续表

协定名称	智利—印度尼西亚		
地区	南美洲;东亚		
所有缔约方是否为 WTO 成员?	是	是否跨地区	否

10. 欧洲自由贸易联盟—印度尼西亚

协定名称	欧洲自由贸易联盟—印度尼西亚		
覆盖范围	货物和服务	类型	自由贸易协定和经济一体化协定
法律地位	有效	通报类型	GATT 第 24 条和 GATS 第 5 条
签订日期	2018 年 12 月 16 日	通报日期	2022 年 4 月 26 日
生效日期	2021 年 11 月 1 日		
目前缔约国	冰岛;列支敦士登;挪威;瑞士;印度尼西亚		
初始缔约国	冰岛;列支敦士登;挪威;瑞士;印度尼西亚		
RTA 类型	双边;一方是 RTA		
地区	欧洲;东亚		
所有缔约方是否为 WTO 成员?	是	是否跨地区	是

11. 发展中国家之间的全球贸易优惠制度（GSTP）

协定名称	发展中国家之间的全球贸易优惠制度(GSTP)		
覆盖范围	货物	类型	部分范围协议
法律地位	有效	通报类型	授权条款
签订日期	1988 年 4 月 13 日	通报日期	1989 年 9 月 25 日
生效日期	1989 年 4 月 19 日		
目前缔约国	阿尔及利亚;阿根廷;孟加拉国;贝宁;玻利维亚,多民族国;巴西;喀麦隆;智利;哥伦比亚;古巴;厄瓜多尔;埃及;加纳;几内亚;圭亚那;印度;印度尼西亚;伊朗;伊拉克;朝鲜民主主义人民共和国;韩国;利比亚;马来西亚;墨西哥;摩洛哥;莫桑比克;缅甸;尼加拉瓜;尼日利亚;巴基斯坦;秘鲁;菲律宾;新加坡;斯里兰卡;苏丹;坦桑尼亚;泰国;特立尼达和多巴哥;突尼斯;委内瑞拉;越南;津巴布韦		

续表

协定名称	发展中国家之间的全球贸易优惠制度（GSTP）		
初始缔约国	阿尔及利亚;阿根廷;孟加拉国;贝宁;玻利维亚;巴西;喀麦隆;智利;哥伦比亚;古巴;厄瓜多尔;埃及;加纳;几内亚;圭亚那;印度;印度尼西亚;伊朗;伊拉克;朝鲜民主主义人民共和国;韩国;利比亚;马来西亚;墨西哥;摩洛哥;莫桑比克;缅甸;尼加拉瓜;尼日利亚;巴基斯坦;秘鲁;菲律宾;罗马尼亚;新加坡;斯里兰卡;苏丹;坦桑尼亚;泰国;特立尼达和多巴哥;突尼斯;委内瑞拉;越南;津巴布韦		
RTA 类型	诸边		
地区	非洲;南美洲;西亚;加勒比海;东亚;中东;北美洲;中美洲		
所有缔约方是否为 WTO 成员?	否	是否跨地区	是

12. 印度尼西亚—澳大利亚

协定名称	印度尼西亚—澳大利亚		
覆盖范围	货物和服务	类型	自由贸易协定和经济一体化协定
法律地位	有效	通报类型	GATT 第 24 条和 GATS 第 5 条
签订日期	2019 年 3 月 4 日	通报日期	2021 年 1 月 27 日
生效日期	2020 年 7 月 5 日		
目前缔约国	澳大利亚;印度尼西亚		
初始缔约国	澳大利亚;印度尼西亚		
RTA 类型	双边		
地区	大洋洲;东亚		
所有缔约方是否为 WTO 成员?	是	是否跨地区	是

13. 印度尼西亚—韩国

协定名称	印度尼西亚—韩国		
覆盖范围	货物和服务	类型	自由贸易协定和经济一体化协定
法律地位	有效	通报类型	GATT 第 24 条和 GATS 第 5 条
签订日期	2020 年 12 月 18 日	通报日期	2023 年 6 月 15 日
生效日期	2023 年 1 月 1 日		

续表

协定名称	印度尼西亚—韩国		
目前缔约国	印度尼西亚;韩国		
初始缔约国	印度尼西亚;韩国		
RTA 类型	双边		
地区	东亚		
所有缔约方是否为 WTO 成员?	是	是否跨地区	否

14. 印度尼西亚—巴基斯坦

协定名称	印度尼西亚—巴基斯坦		
覆盖范围	货物	类型	部分范围协议
法律地位	有效	通报类型	授权条款
备注	生效日期:2013 年 9 月 1 日(印度尼西亚—巴基斯坦 PTA);2013 年 9 月 1 日(修订印度尼西亚—巴基斯坦 PTA 的议定书)。		
签订日期	2012 年 2 月 3 日	通报日期	2019 年 12 月 12 日
生效日期	2013 年 9 月 1 日		
目前缔约国	印度尼西亚;巴基斯坦		
初始缔约国	印度尼西亚;巴基斯坦		
RTA 类型	双边		
地区	东亚;西亚		
所有缔约方是否为 WTO 成员?	是	是否跨地区	是

15. 日本—印度尼西亚

协定名称	日本—印度尼西亚		
覆盖范围	货物和服务	类型	自由贸易协定和经济一体化协定
法律地位	生效	通报类型	GATT 第 24 条和 GATS 第 5 条
签订日期	2007 年 8 月 20 日	通报日期	2008 年 6 月 27 日
生效日期	2008 年 7 月 1 日		
目前缔约国	印度尼西亚;日本		
初始缔约国	印度尼西亚;日本		

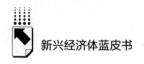
续表

协定名称	日本—印度尼西亚		
RTA 类型	双边		
地区	东亚		
所有缔约方是否为 WTO 成员？	是	是否跨地区	否

16. 莫桑比克—印度尼西亚

协定名称	莫桑比克—印度尼西亚		
覆盖范围	货物	类型	自由贸易协定和经济一体化协定
法律地位	生效	通报类型	关贸总协定第 24 条
签订日期	2019 年 8 月 27 日	通报日期	2023 年 11 月 19 日
生效日期	2022 年 6 月 6 日		
目前缔约国	印度尼西亚；莫桑比克		
初始缔约国	印度尼西亚；莫桑比克		
RTA 类型	双边		
地区	东亚；非洲		
所有缔约方是否为 WTO 成员？	是	是否跨地区	是

Abstract

The BRICS and the "Belt and Road" Initiative are a new mode of cooperation established by the countries of the "Global South" on the basis of solving global governance issues. The goal of both is to promote peaceful development, cooperate in competition, and win through cooperation. Following South Africa's accession to the BRICS in 2011, Saudi Arabia, Iran, UAE, Ethiopia and Egypt joined the BRICS on January 1, 2024. With the expansion in 2024 as a new starting point, this mechanism has entered a new era of "greater BRICS cooperation". The research purpose of this book is to comprehensively and deeply explore the opportunities and challenges faced by BRICS after its membership expansion, analyze the attitudes and orientations of various parties, and clarify the direction of efforts and possible cooperative actions.

Firstly, the book analyzes the opportunities and challenges brought about by BRICS expansion. On the one hand, the expansion of BRICS membership has brought greater development opportunities to the global South and the global economy. After the expansion, the overall strength of the BRICS countries has increased significantly, the structure of the BRICS member countries has become more diverse, more representative in the global emerging markets, more important in the global multilateralism, and more influential in the global economy and politics. On the other hand, BRICS membership expansion also requires countries to properly handle the internal and external relations. Whether from the perspective of China's diplomatic practice or the construction of cooperation mechanisms in the global South, the expansion of BRICS membership is of great significance. However, with the increase of member countries, it is expected that the difficulties of BRICS cooperation will rise.

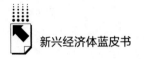

Secondly, the book discusses the attitudes and policy adjustments of China, Brazil, Russia, India, South Africa, South Asia, and Saudi Arabia towards BRICS membership expansion. The expansion of BRICS membership has deepened China's economic cooperation with other member countries and enhanced China's international voice, but it has also brought more complex international relations and put higher requirements on China's international governance capacity. In the face of the new changes brought about by the expansion of BRICS membership, China is steadily promoting institutional opening-up, aiming to provide Chinese wisdom and solutions for multilateral cooperation after the expansion. Brazil will deepen cooperation in agriculture, energy and finance through the broader BRICS organization framework and the Global South-South Cooperation multilateral diplomatic framework, and effectively promote Brazil's de-dollarization, re-industrialization and democratization of international relations. Russia's foreign economic strategy has evolved from "turning to the East" to turning to the whole global South, and this strategic adjustment has a huge impact on the regional and country structure of Russia's foreign trade in 2023 and the structure of commodity import and export. India's demand for BRICS membership expansion will reflect the characteristics of "India first". South Africa will strengthen institutional integration with the new BRICS members to fully tap the potential and space of greater BRICS cooperation. South Asian countries are generally friendly towards the BRICS, with political considerations taking precedence over economic ones for membership. As the political core of the Middle East, Saudi Arabia's accession to the BRICS mechanism will not only accelerate the economic ties between the Middle East and the BRICS countries but also provide a broader development space and strategic cooperation opportunities for the BRICS countries.

Finally, the book examines specific areas of cooperation among BRICS countries. The current situation, challenges and prospects of deepening international cooperation between China and Brazil, China and Russia, China and India, China and South Africa, China and Saudi Arabia, China and Egypt, China and the United Arab Emirates, China and Iran, China and Ethiopia, and China and Saudi Arabia are analyzed respectively, aiming to outline the future cooperation prospects of BRICS countries.

The research conclusions of this book can provide new goals for BRICS countries to deepen high-level cooperation and improve cooperation mechanisms in the future, and provide new momentum for promoting economic globalization, regional economic cooperation and global economic cooperation. At the same time, it can also provide useful supplements for enriching international economic and trade theories, South-South cooperation theories and the "Belt and Road" research.

Keywords: BRICS; Economic and Trade Cooperation; Expansion of BRICS Membership; "Belt and Road" Initiative

Contents

I　General Report

　　Abstract: Expansion of BRICS membership marks a new starting point for BRICS cooperation, injecting fresh vitality into the mechanism. Since the inception of the "Belt and Road" Initiative (BRI), cooperation among countries and regions along the routes has been deepening continuously. The BRICS mechanism and the BRI represent a novel mode of cooperation established by developing countries to address global governance issues, injecting new impetus into world economic growth, opening up new horizons for global development, and creating a new platform for international economic cooperation. BRICS countries participating in the BRI face numerous challenges. It is imperative for BRICS countries to work together to achieve high-quality development through the BRI, optimize cooperation mechanisms between BRICS countries and the BRI, and for China to deepen its international cooperation with new BRICS countries within the framework of the BRI.

　　Keywords: Expansion of BRICS Membership; International Cooperation; BRICS; "Belt and Road" Initiative

Ⅱ   Country Reports

B.2   Brazil's Perspective on the BRICS Expansion: Measures

and Prospects   *Zhou Chuhan* / 021

Abstract: After South Africa joined the BRICS in 2011, the BRICS realized
the second expansion of membership on January 1, 2024. BRICS membership
structure is more diversified now, providing a greater platform for the development
of emerging economies. This report, based on the background of the expansion of
the BRICS, analyzes how the Brazilian government views this expansion, what
corresponding measures it will take after the expansion, and what its objectives are.
For Brazil, the BRICS expansion has brought unprecedented new opportunities,
which are expected to help the Lula government reverse Brazil's development
downturn. It is anticipated that Brazil will deepen cooperation in areas such as
agriculture, energy, and finance through a broader framework of the BRICS
organization and the South-South cooperation multilateral diplomatic framework,
effectively promoting Brazil's reindustrialization, de-dollarization of currency
settlements, and democratization of international relations.

Keywords: Brazil; Expansion of BRICS Membership; Global South

B.3   Adjustment of Russia's Foreign Economic Strategy and

New Opportunities for International Cooperation in the

Context of BRICS Expansion   *Xu Poling, Yang Yingqun* / 041

Abstract: Against the backdrop of the sanctions, Russia's national
development strategy has been significantly reorganized, and with it the object and
space of its foreign economic cooperation. The "turn to the east" has evolved into
a foreign economic strategy of turning to the entire global South. Russia has taken

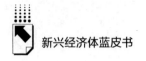

the BRICS organization as the representative and hub of the Global South, and has vigorously promotes for BRICS Expansion in order to increase its representativeness and attractiveness. Russia has formed a new strategy of expanding the space for foreign economic cooperation with the Eurasian Economic Union as a hub and carrying out cooperation with the Global South with the BRICS organization as a platform. Strengthening the cooperation with China, India, and Turkey, and promoting Russia's cooperation with Africa and Latin America through the BRICS organization have become the basic layout of Russia's adjusted foreign economic strategy. This strategic adjustment has had a great impact on the regional country structure of Russia's foreign trade in 2023, as well as on the structure of merchandise exports and imports.

Keywords: Russia; Expansion of BRICS Membership; Foreign Economic Strategy; New Opportunities for International Cooperation

B.4 India's Demands, Challenges and Prospects for BRICS

Membership Expansion *Chen Lijun, He Ruifang* / 063

Abstract: India regards the BRICS cooperation mechanism as an important pusher to improve its global discourse and lead the countries of the global South. With the changes in the international environment and the acceleration of India's economic development, India's attitude towards the expansion of BRICS countries is increasingly closely combined with its need to build a leading country in the global South. The paper believes that with the further implementation of India's many visions under the Indo-Pacific strategic framework, although the traditional security issues are difficult to be effectively solved in the short term, but the interaction between India, China, and Russia at the BRICS summit in Kazan showed a positive outlook for the expansion of BRICS.

Keywords: India; Expansion of BRICS Membership; The Global South

Abstract: At a time when the world's century-old changes are accelerating, BRICS has ushered in the opportunity to promote its membership, and the attitudes of the South Asian countries, which are the strategic location of the great powers' game and the gathering place of developing countries, are undoubtedly very important; India, as the only member of BRICS in South Asia, has taken the initiative to promote the expansion of BRICS in order to safeguard multilateralism, but at the same time, exaggerate the internal differences of BRICS, which fails to play a positive influence on the relationship between South Asian countries and BRICS. Pakistan and Bangladesh have made clear their applications to join the BRICS, and after failing to do so, the former has remained true to its original intention, while the latter has seen some domestic murmurs, but the outbreak of the Israeli-Palestinian conflict has strengthened the willingness of the two countries to apply for membership; and the other countries in South Asia-Nepal and Bhutan have mixed feelings about the BRICS and its expansion by India. Other countries in South Asia-Nepal and Bhutan have mixed feelings about the BRICS and its expansion by India, but basically do not oppose it; Sri Lanka has a positive attitude towards the BRICS expansion and seeks to join; Maldives and Afghanistan have not yet applied for membership in the BRICS but have a friendly attitude; the South Asian region has both positive impacts and challenges for BRICS development.

Keywords: South Asian Countries; Expansion of BRICS Membership; BRICS

Abstract: The expansion of the BRICS has enhanced the global

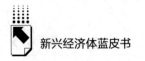

representatives and influence of the BRICS mechanism, brought far-reaching impacts to BRICS members and the international community, expanded the space for cooperation among BRICS members, enhanced the overall influence of developing countries, and promoted the diversification of the international financial system. For China, the expansion of the BRICS has deepened China's economic cooperation with other member countries and enhanced China's international voice, but it has also brought more complex international relations and put forward higher requirements for China's international governance capabilities. Faced with the new changes brought about by the expansion of the BRICS, China is steadily promoting institutional opening up, aiming to provide Chinese wisdom and solutions for multilateral cooperation after the expansion. First, it is necessary to formulate a strategic path for institutional opening up. Second, the strategic path should be transformed into practical actions, and institutional opening up in key areas such as trade, investment, finance, and innovation should be continuously deepened. Finally, key measures for institutional opening up should be steadily implemented, including promoting the institutional opening-up of free trade pilot zones, the high-quality development of jointly building the "Belt and Road Initiative", and building a high-standard free trade zone network.

Keywords: Expansion of BRICS Membership; Institutional Opening-up; International Governance

B . 7 　South Africa's Objectives, Challenges and Prospects

for BRICS Expansion　　　　　　　　　　*Shen Chen* / 112

Abstract: South Africa is an important promoter and participant of the historic expansion of the BRICS cooperation mechanism in 2024. The expansion of BRICS not only requires countries to properly handle internal and external relations, but also brings greater development opportunities to the global South and world economy. The expansion will greatly increase the overall strength of the BRICS countries, and its influence on global economic affairs will be greater.

However, it should also be noted that with the increase of member states, difficulties in BRICS cooperation are expected to rise. In this regard, South Africa will strengthen institutional integration with the new BRICS members and fully tap the potential and space of greater BRICS cooperation. First, BRICS should expand the existing cooperation framework and speed up the convergence of interests among old and new members. Second, BRICS needs to attach importance to practical cooperation in science and technology and consolidate the partnership for the fourth generation of new industrial Revolution. Third, BRICS should adhere to a culture of equal and democratic governance and enhance the capacity of the New Development Bank to issue loans. Fourth, the criteria for the use of loans from the contingency reserve should be clarified as soon as possible to strengthen the monetary security of BRICS countries. Fifth, BRICS countries should strengthen their response to external risks while preventing the escalation of geopolitical bloc confrontation.

Keywords: South Africa; Expansion of BRICS Membership; Global South

B.8　Saudi Arabia's Strategic Considerations for Joining the

　　BRICS Mechanism and its Impact, Challenges and

　　Prospects for BRICS Cooperation　　　*Zhou Jin, Hu Qintai* / 123

Abstract: Since January 1, 2024, Saudi Arabia, Egypt, the United Arab Emirates, Iran and Ethiopia have officially joined the BRICS mechanism and become BRICS members. So far, the number of BRICS countries has reached 10, becoming a cross-regional international organization spanning four continents and with a total GDP exceeding one-third of the world. As the political core of the Middle East, Saudi Arabia's joining the BRICS mechanism will not only accelerate the economic ties between the Middle East and the BRICS countries, but also provide the BRICS countries with broader development space and strategic cooperation opportunities. This report takes Saudi Arabia's joining the BRICS

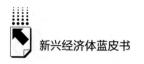
mechanism as the starting point, analyzes Saudi Arabia's considerations for joining the BRICS from a strategic level, and explores its impact, challenges and prospects for BRICS cooperation.

Keywords: Saudi Arabia; BRICS Mechanism; Economic and Trade Cooperation

III   Special Reports

B . 9   China and Brazil Deepen International Cooperation on
"Belt and Road" Initiative   *Mou Hongjin* / 138

Abstract: China-Brazil bilateral relations have continued to deepen, political mutual trust has been strengthened, economic and trade cooperation and scientific, technological, cultural and educational exchanges have been growing, the two countries have carried out active dialogues and coordination under multilateral mechanisms, and cooperation in the areas of trade and investment, social development, technology innovation, environmental protection and the digital economy has potential. At present, Brazil's politics, society and enterprises are generally open to participating in China's "Belt and Road" Initiative (BRI), and there is a basis for the alignment and integration of China's initiative and Brazil's national strategy. However, factors such as the complex and volatile world situation, different ways of thinking, and Brazil's domestic political and economic risksare not conducive to the signing of the BRI agreements. In the future, China and Brazil need to further balance strategic understanding and interest considerations, and strengthen the institutionalization of bilateral cooperation. Deepen co-operation in emerging and future industries, give full play to Macao's role as a hub, and promote the Belt and Road Initiative.

Keywords: China; Brazil; "Belt and Road" Initiative; Bilateral Relations

Contents ⌐⟩

B.10 Regional Economic Cooperation between China and Russia
Under the New Situation of the "Belt and Road" Initiative

Abstract: This report commences by reviewing the accomplishments achieved since 2013 by China and Russia in the domains of the "five areas of connectivity" and industrial cooperation, as part of their efforts to advance the construction of the "Belt and Road" Initiative. Subsequently, it examines the influence of Sino-Russian collaboration on the integration of the Eurasian Economic Union, evaluates the progress and challenges encountered in aligning the "Belt and Road" Initiative with the Eurasian Economic Union, and offers an analysis and prospective outlook on the Greater Eurasian Partnership. Furthermore, the report assesses the pivotal role played by China and Russia in fostering the development of the Shanghai Cooperation Organization (SCO), deliberates on the implications of its expansion, and asserts that such expansion enhances the SCO's capacity to occupy a more advantageous and influential position within the geopolitical and economic framework of Eurasia. This, in turn, fosters a more conducive international and regional environment for the progression of the "Belt and Road" Initiative, albeit accompanied by certain challenges, such as those pertaining to internal governance. Lastly, from the standpoint of China and Russia's promotion of the "Belt and Road" Initiative and the future prospects of economic cooperation among BRICS nations, the report provides an analytical evaluation and forward-looking perspective. It proposes the alignment of the "Belt and Road" Initiative with frameworks such as the Eurasian Economic Union, the Shanghai Cooperation Organization, and BRICS cooperation mechanisms, advocates for the expansion of coordinated collaboration between the Greater Eurasian Partnership and the "Belt and Road" Initiative, and recommends the strengthening of sub-regional cooperation mechanisms to propel forward cooperative processes, including the China-Central Asia cooperation mechanism, China-Kyrgyzstan-Uzbekistan, and China-Mongolia-Russia initiatives.

Keywords: Eurasian Region; "Belt and Road" Initiative; Regional Economic Cooperation

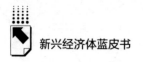

B.11 The Competitiveness and Complementarity of Digital

Service Trade between China and India Under the

Framework of the "Belt and Road"

Li Jun, Huang Yilin / 178

Abstract: With the in-depth implementation of the Belt and Road Initiative, India, as one of the most economically developed countries along the Belt and Road, its healthy development of bilateral trade with China will have a positive impact on the promotion of the "Belt and Road" Initiative. Understanding and analyzing the status quo, competitiveness and complementarity of digital service trade between the two countries is helpful for the two countries to effectively carry out competition and cooperation within the regional framework of the "Belt and Road" Initiative, and promote the development of digital service trade between the two countries to a new height. Combined with the data analysis, it is found that the basic volume of digital service trade in China is large, but the growth rate is not as high as that of India. China and India have both competitiveness and complementarity in digital service trade. Based on this, this report puts forward some suggestions for China and India to enhance political and strategic mutual trust, strengthen cooperation in the field of complementary industrial structure, promote the coordinated development of related industries to optimize the structure of digital service trade, and achieve mutual benefit and win-win results through competition and cooperation, so as to achieve quantitative growth and qualitative leap in the field of digital service trade.

Keywords: China; India; Digital Service Trade

B.12 Analysis of International Cooperation in Digital Economy

Between China and South Africa in the Context of the

"Belt and Road" Initiative   *Li Jingrui, Liu Jiayu* / 205

Abstract: Driven by the "Belt and Road" Initiative, China and South Africa have carried out extensive digital economy cooperation, helping South Africa's digital transformation and broadening China's digital economy development channels. This report constructs a digital economy development indicator system from four dimensions: digital environment governance, digital infrastructure, digital technology application and digital financial development, and measures the development level of digital economy in China and South Africa from 2017 to 2023. Through the comparative analysis of the development of digital economy between China and South Africa, it is found that the two countries have obvious differences and different advantages, and there is room for cooperation. This report further constructs an evolutionary game model to explore the feasibility of digital economic cooperation between China and South Africa to achieve mutual benefit and win-win results. Finally, the paper analyzes the prospects of digital economic cooperation between China and South Africa from the perspectives of digital governance system construction, digital infrastructure construction, digital technology application transformation and digital financial cooperation development.

Keywords: China; South Africa; Digital Economy; "Belt and Road" Initiative; International Cooperation

B.13 Current Situation, Problems and Countermeasures for
High-Quality Co-construction of the "Belt and Road"
Initiative Between Saudi Arabia and China

Wang Shasha, Chen Shumin / 227

Abstract: Since President Xi Jinping put forward the "Belt and Road" initiative in 2013, China and Saudi Arabia have continuously strengthened strategic alignment, deepened political mutual trust, and flourished in economic, trade and other areas. Currently, the international situation is complex and volatile. Saudi Arabia, as the geopolitical core of the Middle East, is important in the cooperation for countries signed China's "Belt and Road" Intitiative. At the same time, China

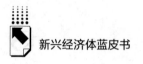
新兴经济体蓝皮书

also supports a series of major development initiatives such as Saudi Arabia's "Vision 2030" and "Green Middle East", and actively helps to diversify Saudi Arabia's economic development. In order to further deepen the cooperation, China and Saudi Arabia should continue to promote the "Belt and Road" Initiative to accelerate the development. After analysing the current cooperation between China and Saudi Arabia in the fields of energy, climate, economy and trade, as well as political security and humanistic exchanges, this report points out the challenges that faced and puts forward the following suggestions: firstly, China and Saudi Arabia should strengthen policy communication and coordination to consolidate friendly relations; secondly, innovate the cooperation in traditional fields, promote the cooperation of new area; thirdly, strengthen cultural exchanges to enhance friendship and cooperation; and fourthly, promote cooperation in talent cultivation, enhance the communication.

Keywords: China; Saudi Arabia; "Belt and Road" Initiative

B.14   Challenges and Countermeasures for Deepening the

"Belt and Road" International Cooperation between

China and Egypt   *Wang Zheng, Cai Chunlin* / 243

Abstract: In the nine years between 2014 and 2022, Egyptian President Sisi visited China seven times, working to deepen the alignment of development strategies with China. This series of high-level visits aimed to promote the establishment of a comprehensive strategic partnership between the two countries, emphasizing the close cooperation between China and Egypt in the areas of infrastructure, energy, trade, etc. In promoting closer China-Egypt cooperation, China encourages strong enterprises to actively invest in Egypt and inject new vitality into the Egyptian economy. At the same time, the two sides have strengthened cooperation in areas such as infrastructure, agricultural technology and renewable energy, and have made joint efforts to promote complementarity of advantages between the two countries for mutual benefit. In order to promote the development of China-Egypt comprehensive strategic partnership, the two sides will continue to strengthen humanistic exchanges and cooperation, and promote more Egyptian high-quality products into the Chinese market. However, there are some challenges in the cooperation between China and Egypt, and how to deal with these challenges has become an important issue for the two countries to carry out the "Belt and Road" cooperation. In order to promote the further sustainable development of China-Egypt relations, it is necessary to grasp the history, clarify the current situation, embrace the changes, and meet the challenges, so that China-Egypt cooperative relations can become a model for the new era.

Keywords: "Belt and Road" Initiative; China-Egypt Cooperation; China-Egypt Relations

Abstract: In the context of global economic integration and profound changes in the global landscape, while economic and political cooperation between China and the United Arab Emirates (UAE) has been continuously deepening, it has also encountered numerous challenges, calling for more innovative cooperation models. In 2013, China's "One Belt, One Road" (OBOR) initiative injected new vitality into the cooperation between the two countries. The UAE's vision of "Reviving the Silk Road" aligns highly with China's OBOR initiative, greatly enhancing the close relationship between the two sides and laying a solid foundation for the implementation of the OBOR initiative. Against this backdrop, China has deepened its strategic alignment with the UAE, actively supporting the UAE's "Vision 2071" (or "Strategy for the Next 50 Years"), and extensively participating in major projects, aiming to achieve high-quality coordinated development of the OBOR

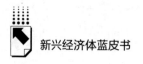
新兴经济体蓝皮书

initiative and the "Global Development Initiative". This report aims to conduct an in-depth analysis, from an academic perspective, of the current status of the UAE and China's joint construction of the OBOR under the framework of the initiative, and to explore how the two countries can steadily promote the in-depth development of pragmatic cooperation in various fields under the guidance of the OBOR initiative.

Keywords: UAE; Practical Cooperation; "Belt and Road" Initiative

B.16　China and Iran to Jointly Build the "Belt and Road" Cooperation, Promote Connectivity and Expand People-to-people Exchanges Proposals

Gong Wenjun, Li Jingrui / 271

Abstract: From February 14th to 16th, 2023, President Lehi of the Islamic Republic of Iran paid a state visit to China, upgrading the quality of China Iran relations. The two sides signed and reached a series of agreements and memorandums of understanding. The two sides will actively promote the 25 Year Comprehensive Cooperation Agreement between China and Iran, and implement the cooperation plan of jointly building the "Belt and Road". In analyzing the methods of jointly building the "Belt and Road" cooperation and promoting connectivity and expanding people to people and cultural exchanges between Iran and China, this report finds that the cooperation between China and Iran under the "Belt and Road" framework has great potential and broad prospects. Therefore, it is recommended to strengthen political mutual trust and jointly maintain international fairness, justice, and regional security; Secondly, to scientifically and persistently upgrade the level of energy cooperation between China and Iran; Thirdly, deepen practical cooperation in areas such as economy, trade, and infrastructure; Fourthly, expand agricultural product trade and investment, and promote agricultural technology cooperation; Fifthly, improve the industrial talent training system and create regional industrial centers; The sixth is to jointly build cultural exchange activities and promote people to people communication.

Keywords: Iran; "Belt and Road" Initiative; People-to-people Exchanges

B.17 Deepening High-Quality Cooperation in the Joint
Construction of the "Belt and Road" Initiative between
China and Ethiopia: A Proposal *Liao Zhijie*, *Hu Qintai* / 285

Abstract: On October 17, 2023, during the third "Belt and Road" International Cooperation Summit Forum, President Xi Jinping, while meeting with Prime Minister Abiy of Ethiopia, pointed out that Ethiopia is an important participant in the joint construction of the "Belt and Road". Over the past decade, the breadth and richness of cooperation between China and Ethiopia in building the "Belt and Road" have been at the forefront of Sino-African cooperation. China is willing to work together with Ethiopia to promote the spirit of marathon, walk hand in hand in the journey of promoting peace and development, and jointly build a community with a shared future for humanity. At the same time, the two countries signed numerous cooperation and exchange documents related to the "Belt and Road" initiative. This report recommendations: firstly, pay attention to safety risks and strengthen project protection; secondly, enhance anti-corruption efforts and ensure transparent investment cooperation; thirdly, deepen agricultural cooperation and promote agricultural upgrading; fourthly, enter the field of digital trade and expand trade cooperation; fifthly, strengthen cooperation propaganda and promote mutual understanding among the people.

Keywords: Ethiopia; "Belt and Road" Initiative; High-quality Development

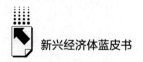
新兴经济体蓝皮书

Appendix

社会科学文献出版社

皮 书

智库成果出版与传播平台

❖ 皮书定义 ❖

皮书是对中国与世界发展状况和热点问题进行年度监测,以专业的角度、专家的视野和实证研究方法,针对某一领域或区域现状与发展态势展开分析和预测,具备前沿性、原创性、实证性、连续性、时效性等特点的公开出版物,由一系列权威研究报告组成。

❖ 皮书作者 ❖

皮书系列报告作者以国内外一流研究机构、知名高校等重点智库的研究人员为主,多为相关领域一流专家学者,他们的观点代表了当下学界对中国与世界的现实和未来最高水平的解读与分析。

❖ 皮书荣誉 ❖

皮书作为中国社会科学院基础理论研究与应用对策研究融合发展的代表性成果,不仅是哲学社会科学工作者服务中国特色社会主义现代化建设的重要成果,更是助力中国特色新型智库建设、构建中国特色哲学社会科学“三大体系”的重要平台。皮书系列先后被列入“十二五”“十三五”“十四五”时期国家重点出版物出版专项规划项目;自2013年起,重点皮书被列入中国社会科学院国家哲学社会科学创新工程项目。

皮书网

（网址：www.pishu.cn）

发布皮书研创资讯，传播皮书精彩内容
引领皮书出版潮流，打造皮书服务平台

栏目设置

◆ **关于皮书**
何谓皮书、皮书分类、皮书大事记、
皮书荣誉、皮书出版第一人、皮书编辑部

◆ **最新资讯**
通知公告、新闻动态、媒体聚焦、
网站专题、视频直播、下载专区

◆ **皮书研创**
皮书规范、皮书出版、
皮书研究、研创团队

◆ **皮书评奖评价**
指标体系、皮书评价、皮书评奖

所获荣誉

◆ 2008年、2011年、2014年，皮书网均
在全国新闻出版业网站荣誉评选中获得
"最具商业价值网站"称号；
◆ 2012年，获得"出版业网站百强"称号。

网库合一

2014年，皮书网与皮书数据库端口合
一，实现资源共享，搭建智库成果融合创
新平台。

皮书网

"皮书说"
微信公众号

权威报告·连续出版·独家资源

皮书数据库
ANNUAL REPORT(YEARBOOK) DATABASE

分析解读当下中国发展变迁的高端智库平台

所获荣誉

- 2022年，入选技术赋能"新闻+"推荐案例
- 2020年，入选全国新闻出版深度融合发展创新案例
- 2019年，入选国家新闻出版署数字出版精品遴选推荐计划
- 2016年，入选"十三五"国家重点电子出版物出版规划骨干工程
- 2013年，荣获"中国出版政府奖·网络出版物奖"提名奖

皮书数据库

"社科数托邦"
微信公众号

成为用户

　　登录网址www.pishu.com.cn访问皮书数据库网站或下载皮书数据库APP，通过手机号码验证或邮箱验证即可成为皮书数据库用户。

用户福利

- 已注册用户购书后可免费获赠100元皮书数据库充值卡。刮开充值卡涂层获取充值密码，登录并进入"会员中心"—"在线充值"—"充值卡充值"，充值成功即可购买和查看数据库内容。
- 用户福利最终解释权归社会科学文献出版社所有。

数据库服务热线：010-59367265
数据库服务QQ：2475522410
数据库服务邮箱：database@ssap.cn
图书销售热线：010-59367070/7028
图书服务QQ：1265056568
图书服务邮箱：duzhe@ssap.cn

社会科学文献出版社 皮书系列
SOCIAL SCIENCES ACADEMIC PRESS (CHINA)
卡号：853965649689
密码：

S 基本子库
UB DATABASE

中国社会发展数据库（下设 12 个专题子库）

紧扣人口、政治、外交、法律、教育、医疗卫生、资源环境等 12 个社会发展领域的前沿和热点，全面整合专业著作、智库报告、学术资讯、调研数据等类型资源，帮助用户追踪中国社会发展动态、研究社会发展战略与政策、了解社会热点问题、分析社会发展趋势。

中国经济发展数据库（下设 12 专题子库）

内容涵盖宏观经济、产业经济、工业经济、农业经济、财政金融、房地产经济、城市经济、商业贸易等 12 个重点经济领域，为把握经济运行态势、洞察经济发展规律、研判经济发展趋势、进行经济调控决策提供参考和依据。

中国行业发展数据库（下设 17 个专题子库）

以中国国民经济行业分类为依据，覆盖金融业、旅游业、交通运输业、能源矿产业、制造业等 100 多个行业，跟踪分析国民经济相关行业市场运行状况和政策导向，汇集行业发展前沿资讯，为投资、从业及各种经济决策提供理论支撑和实践指导。

中国区域发展数据库（下设 4 个专题子库）

对中国特定区域内的经济、社会、文化等领域现状与发展情况进行深度分析和预测，涉及省级行政区、城市群、城市、农村等不同维度，研究层级至县及县以下行政区，为学者研究地方经济社会宏观态势、经验模式、发展案例提供支撑，为地方政府决策提供参考。

中国文化传媒数据库（下设 18 个专题子库）

内容覆盖文化产业、新闻传播、电影娱乐、文学艺术、群众文化、图书情报等 18 个重点研究领域，聚焦文化传媒领域发展前沿、热点话题、行业实践，服务用户的教学科研、文化投资、企业规划等需要。

世界经济与国际关系数据库（下设 6 个专题子库）

整合世界经济、国际政治、世界文化与科技、全球性问题、国际组织与国际法、区域研究 6 大领域研究成果，对世界经济形势、国际形势进行连续性深度分析，对年度热点问题进行专题解读，为研判全球发展趋势提供事实和数据支持。

法律声明

"皮书系列"（含蓝皮书、绿皮书、黄皮书）之品牌由社会科学文献出版社最早使用并持续至今，现已被中国图书行业所熟知。"皮书系列"的相关商标已在国家商标管理部门商标局注册，包括但不限于 LOGO（⬚）、皮书、Pishu、经济蓝皮书、社会蓝皮书等。"皮书系列"图书的注册商标专用权及封面设计、版式设计的著作权均为社会科学文献出版社所有。未经社会科学文献出版社书面授权许可，任何使用与"皮书系列"图书注册商标、封面设计、版式设计相同或者近似的文字、图形或其组合的行为均系侵权行为。

经作者授权，本书的专有出版权及信息网络传播权等为社会科学文献出版社享有。未经社会科学文献出版社书面授权许可，任何就本书内容的复制、发行或以数字形式进行网络传播的行为均系侵权行为。

社会科学文献出版社将通过法律途径追究上述侵权行为的法律责任，维护自身合法权益。

欢迎社会各界人士对侵犯社会科学文献出版社上述权利的侵权行为进行举报。电话：010-59367121，电子邮箱：fawubu@ssap.cn。

社会科学文献出版社